Ingrid Paus-Hasebrink
Klaus Neumann-Braun
Uwe Hasebrink
Stefan Aufenanger

Medienkindheit – Markenkindheit

Untersuchungen zur multimedialen Verwertung von Markenzeichen für Kinder

Im Auftrag der Hessischen Landesanstalt für privaten Rundfunk (LPR Hessen),
der Landesanstalt für Medien Nordrhein-Westfalen (LfM) und
der Landeszentrale für private Rundfunkveranstalter (LPR) Rheinland-Pfalz

Hans-Bredow-Institut für Medienforschung an der Universität Hamburg

Schriftenreihe der LPR Hessen, Band 18
Mai 2004

Medienkindheit – Markenkindheit
Untersuchungen zur multimedialen Verwertung von Markenzeichen für Kinder

Im Auftrag der Hessischen Landesanstalt für privaten Rundfunk (LPR Hessen), der Landesanstalt für Medien Nordrhein-Westfalen (LfM) und der Landeszentrale für private Rundfunkveranstalter (LPR) Rheinland-Pfalz

Hans-Bredow-Institut für Medienforschung an der Universität Hamburg

Ingrid Paus-Hasebrink, Klaus Neumann-Braun,
Uwe Hasebrink, Stefan Aufenanger

Herausgeber:	Hessische Landesanstalt für privaten Rundfunk Wilhelmshöher Allee 262, 34131 Kassel
Verlag:	KoPäd Verlag, München (http://www.kopaed.de)
Titelgestaltung:	Polarlicht Mediengestaltung GmbH, Wiesbaden
Druck:	hessen-druck Valentin Hein GmbH, Baunatal
Lektorat:	Angela Rieger, Textpalast

ISBN 3-935686-88-9

Vorwort

Kinder sammeln und tauschen heute Yu-Gi-Oh-Karten und Diddl-Aufkleber, reden von Sponge-Bob, Harry Potter und Bionicles. Auch vor 20 Jahren haben Sammelbilder von Fußballstars oder aber Spiel- bzw. Medienfiguren wie Big Jim, Spock und Superman die Freizeit der Kinder bestimmt.

Doch was ist heute anders? Kinder wachsen zunehmend in einer durch Medien und Konsum bestimmten Welt auf, in der der Medienmarkt vielfältiger und der Vermarktungsdruck intensiver geworden ist. Ein und dasselbe Produkt gelangt heute auf vielen Verbreitungswegen zu den Kindern, ihre Lieblingsfiguren werden Teil einer multimedialen Verwertungskette. Diese Strategien der Medienanbieter sorgen dafür, dass das Netz engmaschiger, ja dass es global gesponnen wird. Dabei spielt das Fernsehen als Türöffner für eine funktionierende Marketingstrategie eine besondere Rolle.

Die vorliegende Untersuchung zeigt den aktuellen Sachstand auf und geht erstmals aus verschiedenen (Forschungs-)Perspektiven der Frage nach der Systematik der Kommerzialisierung eines markenorientierten Medien- und Konsumangebots für Kinder nach. Sie liefert einen umfassenden Überblick über Strategien, inhaltliche Präsentationsformen, ihre Rezeption und Wirkung sowie den Einfluss der Produktorientierung auf Kinder. Indem sie Realitäten beschreibt und deutet, stellt die Untersuchung zugleich die Grundlage für innovative Regulierungs- und medienpädagogische Handlungskonzepte dar. Die Studie zeigt den interkulturellen Transfer von Marken und beschreibt beispielhaft sowohl die Anpassung der Produkte als auch die der Marketingstrategien an den jeweiligen Kulturkreis.

Die Studie wurde im Auftrag der Hessischen Landesanstalt für privaten Rundfunk (LPR Hessen), der Landeszentrale für private Rundfunkveranstalter (LPR) Rheinland-Pfalz und der Landesanstalt für Medien Nordrhein-Westfalen (LfM) vom Hans Bredow Institut an der Universität Hamburg durchgeführt.

Prof. Wolfgang Thaenert Direktor LPR Hessen	Manfred Helmes Direktor LPR	Dr. Norbert Schneider Direktor LfM

Inhalt

Markenkindheit und Medienmarken.
Einführung in ein interdisziplinäres Forschungsprojekt
Klaus Neumann-Braun, Ingrid Paus-Hasebrink, Uwe Hasebrink und Stefan Aufenanger

1 Über die fortschreitende Kommerzialisierung der Kindheit – aktuelle Tendenzen ... 9
2 Generationale Grenzöffnung ... 10
3 Die Kommerzialisierung und Vermarktlichung von Kindheit und Familie ... 12
4 Von der lokalen Kinderkultur zur globalen Konsumkultur ... 15
5 Kommerzielle Konsumkultur und die Macht der „neuen Verführung" ... 18
6 Fragestellungen und Zielsetzungen des Projekts ... 21
7 Aufbau der Untersuchung ... 22

Multimediale Strategien der Verwertung von Markenzeichen für Kinder
Hardy Dreier, Michelle Bichler und Alois Pluschkowitz

1 Der Markenbegriff aus ökonomischer Sicht ... 28
2 Die Marke im Medienbereich – mehr als ein markiertes Produkt ... 41
3 Der Aufmerksamkeitsmarkt der Kinder ... 61
4 Kinderprogramme als Markenvehikel ... 80
5 Marken und Markenzeichen in Fernsehangeboten für Kinder ... 87
6 Die Akteure im Kinder- und Jugendfernsehen und ihre Strategien im Multimedia-Zeitalter ... 106

Medienprodukte und Markenpflege auf globalisierten Märkten – das Beispiel *Pokémon*
Klaus Neumann-Braun und Jörg Astheimer

1 Einleitung ... 111
2 Bildmagnet *Pokémon* ... 112
3 Japans PokéSchool oder: Schulkindheit und die Welt der Pokémon ... 113
4 Amerikas *PokéHero* oder: vom Wettkampf zur Weltrettung ... 119
5 Deutschlands *PokéWorld* oder: die Verschränkung von Markenwelt und Lebenswelt ... 127
6 Ausblick ... 132

Medien, Marken, Merchandising in der Lebenswelt von Kindern
Ingrid Paus-Hasebrink, Claudia Lampert, Eva Hammerer und Marco Pointecker

1 Zur qualitativen Rezeptionsstudie 135
2 Zur Konstruktion von Medienmarken 143
3 Resümee: Medienmarkenangebot – Kindermedienmarken 182

Marken als Orientierungspunkte in Mediennutzung und Konsumverhalten von Kindern
Uwe Hasebrink

1 Zur standardisierten Befragung 185
2 Kontexte für das Medien- und Konsumverhalten von Kindern 189
3 Freizeit- und Medienverhalten 193
4 Lieblingsfiguren als Markierungen für Markenbeziehungen 199
5 Fernsehsendungen als Marken 204
6 Programmflächen, Programme und Programmfamilien als Fernsehmarken 213
7 Markierungspunkte in anderen Medien und die Rolle des Internet 217
8 Medienmarken und Konsumverhalten 226
9 Fazit 236

Soziometrische Fallstudien zur Rolle der Gleichaltrigengruppe bei der Setzung von Medienthemen
Stefan Aufenanger

1 Fragestellung 241
2 Bedeutung der Peer-Group in der Sozialisation von Kindern bzw. in der Werbesozialisation 241
3 Forschungsdesign und Methoden 245
4 Ergebnisse 247
5 Fazit und Schlussfolgerungen 263

Konzeptionelle Überlegungen zu medienpädagogischen Handreichungen für Eltern, Erzieherinnen und Grundschullehrerinnen
Stefan Aufenanger

1 Problemstellung 265
2 Konzepte medienpädagogischer Materialien 266
3 Konzeption für die Zielgruppe Eltern 270
4 Konzeption für die Zielgruppe Erzieherinnen und Grundschullehrerinnen 271

5 Problemsituation von Familien in kommunikativen Problemlagen und schwer erreichbare Familien ... 272
6 Fallstudien in Familien aus sozialen Brennpunkten und Folgerungen ... 275
7 Zusammenfassung ... 279

Medienkindheit – Markenkindheit: Fazit und Konsequenzen aus einem interdisziplinären Projekt
Uwe Hasebrink, Klaus Neumann-Braun, Ingrid Paus-Hasebrink und Stefan Aufenanger

1 Marktforschung und Markenforschung ... 281
2 Medienmarken aus interdisziplinärer Perspektive ... 282
3 Kommerzialisierung von Kindheit ... 284
4 Kulturelle Bedeutung globalisierter Medienangebote ... 285
5 Mediale Differenzierung und Kindheiten ... 286
6 Grenzen der Differenzierung ... 286
7 Medienmarken und Konsumdruck ... 287
8 Medienmarken und Medienregulierung ... 287
9 Medienmarken und Medienpädagogik ... 289

Literaturverzeichnis ... 291

Glossar ... 307

Klaus Neumann-Braun, Ingrid Paus-Hasebrink, Uwe Hasebrink
und Stefan Aufenanger

Markenkindheit und Medienmarken. Einführung in ein interdisziplinäres Forschungsprojekt

1 Über die fortschreitende Kommerzialisierung der Kindheit – aktuelle Tendenzen

Kinder wachsen heute in einer globalisierten Medien- und Konsumkultur auf. Es erscheint ihnen selbstverständlich, dass es viele Fernsehsender und -programme gibt, Zeichentrick und Werbespots sind ihnen bestens vertraut. Sie können zwischen ARD/ZDF und RTL/Super RTL unterscheiden, und die Fernbedienung gehört ebenso zu ihrem Lebensalltag wie das Zappen. Sie mögen Medienstars wie die *Maus* und die *Teletubbies* oder die *Pokémon*, *Digimons* und die *Bionicles*. Diese finden sich auch noch im letzten Winkel der Kinderwelt wieder: beim Essen auf der Milchtüte, beim Spielen in der Spielecke, beim Schlafen auf der Bettwäsche, aber auch bei den Freunden, die diese Medienfiguren ebenfalls kennen und lieben. Medienwelten und Kinderwelten sind kurzgeschlossen: Alle Kinder beschäftigen sich mit gleichen Mediensymboliken, und die Stars der Medien sind auch auf dem Markt der Konsumgüter gut vertreten. Das Netz der Marken ist eng geknüpft: Schon kleine Kinder wollen ihre Markenprodukte haben und tarieren Spielkameraden nach der Summe ihrer verfügbaren Markenartikel sozial ein. Heutige Kinder haben sich offensichtlich in der kommerziellen Kinderkultur eingerichtet.

Das war nicht immer so: Wer noch in den 1970er Jahren Kind war, kannte diese Angebote nicht. Elektronische und multimediale Kommunikationsmöglichkeiten wie Videospiele und Spielkonsolen, aber auch Handys, SMS, E-Mails, Chats und E-Commerce im Internet waren noch nicht einmal im Horizont des Denkbaren. Heutige Kinder werden jedoch in ihren Gefühlen und Meinungen von allen diesen Marktangeboten und Medienprogrammen tragend beeinflusst. Entsprechend ist die Kindheit auch als *Konsumkarriere* zu begreifen: Kinder verfügen über nicht geringe Geldmittel (Taschengeld und Jobberlohn), sie sparen Geld oder geben es selbstständig aus, aber sie verschulden sich auch bereits schon in jungen Jahren. Kinder sind attraktive Adressaten einer Vielfalt von Dienstleistungsangeboten (Banken und Versicherungen) und Konsumgütern (Medien und Mode). Die Konsumlaufbahn beginnt im Kleinkindalter: Eltern leiten im Rahmen ihrer Konsumpraxis schon ihre Babys an, unter Konsumangeboten auszuwählen, wenig später üben sie bereits mit ihrem kleinen Kind im Supermarkt das Bezahlen an der Kasse (weiterführend zum Zusammenhang von Geld, Kindern und Konsum siehe Feil 2003).

Das skizzierte Szenario ist allseits vertraut. Doch auf welche gesellschaftlichen Strukturen und Dynamiken verweisen diese Wandlungstendenzen der Kindheit? Die These ist die, dass Markt und Medien zu neuen Sozialisationsinstanzen und Sinnagenturen geworden sind, die einen bedeutsamen Einfluss auf die Kinder ausüben. Dieser wird mitunter als so stark eingeschätzt, dass Kinder schon sehr früh in ihrem Status als selbstständige Konsumenten eine Autonomie gegenüber Elternhaus und Schule entwickeln: Kinder kommen heute sehr früh, jedenfalls viel früher als zuvor an die ökonomische Macht. Die angesprochene Situation ist komplex: Alle Seiten scheinen sich wechselseitig zu beeinflussen und kommunizieren auf vielerlei Weise miteinander: Der Markt lockt die Kinder, die Kinder reagieren durchaus eigensinnig, beeinflussen also wenn auch nur in Maßen den Markt, und beide haben sich mit den „alten" Institutionen Elternhaus und Schule auseinander zu setzen und diese wiederum mit dem Markt und den Kindern.

2 Generationale Grenzöffnung

In herkömmlicher Sicht sieht man *Kinder* im Blick auf das Generationsverhältnis: Sie werden als distinkte gesellschaftliche Gruppe über das Kriterium des biologischen Alters definiert. Der geltende Rechtsrahmen sowie aktuelle entwicklungspsychologische Erkenntnisse legen nahe, als Jugendliche die 14- bis 18-Jährigen zu bezeichnen, die mit dem Datum der Volljährigkeit zu so genannten Postadoleszenten und jungen Erwachsenen werden.

Der Begriff der *Kindheit* bezeichnet im deutschsprachigen Raum unterschiedliche Sachverhalte, die selten deutlich voneinander geschieden werden. Kindheit lässt sich zum einen als Kindesalter verstehen: In dieser Perspektive geht es um biologische, (sozial-) psychologische und pädagogische Phasenmodelle sowie Altersnormenkonzepte der kindlichen Entwicklung. Eine andere Sichtweise von Kindheit ergibt sich vor historischem und sozialwissenschaftlichem Hintergrund: Kindheit wird hier als ein sozio-kulturelles Phänomen der Institutionalisierung der Lebensphase einer spezifischen gesellschaftlichen Altersgruppe begriffen. Was ist damit gemeint? Die Sozialstruktur einer Gesellschaft rahmt die Lebenshorizonte der Menschen. Sie bestimmt ihre soziale Lage sowie das Mit- und Gegeneinander der verschiedenen Sozialisationsinstanzen (Elternhaus, Schule, Arbeitswelt, Peer-Groups). Die soziale Lage beeinflusst aber auch die biologischen und sozialen Determinanten der Lebensphasen Kindheit und Jugend (Körperwachstum, Geschlechtsreife, sozial-kognitive Kompetenzen). In den vorindustriellen europäischen Gesellschaften sind die Lebenslagen Heranwachsender durch Geburt und Stand bestimmt, in der kapitalistischen Gesellschaft des 19. Jahrhunderts durch die soziale Schicht und das staatlich kontrollierte Bildungssystem. Der Modernisierungsprozess der Gesellschaft grenzt historisch gesehen die Kinder aus dem Leben der Erwachsenen aus und institutionalisiert Kindheit als eigenständige Lebensphase, die nicht durch Arbeit, sondern durch Erziehung und Bildung geprägt ist (Scholarisierung). Gegen Ende des 19. Jahrhunderts erfasst die Schule faktisch alle Heranwachsenden, erweitert ihre Schulzeit und stellt differenzierte Bildungsangebote und Berechtigungen zum leistungsbasierten sozialen Aufstieg bereit. Im 20. sowie nun auch am Anfang des 21. Jahrhunderts wird diese Entwicklung fortgeschrieben: Im Rahmen der gegenwärtigen Bildungsoffensive soll jetzt auch der Universitätsbesuch verallgemeinert werden.

Die angesprochene Bildungsoffensive knüpft an das seinerzeit vom Bürgertum entworfene Deutungsmuster Kindheit nahtlos an: In wissenssoziologischer Sicht ist Kindheit als ein soziales Konstrukt zu verstehen, wonach Kinder zum Objekt von Erziehungs- und Bildungsbemühungen von Erwachsenen werden. Eltern und Lehrer entwickeln eine an die jeweilige Zeit gebundene Wahrnehmung des tatsächlichen und/ oder normativ geforderten Umgangs mit Kindern. Hengst (1996) unterscheidet zwischen zwei *„Kindheitsprojekten“*: einem zukunftsorientierten Entwicklungs-, Erziehungs- und Bildungsprojekt Erwachsener auf der einen Seite und einem gegenwartsorientierten Autonomieprojekt der Kinder auf der anderen. Konstrukteur und Kontrolleur des ersten Projektes ist die bürgerliche Erwachsenengesellschaft mit Kindheitswissenschaftlern und -experten, Ratgebern, eigenen Medien, spezifischen Institutionen und Mechanismen und dem Primat des formalen Lernens. Ziel ist die Herausbildung der Kompetenzen, die das Kind braucht, um später die Rollen eines Elternteils, Berufstätigen und Bürgers ausüben zu können. Das zweite kulturelle Projekt ist das der Kinder: Seine zentrale Bedeutung liegt kurz gefasst in der Schaffung und Behauptung pädagogisch verdünnter Spiel- und Lernräume. Richtschnur des Handelns sind die aktuellen Interessen, Vorlieben, Geschmacks- und Beziehungsformen der Kinder, deren Realisierungen selbstbestimmten „Thrill“ und „Fun“ versprechen. Kindheit wird in dieser Konstruktion an dem Moment der Abgrenzung und Opposition zum Erwachsensein festgemacht.

Was auf den ersten Blick klar und geordnet erscheinen mag hier Jung, dort Alt, hier Spiel und Müßiggang, dort Bildung und Erziehung erfährt in der gegenwärtigen Gesellschaft eine neuerliche *Relativierung*: Heutige Eltern sind bereits selbst in einer expandierenden Medien- und Konsumwelt groß geworden und haben die Entgrenzungen zwischen den Generationen und das zunehmende „Crossing Over“ von medialen und nicht-medialen, von ernsten und spielerischen Aktivitäten (Stichwort: Edutainment) aus eigener Anschauung erlebt (Zinnecker u.a. 2003, 15ff.). Sicherlich besteht das Generationenverhältnis unbestritten weiter fort, aber es muss in Rechnung gestellt werden, dass an der einst eindeutigen oppositionellen Codierung der Generationen inzwischen stark

„gerüttelt“ worden ist. Heteronome Beziehungen sind zu kooperativen und autonomen geworden: Eltern „coachen“ ihre Kinder, erziehen sie „an der langen Leine“, lernen gemeinsam mit ihnen Neues kennen (Kinder als „Meaning Makers“), unterstützen von früh auf die Selbstständigkeit ihrer Kinder und fördern deren Selbstsozialisationsprozesse (Zinnecker 2000). Die *Autonomisierung* der Kinder schreitet unaufhaltsam fort, denn diese sehen sich ohne Zweifel einem starken Prozess der Verjugendlichung ausgesetzt: In körperlicher (früheres Einsetzen der Pubertät) wie in sozialer Hinsicht (früherer Entwicklungsbeginn von „erwachsenen“ Konsuminteressen) sind Kinder heute reifer als früher – die Wirtschaft spricht von einem Verjüngungsschub von vier Jahren! – und werden in der Übergangszeit zwischen Kindheit und Jugend entsprechend auch anders genannt: Kinder, die nicht mehr Kinder, aber auch noch keine Jugendlichen sind, heißen bekanntlich im Branchenjargon „Kids“ – und werden vom Markt recht intensiv umworben.

Eines der deutlichsten und interessantesten Phänomene der Kommerzialisierung der Kindheit ist die *Vorverlagerung jugendkultureller Stile in das Kindesalter.* Ob der Markt das Bedürfnis nach Identifikation mit Lifestyle-Produkten (z.B. entsprechend gestylte Kinderpopgruppen (Boy-Groups, Girlies) und deren Vermarktung) hervorruft oder das Bedürfnis der Kinder, schon groß zu sein, „nur“ für wirtschaftliche Interessen ausnutzt, ist schwer zu beurteilen (s.u.). Ohne Zweifel aber wird das Lebensgefühl, schon „mit dabei“ zu sein und es den Großen gleich zu tun, jenseits der Frage nach Ursache und Wirkung von den Eltern in vielem toleriert und unterstützt. Die Entgrenzung von Kindheits- und Jugendbzw. Erwachsenenstatus zeigt sich hier in der frühen Selbstständigkeit der Kinder hinsichtlich der Akzeptanz kinderkultureller Stile, die *marktgängig* sind und deren Übernahme an die Verfügung von Geld gebunden ist.

3 Die Kommerzialisierung und Vermarktlichung von Kindheit und Familie

Kinder sind in verschiedenen *Kindheitskontexten* ganz unterschiedlich in die Auseinandersetzungen mit den beiden genannten Kindheitsprojekten verstrickt. In der gegenwärtigen Konstruktion von Kindheit können mindestens *drei* Kontexte unterschieden werden, die die Lebenswelt der Kinder von frühesten Lebensjahren an durchdringen, mit ihr interagieren und um Akzeptanz konkurrieren: erstens die *Familie*, zweitens das *Bildungssystem* (Kindergarten und Schule) und drittens der *Markt.* Letzterer und das macht seine Besonderheit aus hat im Medienzeitalter keinen physischen Ort, keine eigene Bühne wie die beiden anderen. Er ist gleichermaßen ortlos und allgegenwärtig und verfügt auch nicht über ein eigenes Kindheitsprojekt. Er agiert gleichsam als „lachender Dritter“: Er beobachtet das Machtgefälle zwischen den beiden Kindheitskonzepten resp. den beiden Akteuren Kinder und Eltern und macht profitorientiert aus ihnen unterschiedliche, konkurrierende oder kooperierende Märkte.

Im *Kindheitskontext Familie* sind Kinder seit jeher mit den ökonomischen Tatsachen des Lebens vertraut gemacht worden. Aber es haben sich gewichtige Veränderungen ergeben, die zeigen, dass auch diese Institution einem starken Kommerzialisierungsdruck ausgesetzt ist. Der Begriff *Kommerzialisierung* meint im allgemeinen Sinne: etwas dem wirtschaftlichen, auf finanziellen Gewinn bedachten Interesse unterordnen. Im Rahmen der Kinderkultur-Diskussion ist entsprechend zu schließen: Die ökonomische Rolle des Kindes wird historisch gesehen einer Neubestimmung und Vereinheitlichung unterzogen. Kinder widmen sich den Marktangeboten, aber auch der Markt geht profitorientiert auf die Kinder zu. Der Begriff der *Vermarktlichung* betont die gesellschaftliche Entwicklung, Primärbeziehungen in die Marktstrukturen und -dynamiken zu integrieren: Marktnahe Beziehungen zeichnen sich insbesondere durch Options- (Personen sind beliebig austauschbar), Tausch- (Personen und Gegenstände werden auf dem Markt gegen Geld getauscht) und Konkurrenzfähigkeit (personale Dienstleistungen und Gegenstände werden über den Marktmechanismus von Angebot und Nachfrage getauscht) aus.

In einer familiensoziologischen Abhandlung zur Frage der fortschreitenden Verlagerung von Erziehungsleistungen der Familie in öffentliche Einrichtungen (Kinderhort u.s.f.) argumentiert Albrecht (2002), dass Familie seit jeher einen ökonomischen Zweckverband darstellt. Die Familie ist eine Abstammungs- *und* Gütergemeinschaft. Dies zeigt sich sicherlich am offensichtlichsten im so genannten Ganzen Haus, welches im Mittelalter eine Rechts-, Arbeits-, Konsum- und Wirtschaftseinheit darstellte, zu der auch das Gesinde und der Besitz zu zählen waren. Im ausgehenden 17. Jahrhundert bürgert sich in Deutschland für das Wort „Haus“ das Wort „Familie“ ein. Noch heute denken wir – auch wenn die Familie heute auf die sog. Kernfamilie (Vater, Mutter, Kind) verkleinert ist – die ökonomische Vernetzung der Familie mit Gesellschaft und Markt mit. Die Institution der Familie ist markteingebunden und abhängig von ganz unterschiedlichen Märkten wie die für Lebensmittel, einfache Konsumprodukte, Arbeitskräfte, Wissen, Dienstleistungen usf. Sowohl die äußere wie die innere Struktur der Familie ist stark von der Frage abhängig, in welchen Markt die Familie wie involviert ist (sozialer Status, auch: „kulturelles Kapital“ usf.). Familie sei und wäre schon immer – so Albrecht (2002, 243) – eine ökonomisch determinierte Form der Vergemeinschaftung und damit strukturell an die Anpassung an Marktmechanismen gebunden gewesen. Aber es gibt auch Aspekte der Institution, die eher markt*fern* strukturiert sind. Primärbeziehungen – so Albrecht (2002, 245ff.) – seien marktfern strukturiert, weil sie erstens optionsunfähig seien: Das personale Gegenüber des kleinen Kindes lasse sich nicht beliebig ersetzen, erst wenn Ur- und Sinnvertrauen stabil hergestellt sei, könne das Kind sekundäre Bedürfnisse nach „Anderen“ und „Anderem“ entwickeln. Sie seien zweitens tauschunfähig, da primäre Beziehungen nicht auf einem Tausch, allenfalls auf einem – einseitigen – Investitionsverhältnis beruhten. Und drittens seien Primärbeziehungen konkurrenzunfähig, denn Konkurrenz setze voraus, dass man sich reflexiv im Abgleich mit dem Konkurrierenden zum eigenen Vorteil verhalten könne – eine Leistung, die (das zeigen die Ergebnisse entwicklungspsychologischer Studien) erst ältere Kinder zu leisten in der Lage sind. Die angesprochene tendenzielle Markt*ferne* der Institution Familie lässt Albrecht zu seiner These kommen: „Ja umgekehrt könnte man die Familie als eine soziale Organisation bezeichnen, die gleichsam die primäre Sozialisation gegen eine marktmäßig strukturierte Außenwelt abpuffert, indem sie etwa über den Markt unter dem Gesetz von Angebot, Nachfrage, Preisbindung und Konkurrenz die Güter sicherstellt, die zur primären Sozialisation unabdingbar sind, diese Güter aber der primären Sozialisation selbst nicht unter Marktbedingungen zur Verfügung stehen.“ (Albrecht 2002, 247) Die historischen Formen der Familie können vor diesem Hintergrund als sachangemessene Anpassungen dieser primären Sozialisationsinstitution an marktförmig strukturierte soziale Umwelten angesehen werden.

Die These von der Vermarktlichung der Familie macht nur Sinn, wenn aufgezeigt werden kann, dass und wie Marktmechanismen in die primäre Sozialisation eindringen. Albrecht zeigt am Beispiel der Auslagerung von Erziehungsleistungen eine solche Tendenz auf: Derzeit bemüht sich eine Allianz ganz unterschiedlicher Interessensverbände darum, für Kinder im vorschulischen Alter, also für Kinder bis zum 6. Lebensjahr, institutionelle Versorgungsangebote zu etablieren. Erklärtes Ziel scheint zu sein, eine tendenziell vollständige Auslagerung von Erziehung im Baby- und Kleinkindalter auf Institutionen mit professionalisiertem Personal zu erreichen. Albrecht folgert, wichtigste Folge seien die Entpersönlichung der primären Sozialisation, die Kinderbetreuung werde selbst in einen Tauschakt einbezogen und die Kinder kämen in einer institutionalisierten Betreuung unter eine neue (horizontale) Konkurrenz (um die Zuwendung der Betreuungspersonen nämlich). Damit stellt sich das Problem der Bewertung dieser Entwicklung; eine Reihe von sehr wichtigen Fragen sind bis dato unerforscht und damit unbeantwortet, erstens: Welche Vorteile sind für die Kinder zu sehen? Erste Hinweise zeigen, dass Fähigkeiten wie z.B. Selbstständigkeit, Durchsetzungsvermögen, Orientierungsfähigkeit unter komplexen Versorgungsangeboten zuzunehmen scheinen. Und – zweitens – welche möglichen Nachteile sind auszumachen? Kritiker entwickeln die These, dass aus Erziehung „Betreuung“ werde und die Gesellschaft die Fähigkeit zur individuellen Erziehung kollektiv verlerne. Nicht individuelle Zurechenbarkeit sei mehr erreichbar, sondern an allem wären zukünftig „die Verhältnisse“ Schuld. Und drohen durch öffentliche Erziehungsangebote nicht möglicherweise auch ideologische Totalisierungseffekte (wie zu Zeiten der DDR teilweise geschehen)? Aber auch spezifische Kommerzialisierungseffekte wie die McDonald'isierung wären denkbar.

An diesem Beispiel ist gut zu sehen, wie der Markt in die Handlungsräume von Eltern und (Klein-)Kindern eindringt. Albrecht plädiert dafür, die primäre Sozialisation *tendenziell* vom Marktdruck frei oder diesen zumindest (kontrolliert) gering zu halten. Vor kindheitshistorischem Hintergrund vertritt er die Meinung, die (relative) Marktferne der frühkindlichen Erziehung als eine zivilisatorische Errungenschaft zu werten. Sie wurde möglich im Rahmen der Abschaffung der Kinderarbeit und der erfolgreichen Durchsetzung der Scholarisierung der Kindheit. Das „Jahrhundert des Kindes" war das der Pädagogisierung, der Schaffung „pädagogisch wertvoller" Erziehungs- und Bildungsräume für Kinder und Jugendliche. Seit den 70er Jahren, spätestens den 1980ern drängt sich der Markt wieder mehr und mehr in die Lebensräume der Kinder und Jugendlichen sowie der Familien hinein. Aus historischer Sicht ist dies fast als eine „Normalisierungstendenz" anzusehen, aber es gilt zu fragen, ob die angesprochene zivilisatorische Leistung der Einrichtung besonderer „Schonräume" der Bildung und Erziehung gänzlich aufgegeben werden sollte und, wenn dies fortschreitend geschieht, wie Bildung und Erziehung sich dann unter den angesprochenen Bedingungen der Vermarktlichung verändern.

4 Von der lokalen Kinderkultur zur globalen Konsumkultur

Mit dem Begriff der primären Sozialisation ist angesprochen, dass sich der entwickelte Schutzgedanke der *Marktferne* gut auf die Gruppe der Klein- und Vorschulkinder beziehen lässt, schon bei Letzteren, sicher aber bei den *Schulkindern* sieht die Situation anders aus: Ältere Kinder haben ihre „natürliche Identität" entwickelt und beschäftigen sich in diesem Alter mit dem Aufbau und Erhalt ihrer „Rollenidentität" (Habermas 1976). Bislang ungeahnte, die Familie ergänzende Handlungsräume und Interaktionspartner erschließen sich: Neue asymmetrische (Ältere) und symmetrische (Gleichaltrige) Erfahrungen werden in den Bildungsinstitutionen Kindergarten und Schule gemacht, und auch der Markt spricht die Kinder auf immer vielfältigeren Wegen *direkt* an. Es liegt auf der Hand, dass jetzt Marktnähe nicht mehr fern ist, denn die Kinder – so die eingangs gemachten Ausführungen – greifen selbst als Konsumenten in das Marktgeschehen ein. Auf den am Anfang erwähnten Begriff der Konsumkarriere zurückkommend lassen sich mit Hengst (2002) folgende signifikante Veränderungen der Kinderkultur hin zu einer kommerzialisierten Konsumkultur nennen:

- eine fortschreitende *Globalisierung* der Medien- und Konsumangebote: International operierende „Global Players" produzieren ihr Spielzeug, ihre Medienprogramme usf. für einen internationalen Markt (Neumann-Braun/ Astheimer, in diesem Band). Die Geschmacksvorlieben der Kinder bilden sich entsprechend nationen- und kulturübergreifend aus („Global Child"). Universelle Muster einer globalisierten Konsumkultur entstehen;
- eine zunehmende *Verallgemeinerung* der Medien- und Konsumangebote: Die Angebote der Kulturindustrien erreichen heute alle Mitglieder einer Gesellschaft, wodurch ehemals bestehende soziale Grenzen überwunden werden;
- eine zunehmende *Vermehrung und Intensivierung* von Medien- und Konsumerfahrungen: Das Konsumgüterangebot auf dem Markt für Kinder ist umfassend und überbordend geworden. Kinder treffen in ganz unterschiedlichen Handlungskontexten auf die bekannten Konsumgüter und Mediensymboliken (Stichwort: Lizenzhandel, vgl. Hofmann/Schmid 2002). Eine konsumfreie Zone scheint es kaum mehr zu geben, mit dem radikalen Ausbau des Markenverbunds ist ein feinmaschiges Medien- und Konsumnetz entstanden;
- eine durchgreifende Tendenz der *Verjüngung*: Kinder lassen früher als in vergangenen Jahrzehnten die eigentliche Kindheit hinter sich. Als „Kids" zeigen sie nicht länger „kindliche" Verhaltensweisen, Geschmacksvorlieben und Interessen, sondern orientieren sich in ihrem Konsumverhalten an dem Vorbild der Älteren. Richtschnur ihres Handelns und Denkens sind die *jungen Erwachsenen*: Befragungen ergeben, dass sie sich am liebsten – wenn nicht nach Gleichaltrigen – dann nach den „etwas Älteren" richten, worunter sie junge Leute um die 20 verstehen; damit wird jedoch nicht länger das Handeln der Eltern sondern das der Vertreter einer globalisierten Jugendkultur zum Referenzrahmen ihres Tun und Lassens;
- eine *Enthierarchisierung alterstypischer Aneignungsformen*: Der Markt behandelt bekanntlich alle Kunden gleich. Was zählt, ist der Besitz oder Nicht-Besitz von Geld, von Handlungsautonomie usf., ganz gleich, ob es sich um Kids, Jugendliche oder Erwachsene handelt. Auch der Umgang bspw. mit den multimedialen Kommunikationstechniken kennt prinzipiell kein jünger oder älter: Kinder können am Computer spielen und chatten, manche Erwachsene nicht, und neue Angebote werden gemeinsam erschlossen und getestet: Die Medien- und Konsumindustrien greifen Interessensunterschiede zwischen Eltern und Kind zwar auf, bedienen sie jedoch auf eine Weise, die keine Hierarchie entstehen lässt. Eine Pädagogisierung unterbleibt, stattdessen können kooperative Allianzen und Praktiken zwischen den Generationen ausprobiert und entwickelt werden. Marktforscher fragen nicht nach Entwicklungsphasen im Sinne des Entwicklungsprojekts, sondern

interessieren sich dafür, was Kinder wünschen und was bei ihnen ankommt. Sie verabschieden das Defizit- bzw. Noch-Nicht-Modell und ersetzen damit die Zukunftsorientierung des bürgerlichen Kindheitsprojekts durch die Gegenwartsorientierung des von den Kindern selbst entworfenen Projekts, von dem ja oben gesagt wurde, es sei ein Autonomieprojekt. Werbung und Programme laden Kinder in sehr jungen Jahren ein, sich lieber mit anderen (gleichaltrigen oder älteren) Kindern zu identifizieren als mit Eltern, Erwachsenen oder gar Lehrern. Sie präsentieren eine Welt, in der Erwachsene als Vorbilder ausgedient haben. Die Werte, die nun favorisiert werden, folgen dem Motto: Kinder an die Macht! Beschworen wird eine Welt, in der die Gleichaltrigenkultur alles ist (siehe z.B. die Filme von Spielberg, etwa den Klassiker „E.T." oder Hans Christian Schmids „Crazy"). Die Peer Groups sind zu wichtigen Instanzen kindlicher Selbstsozialisation geworden, da (fast) nirgends sonst die Integration der widersprüchlichen Anforderungen und Einflüsse komplexer Gesellschaften und der Folgen der kulturellen Freisetzung geleistet werden kann. Gleichzeitig sind Gleichaltrigengruppen jedoch besonders ansprechbar und anfällig für „modische" Medieninszenierungen und -symboliken – und d.h.: für die anonyme Kontrolle des Marktes (Schmidt/Neumann-Braun 2002).

- Praktizierung einer *direkten Konsumentenansprache*: Die Eltern sind nicht länger die allmächtigen „Gate Keeper", die darüber wachen, was Kinder sehen oder kaufen dürfen. Diese Funktion hat sich deutlich relativiert. Der Markt spricht die Kinder inzwischen selbst direkt an (Fernsehen, Kataloge, Events usf.) und nimmt sie in ihren Interessen ernst. Am augenscheinlichsten wird dies in dem, was sich hinter dem Begriff des „Prosumers" verbirgt: Kinder werden dazu angehalten, ihre Ideen und Wünsche in die Produktion von Konsumgütern und Medienprogrammen einzubringen, und so genannte Trendscouts beobachten ihre Altersgenossen und berichten der Wirtschaft über neuste mögliche Trends, die diese dann aufzugreifen versuchen.
- Die Konsumwelt ist für Kinder quasi zur zweiten Natur geworden: Insbesondere Medienprogramme wie Teen-Serien oder die Musikangebote der Boy- und Girl-Groups bieten Kids und Jugendlichen ein neutrales *Medium der Selbst- und Fremderfahrung.* Im Mitleben mit dem medialen Anderen können Rollen erprobt werden, und die Mediensymboliken geben anhaltenden Gesprächsstoff für die Kommunikationen in den Gleichaltrigengruppen. Medienerfahrungen werden selbstsozialisatorisch zu Lebenserfahrungen, die Kids und Jugendliche miteinander teilen.
- Der Markt setzt auf die Marketingpolitik des Vergnügens: Auf seinen Fahnen steht die Entschulung und Entpädagogisierung. Wenn gelernt werden soll, dann mit Spaß und Leichtigkeit (Edutainment). *Informelles Lernen* soll den Kindern und Jugendlichen eine – kommerzielle – Alternative zum Angebot formalen schulischen Lernens – den dritten Kindheitskontext, s.o. – bieten.

- Der Markt sorgt für *ambivalente Machtverhältnisse*: Einerseits dynamisiert er Enttraditionalisierungsprozesse und entzieht Kinder tendenziell der sozialen Kontrolle der Sozialisationsinstanzen Elternhaus und Schule. Der Zugang zum Markt bedeutet für die Kinder also eine Befreiung aus traditionellen (pädagogischen) Abhängigkeiten, Beengtheiten, Erwachsenenkontrollen. Die Konsumkultur ist für sie vor allem deshalb interessant, weil sie auf der einen Seite ihren im Ärgernis der Kindheit (klein, abhängig, machtlos sein) begründeten Wunsch nach einer (utopischen) Freiheit von Erwachsenenautorität, Zukunftsorientierung etc. aufgreift und immer wieder neu inszeniert und weil sie zweitens ihre Zugriffs- und Kontrollmöglichkeiten erweitert. Die Beziehungen zwischen Markt und Kindern sind jedoch *nicht* symmetrisch. Der Markt – und nicht das Kind – bestimmt weitgehend die Agenda, die Angebotsspektren und die Rhythmen, nach denen das Angebot wechselt. Der Vielfalt im Konsumhandeln wird von Seiten der kommerziellen Anbieter durchaus Rechnung getragen. In den entworfenen Themen- und Spielvorgaben ist die Multifunktionalität eingeplant. Der kindliche Rezipient kann unter Gebrauchsvarianten flexibel *wählen* – mehr aber auch nicht, denn an vorstrukturierte Erlebniswelten bleibt er gebunden. Selektiver Gebrauch und Rückmeldungen der Verbraucher über Hotlines und Preisausschreiben tun ein Übriges: Die Produktstrukturen sind immer auch Resultate von solchen Aushandlungen („Negotiations") zwischen Anbietern und Publika.

5 Kommerzielle Konsumkultur und die Macht der „neuen Verführung"

Es ist deutlich geworden, dass es zu kurz gegriffen wäre, wollte man das Interesse und den Spaß der Kinder am Kaufen und Konsumieren als Kinderspiel begreifen, geht es doch ohne Zweifel um viel mehr, nämlich um grundlegende Fragen von Identitätsaufbau und sozialer Distinktion in einer kulturalisierten Konsumgesellschaft (Hoffmann/von Osten 1999). In der längst vergangenen Epoche der Arbeitsgesellschaft zählten allein Fleiß und Arbeit, in der gegenwärtigen Konsumgesellschaft hingegen in besonderer Weise der symbolische Konsum. Der Zeichenwert kultureller Güter hat dem materiellen Gebrauchswert der Güter den Rang abgelaufen: Im Konsum und durch den Konsum zeigt man sich selbst und dem sozialen Gegenüber, wer man ist oder wer man zumindest sein will. Der Einzelne führt eine „Bastelexistenz" (Hitzler 1994), er hat sozialgeschichtlich gesehen eine soziokulturelle Freisetzung erfahren und muss – fast wie einst Münchhausen – sich selbst verfassen. Traditionen haben ihre eindeutige Gültigkeit verloren. Die neuen ökonomischen, sozialen und kulturellen Bedingungen unseres Lebens sind jedoch noch unklar und diffus. Heranwachsende erfahren diese offene Lage im besonderen Maße: Guter Rat ist schwer zu erhalten, die Erwachsenen sind selbst auf der Suche und müssen in Vielem umdenken. Halt bietet zunehmend die Konsumwelt, in der die Kommunikation über Medienprodukte und materielle Güter eine tragende Rolle spielt. Die Industrien laden ihre Produkte und Dienstleistungen zusätzlich mit Bedeutungen – also *kulturell* – auf. Unter solchen Bedingungen taugt das überkommene Konsumkonzept nicht mehr, das mit der aus Überlebensgesellschaften datierenden Unterstellung arbeitet, man könne relativ klar zwischen Notwendigem und Luxuriösem unterscheiden. Sobald man Konsum als etwas betrachtet, womit Bedeutungen transportiert und ausgehandelt und kollektive Identitäten hergestellt werden, gewinnt man eine andere Perspektive: Das Charakteristische der (Waren-)Objekte liegt dann in ihrer *sozialen Symbolik*, in ihrem kommunikativen, oft zeitlich begrenzten und kontextgebundenen Tauschwert. Es zirkulieren nicht länger Waren, die Gebrauchsgüter, sondern deren äußere Erscheinungsbilder, die „Gebrauchswertversprechen" (Haug 1972): Eine „Miss Sixty"-Jeans ist nicht nur eine Hose mit bestimmten materialen Eigenschaften, sondern macht – so das Versprechen – auch sexy und begehrenswert. Ein Sportschuh muss – soll er „in" sein – so beschaffen sein, dass er ein bestimmtes Image trägt, also semantisch so aufgeladen ist, dass sein Besitzer nicht nur den Gebrauchswert nutzen kann, sondern auch den Symbolwert dieses Produkts. Entsprechend statten Markt und Konsumgüter die Menschen mit „kulturellem Kapital" (Bourdieu 1982) aus. Nicht allein oder vornehmlich Bildungstitel zählen, sondern die Distinktion im System der „feinen Unterscheide" (Bourdieu) ermöglicht eine Identitätspräsentation in jeweils unter jungen Leuten als relevant anerkannten symbolischen Codes.

In diesem konsum-vermittelten Orientierungszirkel wird der Einzelne zum Gefolgsmann multinationaler Unternehmen und deren Marken. Er wird Mitglied einer „Community", die sich ihre gemeinsame Geisteshaltung und Gruppenzugehörigkeit durch den Kauf der gleichen Markenprodukte wechselseitig anzeigen und die so tragende Teile ihrer Identität durch den Konsum und die Nutzung der symbolisch aufgeladenen Marken festigen. Das Image einer Marke ist ein *Komplex symbolischer Koppelungen*: Das Design des Produkts wird verknüpft mit bestimmten Lebensstilelementen, die von prominenten Persönlichkeiten aus Sport, Medien und Unterhaltung (re-)präsentiert und vorgelebt werden. Die konsum-vermittelte Identität ist einem kontinuierlichen Veränderungsdruck ausgesetzt, da die Konsummoden sich tagesaktuell ändern und der Konsument stets Ausschau halten muss, was gerade „in" und was „out" ist. Der wesentliche Punkt dieser Entwicklung ist – so Smudits (2002, 215) – der, „*dass die Verbindung von ‚Konsum', ‚Ästhetik' und ‚Identität' überhaupt stattfindet (und) ein untrennbares Ganzes wird*" (Hervorh. d. d. Verf.). Die Integration der Menschen in den Markt erfolgt gleichsam „auf leisen Sohlen" – ohne plumpe Überredung und Indoktrination – und wird zudem „lustvoll" erlebt. Im Vordergrund der ästhetischen Strategien der Kulturindustrien stehen das Spektakel und die Erlebnis orientierten, sinnlich erfahrbaren, emotionalen Aspekte des Konsumierens (Schulze 1992). „‚Ästhetisierung' (...) soll hier keinesfalls" – Smudits (2002, 217f.) folgend – „als Behübschung oder Verschönerung verstanden werden, sondern in Referenz zum ursprünglichen Bedeutungsgehalt des Wortes ‚aisthesis' als unmittelbare, sinnliche Wahrnehmung und Erkenntnis. (...) Es ist (...) durchaus gerechtfertigt, die ‚Ästhetisierung der Ökonomie' als eine Strategie der Verführung zu bezeichnen."

Es ist sinnvoll, den bereits erwähnten Begriff der Vermarktlichung noch einmal aufzugreifen: Die Unterhaltungsindustrien vermarkten heute multimediale, für sämtliche Sinne und Wahrnehmungsmodi aufbereitete Themen und „Stil-Pakete" (Hengst 2002, 48). Kinder eignen sich diese Angebote in der Spannung von Affirmation und Eigensinn an (Hall 1973; Charlton/Neumann-Braun 1990). Auch Babys und Kleinkinder sind heute über ihre Eltern in dieses Marktregime eingebunden und werden bereits dem „Wertgesetz der Zeichen" (Baudrillard 1982) untergeordnet. Sie werden z.B. marktkonform eingekleidet und darüber nicht zuletzt auch von klein auf als Mitglied einer „Community" initiiert – zunächst von Elternhand getragen und geführt, dann schnell in Eigenregie verantwortet. In unserer Gesellschaft gibt es längst keinen konsumfreien Raum mehr (Wolf 1999): Nach Klein (2002) leben wir in der „Epoche der Megaphilosophie der Ökonomie", d.h. alles und jedes funktioniert gemäß den Prinzipien der Ökonomie bzw. wird gemäss diesen Prinzipien funktionalisiert. Diese Entwicklung hat – das ist deutlich geworden – auch die Altersgruppe der Kinder längst mit „Haut und Haaren" erfasst. Die damit einhergehende soziale Freisetzung ist nicht mehr rückgängig zu machen. Eltern und Kinder stehen vor großen Chancen einer Lebensführung in individueller und kollektiver Eigenregie (Individualisierung und Empowerment). Sie stehen aber auch unter dem Druck des Marktes (Verallgemeinerung und Vermarktlichung).

Welche neuen Koalitionen im Miteinander der Generationen entstehen, wie sich das Verhältnis von Arbeit und Freizeit, von formellem und informellem Lernen verändert und welche neuen Identitätsformationen und Sozialcharaktere entstehen, diese Fragen sind offen und werden weiter zu erforschen und zu beantworten sein. Eine abschließende Antwort wird es nicht geben können, denn Markt, Gesellschaft und Individuen verändern sich fortlaufend. Mit Blick auf die *besondere* Altersgruppe der Kinder und Jugendlichen – besonders weil es ja um die neuen Mitglieder unserer Gesellschaft geht, die einmal die Verantwortung für ihr eigenes Leben *und* die sozial vernünftige Gestaltung der Gesellschaft übernehmen sollen – gilt es immer im Auge zu behalten, dass unsere Heranwachsenden auch weiterhin einen Bildungs- und Erziehungsrahmen vorfinden, in dem die Prinzipien von Gemeinschaft und (Markt-)Gesellschaft in einem sozial vertretbaren, ausgewogenen Verhältnis zueinander stehen. Auf diesen

Punkt zu verzichten, hieße die zivilisatorische Errungenschaft der Kindheits-*Idee* aufzugeben.

6 Fragestellungen und Zielsetzungen des Projekts

Die diskutierten Wandlungstendenzen von Kindheit und Kinderkultur werden seit Jahren durch die Landesmedienanstalten mit großer Aufmerksamkeit und Systematik beobachtet, und die Medienanstalten waren es auch, die in besonderer Weise eine ganze Reihe ertragreicher wissenschaftlicher Studien angestoßen haben, in denen die Strukturen und Prozesse der gegenwärtigen Medien- und Konsumsozialisation untersucht wurden, um gegebenenfalls bedenklichen Entwicklungen zur passenden Zeit entgegensteuern zu können. In direktem Zusammenhang mit dem vorliegenden Forschungsprojekt stehen allen voran die Studie „Fernsehwerbung und Kinder" (Charlton/Neumann-Braun/ Aufenanger u.a. 1995) sowie zahlreiche Untersuchungen, deren Aufgabe insbesondere darin bestand, medienpädagogische Materialien und „Baukästen" zu entwickeln.

Das vorliegende Forschungsprojekt knüpft an die Debatte des aktuellen Kindheitswandels hin zu einer Markenkindheit in unmittelbarer Weise an und widmet sich der Bearbeitung der Frage, *welches Niveau der Kommerzialisierung und Mediatisierung der Kindheit inzwischen faktisch erreicht ist.* Es gilt die häufig zu vernehmende These, dass nun eine bislang noch nicht gekannte Stufe der Kommerzialisierung des Kinderalltags sowie daraus folgend des Denkens und Handelns der Kinder erreicht sei, zu überprüfen und zu diskutieren.

Das *zentrale Interesse dieser Studie* ist *erstens* darin zu sehen, Stand und Systematik der Kommerzialisierung des markenorientierten Medien- und Konsummarkts für Kinder zu erfassen: Welche Strategien verfolgen die Anbieter von Kindermarken, und wie werden die technisch ermöglichten neuen Formen einer multimedialen Vermarktung und Verbreitung genutzt? Das *zweite* Interesse besteht darin, sich in einer möglichst umfassenden Analyse den komplexen Prozessen der Sinnorientierung, Individualität, Situativität und (medien-)ökologischen Kontextualität des Umgangs mit Medienmarken im Zusammenhang der Medienmenüs im Lebenskontext von Kindern anzunähern, um abschließend – *drittes* Ziel – zu konkreten medienpädagogisch verwertbaren und praxisrelevanten Ergebnissen zu gelangen.

Das Forschungsprojekt ist umfassend und in zweifacher Hinsicht grenzüberschreitend angelegt: Es wurde ein Forschungsdesign gewählt, das sich dem komplexen Themenfeld zum einen aus verschiedenen disziplinären Perspektiven – nämlich der Ökonomie, der Kindheitssoziologie, der Kommunikationswissenschaft und der Medienpädagogik – nähert und zum anderen verschiedene

Medien und verschiedene Konsumgüter einbezieht – so das Fernsehen, das Internet, Zeitschriften, Spiele sowie Merchandising-Artikel unterschiedlichster Art.

Mit Blick auf die methodische Umsetzung einer derart komplexen Aufgabenstellung wurde auf das Verfahren der *Triangulation* zurückgegriffen, in dem explizit quantitative *und* qualitative Methoden kombiniert werden: Es gilt die Maxime, gezielt solche Forschungsperspektiven und Methoden miteinander zu kombinieren, die geeignet sind, möglichst viele *unterschiedliche* Aspekte eines Problems zu berücksichtigen (Flick 1995). Dies ist vor allem dann notwendig, wenn es heißt, die Sicht eines konkreten Akteurs zu verstehen und seine subjektive Perspektive mit der Beschreibung der Lebenswelt, in der dieser agiert, zu verbinden. Es geht also darum, sowohl verschiedene Theorien, Erhebungs- und Auswertungsmethoden als auch unterschiedliche Perspektivitäten zu kombinieren (Denzin 1989), um die Verschränkung von Medienmarkt, Markendistribution und kindlichen Rezeptionspraxen aus verschiedenen Sichtweisen in den Blick nehmen zu können.

7 Aufbau der Untersuchung

Entsprechend der zentralen Fragestellung des Forschungsprojekts nach der Relevanz der multimedialen Verwertung von Markenzeichen am Beispiel von Kindersendungen und der Zielvorstellung, darauf bezogene medienpädagogische Materialien zu entwickeln, gliedert sich die Studie in drei übergreifende Teiluntersuchungen:

- Der *erste* Teil widmet sich den Vermarktungsstrategien der Anbieter und den konkreten Medien- und Konsumangeboten (Produktion und Produkte),
- der *zweite* Teil den Verwendungspraktiken und Perspektiven der Kinder und ihrer Bezugspersonen (Rezeption und Aneignung) und
- der *dritte* Teil den Anknüpfungspunkten für medienpädagogische (Entwicklung medienpädagogischer Materialien und Handreichungen) und medienpolitische Folgerungen.
- Die einzelnen Kapitel beschäftigen sich entsprechend mit folgenden Themenaspekten:
- Kapitel 2 *„Multimediale Strategien der Verwertung von Markenzeichen für Kinder“* widmet sich in ökonomischer Perspektive der Untersuchung der *Produkt- und Markenverbünde*, die speziell für Kinder angeboten werden. Nach einer Diskussion des Markenbegriffs werden zunächst Grundsätze des Markenrechts erläutert. Es folgt die Verortung der Markenbegrifflichkeit in der wirtschaftswissenschaftlichen Diskussion, die mit einer vergleichenden

Klärung des Produktbegriffs schließt. Vor dem Hintergrund dieser basalen Klärungen wird sodann die Entwicklung des Markenmarktes für das Kinder- und Jugendfernsehen untersucht. Zunächst werden wesentliche Tendenzen in den Verwertungsketten und den mit ihnen verbundenen Auswertungsnetzwerken für Medienmarken herausgearbeitet. Dann wird exemplarisch dokumentiert, wie die Fernsehanbieter auf verschiedenen Angebotsebenen (Programm, Einzelsendung) Markenstrategien anwenden. Im Rahmen der *Programmstrukturanalysen* werden folgende Bestandteile analysiert: Umfang und strukturelle Zusammensetzung des Gesamtprogramms; Inhalte und Darstellungsformen einzelner Sendungen; Zwischenglieder, diverse Logos und ästhetische Identität; Werbung sowie die Namensgebung. Gegenstand der quantitativen Analyse waren die Wochenprogramme (Frühjahr 2002) des gebührenfinanzierten Kindersenders KI.KA, des werbefinanzierten Familien-Senders Super RTL und des Pay-TV-Kinder-Spartenkanals Premiere Junior; außerdem einbezogen wurde das Wochenend-Kinderprogramm des werbefinanzierten Senders SAT.1, das sein Portfolio ebenfalls unter dem Label Junior vermarktet, sowie das Wochenend-Kinderprogramm K-RTL des werbefinanzierten Senders RTL. Dieser Auswahl lag das Anliegen zu Grunde, ein möglichst breites Spektrum unterschiedlicher Strategien auf der Programmstrukturebene aller drei Anbieterformen (öffentlich-rechtlich, werbe- sowie pay-tv-finanziert) abzubilden. Auf der *Ebene der Sendungen* wurden spezifische, markenrelevante Kindersendungen hinsichtlich ihrer formalen, dramaturgischen und inhaltlichen Konzeption analysiert. Für diese Teilstudie ausgewählt wurden die drei Kindersendungen: *Sailor Moon*, *Dragonball Z* sowie *Die Sendung mit der Maus*. Das Kapitel schließt mit einer vergleichenden Diskussion der traditionellen und neuen Markenstrategien im Wettbewerb der Anbieter.

- Kapitel 3 *„Medienprodukte und Markenpflege auf globalisierten Märkten – das Beispiel Pokémon“* erweitert die Marktanalyse und begleitet die *Symbol- und Bilderwanderungen* auf den globalisierten Märkten der Unterhaltungsindustrie. Die Kernfrage lautet: Wie verändern sich Bilder und Texte auf dem Weg – für das Beispiel Pokémon – von Japan über die USA nach Deutschland? Welche Sinnwelt entsteht in der Poké-Version für den japanischen Markt, welche Neurahmungen finden statt, wenn das Produkt auf dem US-amerikanischen Markt vertrieben wird, und welche Veränderungen gehen mit der Einführung des Produkts auf dem deutschsprachigen Markt einher? Vor dem Hintergrund dieser vergleichenden Bild-Text-Analysen wird diskutiert, mit welcher *globalisierten Sinnwelt* Kinder in unserem Kulturkreis konfrontiert werden, wenn sie sich solche TV-Unterhaltungsprodukte anschauen.

- Kapitel 4 *„Medien, Marken, Merchandising in der Lebenswelt von Kindern"* stellt die Ergebnisse der *qualitativen Rezeptionsstudien* vor: Befragt und begleitet wurden Kindergartenkinder im Alter von drei bis sechs Jahren sowie Kinder im Alter von sechs bis 13 Jahren und deren Eltern und Lehrer (Klassengespräche, Einzelinterviews). Zunächst werden in dem Kapitel die Rahmendaten der Analyse dargestellt (Rezeptionstheorie, Methodendesign), um dann die Frage der *Konstruktion von Medienmarken aus der Sicht der Kinder* zu diskutieren. In einer anschließenden thematischen Fokussierung werden Formen und Dynamiken der Medienmarkenbeziehungen von Kindern am Beispiel der TV-Erfolgsserie *Dragonball Z* herausgearbeitet: Hierzu werden sechs ausführliche *exemplarische Fallstudien* vorgestellt.
- In Kapitel 5 *„Marken als Orientierungspunkte in Mediennutzung und Konsumverhalten von Kindern"* wird auf die durchgeführte *Repräsentativbefragung über Mediennutzung und Konsumverhalten* von Kindern eingegangen: Ihr kommt im Rahmen der Gesamtuntersuchung die Aufgabe zu, ein Bindeglied zwischen den Marktstrategien, den Medienangeboten und dem individuellen medien- und marktbezogenen Handeln von Kindern und Jugendlichen und deren Bezugspersonen zu schaffen. Die Fragestellung dieses Untersuchungsteils orientiert sich *einerseits* an den Markt- und Produktanalysen, indem die dort als marktrelevant und für Kinder attraktiv erachteten Angebote systematisch in Hinblick auf ihre Nutzung abgefragt werden. Die Fragestellung greift *andererseits* Ergebnisse aus der qualitativen Rezeptionsstudie auf und versucht, die dort beobachteten Phänomene bzw. Indikatoren für diese Phänomene daraufhin zu untersuchen, wie verbreitet diese in verschiedenen Bevölkerungsgruppen und sozialen Kontexten sind. Der Kern der standardisierten Untersuchung gilt der Frage, welche *Muster der Nutzung verschiedener Medien und Medienmarken* bei Kindern zwischen sechs und 13 Jahren zu beobachten sind. Dabei soll insbesondere Aufschluss über folgende Fragestellungen gewonnen werden: Verbreitung aktueller Medienmarken in den Medienrepertoires von Kindern zwischen sechs und 13 Jahren; Konsequenzen multimedialer Vermarktungsstrategien für Mediennutzung und Markenbeziehungen; Zusammenhänge zwischen Medien- und Konsumverhalten; Beziehungen zwischen dem elterlichen Erziehungsverhalten und dem Umgang mit Medienmarken; sowie Unterschiede im Umgang mit Medienmarken zwischen den Geschlechtern und verschiedenen Altersgruppen.
- Kapitel 6 *„Soziometrische Fallstudien zur Rolle der Gleichaltrigengruppe bei der Setzung von Medienthemen"* stellt eine exemplarische Fallanalyse über die *Verbreitung und Funktionen von Medienmarken in Peer-Groups* (Kinder der 1. und 3. Klasse einer Grundschule) vor: In ausgewählten Teilgruppen bzw. Cliquen wurde mit Hilfe von Soziogrammen sowie der Rekonstruktion von Kommunikationsstrukturen über mehrere Monate verfolgt, wie *erstens* in

der Gruppe markenbezogene Themen gesetzt und aufgegriffen werden, wie diese Themen *zweitens* die Struktur der Gruppenkommunikation bestimmen bzw. welche Rollen dabei entscheidend sind und *drittens* wie und warum diese Themen auch wieder ihre Relevanz für die Kommunikation der Gruppe verlieren bzw. von anderen Themen abgelöst werden. Erhofft wird eine heuristische Überprüfung der ebenfalls häufig vertretenen These, die Gleichaltrigengruppen würden stark von Medienthemen bestimmt werden.

- Kapitel 7 *„Konzeptionelle Überlegungen zu medienpädagogischen Handreichungen für Eltern, Erzieherinnen und Grundschullehrerinnen“* befasst sich mit der Frage, auf welche Weise die Ergebnisse aus den einzelnen Projektteilen für die Praxis fruchtbar gemacht werden und Eltern sowie Pädagogen für die Thematik des Gesamtprojekts sensibilisiert werden können. Ein besonderes Augenmerk richtet sich in diesem Zusammenhang auf so genannte problembelastete Familien, die sich selten ihrer Problemlagen bewusst und zudem schwer mit medienpädagogischen Materialen (Broschüren, Baukästen o.Ä.) zu erreichen sind. Speziell für diese Zielgruppe werden Ansätze vorgeschlagen, die über reines Informationsmaterial hinausweisen und sich stärker auf sozialpädagogische Unterstützungsmöglichkeiten konzentrieren. Aus dieser Perspektive wird für eine Erweiterung sozialpädagogischer Angebote, die Förderung der medienpädagogischen Kompetenzen von Sozialarbeitern und Sozialpädagogen sowie für eine fallorientierte Vorgehensweise plädiert, die an den Problemen und Bedarfen der einzelnen Familien ansetzt.
- Kapitel 8 *„Fazit und Konsequenzen“* fasst die Untersuchungsergebnisse zusammen und diskutiert die zentralen Fragen und Folgerungen, die sich aus diesem Projekt ergeben.
- Um die aus den unterschiedlichen Teiluntersuchungen resultierende große Materialfülle für die Leser überschaubar und nachvollziehbar aufzubereiten, konzentriert sich die vorliegende Publikation auf die wesentlichen theoretischen Überlegungen und empirischen Befunde sowie die sich daraus ergebenden zentralen Schlussfolgerungen. Für diejenigen Leser, die an erweiterten und vertiefenden Informationen zu einzelnen Analyseschritten, zur Untersuchungsmethodik und Forschungsmaterialien interessiert sind, wurde ein elektronisches Materialenkonvolut zusammengestellt, das unter der Adresse http://www.lpr-hessen.de/markenzeichen/index.htm zu finden ist.

Hardy Dreier, Michelle Bichler und Alois Pluschkowitz

Multimediale Strategien der Verwertung von Markenzeichen für Kinder

Der Eindruck von der wachsenden Bedeutung multimedialer Auswertung von Inhalten im Kinderprogramm ist das Ergebnis der wahrnehmbaren Aktivitäten unternehmerischer Aktivitäten. Da der Medienbereich durch die Kooperation unterschiedlicher Unternehmen in verschiedenen Konstellationen geprägt ist, wird in diesem Kapitel der Versuch unternommen, die Situation der Akteure, die von ihnen eingesetzten Strategien und deren Bedeutung für die Multi- bzw. Crossmedialität von Fernsehinhalten für Kinder zu verdeutlichen. Dabei wird in diesem Kapitel eine ökonomische Perspektive gewählt, bei der die Unternehmen als handelnde Akteure die scheinbare Gestaltungsmacht über den Auftritt der Marken haben. Inwieweit dies tatsächlich im Sinn dieser Akteure und der von ihnen gewählten Strategien gelingt, spielt in diesem Zusammenhang nur am Rande eine Rolle, in erster Linie steht die Beschreibung und Analyse der von den Unternehmen entwickelten Strukturen und Prozesse im Mittelpunkt.

In der Vermarktung von Medienangeboten werden natürlich die zur Verfügung stehenden Marketinginstrumente eingesetzt, so dass generell eine markenähnliche Vermarktung festzustellen ist. Die Vielzahl der auf unterschiedlichen Ebenen an der Auswertung von Medienangeboten beteiligten Akteure führt dazu, dass es schwierig ist, die Einflussfaktoren der beobachteten Entwicklung klar zu identifizieren. Grundlage der hier vorgestellten Marktanalyse sind neben Veröffentlichungen von in diesem Bereich tätigen Unternehmen wie Pressemitteilungen, Geschäftsberichten und Informationen für Aktionäre auch Beiträge aus Branchenpublikationen. Einen wichtigen Einblick in die Praxis der Auswertung von Medienprodukten und Medienmarken lieferten außerdem zwölf leitfadengestützte Expertengespräche, deren Ergebnisse in den Bericht eingeflossen sind. In diesen Gesprächen wurden Vertreter von Unternehmen, die auf unterschiedlichen Ebenen der Vermarktung von Medienangeboten für Kinder und Jugendliche tätig sind, befragt, um einen Eindruck von der Konstellation der verschiedenen Akteure zu erhalten.

Im Folgenden steht der Markenbegriff aus der Perspektive der unterschiedlichen Akteure im Mittelpunkt. Dabei geht es zunächst insbesondere um die Perspektive der Unternehmen, die eine Marke aufbauen und pflegen. Nachdem zunächst die rechtlichen Aspekte behandelt werden, stehen im Anschluss die Funktionen der Marke im Mittelpunkt, die diese aus Sicht der Anbieter erfüllen soll. Danach werden mit Blick auf Medienmarken besonders bedeutsame Elemente der Entwicklung und Nutzung von Marken thematisiert, die das Verständnis des Marktgeschehens erleichtern.

1 Der Markenbegriff aus ökonomischer Sicht

Der Markenbegriff wird in der wirtschaftswissenschaftlichen Literatur durchaus nicht einheitlich verwendet. Die Entwicklung und Pflege von Marken ist jedoch in allen diesen Betrachtungen zunächst der Versuch eines Akteurs oder einer Gruppe von Akteuren, durch Kommunikationsmaßnahmen, also im Rahmen des Marketingprozesses, eine Unterscheidbarkeit der eigenen Institution oder eines Angebotes in einer Zielgruppe zu erreichen. Das Problem dieser Betrachtungsweise ist, dass Marken auf diese Weise allein von den Anbietern kreiert werden und ihre Akzeptanz der Beleg für das Funktionieren einer Marketingstrategie ist. Allerdings gibt es offenbar im Verständnis der Konsumenten sowohl Angebote mit Markenstatus, die Markenfunktionen erfüllen, aber von den Anbietern nicht strategisch als Marke eingeführt und vermarktet werden, als auch von den Anbietern entwickelte Marken, die nicht im gewünschten Maße funktionieren, also im Verständnis der Konsumenten keinen Markenstatus genießen.

Mit der wirtschaftswissenschaftlichen Sicht auf Marken wird nur ein Teil der Markenphänomene erfasst, die im Mittelpunkt des Interesses stehen. Gleichwohl werden bei der Auswertung von Medieninhalten auf den unterschiedlichen Ebenen von den einzelnen Akteuren Marketingstrategien, die aus der Markenführung kommen, eingesetzt, so dass diese Perspektive wichtige Anhaltspunkte für das Entstehen und die Verbreitung von Markenphänomenen bietet. Dabei weisen die beteiligten Akteure einen mehr oder weniger hohen Grad der Vernetzung auf, der wesentlich zu dem Eindruck beiträgt, dass die Konsumenten von einzelnen Marken „umzingelt" werden.

Bei der Beschäftigung mit dem Markenbegriff stößt man auf (mindestens) drei Varianten:

a. die eigentliche Marke, die immateriell in der Vorstellung des Konsumenten existiert,
b. die Marke als markiertes Produkt,
c. die Marke als gewerblich geschütztes Recht (Meffert/Burmann/Koers 2002, 6).

Dem als zweites genannten Markenbegriff entspricht eine Definition aus den sechziger Jahren: Eine Marke ist „ein Name, eine Bezeichnung, ein Zeichen, ein Symbol oder ein Design, oder eine Kombination dieser Elemente, die zur Identifikation der Güter oder Dienstleistungen eines Anbieters oder einer Gruppe von Anbietern und zu ihrer Differenzierung von jenen der Konkurrenten dient" (American Marketing Association 1960, nach Kotler 1989, 379). Von besonderer Bedeutung bei dieser Definition ist der immaterielle Charakter dessen, was aus

Sicht der Beteiligten die Marke ausmacht. Dies entspricht den meisten Medienangeboten in hohem Maße und führt dazu, dass sich in einigen Fällen Probleme dabei ergeben, Medienanbieter, Medienangebot und Medienmarke klar voneinander zu trennen. Dies gilt umso mehr, wenn die Akteure einen Transfer bestimmter positiver Elemente oder Faktoren von einem Angebot auf andere Produkte erzielen wollen und von sich aus keine Abgrenzung anstreben. Damit spielt die Marke als Markierung für ein einzelnes Produkt eine geringere Rolle, im Zentrum der Entwicklung von Marken steht das Transferpotenzial, mit dem sich im günstigsten Fall sowohl Marken- als auch Wertschöpfungsmanagement betreiben lässt, indem die abstrakten Qualitäts- und Kompetenzzuschreibungen, die mit einem Angebot verbunden sind, übertragbar werden.

Die angesprochenen Markenphänomene sind, zumindest wenn sie von einem Anbieter gesteuert werden, ein Ergebnis des Einsatzes von Strategien aus dem Markenmanagement und der Markenpflege, also im engeren Sinne als Marke zu verstehen. Aus der Sicht von Unternehmen bedeutet der Aufbau oder Erwerb und die Pflege und Weiterentwicklung von Marken eine strategische Entscheidung für den zweckgebundenen Einsatz finanzieller Mittel über einen bestimmten Zeitraum. Für den Einsatz von Ressourcen spielt es natürlich eine wichtige Rolle, welche Elemente dieser Leistung sich über rechtliche Grundlagen schützen lassen, um den so angestrebten Wettbewerbsvorteil, der sich aus der Nutzung der Marke ergibt, tatsächlich intensiv nutzen zu können. Ein zentrales Element für das Funktionieren der Markenstrategien der Anbieter ist die Kontrolle über die verschiedenen Elemente, die zur Marke gehören. Dies kann auf den unterschiedlichen Ebenen zu rechtlichen Auseinandersetzungen führen, etwa, wenn wie im Fall der Deutschen Telekom AG ein spezieller Farbton geschützt ist und nicht von anderen Unternehmen genutzt werden kann oder wenn im Internet Grafiken, Bilder und Töne aus einem solchen Markenkontext genutzt werden.

Deshalb ist im Hinblick auf den ökonomischen Stellenwert von Marken insbesondere der dritte oben genannte Aspekt relevant, die Marke als gewerblich geschütztes Recht; dieser soll daher im Folgenden näher dargestellt werden.

1.1 Die Marke als gewerblich geschütztes Recht

Das Recht auf den Schutz einer Marke entspricht dem Schutz des Urheberrechts. Beim spezifischen Markenrecht steht vor allem die Bestimmung der schützbaren Leistung des Urhebers im Vordergrund. Im Markengesetz, das 1968 in Deutschland das Warenzeichengesetz abgelöst hat, werden alle Zeichen geschützt, die dazu geeignet sind, die Angebote eines Unternehmens von denen anderer Anbieter zu unterscheiden und sich grafisch darstellen lassen

(MarkenG § 3, Abs. 1). Dabei ist auch die Darstellung von Tönen, Farben und Abbildungen möglich. Nachdem es in den Abschnitten zwei, drei und vier des Gesetzes um Fragen der Berichtigung, Teilung, Schutzdauer, Verlängerung und des Verzichts sowie um allgemeine Verfahrensvorschriften geht, behandelt der fünfte Abschnitt des Markengesetzes Marken als Gegenstand des Vermögens und betont damit die ökonomische Dimension. In der wirtschaftswissenschaftlichen Literatur wird der Wert einer Marke als Bestandteil des Unternehmenswertes angenommen, da durch die Verbindung von Unternehmen, Produkt und Marke die Wettbewerbsposition gefestigt werden kann. Diese Sichtweise lässt sich vor allem mit dem Blick auf die Börse unterstützen, so steigen in den meisten Fällen die Kurse von Firmen, die an der Auswertung erfolgreicher Marken beteiligt sind, schon bevor sich das Ergebnis dieser Tätigkeit im wirtschaftlichen Ergebnis der Unternehmen niederschlägt.

Durch die Eintragung der Marke ist also das Recht zur exklusiven Nutzung eines bestimmten Vermögenswertes entstanden, das durch einen Vertrag in Lizenz komplett oder in Teilen an Dritte übertragen werden kann (vgl. MarkenG § 30). Bei Verletzung der sich aus den rechtlichen Bestimmungen des Markengesetzes ergebenden Vorgaben oder den Klauseln des Lizenzvertrages ergeben sich in der Regel vor allem finanzielle Sanktionen für den Missbrauch der Marke. Der Lizenzvertrag enthält meist eine Reihe von Vorgaben, durch die die Interessen der Vertragspartner gesichert werden sollen. Gegenstand solcher Verträge sind in vielen Fällen die Beschreibung der Auswertungsmöglichkeiten und die Festlegung der Lizenzgebühr (Kutz 2000, 174f.). Bei der Beschreibung der Auswertungsmöglichkeiten können z.B. zeitliche Vorgaben für Veröffentlichungstermine vereinbart werden. In vielen Verträgen liegt die Beteiligung des Lizenzgebers an den mit den Vertragsartikeln erzeugten Umsätzen zwischen 7 und 15 Prozent des Nettohändlerabgabepreises, also des Preises, den der Groß- und Einzelhandel ohne Mehrwertsteuer zahlt. Bei besonders attraktiven Lizenzen können jedoch entweder höhere Beteiligungen verlangt werden oder ein bestimmter Betrag wird als Garantiesumme festgelegt, die auf die späteren Umsätze angerechnet wird. Dieses Verfahren verlagert das wirtschaftliche Risiko stärker auf die Seite des Lizenznehmers (vgl. Schertz 2003, 642).

Dies ist vor allem dann üblich, wenn z.B. wie im Fall eines Kinofilms eine Vielzahl von Lizenzen an unterschiedliche Partner vergeben werden oder andere an der Auswertung der Lizenz beteiligte Unternehmen die Logistik für die Verbreitung ihrer Produkte sicherstellen müssen. Wenn z.B. zeitgleich mit einem Kinofilm die entsprechenden Computer- oder Videospiele angeboten werden sollen, muss unabhängig von den Produktionsdaten auch die Logistik verfügbar sein, die das entsprechende Angebot in den Geschäften in der benötigten Zahl verfügbar macht. Neben dem Kinobereich zeigt sich dies auch bei erfolgreichen

Serien für Kinder, so führte der Erfolg der seit März 2003 in der RTL II-Nachmittagsschiene ausgestrahlten Cartoon-Serie *Beyblade* kurzzeitig dazu, dass das zur Serie vom Lizenznehmer Hasbro in den Handel gebrachte Spielzeug nicht lieferbar war.

Um ein Fernsehprogramm für Merchandising- und Licensing-Zwecke zu nutzen, stehen den Akteuren eine Vielzahl von Möglichkeiten offen. Verschiedene Einzelbestandteile der Programminhalte sind einzeln lizenzierbar: Farben, Töne, Signets, Figuren etc. (vgl. Böll 1999, 25ff.). Die Rundfunkveranstalter setzen bei der Positionierung der Sender und von Eigenproduktionen, die das Image des eigenen Senders stärken sollen, meist auf Merchandising, sie bemühen sich darum, Aufmerksamkeit und nicht Erlöse zu generieren. Neben den Rundfunkveranstaltern selbst sind es vor allem die Programmproduzenten, die in diesem Bereich tätig sind (vgl. zu Salm 2001, 136ff.). In diesem Fall liegt der Grund für das Engagement darin, über Licensing Erlöse zu generieren. Außerdem ist Licensing eine beliebte Form „unbezahlter Werbung", denn durch die Lizenzprodukte wird die Marke insgesamt gestützt. So setzt das Unternehmen Polyband bei der Vermarktung von *Dragonball Z* auf die Mithilfe der Lizenznehmer, um 40 Millionen PR-Kontakte zu erzielen (Burgmeir 2002, 15). Deshalb bemühen sich die meisten Produzenten, Lizenzrechte möglichst unabhängig von den Programmen zu behandeln, um ein optimales wirtschaftliches Ergebnis zu erzielen. Neben dem Interesse, durch ein gutes Verkaufsergebnis wirtschaftlich erfolgreich zu sein, spielt auch die Professionalität der Lizenznehmer eine Rolle für die Entscheidung über die Überlassung der Lizenzrechte. In den meisten Fällen wird das Vorgehen bei der Auswertung von Sendung und Lizenzen später koordiniert, so dass die verschiedenen Produkte nach einem festen Zeitplan dafür sorgen, eine Marke für einen bestimmten Zeitraum stabil in einem Marktsegment zu etablieren. So entstehen um die Lizenzthemen herum komplette Lizenzwelten, die sich nach regionalen und saisonalen Gesichtspunkten entwickeln lassen. Im Fall von *Bob der Baumeister* gibt es mittlerweile so viele Lizenzprodukte, dass der Sender Super RTL mit dem Versandhaus Quelle in der Auswertung kooperiert (vgl. Super RTL 2001).

Der Inhaber der Markenrechte bemüht sich in der Regel darum, durch den Aufbau eines Netzes aus unterschiedlichen Partnern, die vertraglich gebunden sind, einen optimalen Erlös bei der Auswertung der Marke zu erzielen. Dabei ist es aufgrund der Gestaltung des Copyrights in den USA im Vergleich zum deutschen Urheberrecht für Unternehmen leichter möglich, ein optimales Maß an Kontrolle über eine Marke zu erlangen, da die Rechte der an der Entwicklung des Angebotes beteiligten Person weniger stark sind, als dies etwa in Deutschland der Fall ist. In den USA kann ein Unternehmen alle Auswertungsrechte an einer kreativen Idee erwerben. In der amerikanischen Fernseh- und Filmindustrie enthalten Verträge in den meisten Fällen Generalklauseln, die alle Auswertungsvarianten umfassen (vgl. Reber 1999, 30). Im Gegensatz dazu ist die Situation in Europa komplizierter, da hier eine solche komplette Abgabe der Nutzungsrechte nicht möglich ist, der Urheber bleibt immer mit seinem Werk verbunden und behält Einflussmöglichkeiten auf die Auswertung. Ein aktuelles Beispiel ist das Schicksal der Filmrechte am Buch *Der Herr der Ringe*. Der Autor Tolkien verkaufte 1968 die Rechte für eine Verfilmung an United Artists, eine erste Verfilmung von 1978 war kein Erfolg. In der Folgezeit wechselten die Rechte den Besitzer, schließlich verfügte die Firma Miramax über die Filmrechte. Als Miramax von Disney gekauft wurde, waren diese Rechte plötzlich für das Unternehmen wertlos, denn der Autor Tolkien hatte testamentarisch verfügt, dass kein Unternehmen aus dem Disney-Konzern sein Buch verfilmen darf. So wurden die Rechte schließlich für 10 Mio. $ an die Firma New Line Cinema verkauft. (vgl. N.N. 2003d).

Aktuelle Beispiele wie das der populären Figur *Pumuckl* zeigen, dass ohne eine eindeutige Klärung der Urheberschaft und der damit verbundenen Einschränkungen erhebliche Risiken mit der Nutzung entsprechender Lizenzen verbunden sein können. In diesem Fall ist nicht eindeutig geklärt, wer von den an der Entstehung der Figur beteiligten Personen tatsächlich über die zur Auswertung benötigten Rechte verfügt. Ohne diese Klärung führte die Nutzung der erworbenen Lizenzen, deren Gültigkeit nicht geklärt war, dazu, dass auf dem Rechtsweg eine Nutzung verhindert wurde, wobei durch die Investition in entsprechende Lizenzprodukte wie z.B. Programmhefte für ein Theaterstück wirtschaftlicher Schaden entstand, der nun einen weiteren Rechtsstreit nach sich zieht. Insgesamt bleibt dies natürlich auch nicht ohne Folgen für die Auswertungsmöglichkeiten als Marke, zum einen schadet die öffentliche Diskussion über solche Rechtsstreitigkeiten dem Image, zum anderen werden andere mögliche Partner skeptisch über die Auswertungsmöglichkeiten werden (vgl. Müller-Jentsch 2003). In einem anderen Fall muss der Disney-Konzern möglicherweise bei der Auswertung von *Winnie Pooh* erhebliche Zahlungen an die Erben des ursprünglichen Inhabers der Rechte zahlen, da unklar ist, welche Angebote in den bisherigen Verträgen berücksichtigt sind (N.N. 2003e).

Auf internationaler Ebene sind Marken durch zwischenstaatliche Verträge und Abkommen geschützt, so dass auch eine internationale Auswertung der Marken möglich ist (vgl. dazu ausführlich Reber 1999, 5ff.). Die Möglichkeit der Vermarktung auf internationaler Ebene bedeutet für Medienunternehmen eine besondere Herausforderung. Medienangebote müssen in der Regel für die jeweiligen nationalen Märkte mehr oder weniger stark modifiziert werden. Dies betrifft mit Blick auf das ursprüngliche Medienangebot z.B. die Benennung von Charakteren, die Ausrichtung an gesetzlichen Vorgaben über den Jugendschutz, die

Synchronisierung und gegebenenfalls die technische Optimierung für die Nutzung in vorhandenen Distributionsnetzen. Um bei einer solchen Lokalisierung vor allem im Vergleich mit nationalen Anbietern erfolgreich zu sein, müssen die Inhaber der Markenrechte entweder über die finanziellen Möglichkeiten verfügen, um das nötige Know-how und die entsprechende Infrastruktur selbst aufzubauen, oder sie benötigen Partner, die dies für sie übernehmen.

Wenn eine Marke darüber hinaus auch in anderen Wirtschaftsbereichen ausgewertet werden soll, übernehmen in vielen Fällen Lizenzagenturen die Funktion, Partnerschaften für die Auswertung einer Marke zu vermitteln. Der Vorteil bei diesem Verfahren liegt darin, dass die Agenturen neben der reinen Rechtevermittlung Planungshilfen anbieten und mit ihrer Kompetenz in dem jeweiligen Markt zum Erfolg beitragen. Nachteil des Einsatzes einer solchen Agentur sind die Kosten: Die Agenturen erhalten zwischen 35 und 50 Prozent der vertraglich vereinbarten Lizenzgebühren. Aus diesem Grunde versuchen Medienanbieter immer wieder, direkt auf den nationalen Märkten zu agieren. So bekam im Fall der Vermarktung des ersten Teils der *Harry-Potter*-Verfilmungen das Kieler Unternehmen Achterbahn AG direkt eine Vielzahl von Lizenzen z.B. für die Herstellung von Kalendern und das Bedrucken von Schreibwaren. Allerdings zeigte sich schnell, dass das Unternehmen den mit diesem Geschäft verbundenen Aufgaben nicht gewachsen war. Die für die Auswertung der Lizenzrechte erforderlichen Investitionen konnten durch den Absatz der Waren nicht refinanziert werden, so dass das hoffnungsvoll begonnene Abenteuer zur Insolvenz des Unternehmens beitrug. Schon vor der Insolvenz äußerte der Lizenzträger seine Unzufriedenheit mit dem fehlenden geschäftlichen Erfolg der Achterbahn AG und gab an, das Unternehmen bei der Vergabe von Lizenzrechten für den zweiten Teil der Verfilmungen nicht wieder berücksichtigen zu wollen (Entholt 2002, 81).

1.2 Die Funktionen von Marken für Anbieter und Nachfrager

Aus der Sicht der Anbieter von Produkten liegt der Nutzen von Marken vor allem in der Differenzierung von der Konkurrenz, der Kundenbindung, einer segmentspezifischen Marktbearbeitung, der Entwicklung einer Plattform für neue Produkte, der Gewinnung eines preispolitischen Spielraumes, der Präferenzbildung beim Kunden und nicht zuletzt der Wertsteigerung des Unternehmens (vgl. Meffert/Burmann/Koers 2002, 11). Bezieht man dies auf das Kinderfernsehen, so zeigt sich, dass viele dieser Elemente direkt übertragbar sind. Programmveranstalter haben ein hohes Interesse daran, sich von der Konkurrenz zu unterscheiden und über eine Präferenzbildung bei den Zuschauern schließlich eine Publikumsbindung herzustellen. Hinzu kommt, dass Markenbildung nicht nur beim Publikum sondern auch bei den Werbekunden im Hinblick auf die Entwicklung eines preispolitischen Spielraums große Bedeutung hat, da sie für Stabilität und Berechenbarkeit im Hinblick auf mit der Marke verbundene Eigenschaften spricht und so die eigene Verhandlungsposition verbessert.

So entspricht z.B. die segmentspezifische Marktbearbeitung dem Ziel, eine möglichst exakt beschreibbare Zielgruppe zu erreichen, mit der man schließlich bei den Werbekunden einen preispolitischen Spielraum erzielen kann; sich als Kindersender zu profilieren, ist also in den Augen einiger Werbekunden ein wichtiger Wettbewerbsvorteil. Auch das Element der Entwicklung einer Plattform für neue Produkte spielt für die Sender eine wichtige Rolle, wenn es ihnen damit gelingt, einzelne Programmbestandteile zu ersetzen, ohne die Publikumsbindung zu gefährden. Solche Strategien liegen z.B. vor, wenn bestimmte Sendeplätze nicht mit spezifischen Sendungen gekennzeichnet sind, sondern z.B. nur mit einem bestimmten Genre. Ein Beispiel für den Einsatz solcher Strategien sind im weiteren Sinn die als solche ausgewiesenen Kinderprogramme. Allerdings kann diese Plattformstrategie auch wesentlich fokussierter sein, so strahlt RTL II seine Anime-Serien unter einem gemeinsamen Label aus. Mit der Bildung eines solchen Labels wird Werbekunden und Rezipienten unabhängig von konkreten Inhalten eine Information über die auf diesem Sendeplatz zu erwartenden Inhalte vermittelt (vgl. Karstens/ Schütte 1999, 172ff.).

Die folgende Übersicht zeigt, dass die Struktur des Fernsehmarktes sich im Gegensatz zu anderen Märkten insbesondere aufgrund der indirekten Finanzierung der Programmveranstalter dadurch auszeichnet, dass die Marke nicht nur bei den Rezipienten sondern auch bei den Werbekunden als Orientierungs- und Entscheidungshilfe dient.

Aus der Sicht der Nachfrager besteht der Nutzen einer Marke in der Identifizierungsfunktion, Marken sind eine wichtige Orientierungshilfe. Daraus ergibt sich eine Entlastungsfunktion bei der Beurteilung des Angebotes, eine Marke, der man vertraut, dient auch als Anzeichen für die Qualität des Produktes. Daneben spielen bei Marken die Identifikations- und Prestigefunktion des Angebotes eine Rolle für die Nachfrager (vgl. Meffert/Burmann/Koers 2002, 10). Bei der Betrachtung der Nachfrager fällt auf, dass bei Kinderprogrammen nicht automatisch Konsumentensouveränität herrscht: In vielen Fällen werden die Auswahlentscheidungen in Bezug auf die Programme unter starkem Einfluss der Eltern oder anderer Bezugspersonen getroffen. So mag aus der Sicht der Kinder ein Programm für sie zwar viele der genannten Vorteile erfüllen, insbesondere in Bezug auf die Prestige- und Identifikationsfunktion, ggf. greifen hier jedoch die Eltern in die Programmauswahl ein, so dass Qualitätsansprüche und die Orientierungs- bzw. Identifizierungsfunktion besondere Bedeutung haben. Aus diesem Grunde scheint vor allem mit Blick auf die angewandten Markenstrategien eine Unterteilung in „Kinder-" und „Elternmarken"[1] angebracht zu sein.

Tabelle 1.1: Ziele und Funktionen von Marken (nach Siegert 2001, 121)

Perspektive der/des		
Medienorganisationen	**Werbewirtschaft**	**Publikum**
• Orientierung für Selektionsentscheidungen und -richtlinien • Orientierung für Einkaufs- und Produktionsentscheidungen • Orientierung für Personalakquisition und Kooperation • Strukturierung der Programmplanung und der Publikums- und Mediaforschung • Absatzförderung und -stabilisierung • Profilierung gegenüber der Konkurrenz • Innovationssicherung • Aufbau einer Corporate Identity • Zuordnung von Werbewirkung zu Medienorganisationen oder -objekten • Verhandlungsposition gegenüber der Werbewirtschaft	• Bekanntes, verlässliches Marketingkonzept • Höhere und zielgruppenspezifischere Aufmerksamkeit für werbliche Aussagen • Verminderte Beanspruchung eigener Marketinginstrumente • Möglichkeit gleichberechtigter Kommunikationspartnerschaften	• Orientierung beim Kauf • Orientierung bei der Mediennutzung • Rahmenvorgabe für Interpretationen • Spezifische Qualitätssicherung (z.B. Glaubwürdigkeit) • Minderung des Risikos einer Fehlentscheidung • Individueller und sozialer Zusatznutzen

Während sich die Anbieter bei „Kindermarken" in ihren kommunikativen Maßnahmen darauf konzentrieren, vor allem diese Zielgruppe zu erreichen, geht es den Anbietern von Programmen, auf deren Auswahl Erwachsene im Umfeld der Kinder, in den meisten Fällen die Eltern, einen großen Einfluss haben, darum, diese Zielgruppe mit Informationen zu versorgen. Die als Markendreiklang bekannte Formel „Kennen ➔ Mögen ➔ Kaufen" lässt sich in Bezug auf das werbefinanzierte Fernsehprogramm hier in „Kennen ➔ Vertrauen ➔ Auswählen" übertragen, für Pay-TV-Angebote gilt sie in der Variante „Kennen ➔ Vertrauen ➔ Kaufen". Letzteres zeigt sich z.B. darin, dass in den Kinderprogrammen der Pay-TV-Veranstalter vergleichsweise alte, den bezahlenden Eltern bekannte Programme wie *Die Schlümpfe* und *Bugs Bunny* eine wichtige Rolle spielen.

[1] Siehe dazu auch das Kap. 2.4. „Zur Differenzierung von Eltern- und Kindermarken" der qualitativen Rezeptionsstudie in diesem Band (Paus-Hasebrink/Lampert/Hammerer/ Pointecker).

Im Gegensatz dazu richten die Anbieter von „Kindermarken“ sich direkt an die kleinen Kunden, so hat Nintendo die meisten der Marketing-Maßnahmen zu *Pokémon* im direkten Umfeld der Zielgruppe mit Events, Anzeigenkampagnen in Kinderzeitschriften und Werbung im Kinderfernsehen platziert.[2] Vor allem Anbieter von Produkten, die auf das den Kindern zur Verfügung stehende eigene Budget ausgerichtet sind, bemühen sich darum, „Kindermarken“ zu entwickeln. Dies gilt z.B. für Hörspielauswertungen und Sammelkarten, die in Verbindung mit Fernsehprogrammen erscheinen.

1.3 Die Marke aus unterschiedlichen Perspektiven

Aus Sicht der Anbieter ist das Hauptziel bei der Etablierung einer Marke die Schaffung von Vertrauen einerseits in die Qualität eines Produkts, andererseits in die Kompetenz eines Angebots. Die Erkennbarkeit als Marke soll den Nutzer in seiner Auswahlentscheidung beeinflussen. Die wesentlichen Trends in der Entwicklung des Markenverständnisses der Anbieter zeigen, dass mittlerweile vor allem Vertrauen und Identität als markenprägende Eigenschaften hervorgehoben werden und ein integriertes identitätsorientiertes Markenmanagement an Bedeutung gewonnen hat (Meffert/Burmann 2000, 19). Um dieses Ziel zu erreichen, muss die Marke über eine Identität verfügen, die sie unterscheidbar und eindeutig erkennbar macht. Kennzeichen einer solchen Markenidentität sind zum einen der Markenname (brand name), der aussprechbare und klar benennbare Teil einer Marke. Darüber hinaus wird ein Angebot auch durch das Markenzeichen (brand mark) gekennzeichnet, das ist der Teil einer Marke, der zwar erkannt wird, aber nicht verbal wiedergegeben werden kann (vgl. Kotler 1989, 379).

Aus der Sicht von Unternehmen bedeutet der Aufbau oder Erwerb und die Pflege und Weiterentwicklung von Marken eine strategische Entscheidung für den zweckgebundenen Einsatz finanzieller Mittel über einen bestimmten Zeitraum. Dabei ist es von Bedeutung, welche Funktion das Angebot hat und welchen branchenspezifischen Anforderungen es entsprechen muss. So unterscheidet sich die Strategie eines Fernsehsenders von der eines Programmlieferanten im Hinblick auf die zeitliche Dimension. Programminhalte sind Angebote, die innerhalb eines bestimmten Zeitfensters rasch an Aktualität verlieren, wie dies bei Kinderserien oder Spielfilmen der Fall ist. Der Sender hingegen wird meist versuchen, mit einer langfristig ausgelegten Strategie bei seinen Werbekunden und seinem Publikum als Marke aufzutreten. Gelingt die Entwicklung der Marke ohne eine allzu direkte Kopplung an ein einzelnes Produkt, lassen sich die positiven Elemente der Markenpersönlichkeit möglicherweise auch auf

---

[2] Siehe dazu auch den im Rahmen dieses Projekts entstandenen Beitrag von Strobel (2003).

andere Angebote übertragen, so dass die in den Aufbau und die Pflege einer Marke investierten Mittel über mehrere Kanäle zurückfließen. Für die Optionen die für die verschiedenen Akteure im Vordergrund stehen, spielt natürlich auch der Charakter des jeweiligen Angebotes eine Rolle.

1.3.1 Hersteller- und Verteilermarken

In der wirtschaftswissenschaftlichen Literatur wird mit Blick auf die unterschiedlichen Zielgruppen und Marktkontexte zwischen Hersteller- und Verteilermarken unterschieden. Traditionell orientiert sich diese Begriffsbildung an den Akteuren aus Produktion und Handel, eine Aufteilung, die für Medienmarken aufgrund der Struktur der Medienmärkte nur bedingt funktional ist. Da das Publikum beim werbefinanzierten Fernsehen nicht direkt für das Angebot zahlt, spielt vor allem die Werbung treibende Wirtschaft eine zentrale Rolle bei der Entwicklung der Ausrichtung des Programms. Die Rundfunkanbieter sind dabei in der komfortablen Situation, über eine durch ihre Lizenz begründete Verbreitungsmöglichkeit zu verfügen, die anderen Unternehmen verschlossen bleibt, so dass eine allzu dynamische Entwicklung nicht droht.

Tabelle 1.2: Hersteller- und Verteilermarken (nach Meffert 2002, 158)

	Hersteller-Markenartikel	**Klassische Verteilermarke**
Marke	Vom Hersteller	Vom Handel
Qualitätsniveau	In der jeweiligen Preiskategorie optimale Qualität	Mittleres Anspruchsniveau
Produktnutzen	Grund- und Zusatznutzen	Grundnutzen und eingeschränkter Zusatznutzen
Qualitätsgarantie für den Endverbraucher	Vom Hersteller	Vom Handel
Preis	Der Leistung angemessen, zumeist höher	Mittel
Werbung	Produktwerbung	Preiswerbung
Marktfunktion	Innovation und Bedarfsweckung, Aufbau von Märkten, Abdecken differenzierter Verbraucherwünsche	Me-too ohne Investition in Forschung und Marktaufbau, begrenztes Produktangebot
Distribution	Breit distribuiert	Nur in einzelnen Handelsunternehmen/-gruppen
Verkehrsgeltung/ Durchsetzung im Markt	Breit	Begrenzt

Ähnlich wie bei der klassischen Aufteilung in Hersteller- und Verteilermarken zeigt sich, dass im Wettbewerb der Hersteller Qualität ein wichtiger Faktor ist. Bei der Bestimmung der Kategorien, an denen Qualität gemessen wird, ist die Perspektive des Betrachters von entscheidender Bedeutung. Programme, die in der Zielgruppe der Kinder und Jugendlichen beliebt sind, müssen nicht automatisch auch bei Erwachsenen auf Anklang stoßen, solche, die von den Erwachsenen akzeptiert werden, sind nicht automatisch beim jungen Publikum beliebt. Auch aus der Sicht der Werbung treibenden Wirtschaft kann es Angebote geben, die als Werbeumfeld für ein Produkt mehr oder weniger geeignet sind. Die Hersteller von „Markenprogrammen" orientieren sich bei ihrer Produktplanung an den Erwartungen ihrer jeweiligen Zielgruppen und nutzen gegenüber den Verteilern ihrer Produkte ihre starke Position: So zeigt sich in der im Rahmen der vorliegenden Forschungsstudie durchgeführten Produktanalyse,[3] dass der Disney-Konzern großen Wert darauf legt, dass seine Produkte deutlich mit dem Produzenten verbunden bleiben. Entsprechende Namen und Kennzeichnungen sollen dies sicherstellen und werden vertraglich fixiert. Auf diese Weise betreiben Anbieter eine langfristige Politik der Markenpflege, die über das konkrete Angebot vor allem die Stützung der Marke Disney als Ziel verfolgt.

Die preisbezogenen Kategorien für Herstellermarken, also die Preisbildung und die Qualität wirken sich zunächst für die Programmveranstalter aus, die über Werbe- oder Gebühreneinnahmen diese Investitionen wieder refinanzieren müssen. Außerdem sind Herstellermarken in der Regel nicht auf das Programmangebot begrenzt, sondern das Produkt ist nur für einen bestimmten Zeitraum mit einem Programmveranstalter verbunden. Insofern haben die Inhaber der Marke die Möglichkeit, die Sender in eine längerfristige Markenstrategie einzubeziehen und sie mit Blick auf die Wertschöpfungskette der entsprechenden Angebote einzusetzen.

Aus der Sicht der Sender als Verteiler spielt es eine wichtige Rolle, möglichst umfassende Kontrolle oder zumindest Informationen z.B. über die Veröffentlichung von mit der Sendung verbundenen Inhalten zu haben. Um von Zuschauern und Werbekunden eigenständig wahrgenommen zu werden, sind die Sender bestrebt, ihr Profil an Inhalte zu binden, die ihnen langfristig zur Verfügung stehen. Die Ausprägung und Entwicklung von Verteilermarken wird zum einen bei Eigenproduktionen und zum anderen bei komplett mit allen Lizenzrechten eingekauften Programmen deutlich. Außerdem entspricht im Kinderprogramm eine Reihe von Programmflächen sehr stark dem traditionellen Angebot einer Verteilermarke, die Einbettung der Serien in sendertypische Umgebungsprogramme soll neben dem einheitlichen Auftritt mit Grafik und Tönen die Profilierung des Senders unterstützen.[4]

---

3 Siehe dazu die kurze Zusammenfassung der Ergebnisse weiter unten in Kap. 5 sowie die ausführliche Darstellung in Bichler/Pluschkowitz 2003.

4 Siehe dazu auch die Analyse der von Fernsehveranstaltern gestalteten Trailer und anderen Zwischengliedern in Kinderprogrammen, mit denen die einzelnen Programmbestandteile an die Sendermarke gebunden werden (Bichler/Pluschkowitz 2003).

1.3.2 Marktfremde Partner für die Marke

Eine zentrale Funktion der Marke, nämlich die Schaffung von Orientierung in Verbindung mit einer auf Qualität beruhenden Einschätzung der Marke in bestimmten Zielgruppen macht eine Kooperation mit einem solchen Angebot auch für Anbieter aus anderen Wirtschaftsbereichen attraktiv. So ist zu beobachten, dass bei Produkten, bei deren Anschaffung Kinder mitentscheiden bzw. die für Kinder von den Eltern angeschafft werden, gern populäre Figuren eingesetzt werden, um die Erkennbarkeit des Angebotes zu verbessern. Dabei spielt auch eine Rolle, dass sich der Wettbewerb zwischen unterschiedlichen Marken in allen Bereichen erheblich verschärft hat. Allein 1999 wurden mehr als 76.000 neue Marken angemeldet, 1989 waren es noch knapp 31.000 (vgl. Meffert 2002, 102). Aufgrund dieser Markeninflation bemühen sich die Unternehmen, bei einer Übereinstimmung der Zielgruppen ohne eine Konkurrenz der Produkte Kooperationen zu schließen, die auf der einen Seite helfen sollen, Marketingkosten zu sparen, und auf der anderen Seite die eigene Marke im Wettbewerb unterstützen sollen.

Tabelle 1.3: Kaufeinfluss von 6- bis 9-jährigen Kindern (Quelle: KidsVerbraucherAnalyse 2002, 32f.)

Produkt	Anteil der Kinder, die beim Kauf des Produktes mitentscheiden
Besuch von Freizeitparks	57,3
Tafelschokolade	53,7
Eis in Kleinpackungen (am Stiel/in der Tüte)	48,7
Joghurt	48,5
Süße Brotaufstriche	45,0
Limonade	43,4
Cornflakes	42,4
Wahl des Urlaubsortes	25,3
Haarshampoo	23,2
Auto	6,4

Es ist keine Überraschung, dass insbesondere Produkte, bei deren Anschaffung Kinder über einen großen Einfluss verfügen, häufig mit Medienfiguren versehen sind, um auf dem Umweg über das Interesse der Kinder an die Geldbörse der Eltern zu kommen. Die folgende Übersicht zeigt einige Angebote, bei denen die jungen Konsumenten eine besonders wichtige Rolle spielen.

Daneben spielen die Kinder natürlich auch selbst als Konsumenten eine wichtige Rolle, sie verfügen in den meisten Fällen über regelmäßige Einkünfte, Sparguthaben und erhalten darüber hinaus in vielen Fällen Geldgeschenke zu bestimmten Anlässen. Insgesamt verfügten die 6- bis 13-jährigen Kinder im Jahr

2002 über mehr als 5 Mrd. € (KidsVerbraucherAnalyse 2002, 21). Einen Teil dieses Geldes verwenden sie für den Kauf von Schokolade und Süßigkeiten oder Eis, aber auch Comics, Zeitschriften, CDs und Sticker/(Pokémon-) Sammelbilder zählen zu den häufig gekauften Produkten. Betrachtet man die Sparziele dieser Altersgruppe, so zählen das Handy, der PC und PC-Zubehör, Computer- und Videospiele sowie Stereoanlagen zu den wichtigsten. Hier zeigt sich, dass Medienprodukte im Konsumverhalten der Kinder eine wichtige Rolle spielen.

Die Anbieter aller dieser Produkte sind natürlich am Fernsehen als Werbeträger sehr interessiert, da es ihnen die Möglichkeit eröffnet, diese attraktive Zielgruppe zu erreichen. Für die Anbieter von Produkten, die vor allem von den Kindern mit eigenen finanziellen Mitteln angeschafft werden, ist die Werbung im Kinderprogramm ausreichend, für Produkte, bei denen die Eltern in die Anschaffung einbezogen werden, kann eine Platzierung der Werbung in Anlehnung an die Fernsehnutzung der ganzen Familie außerhalb des Kinderprogramms funktional sein. Einige Anbieter haben auch unabhängig von Kindermedien Markenzeichen entwickelt, die bei jungen Zielgruppen sehr beliebt sind. Ein Beispiel hierfür ist der Charakter *Lurchi* des Schuhherstellers Salamander, auch der Eisbär aus der Coca-Cola-Werbung war nicht nur als Plüschtier beliebt, sondern wurde auch auf Gläsern, Tassen, T-Shirts usw. ein Verkaufserfolg.

1.3.3 Die Marke als Abgrenzung aus der Sicht des Publikums

Die zentrale Funktion der Marke als Kennzeichnung eines bestimmten Angebotes bewirkt auch, dass bestimmte Zielgruppen sich gegen die Nutzung oder den Erwerb entscheiden. Bei solchen Entscheidungen spielen verschiedene Faktoren eine Rolle. Wenn der Konsument bereits über die Marke und das mit ihr verbundene Angebot informiert ist und aufgrund der Nutzung eines Produktes weiß, dass es nicht seinen Erwartungen entspricht, so wird er sich möglicherweise auch gegen andere Produkte, die mit dieser Marke verbunden sind, entscheiden. Hinzu kommt, dass im Medienbereich die Aktualität eines Angebotes von besonderer Bedeutung ist. Ist eine Marke zu stark mit einem alternden Produkt verbunden, wird sie möglicherweise von aktuelleren Angeboten verdrängt. Eine Besonderheit ist in diesem Zusammenhang der Markt für Kinder- und Jugendfernsehen, da ein immer neues Publikum nachwächst, das für altersspezifische Angebote mit Einschränkungen immer wieder zu begeistern ist. Solche Einschränkungen können sich aus veralteter Technik oder überholten Qualitätsstandards ergeben. Andererseits ergibt sich die Möglichkeit der mehrfachen Veröffentlichung von aktualisierten oder überarbeiteten Varianten eines Produktes, das klassische Beispiel ist die regelmäßige Neuauflage von populären Kinderbüchern, aber auch Hörspiele, Filme und Serien eignen sich für eine solche in Intervallen organisierte Auswertung.

2 Die Marke im Medienbereich – mehr als ein markiertes Produkt

Die bereits eingangs erläuterte Problematik bei der Bestimmung von Medienmarken ergibt sich unter anderem aus der Schwierigkeit, Medienprodukte eindeutig zu identifizieren. So lässt sich noch weitgehende Einigkeit darüber herstellen, dass Kinofilme und Serien vermarktbare Angebote sind, die zumindest als Ausgangspunkt der Marketingaktivitäten identifizierbar bleiben. Komplizierter wird es bei der Vermarktung einer Programmfamilie als konsistentes Produkt, etwa bei der RTL-Gruppe (vgl. Feldmann 2000, 39). Aus diesem Grund wird an dieser Stelle der Produktbegriff genauer betrachtet, um auf dieser Grundlage Erkenntnisse für die Interessenkonflikte der mit Produkten und Marken verbundenen Akteure genauer beschreiben zu können.

2.1 Medienangebote als Produkt und Dienstleistung

Fester Bestandteil der Diskussionen über die Zukunft der Medien in der Gesellschaft war in den vergangenen Jahren der Begriff Crossmedia, der auch für dieses Projekt große Bedeutung hat. Aufgrund des Einsatzes digitaler Technik in der Produktion und Distribution von Medienprodukten ist es in den letzten Jahren z.B. wesentlich einfacher geworden, Produkte zu variieren. So können aus einem ursprünglichen Produkt zahlreiche Versionen entstehen, der früher lineare Produktionsprozess kann sich immer früher verzweigen (vgl. Dreier 2003).

Eine wichtige Voraussetzung für eine solche Vorgehensweise ist die Tatsache, dass audiovisuelle Angebote sich auf verschiedenen Ebenen als einzelne Elemente beschreiben lassen. So wird das Produkt auf der visuellen Ebene u.a. durch die Aufzeichnungstechnik, die Kameraführung und den Raum und das Licht bestimmt, auf der auditiven Ebene durch die Tontechnik, Geräusche, Musik und Sprache. Darüber hinaus gibt es noch die narrative Ebene, die der Darstellung, des kulturellen Kontextes und die der symbolischen Elemente (vgl. Schweitzer 1996, 42).

Die Eigenschaften der vorliegenden digitalen Informationen ermöglichen sowohl eine immer wieder geänderte Kombination als auch eine Trennung der verschiedenen Inhalte ohne besonders großen Arbeitsaufwand und damit die getrennte Vermarktung einzelner Bestandteile eines audiovisuellen Angebotes. Auch in der Musik entwickelte sich eine Mix- und Sampling-Kultur, die auf einer analogen Basis kaum vorstellbar gewesen wäre (vgl. Schumacher 1995). Bei der Herstellung der Hörspiele zu der erfolgreichen Fernsehserie *Bob der Bau-*

meister z.B. verwenden die Produzenten digitales Audiomaterial aus der Serie, um so die Verknüpfung der Angebote für die jungen Kunden besonders deutlich zu machen. Ähnliches ist auch bei den Hörspielen zu den Serien *Yu-Gi-Oh* und *Beyblade* zu erwarten, für deren Produktion BMG Ariola Media und Universal Music die Rechte erworben haben (vgl. N.N. 2003a).

Aus diesen Möglichkeiten ergeben sich natürlich auch erhebliche Auswirkungen auf den Schutz von Urheberrechten, die Angaben zu den durch Raubkopien verursachten Verlusten von Unternehmen aus dem Medienbereich haben längst Milliardenhöhe erreicht (vgl. z.B. IFPI 2003). Als eine Reaktion auf diese Entwicklung bemühen sich die Unternehmen zum einen, den Grad der Vorfinanzierung der Medienprodukte zu verbessern, um die Risiken der Finanzierung möglichst gering zu halten. Zum anderen wird versucht, die Produkte in den verschiedenen geografischen Verbreitungsgebieten möglichst gut koordiniert auf den Märkten zu positionieren, um zu verhindern, dass z.B. über das Internet bereits vor den offiziellen Startterminen der Produkte entsprechende Kopien in Umlauf gebracht werden. Dies gelingt nur mit Mühe, so tauchen regelmäßig vor dem ersten Start von Kinofilmen digitale Kopien im Internet auf. Zum Zeitpunkt der Veröffentlichung von Spielfilmen auf DVD und Video hat sich ein offenbar wachsender Teil der Bevölkerung bereits mit Hilfe der Peer-to-Peer-Tauschbörsen eine digitale Kopie beschafft (vgl. BVV 2003, 21).

Neben den Veränderungen, die sich für die Anbieter von Medienprodukten ergeben, stellen sich in der Zukunft vor allem für die Sender neue Aufgaben. Schon jetzt kommt es durch eine Erweiterung der Distributionsmöglichkeiten für Medieninhalte über neue Netze wie das Internet und die Mobilfunknetze zu einer wachsenden Konkurrenz um das Zeitbudget des Publikums. In der Zukunft wird sich die Wettbewerbssituation jedoch möglicherweise aufgrund der Einführung der digitalen Rundfunkübertragung grundlegend verändern. Eine Hauptfunktion von Fernsehprogrammen in einer digitalen Fernsehlandschaft ist möglicherweise die Schaffung von Orientierung in einem schwer überschaubaren Angebot. Dabei treten die Veranstalter als Intermediäre zwischen den Anbietern von Inhalten, egal ob Programm oder Werbung, und dem Publikum auf, deren Dienstleistung darin besteht, Zugänge zu vermitteln: aus der Sicht des Publikums den Zugang zu bestimmten Inhalten mit einem durch den Sender gesicherten Standard, aus der Sicht der Werbekunden den Zugang zu bestimmten Zielgruppen. Auf dieser Ebene nähern sich die Inhalteanbieter an die Werbekunden an, da die Sender sowohl als Kunden für die Inhalte auftreten als auch als Werbeplattform für die Auswertung der Inhalte auf anderen Stufen der Verwertungskette genutzt werden können.

2.2 Die Finanzierung von Medienangeboten

Medienangebote müssen in der Regel in hohem Maße von den Anbietern vorfinanziert werden. Der Grad der Vorfinanzierung ist vor allem für audiovisuelle Medien besonders hoch, bei Printmedien ergibt sich aus der Möglichkeit, Abonnementserlöse zu erzielen, die Möglichkeit, den Anteil der Vorfinanzierung zu senken. Insgesamt zeigt sich, dass die indirekte Finanzierung allein über den Werbemarkt Probleme für die Rundfunkveranstalter mit sich bringt, da diese Erlöse von der konjunkturellen Entwicklung stark beeinflusst werden und deshalb nur begrenzt planbar sind. Insofern sind die Anbieter bemüht, weitere Erlösmöglichkeiten zu finden, die die Abhängigkeit vom Werbemarkt verringern. In diesen Zusammenhang passen die zahlreichen Versuche der Sender, mit TV-Shopping und E-Commerce-Portalen im Internet weitere Möglichkeiten der Finanzierung zu nutzen.

Insgesamt stehen den Medienanbietern eine Vielzahl von direkten oder indirekten Finanzierungsoptionen zur Verfügung (vgl. Zerdick 1999, 25). Dabei lassen sich die direkten Erlösformen in nutzungsabhängige und nutzungsunabhängige differenzieren. Nutzungsabhängige Modelle erfolgen als Einzeltransaktionen, die Höhe des Zahlbetrages richtet sich nach Leistungsmenge oder Leistungsdauer.

In vielen Fällen wird jedoch nur für die Schaffung einer Nutzungsoption gezahlt, der den Anbieter vor allem interessierende Kauf muss nicht zwingend die Nutzung nach sich ziehen, so werden gekaufte Printmedien in vielen Fällen nur ausschnittweise genutzt und bereits angeschaffte Bücher ein zweites Mal erworben, diesmal als Hörbuch in der Hoffnung, sich den Inhalt so schneller erschließen zu können. Ähnliches gilt insbesondere bei Kinder- und Jugendmedien, wenn z.B. Eltern Kaufentscheidungen treffen, die nicht den Interessen der Kinder entsprechen. Bei den nutzungsunabhängigen direkten Erlösformen gibt es solche, die nur einmalig auftreten und andere, die periodisch wiederkehren. Einmalige Ausgaben sind z.B. solche für die Anschaffung von speziellen Empfangsgeräten, Lizenzgebühren für die Nutzung von Software oder Anschlussgebühren für den Zugang zu Distributionsnetzen. Regelmäßig wiederkehrende Erlösformen sind das Abonnement und regelmäßig zu zahlende Gebühren wie z.B. die Rundfunkgebühr oder die Grundgebühr für das Telefon. Nutzungsunabhängige Erlöse haben den Vorteil, dass mit ihnen in der Regel eine feste Planungsgröße für die Einschätzung der eigenen finanziellen Mittel besteht. Allerdings eignen sich die verschiedenen Medien in unterschiedlichem Maße für die verschiedenen Erlösformen: Kinofilme, Romane oder Musik als Abonnement für Geld zu beziehen, ist nur für eine geringe Zahl von Spezialisten von Interesse. Neben den direkten Möglichkeiten, für ein Produkt Erlöse zu erzielen, gibt es noch die Möglichkeit, indirekt Erlöse zu generieren. Diese kommen dann entweder von Unternehmen oder werden als Subvention vom Staat gezahlt. Aufgrund der in der deutschen Verfassung verankerten Staatsferne der Medien ist Letzteres in Deutschland nur in einigen wenigen Fällen, etwa beim Auslandsrundfunk der Fall. Eine wesentlich größere Rolle spielen die Unternehmen der Werbung treibenden Wirtschaft, die mit ihren Investitionen den weitaus größten Teil des privaten Rundfunks finanziert. Auf allen diesen Ebenen sollen Markenstrategien dazu beitragen, sich im Wettbewerb um die Ressourcen Geld und Zeit/Aufmerksamkeit durchzusetzen.

Exkurs: Der Neue Markt und die Medienmarken

Als im Jahr 1998 der Neue Markt startete und mit der Multimediaentwicklung viele Hoffnungen auf eine positive ökonomische Entwicklung verknüpft waren, begann eine Vielzahl von Firmen, sich die Rechte für die Auswertung von attraktiven Marken zu sichern. Mit den erworbenen Lizenzen für die Nutzung von Rechten an populären Figuren und Marken gelang es vielen Unternehmen, vor allem auf dem Börsenparkett eine erfolgreiche Karriere zu starten, weil sie die Erwartungen der Investoren in die künftigen Möglichkeiten der Auswertung der Lizenzen schürten. Das Geschäftsmodell sah häufig vor, die im Paket eingekauften Rechte entweder einzeln für eine weitaus größere Summe weiter zu verkaufen oder einzelne besonders Erfolg versprechende Varianten der Nutzung der Lizenz selbst durchzuführen. Dieses Geschäftsmodell, dessen Grundlage die Bereitschaft von Interessenten ist, für die Nutzung einer solchen Lizenz in Verbindung mit eigenen Produkten zu zahlen, kann profitabel sein. Allerdings müssen auch die als Intermediäre zwischen Lizenzinhaber und Lizenznutzern antretenden Unternehmen eine Leistung erbringen, um für alle Beteiligten ein erfolgreiches Ergebnis zu erzielen. Mit Blick auf die traditionelle Wertschöpfungskette des Medienbereichs zeigt sich, dass die Leistung der Intermediäre bei der Konfektionierung, dem Packaging und möglicherweise in einigen Fällen bei der Distribution der Angebote liegt.

Der durch den Einsatz digitaler Technik ausgelöste Boom in diesem Bereich ergibt sich zum einen aufgrund der stark vereinfachten Distributions- und Manipulationsmöglichkeiten von digitalen oder digitalisierten Ausgangsmaterialien. Zum anderen spielte der Eindruck eine Rolle, dass Lizenzmarken zur Kenntlichmachung von Produkten im immer unübersichtlicher werdenden Angebot der Informationsgesellschaft stark an Bedeutung gewinnen würden. Der Boom führte dazu, dass z.T. utopische Summen für Rechtepakete erzielt wurden. So zahlte der einstige Star des Neuen Marktes EM.TV für die Jim Henson Company einen Betrag von 680 Millionen US-Dollar. Mit diesem Unternehmen erwarb man die Rechte zur Vermarktung der *Sesamstraße* und der *Muppetshow*.

Die gezahlte Summe lag offensichtlich beträchtlich über den möglichen Erlösen, die EM.TV aus der Vermarktung erzielen konnte; im Mai 2003 schließlich verkaufte EM.TV das Unternehmen an den ursprünglichen Verkäufer, die Familie Henson, zurück und erzielte dafür einen Verkaufspreis von 89 Millionen US-Dollar (vgl. N.N. 2003c). Mittlerweile ist der Börsenwert der meisten Unternehmen, die in diesem Geschäftsfeld tätig sind, erheblich eingebrochen. So sanken die Aktienkurse der Mitbewerber von EM.TV TV Loonland, RTV und BKN International im Geschäftsjahr 2002 um mehr als 90 Prozent.

Die entscheidende Voraussetzung für die Aktivitäten der Unternehmen, die am Neuen Markt notiert waren, lag in den von Investoren zur Verfügung gestellten finanziellen Mitteln. Da dies zu einem großen Anteil Kleinaktionäre waren, entwickelten die Unternehmen auch im Hinblick auf die Investoren Vermarktungsstrategien für ihre Aktien, im positiven Fall, um großen finanziellen Spielraum für ihre Geschäftstätigkeit zu bekommen, im negativen Fall, um sich zu bereichern. Diese Entwicklung der Kapitalmarktkommunikation wurde kritisch beurteilt, trug aber sicherlich dazu bei, die Entwicklung des Neuen Marktes zu verschärfen (vgl. Gentz 2003).

Im Rückblick scheinen die Erwartungen an die mit dem genannten Geschäftsmodell erzielbaren Gewinne bei weitem übertrieben gewesen zu sein. Die großen traditionellen Medienunternehmen waren mit den Schwierigkeiten, die sich in diesem Bereich ergaben, durchaus vertraut und behielten ihre zentralen Markenzeichen unter strenger Kontrolle. Da die Lokalisierung und Konfektionierung von Angeboten für internationale Märkte fester Bestandteil der Geschäftsprozesse in solchen global operierenden Unternehmen ist, war der Bedarf an neuen Partnern bei etablierten Marken gering. Ausländische Partner sind für solche multinationalen Medienunternehmen nur attraktiv, wenn sie eine intensivere und bessere Marktbearbeitung versprechen, als dies ohne sie möglich ist. So erklärt es sich, dass mittlerweile eine Vielzahl von Unternehmen in diesem Bereich entweder wirtschaftliche Probleme hat oder sich auf neue Geschäftsfelder und -modelle ausrichtet. So reduziert das Unternehmen Greenlight Media, die unter anderem das Merchandising von *SimsalaGrimm* betreuen, das Lizenzgeschäft; neben der Achterbahn AG geht mit der cult factor GmbH ein weiterer Lizenznehmer des *Herrn der Ringe* in Konkurs, andere Unternehmen wie die RTV Family Entertainment AG haben ähnlich wie EM.TV eine Sanierungsphase hinter sich oder wechselten mit ihren Rechten den Besitzer, wie die Dino Entertainment AG, die mit den Begleitheften zu *Gute Zeiten, schlechte Zeiten* und den deutschen Rechten an den *Simpsons*, *Star Wars* und *Digimon* im Jahr 2001 3,1 Mio. € Verlust erwirtschaftet hatte und erst 2002 740.000 € Gewinn erzielte. Neuer Besitzer ist die italienische Panini-Gruppe, die neben Fußballsammelbildern vor allem Superhelden-Comics vermarktet.

2.3 Wertschöpfungsketten und Geschäftsmodelle für audiovisuelle Medienangebote

Da sich das Projekt mit der Entwicklung von Markenphänomenen beschäftigt, die in Form unterschiedlicher Produkte auf dem Markt präsent sind, spielen im Hinblick auf die Strategien der Akteure auch die unterschiedlichen Finanzierungsoptionen für Medienangebote eine wichtige Rolle. Dabei zeigt sich, dass für die Entwicklung der Strategien der Anbieter der Einsatz digitaler Technik im Medienbereich von zentraler Bedeutung ist. Diese ermöglicht den Anbietern, kostengünstig und schnell unterschiedliche Produktvarianten durch die Nutzung digitaler Vorlagen zu erstellen. Auf diese Art werden die für Medienprodukte typischen First-Copy-Costs auf eine Vielzahl von unterschiedlichen Veröffentlichungsvarianten und -versionen verteilt (vgl. Siegert 2001, 109).

Die Auswertung von audiovisuellen Medieninhalten erfolgt traditionell in Verwertungsketten, die nach technischem Format, Verbreitungsregion und Veröffentlichungszeitpunkt strukturiert sind. Dabei wurde in der Vergangenheit die Auswertungsgeschwindigkeit ganz wesentlich von den technischen Vorgaben mitbestimmt. Hinzu kommt, dass aufgrund des Einsatzes digitaler Technik mit vergleichsweise überschaubaren Kosten sowohl unterschiedliche Versionen als auch Varianten eines einzelnen Ausgangsproduktes hergestellt werden können. Die Unterscheidung zwischen Versionen und Varianten orientiert sich an der gestalterischen und inhaltlichen Ähnlichkeit zum Ausgangsprodukt. Während ein Kinofilm auf DVD oder Video eine nahezu identische Version des Ausgangsproduktes ist, unterscheidet sich das Videospiel zum Kinofilm in den meisten Fällen abgesehen von einigen Elementen erheblich vom Ausgangsprodukt. So können bei Zeichentrickfilmen Bilder und Szenarien technisch leichter in andere Formate wie z.B. Videospiele übertragen werden, als dies bei Filmen mit lebenden Darstellern der Fall ist. Dass die Übergänge auch in diesem Bereich mittlerweile fließend werden, zeigen die computeranimierten Figuren wie *Gollum* in der Verfilmung von *Der Herr der Ringe* oder die aufwändige Tricktechnik in den neuen Folgen zum *Krieg der Sterne*.

Abbildung 2.1: Wertschöpfungskette für audiovisuelle Inhalte

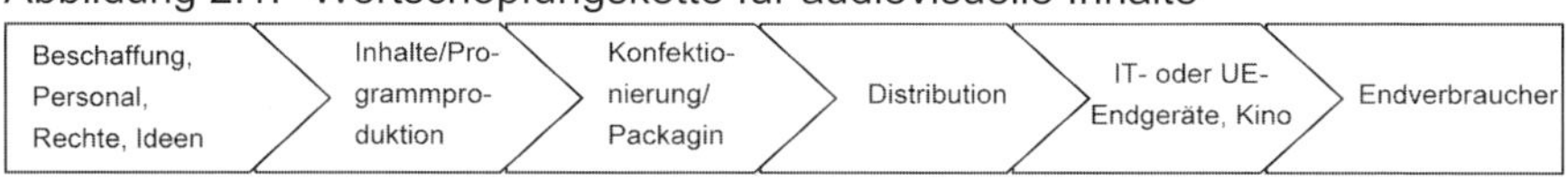

Betrachtet man diese einfache schematische Darstellung der Wertschöpfungskette für audiovisuelle Medien, so zeigt sich, dass der Einsatz digitaler Technik in Produktion, Distribution und bei der Nutzung möglicherweise zu erheblichen

Veränderungen führt, die im Folgenden für die verschiedenen Angebotsformen genauer betrachtet werden.

2.3.1 Film

Betrachtet man die klassische Auswertung eines Kinofilms, so erfolgte diese in der Vergangenheit in zeitlich aufeinander folgenden Profit-Windows, die sich an den technischen Möglichkeiten für die Auswertung des Angebotes orientierten. Amerikanische Filme kamen in der Vergangenheit in Deutschland in der Regel einige Monate später als in den USA auf den Markt, da das Filmstudio die Auswertung nach Verbreitungs- und Sprachräumen organisierte, die Organisation des Marketings und der produktionstechnische Aufwand z.B. bei der Synchronisation verhinderten in vielen Fällen eine simultane Auswertung auf mehreren Märkten. Die folgende Übersicht verdeutlicht, welche Folgen die unterschiedlichen Vorgaben für die traditionelle Auswertung von Kinofilmen auf den Zugang des Publikums zum Film haben.

Wie man deutlich erkennen kann, gibt es unterschiedliche nationale Bedingungen für die Auswertung von Kinofilmen. Diese folgen in Belgien und Frankreich unter anderem stark kulturpolitischen Vorgaben, so erleben Fassungen in französischer und flämischer Sprache in Belgien bei der Videoauswertung eine unterschiedliche Behandlung, in Frankreich gelten für die Auswertung im „Free-TV“ spezielle Vorgaben für Produktionen mit französischer Beteiligung. Die ersten Stufen bei der Auswertung eines Filmes an der Kinokasse, durch den Verkauf als Video oder DVD, im Pay-per-View oder Pay-TV sind durch die direkte Bezahlung für das Angebot gekennzeichnet.

Bevor der Film auf eine Ebene kommt, auf der er indirekt finanziert wird, bemühen sich die Anbieter, einen möglichst hohen Anteil der Erlöse auf direktem Weg zu erzielen. Die Gründe hierfür liegen vor allem darin, dass aufgrund des harten Wettbewerbes unter den Filmstudios die Zeitfenster, in denen ein Spielfilm über eine prominente und exklusive Position verfügt, beständig kleiner werden. In der Wertschöpfungskette haben sich zwischen 1980 und 2000 erhebliche Verschiebungen ergeben, die zeigen, dass der an den Kinokassen erzielte Erlösanteil von mehr als 50 Prozent mittlerweile auf knapp 30 Prozent gesunken ist. Der größte Anteil an den Erlösen wurde von den Filmstudios auf dem Markt für Videokassetten erzielt, hier stieg der Erlösanteil von sieben Prozent im Jahr 1980 auf über 38 Prozent im Jahr 2000 (Vogel 2001, 62). Ein weiterer erheblicher Anstieg ist bei den im ausländischen Fernsehen erzielten Erlösen zu verzeichnen, hier stieg der Erlösanteil von 2,5 auf 6,9 Prozent. In diesem Zeitraum stiegen die Erlöse der Studios von knapp 4 Mrd. $ auf über 20 Mrd. $, so dass trotz dieser Verschiebung bei der Verteilung der Erlöse in allen Bereichen ein Erlöswachstum zu verzeichnen ist.

Abbildung 2.2: Windowing bei Filmen

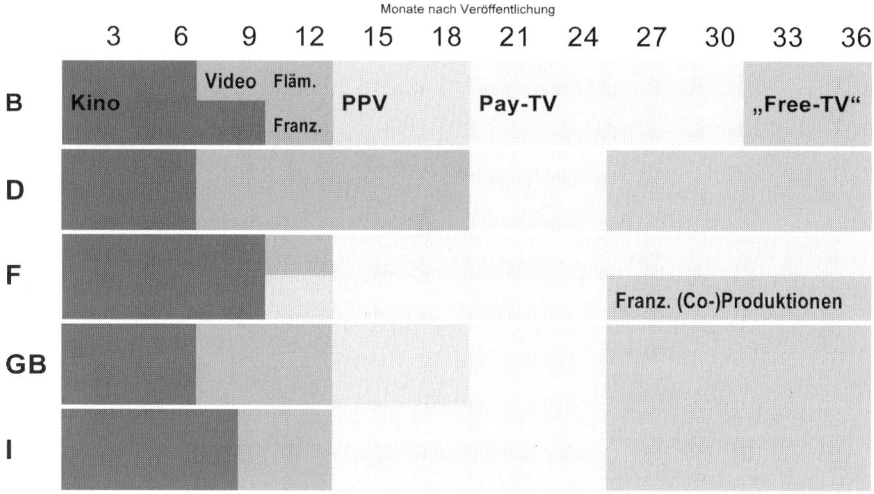

So wurden in den letzten Jahren von den Distributionsunternehmen die Veröffentlichungstermine in der attraktiven Weihnachtszeit schon langfristig verplant. In diesem Zeitraum erscheinen die Verfilmungen der Bestseller *Harry Potter* und *Der Herr der Ringe*, außerdem erscheint zu Weihnachten traditionell ein Zeichentrickfilm des Disney-Konzerns, konzernintern sind für die nächsten sieben Jahre bereits die geplanten Titel bekannt. Außerdem sind die Möglichkeiten der regionalen Differenzierung von Veröffentlichungsterminen mittlerweile nicht mehr so groß, wie dies in der Vergangenheit war. Aufgrund der ausgeprägten Medienberichterstattung und vor allem durch die Möglichkeit, sich über das Internet im Startland des Films zu informieren, entscheidet der Erfolg in den ersten beiden Wochen in der Regel bereits darüber, ob das Projekt insgesamt zum Erfolg wird (Schweitzer 1996, 217). Neben steigenden Produktionskosten, die sich bei vielen Großprojekten aus dem Einsatz digitaler Technik ergeben, tragen auch die aufgrund der Konkurrenz steigenden Marketingkosten zu erheblich wachsendem Kapitalbedarf bei. Aus diesem Grund binden die Produktionsstudios einerseits externe Kapitalgeber ein, um ihr Risiko zu verringern, andererseits werden möglichst viele Optionen genutzt, bereits vor Produktionsstart Lizenzverträge zur Nutzung von Verwertungsmöglichkeiten neben dem Film zu schließen. So zahlte z.B. der Spieleproduzent Electronic Arts zu einem sehr frühen Zeitpunkt 10 Mio. $ für die Rechte, Computer- und Videospiele zu der Filmtrilogie um den *Herrn der Ringe* produzieren zu können. Aber auch externe Kapitalgeber, etwa Medienfonds, versuchen, eine Beteiligung an den neben der Auswertung des Films erzielbaren Erlösen zu erhalten. Neben dem traditionellen Merchandising, das Marketingzwecken dient, hat der Verkauf von Lizenzrechten, das Licensing, mittlerweile erheblich an Bedeutung gewonnen. Licensing ist die profitorientierte Vergabe von Nutzungsrechten (vgl. Böll 1999, 5). Durch den Erwerb von Nutzungsrechten können Unternehmen von der für das Kernprodukt durch das intensive Marketing erzielten Aufmerksamkeit profitieren, wenn sie z.B. in dem Zeitraum, in dem der Film intensiv beworben wird, entsprechende grafisch gestaltete Produkte auf den Markt bringen. In diesem dynamischen Umfeld wird eine Vielzahl der unterschiedlichsten Marketingstrategien eingesetzt, die zum großen Teil eine auf das jeweilige Projekt zugeschnittene Mischung traditioneller Strategien sind.

Abbildung 2.3: Wertschöpfungskette Filmproduktion

Betrachtet man die Wertschöpfungskette bei einer Filmproduktion (siehe Abbildung 2.3), so zeigt sich, dass sich in der Produktion durch den Einsatz der digitalen Technik zahlreiche Zwischenprodukte ergeben, die mittlerweile als Bestandteile des Produktverbundes eine wichtige Rolle spielen. So werden Bilder von den Dreharbeiten und Szenen, die nicht in den Kinofilm kommen, Skizzen, digitale grafische Vorlagen etc. mittlerweile aufgrund des technischen Formats auswertbar. Alle diese Nebenprodukte, die bei der Herstellung des Filmes anfallen, sind geeignetes Material, um das Hauptprodukt mit Marketingmaßnahmen zu begleiten. So werden den Fernsehsendern für ihre Kinomagazine neben Filmausschnitten eine Vielzahl der unterschiedlichsten Materialien zur Verfügung gestellt, das „Making-of“ eines Films ist ein attraktives Programm für Filminteressierte, für das zusätzliche Erlöse fließen können.

Darüber hinaus lassen sich mit dem digitalen Material DVDs und CDs anreichern, eine Differenzierung des Angebotes in Form von speziellen DVD-Editionen ist eine Möglichkeit, einen Film, den das Publikum bereits im Kino gesehen hat, durch Beigaben für einen Kauf attraktiv zu machen. Vor dem Einsatz der digitalen Technik wurden Veröffentlichungen neuer Versionen im Kino als Director‘s Cut genutzt, um einen Film erneut auszuwerten. Der Einsatz der digitalen Technik hat so dazu geführt, dass die Leistungsfähigkeit von Produktion und Distribution verbessert wurde. Diese gewachsene Leistungsfähigkeit trägt auch dazu bei, dass mittlerweile der weitaus größte Teil der Erlöse, die mit einem Film erzielt werden, nicht mehr an der Kinokasse erzielt wird. So gehen die Analysten von Adams Media Research davon aus, dass lediglich 20 Prozent der Erlöse noch an der Kinokasse erzielt werden (N.N. 2003b).

Beim Wettlauf um die leistungsfähigste Infrastruktur zur Vermarktung über die verschiedenen Kanäle hat sich ein intensiver Wettbewerb unter den Anbietern ergeben, der zu gestiegenen Kosten geführt und damit der Konzentrationsentwicklung neue Dynamik gegeben hat. Die Auswertungskanäle, die in der Zukunft für Filme möglicherweise eine größere Rolle als das Kino spielen, sind die Vermietung des Films auf DVD oder Video, der Online-Verleih der Filme über das Internet als Video-on-Demand, der Verkauf von DVDs und Videos und die Auswertung im Fernsehen auf einer ersten Stufe bei Premium-Pay-TV-Kanälen als Pay-per-View bis zum werbefinanzierten Fernsehen. Hinzu kommen als mögliche Erlösquellen für den Film Licensing- und Merchandising-Einnahmen, wie am Beispiel des *Herrn der Ringe* angesprochen wurde.

Tabelle 2.1: Relation zwischen Produktionskosten, Einspielergebnis und Licensingergebnis
(Angaben in Mio. US-Dollar, nach Böll 1999, 55)

Filmtitel	Produktionskosten	Einspielergebnis	Licensingumsatz
Batman	50	600	1.000
Batman Returns	75	1.000	3.000
Jurassic Park	65	913	3.000
Jurassic Park II	75	800	1.000
Titanic	180	1.200	600
Star Wars	30	780	1.000

Die Höhe der in Tabelle 2.1 aufgeführten Licensingumsätze zeigt, welches ökonomische Potenzial in diesem Bereich liegen kann. Zu beachten ist bei dieser Übersicht, dass es sich um Licensingumsätze, nicht aber um Gewinne handelt.

Das Risiko bei einem solchen Einsatz ist hoch, denn wenn ein Film an der Kinokasse keinen Erfolg hat, können die Lizenznehmer ihre Investitionen in die Produktion und den Vertrieb der entsprechenden Angebote an den Handel nicht refinanzieren.

2.3.2 Computer- und Videospiele

Der Markt für Computer- und Videospiele hat sich in den letzten Jahren stark weiterentwickelt. Seit mehreren Jahren werden mit digitalen Spielen Umsätze erzielt, die mit denen der Hollywoodstudios an den Kinokassen vergleichbar sind (vgl. Lischka 2002, 131f). Die Märkte für Computer- und Videospiele unterscheiden sich im Hinblick auf die Stellung einzelner Akteure stark. Auf der einen Seite ist der Markt für Computerspiele dadurch geprägt, dass Hard- und Softwareproduzenten voneinander praktisch unabhängig sind. Auf der anderen Seite kontrollieren im Bereich der Videospiele einige Anbieter das Marktgeschehen auf mehreren Ebenen. Beide Märkte unterscheiden sich deshalb im Hinblick auf die Geschäftsmodelle und Kooperationsformen, die angewendet werden.

Technisch ähneln sich diese Angebote stark, beide Arten digitaler Bildschirmspiele werden mit ähnlichem technischem Equipment genutzt. Grundlage ist ein kleiner Computer, der die wesentlichen Elemente zur Bewältigung der Rechenoperationen und Darstellung der Grafik enthält, hinzu kommen ein Bildschirm und ein Eingabegerät. Ein wesentlicher Unterschied der Vergangenheit, der Video- und Computerspiele voneinander unterschied, gilt heute nicht mehr: In der Vergangenheit war bei vielen Videospielen Hard- und Software untrennbar miteinander verbunden, mittlerweile ist die Austauschbarkeit der Software, wenn auch durch die jeweilige Plattform eingeschränkt, die Regel.

2.3.2.1 Computerspiele

Für diese Form digitaler Spiele wird mit dem PC eine universelle technische Plattform genutzt, die neben der Nutzung von Bildschirmspielen auch für andere Tätigkeiten eingesetzt wird. Die Entwickler und Anbieter von Computerhardware sind nur in wenigen Fällen mit Anbietern aus dem Softwarebereich verbunden, hinzu kommt, dass einzelne Anbieter in der Regel gegeneinander austauschbare Komponenten entwickeln, die häufig erst vom Handel zu einem Gesamtangebot zusammengestellt werden. Diese einzelnen Komponenten sind z.B. Laufwerke, Speichermedien, Grafikkarten, Eingabegeräte und Monitore. Hinzu kommt in einem solchen Paket häufig Software, die neben einem Betriebssystem z.B. auch Office-Anwendungen und Computerspiele enthalten kann.

Diese wechselnden Konfigurationen der Plattform stellen die Entwickler von Computerspielen vor große Herausforderungen, denn ihr Angebot muss unter variablen Konfigurationen eine möglichst hohe Leistung bringen. Neben den sich aus der Unterschiedlichkeit der Hardware-Konfigurationen ergebenden Problemen ist auch die Entwicklungsgeschwindigkeit in diesem Bereich aus Sicht der Entwickler eine zusätzliche Schwierigkeit, da mit Blick auf die Entwicklungszeit eines Computerspiels von etwa 1,5 bis 2,5 Jahren technische Verbesserungen bei der Prozessor- und Grafikleistung immer wieder berücksichtigt werden müssen (vgl. Janson 2002, 30).

Diese technischen Rahmenbedingungen sorgen dafür, dass Zeit der wesentliche Faktor ist, der den Lebenszyklus und die Auswertung eines Computerspiels bestimmt. So starten Computerspiele mit einem recht hohen Preis von ca. 50 € in den Handel, innerhalb kurzer Zeit jedoch wird dieser Preis in mehreren Stufen gesenkt, bis das Spiel schließlich eventuell als kostenlose Beigabe auf einer Spielezeitschrift landet. Verantwortlich für diesen Preisverfall ist neben der inhaltlichen vor allem die technische Aktualität, da die nachdrängenden Titel in der Regel bereits technisch verbessert sind und ihren Käufern mehr Spielspaß versprechen. Aufgrund dieser Situation bei der Auswertung der Spiele stehen die Publisher unter einem ähnlichen Premierendruck, wie dies bei den Filmanbietern der Fall ist. Ihnen blieben aber in der Vergangenheit weitere Märkte für die Auswertung ihrer Produkte verschlossen, lediglich Spielideen und Prinzipien sowie die Pflege einer Community über einen längeren Zeitraum ermöglichten es, aus der Vorlage eines erfolgreichen Spiels über das Einzelprodukt hinaus Erlöse zu erzielen. So entwickelte sich bei Computerspielen eine große Serialität, Spiele wurden in verschiedenen Variationen mit den gleichen Hauptfiguren und ähnlichen Inhalten und Steuerungselementen entwickelt. Einige dieser Serien haben mittlerweile Millionenauflagen erzielt, auch weniger gelungene Folgen finden in einer stabilen Fangemeinde ihren Absatz, so gibt es zu Bestsellern wie *Tomb Raider*, *Civilization* und *Myst*, die weltweit millionenfach verkauft wurden, mehrere Fortsetzungen.

Einige populäre Computerspiele sind mittlerweile zu Vorlagen für entsprechende Kinofilme geworden, die Filmindustrie erwarb von den Rechteinhabern die Lizenz, entsprechende Filme zu produzieren. So kam die Heldin des Computerspiels *Tomb Raider, Lara Croft*, mittlerweile schon im zweiten Film zum Einsatz. Bei der gemeinsamen Auswertung von Spiel und Film zeigt sich jedoch, dass Schwächen in einem der beiden Angebote Folgen für die Vermarktung des anderen Produkts zumindest in der öffentlichen Diskussion haben können. So wird intensiv diskutiert, ob das aktuelle, als schwach beurteilte Computerspiel mit der Heldin Lara Croft, das vom Entwicklerstudio Core für Eidos entwickelt wurde, und die damit bei den Fans ausgelöste Enttäuschung negative Folgen für die Zuschauerzahlen des Kinofilms haben werden (vgl. Mischkowski 2003). Das börsennotierte Unternehmen Eidos reagierte auf die fehlende Qualität des Produktes und entzog dem Studio Core die Entwicklung des nächsten Teils der Serie, der im Jahr 2005 erscheinen soll (Holowaty 2003a).

Bei einem Zusammenspiel von Akteuren aus dem Bereich der Computerspiele und der Filmindustrie waren in der Vergangenheit in der Regel die Filmstudios bestimmend. Das Interesse der Filmstudios war es in der Vergangenheit, einen möglichst hohen Preis für ein gut zu vermarktendes Angebot zu erzielen. Eine Folge dieser erlöszentrierten Lizenzvergabe war eine schwach ausgeprägte Qualitätskontrolle, die dazu führte, dass Spiele zu Kinofilmen häufig nicht dem Standard erfolgreicher Spiele entsprachen. Mittlerweile jedoch bemühen sich die Lizenzinhaber, Partner zu finden, mit denen auch für das Computerspiel ein akzeptabler Standard gesichert werden kann. So wird einerseits das Zusammenspiel der Angebote für die Entwicklung einer Marke genutzt, andererseits wird der Verkaufserfolg nicht durch schlechte Kritiken gefährdet.

2.3.2.2 Videospiele

Im Gegensatz zu Computerspielen werden Videospiele mit einer Plattform genutzt, die vollständig für dieses Angebot entwickelt wurde, den Spielkonsolen. In den letzten Jahren ist dieser Markt erheblich in Bewegung geraten, nachdem sich mit Microsoft ein neuer Wettbewerber darum bemüht, Marktanteile zu gewinnen, und sich mit Sega ein anderer Wettbewerber als Hardwareanbieter zurückzog. Spielkonsolen nutzen den Fernseher als Bildschirm. Die Ausnahme von dieser Regel sind die diversen Varianten des Game Boy von Nintendo, diese mobile Spielkonsole verfügt über einen eingebauten Bildschirm. Bei Spielkonsolen handelt es sich um proprietäre Plattformen, Softwareanbieter, die Konsolenspiele herstellen wollen, sind gezwungen, Lizenzen zu erwerben um einen entsprechenden Titel für eine solche Plattform anbieten zu können. Auf diese Art haben die Konsolenanbieter ein hohes Maß an Kontrolle über die für die jeweiligen Plattformen verfügbaren Titel und können das Angebot populärer Spiele steuern (vgl. Gieselmann/Zota 2002).

Das Geschäftsmodell bei Spielkonsolen beruht bisher darauf, zunächst die Hardware in möglichst großer Zahl beim Publikum zu verbreiten. Dafür nehmen die Anbieter auch in Kauf, dass die Preise der Konsolen nicht kostendeckend sind. Die Erlöse werden dann über den Verkauf der Software erwirtschaftet, die im Vergleich zu Computerspielen wesentlich teurer ist. So lag im Jahr 2002 der durchschnittliche Preis für ein Computerspiel bei 21,30 €, 2001 lag der Preis noch bei 20,01 €. Verantwortlich für diesen geringen Durchschnittspreis ist das bereits angesprochene Downpricing der Spiele in ihrem Produktlebenszyklus.

Diesen Effekt gibt es in dieser Form für Konsolenspiele nicht, zur jeweils aktuellen technischen Plattform passt die technische Leistungsfähigkeit der Software. Im Gegensatz zu PC-Spielen kosten Spiele für Konsolen erheblich mehr. Für die PS one, die älteste und technisch bereits überholte Konsole von Sony lag der Durchschnittspreis für ein Spiel 2002 bei 21,38 €, 2001 betrug er noch 24,54 €. Spiele für die aktuellen Konsolen sind erheblich teurer (Angaben des Verbands der Unterhaltungssoftware Deutschland e.V.). So kostet ein Spiel für die PS2 48,87 €, für Nintendos Gamecube 54,06 € und für die Xbox 57,79 €. Einen erheblichen Unterschied in den durchschnittlichen Preisen für Spiele gab es beim Game Boy von Nintendo. Lag dieser 2001 noch bei 46,78 € so fiel er 2002 auf 30,45 €. Verantwortlich für diesen vermeintlichen Preissturz ist ein Generationenwechsel der Hardware: Mit dem Game Boy Advanced (GBA) wurde 2002 eine neue Plattform vorgestellt, die den alten Game Boy ablöste. Spiele für den GBA kosten etwa so viel wie der Durchschnittspreis 2001, Spiele für den Vorgänger hingegen sind im Durchschnitt billiger geworden. In der Zukunft könnte sich das Geschäftsmodell des Konsolenmarktes ändern, wenn die geplanten Online-Netzwerke mit der Möglichkeit, Spiele zu abonnieren, neue Erlösquellen eröffnen (vgl. Schmitt 2003).

Zur Zeit sind es vor allem drei Wettbewerber, die sich den Markt der Konsolen aufteilen: Microsoft, Nintendo und Sony. Dabei ist Microsoft als Neueinsteiger nur mit einer Variante seiner Hardware vertreten, der Xbox, während Sony zwei verschiedene Versionen der PlayStation anbietet, die technisch überholte PS one und die aktuelle Konsole PS2. Die beiden aktuellen Konsolen dieser Anbieter sind technisch sehr leistungsfähig und erlauben ähnlich wie der PC einen multifunktionalen Einsatz als Spielkonsole, DVD-Abspielgerät und mit entsprechenden Erweiterungen als Personal Video Recorder (PVR). Im Gegensatz zum PC, dessen Ursprung die Workstation ist, sind diese Konsolen jedoch auch bei ihren Erweiterungen komplett auf Entertainment ausgelegt. Als Sony die PlayStation entwickelte, war die Namensgebung bewusst als Gegensatz zur Workstation angelegt, eine der folgenden Generationen wird womöglich den Namen Entertainmentstation tragen und wesentliche Elemente heutiger Unterhaltungselektronik miteinander verbinden (vgl. Asakura 2000, 30). Sowohl Microsoft als auch Sony bemühen sich offenbar, mit ihren Konsolen einen prominenten Platz im Wohnzimmer in der Nähe des Fernsehers zu erobern. Im Gegensatz zu den Mitbewerbern bemüht sich der frühere Marktführer Nintendo, weiterhin die Herrschaft im Kinderzimmer zu behalten. Beim Wettbewerb um das Erreichen der kritischen Masse, die den Softwareverkauf zum lukrativen Geschäft werden lässt, sind Microsoft und Sony zu zahlreichen Kompromissen bereit. Da Sony den Vorteil hat, dass auch Spiele der alten Konsole mit der neuen Hardware genutzt werden können, gibt es eine Vielzahl von Titeln, die mit der PS2 nutzbar sind. Um diesen Wettbewerbsnachteil aufzuholen, hat

Microsoft sich bemüht, viele Spiele als Lizenz für die Xbox auf den Markt zu bringen, die bereits bekannt sind. Dabei wurden auch eine Vielzahl von Spielen zu Kinofilmen und Serien ins Angebot genommen. Als Resultat beteiligte sich auch Sony an der Jagd nach attraktiven Lizenzen und konnte dabei auf eigene attraktive Inhalte zurückgreifen, etwa bei der Entwicklung des Spiels zu den Filmen *Drei Engel für Charlie* und *Spiderman*. Im Film *Triple X,* der ebenfalls von Sony produziert wurde, stößt der Held in einer spannenden Aktion den Schrei „Think PlayStation" aus, der Hinweis auf das erst nach dem Filmstart fertig gewordene Spiel (vgl. Janson 2003, 33). Einzig Nintendo hält sich in diesem Wettbewerb der neuen Konsolen zurück. Wirtschaftlich ist das Unternehmen den Mitbewerbern unterlegen, so dass sich Nintendo nach Aussage des Deutschland-Geschäftsführers Axel Herr wieder auf seine Dominanz bei den jungen Zielgruppen konzentriert (vgl. Lübberstedt 2003).

Die für Nintendo wichtigste Plattform ist dabei der in den achtziger Jahren eingeführte Game Boy, der in seinen verschiedenen Varianten weltweit mittlerweile mehr als 130 Millionen mal verkauft wurde. Die Dominanz des Game Boys als mobile Spielkonsole, der Marktanteil beträgt mehr als 90 Prozent, wird in der Zukunft vor allem in der jungen Zielgruppe stabil bleiben, da sich eventuelle Wettbewerber offenbar auf ältere Kunden konzentrieren. So sind Kombinationen aus mobiler Spielplattform und Handy wie der N-Gage von Nokia offensichtlich zur Zerstreuung junger Erwachsener geplant, die für Unterhaltungsdienste zahlungsbereit sind (vgl. Holowaty 2003b, 29). Möglicherweise löst das Gerät den Game Boy bei älteren Zielgruppen als Spielplattform ab.

Aufgrund der praktisch konkurrenzlosen Stellung des Game Boy wird diese Spielplattform nicht mit Verlust angeboten, sondern beschert dem Unternehmen Gewinne. Im Gegensatz zum Geschäft mit den großen Konsolen, bei denen die Anbieter auf die Erlöse aus dem Verkauf der Software angewiesen sind, verdient Nintendo sowohl an der Hardware als auch an der Software. Um den Verkauf der Hardware zu forcieren, ist es für Nintendo wichtig, immer wieder Softwaretitel auf den Markt zu bringen, die in den jungen Zielgruppen erfolgreich sind. Dabei wendet Nintendo sehr erfolgreich die traditionelle Strategie an, Software in Variationen über einen längeren Zeitraum zu veröffentlichen, so gibt es eine Vielzahl von Varianten von *Pokémon* für den Game Boy, die aktuellen Varianten sind Saphir und Rubin, die wieder zu Verkaufsschlagern werden (vgl. Steininger 2003, 10). Das Unternehmen bemüht sich dabei erfolgreich, sein Angebot global zu vermarkten, die einzelnen Spiele werden, für den jeweiligen Verbreitungsraum modifiziert, weltweit veröffentlicht. Neben dem Kernprodukt gibt es zusätzlich eine Reihe von Lizenzprodukten, die in Kooperation mit regionalen Partnern im jeweiligen Markt platziert werden und die neben finanziellen Erlösen auch dabei helfen, die Aufmerksamkeit für das Kernprodukt zu sichern.

Solche Partner sind neben den Fernsehveranstaltern z.B. die Hersteller von Sammelbildern, die ihrerseits von der Beliebtheit dieser Marke profitieren können (vgl. Dreier 2001, 11).

2.3.3 Fernsehen

Die unterschiedlichen Rahmenbedingungen für den öffentlich-rechtlichen und privaten Rundfunk wirken sich vor allem aufgrund der unterschiedlichen Finanzierungsbedingungen auf das Verhalten der einzelnen Akteure aus. Während die öffentlich-rechtlichen Sender über Gebühreneinnahmen verfügen, deren Höhe ihnen bekannt ist und die für eine Gebührenperiode konstant sind, unterliegen die Einnahmen der privaten Veranstalter konjunkturellen Schwankungen. Dies führt dazu, dass bei den kommerziellen Anbietern vor allem mit Blick auf die Werbekunden Entscheidungen über die Produktion eigener Angebote gefällt werden und die Bereitschaft, finanzielle Risiken einzugehen, nur in geringem Maße vorhanden ist. Im Mittelpunkt des Geschäftsmodells der werbefinanzierten Veranstalter steht der Werbemarkt, die dort für die Vermarktung der Werbezeiten erzielten Erlöse müssen die Aufwendungen des Senders übertreffen, wenn er wirtschaftlich erfolgreich sein will. Ein langfristiges Engagement in der Programmproduktion auf hohem Niveau ist aufgrund der Schwankungen unterworfenen Einnahmensituation problematisch, da die so gebundenen Ressourcen nicht zur Verfügung stehen. Der bisher wenig erfolgreich verlaufende Start des Pay-TV in Deutschland hat dazu geführt, dass auch in diesem Teil des privaten Rundfunks nur wenige Eigenproduktionen entstanden sind. Aufgrund der neuen Gesellschafterkonstruktion mit der Beteiligung des amerikanischen Unternehmers Saban ist zu erwarten, dass neben den vorhandenen Ausstrahlungsrechten bei den Inhalten unter anderem auf Produktionen von amerikanischen Unternehmen zurückgegriffen wird, so dass eine Ausweitung der Produktion nicht zu erwarten ist.

Im Gegensatz dazu sind die öffentlich-rechtlichen Veranstalter aufgrund der Gebührenfinanzierung von konjunkturellen Schwankungen weniger stark abhängig, auch wenn ein Teil der Erlöse durch Werbung erzielt wird. Traditionell wird ein großer Anteil des Programms durch Eigen- oder Auftragsproduktionen bestritten. Dabei ist es in einigen Fällen zur Entwicklung von Angeboten gekommen, die mittlerweile auf eine lange Laufzeit zurückblicken können. Dazu zählen der *Tatort* aber auch die in Kooperation mit dem Children‘s Television Workshop produzierte *Sesamstraße* oder die *Sendung mit der Maus*. Eigenproduzierte Programme werden bei den öffentlich-rechtlichen Veranstaltern mehrfach ausgestrahlt, auf eine Ausstrahlung im ersten Programm folgen häufig Ausstrahlungen in den dritten Programmen oder gegebenenfalls auf PHOENIX oder dem Kinderkanal. Dabei konzentrieren sich die deutschen öffentlich-rechtlichen Veranstalter bei der Ausstrahlung der Eigenproduktionen im wesentlichen auf die eigenen Sender. Andere Wege geht in diesem Bereich die britische BBC, die sich erfolgreich darum bemüht, ihre Programme weltweit auszuwerten (vgl. Doglio 2000). Im Mittelpunkt der Strategie steht die Entwicklung von Marken, die in vielen verschiedenen Formaten variabel ausgewertet werden können.

Mit der Differenzierung der Verbreitungswege ergeben sich auch für traditionelle Fernsehprogramme neue Auswertungsstufen. So ist es denkbar, dass erfolgreiche Serien und Fernsehfilme vor dem öffentlich zugänglichen Fernsehen zunächst als Pay-Angebot in den verschiedenen Stufen ausgewertet werden. Dies kann bei einer digitalen Übertragung von Inhalten Video-on-Demand, Near-Video-on-Demand, Pay-per-View, Pay-per-Channel, Pay-TV umfassen. Außerdem werden mittlerweile nicht nur Spielfilme sondern auch eine Vielzahl von Fernsehserien auf Video und DVD zum Kauf angeboten, so wurden einige Folgen der Kultserie *Enterprise* in Deutschland bislang nur auf Video und DVD verbreitet (vgl. Helmers 2003, 16). Für die Zukunft plant auch Super RTL eine Auswertung eigener Produkte auf dem Videomarkt, um zusätzliche Erlöse zu erzielen (vgl. Burgmair 2003, 14).

Abbildung 2.4: Wertschöpfungsfunktionen und Zahlungsströme auf dem deutschen Fernsehmarkt (nach Zerdick 1999, 57)

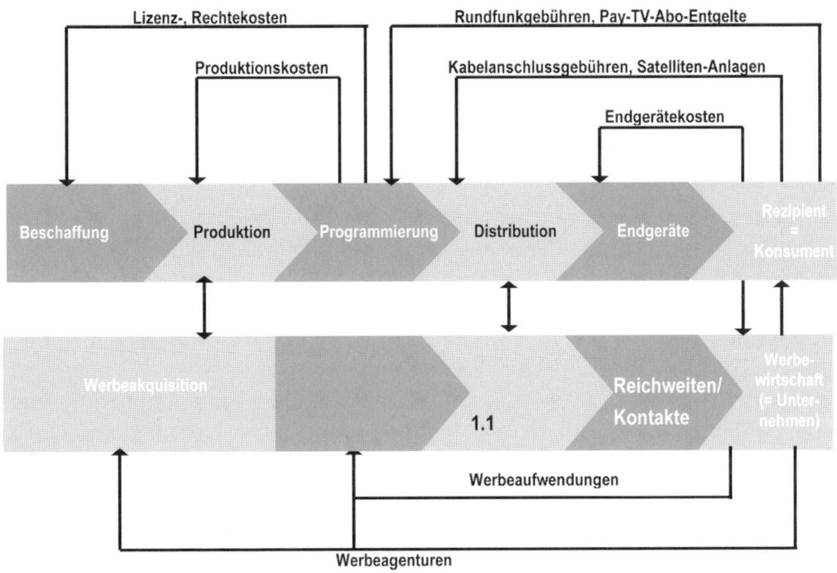

Aufgrund der Struktur des deutschen Fernsehmarktes, der durch Senderfamilien dominiert wird, ergeben sich auf der Ebene des frei empfangbaren Fernsehens weitere Auswertungsstufen. So kann ein Spielfilm je nach Aktualitätsgrad zuerst im wichtigsten Programm einer Gruppe laufen und dann an andere Kanäle weitergegeben werden. Außerdem kann die Auswertung des Spielfilms bei mehreren Ausstrahlungen auf einem Programm ebenfalls als Auswertungskaskade organisiert werden, indem beim Programming das jeweilige Umfeld der Ausstrahlung berücksichtigt wird (vgl. Karstens/Schütte 1999, 258f.). So lässt sich bei einigen Fernsehprogrammen, die für spezielle Zielgruppen besonders attraktiv sind, eine langfristige kontinuierliche Planung umsetzen, die es auch ermöglicht, für das Publikum Brücken zu ähnlichen Angeboten durch eine Platzierung im Umfeld dieser Sendung zu öffnen. So können alte Science-Fiction-Programme die Aufmerksamkeit des Publikums auf neue Angebote lenken, ebenso können bekannte Kinderserien im unmittelbaren Umfeld neuer Angebote positiv wirken.

Neben Eigen- und Koproduktionen müssen die Sender für die Ausstrahlung geeignete Inhalte erwerben. In der Regel geschieht dies, indem die Anbieter Nutzungsrechte für Programme in einem bestimmten Zeitraum von einem Rechteinhaber erwerben. Diese Nutzungslizenzen werden in der Regel in Paketen von den Lizenzinhabern angeboten. Die gängigen Modelle beim Kauf von Ausstrahlungsrechten sind Volume und Output Deals. (vgl. Karstens/Schütte 1999, 261f.) Die einfache Form des Erwerbs einer einzelnen Lizenz für ein bestimmtes Angebot ist die Ausnahme, kommt allerdings bei Serien vergleichsweise am häufigsten vor. Bei einem Volume Deal werden Lizenzen für ein Angebotspaket mit einem bestimmten Umfang erworben, bei dem einzelne Bestandteile des Paketes möglicherweise noch nicht vorliegen. Der Vorteil für den Lizenzanbieter ist, dass der Lizenznehmer sich auf diese Weise bereits an der Finanzierung eines Teils der Produktion beteiligt, der Vorteil des Lizenznehmers ist die Sicherung der Inhalte zu einem günstigeren Preis als beim Kauf der fertig gestellten Programme. Ähnlich funktioniert der Output Deal, bei dem in einem bestimmten Zeitraum produzierte Inhalte erworben werden. Das Risiko solcher Vereinbarungen liegt vor allem beim Erwerber, so dass aus seiner Sicht kein zu hoher Preis gezahlt werden kann.

Die mit dem Erwerb verbundenen Rechte umfassen die Bedingungen, unter den das Programm ausgestrahlt werden darf. Dabei werden Fragen der Länge der Laufzeit einer entsprechenden Lizenz und der Anzahl der möglichen Ausstrahlungen geregelt. Bei einem Paket-Deal werden möglicherweise auch zeitliche Vorgaben für die Ausstrahlung von Sendungen vereinbart. Weitere mögliche Klauseln in Lizenzverträgen sind im Fall von Serien die Zusicherung des Vorkaufsrechtes für weitere Staffeln, die Möglichkeit, Programme in einem kurzen

Zeitintervall ohne Anrechnung als Ausstrahlung zu wiederholen. Weiterhin werden in den Lizenzverträgen Fragen geklärt, die die Bearbeitung des Materials durch den Sender betreffen, etwa das Einfügen von Senderlogos, die Synchronisation, die Positionierung von Werbeunterbrechungen und eventuelle inhaltliche Änderungen durch Kürzungen oder Verlängerungen. Hinzu kommen in den Verträgen Regelungen, die die Möglichkeiten des Senders beim Umgang mit den Inhalten für die Produktion von Trailern und Programmhinweisen festlegen. Zusätzlich zu den Regelungen, in deren Mittelpunkt die konkreten Sendungen stehen, wird in den Verträgen auch festgelegt, ob der Sender das Recht bekommt, die Merchandising- und Licensingrechte auszuwerten und Material zu der Sendung im Internet zu veröffentlichen.

2.4 Zusammenfassung

Die wesentlichen Entwicklungen im Medienbereich, die dazu beitragen, dass es zu einer Ausweitung des Einsatzes von Markenstrategien kommt, sind im Wesentlichen durch den Einsatz der digitalen Technik in Produktion, Verbreitung und Nutzung von Medienangeboten beeinflusst. Eine Voraussetzung für die erfolgreiche Anwendung einer Markenstrategie ist das Erreichen eines Mindestmaßes an Bekanntheit in der Zielgruppe. Um dies zu erreichen, steht mittlerweile eine Vielzahl von Kanälen zur Verfügung. Besonders leicht gelingt es Angeboten, die bereits eine starke Bekanntheit in einer bislang begrenzten Zielgruppe haben, die neuen Möglichkeiten für sich zu nutzen. So werden multimediale Stars geschaffen, deren Herkunft bei der Auswertung an Bedeutung verlieren kann. Solche Entwicklungen sieht man bei den Bestsellern aus dem Buchmarkt ebenso wie bei den Computer- und Videospielen.

Die wachsende Zahl der Optionen für die Verbreitung von Inhalten eröffnet den Inhabern der Rechte neue Möglichkeiten, Erlöse zu erzielen. Generell ergibt sich für die Anbieter die Chance, durch eine Mischung der unterschiedlichen Finanzierungsoptionen für Medienangebote die Risiken zu minimieren. So können die geleisteten Investitionen möglicherweise bereits zu einem Zeitpunkt refinanziert werden, in dem vor allem Erlöse aus dem Verkauf von Produkten erzielt werden. Begünstigt wird dies dadurch, dass im Produktionsprozess der Medienangebote digitale Technik eingesetzt wird, die auf der Basis eines Ausgangsproduktes dazu geeignet ist, unterschiedliche Versionen und Varianten vergleichsweise schnell und kostengünstig herzustellen. Diese Bereitstellung von Varianten ist nicht nur für das Publikum, sondern auch für Werbekunden interessant, die sich von der Nutzung der Medienfiguren in Verbindung mit ihrem Produkt positive Effekte im Wettbewerb auf den jeweiligen Märkten erhoffen.

Außerdem hat der Strukturwandel und der damit einhergehende intensive Wettbewerb im Medienbereich dazu geführt, dass es zu neuen Akteurskonstellationen und Konzentrationsentwicklungen gekommen ist. So spielen einerseits die Anbieter von Computer- und Videospielen unter anderem als Lieferanten attraktiver vermarktbarer Figuren für traditionelle Medienunternehmen eine wichtigere Rolle als in der Vergangenheit, andererseits wird der Einsatz umfassender Strategien durch global operierende Medienunternehmen forciert. Die folgende Abbildung fasst die verschiedenen Elemente der umfassenden Auswertung eines publizistischen Ausgangsproduktes am Beispiel eines Filmes zusammen. Die unterschiedlichen Akteure haben bei der Nutzung der jeweiligen Auswertungsoption die Wahl, ob sie sich Risiko und Chance mit Partnern teilen oder eigene Strukturen aufbauen. Wenn es zum Aufbau eigener Strukturen kommt, liegt es für die Akteure nahe, diese beständig weiter zu nutzen und so ergibt es sich, dass ähnliche Folgeprojekte leichter realisiert werden können, als dies beim ersten Projekt der Fall ist.

Abbildung 2.5: Optionen der Auswertung publizistischer Produkte

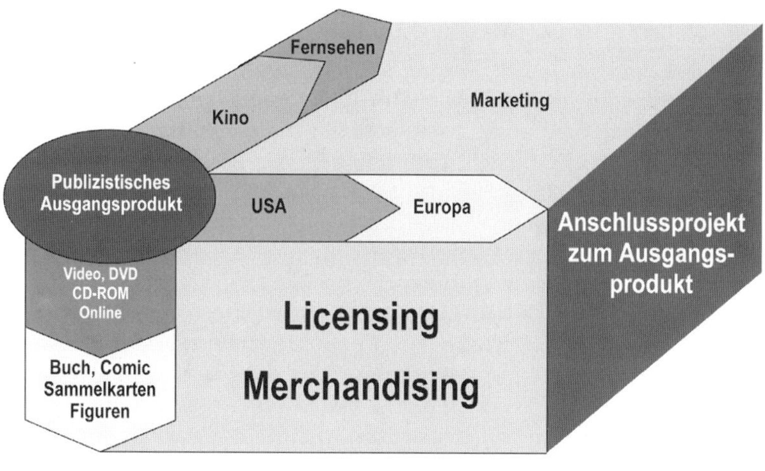

Da die Investitionskosten für Medienangebote besonders bei Filmen und Videospielen stark in die Höhe geschnellt sind, versuchen viele Akteure zum einen, die sich bietenden Erlösmöglichkeiten umfassend zu nutzen, und zum anderen, durch die Auswahl erfolgreicher Inhalte das eigene Risiko möglichst gering zu halten. Dies ist ein Grund für die Beliebtheit von Fortsetzungsfilmen oder den Transfer erfolgreicher Computerspiele in Kinofilme. Durch die umfassende Auswertung eines abstrakten Inhalts über verschiedene Kanäle soll sichergestellt werden, dass sich die enormen Investitionen in Produktion und Marketing auszahlen und das Angebot ein wirtschaftlicher Erfolg wird.

3 Der Aufmerksamkeitsmarkt der Kinder

3.1 Kanäle der Markenkommunikation

Aus der Sicht der Unternehmen ist ein Ziel der Marke, Aufmerksamkeit zu erregen und Orientierung zu bieten. Dies gilt auch für die Veranstalter von Fernsehprogrammen, die sich ebenfalls um eine Kommunikation ihrer Marken bemühen müssen. Um dieses Ziel zu erreichen, wird eine Vielzahl von Werbemaßnahmen eingesetzt, die über unterschiedliche Kanäle das Publikum erreichen. Bei der Wahl dieser Kanäle für die Markenkommunikation spielen die traditionellen Massenmedien in den meisten Fällen eine zentrale Rolle. Ein großer Teil der Markenkommunikation wird tatsächlich durch Werbung bestritten, hinzu kommen jedoch in Orientierung an den Interessen, Bedürfnissen und Erwartungen der Zielgruppen weitere Maßnahmen (vgl. Rossiter/Percy 2001, 533). Solche Kommunikationsinstrumente können letztlich alles sein, was im Rahmen der Public Relations genutzt wird. Instrumente externer PR sind Pressemitteilungen, Pressegespräche, Pressekonferenzen, Image-Broschüren, Sponsoring, Events, Messen, Wettbewerbe, Lobbying und entsprechende Internetauftritte. Zu den Instrumenten interner PR, die auch zwischen den an der Auswertung beteiligten Kooperationspartnern genutzt werden können, zählen z.B. interne Zeitschriften und Newsletter, unternehmensbezogene Feste und Ausflüge. Die Wahl der Kanäle, über die Markenkommunikation betrieben wird, hängt von einer Reihe von Faktoren ab. So ist die Frage, welche Kanäle am besten geeignet sind, um die Zielgruppe für die mit der Marke verbundenen Angebote tatsächlich zu erreichen. Die Eignung dieser Kanäle wird auch unter wirtschaftlichen Aspekten geprüft, neben den Kosten für die Marketingmaßnahmen müssen sie jedoch auch zur Marke passen.

Dabei variiert der Einsatz der Kanäle, die genutzt werden, je nach Kommunikationsziel. Beim Aufbau einer Marke stehen in der Regel Massenmedien im Mittelpunkt der Strategie, um einen möglichst großen Teil der Zielgruppe zu erreichen (vgl. Rossiter/Percy 2001, 538). Wenn dies gelungen ist und es um die Markenpflege und Stabilisierung des Images in einer bestimmten identifizierten Zielgruppe geht, werden auch andere Kommunikationskanäle genutzt, um zwischen der Marke und der Zielgruppe eine dynamische Beziehung herzustellen und zu pflegen (vgl. Joachimsthaler/Asker 2001, 559). Gerade bei jungen Zielgruppen ergeben sich neben den klassischen Massenmedien und ihrer Nutzung weitere Kontexte, um Beziehungen aufzubauen und zu pflegen. So hat z.B. Nintendo im Zuge der Einführung und Etablierung von *Pokémon* gezielt Events im Umkreis von Schulen veranstaltet, *Bob der Baumeister* tritt als Sponsor von Kindergärten auf (vgl. Spörl 2002, 19).

Bei der Analyse der verschiedenen Segmente der Lebenswelt der Jugendlichen zeigt sich, dass es eine Vielzahl unterschiedlicher Anknüpfungspunkte für die Markenkommunikation gibt. Im Kontext von Schule, Spielen, Freundschaftsbeziehungen und Peer-Kommunikation, technisch vermittelter Kommunikation über das Internet oder das Handy, Veranstaltungen und Sponsoring lassen sich auch unabhängig von den Massenmedien Markenbeziehungen aufbauen und pflegen. Dabei zeigt sich, dass diese unterschiedlichen Bereiche das Markenrepertoire der jungen Zielgruppen ebenfalls mitbestimmen. Das angesprochene Maß an Mindestbekanntheit, das die Voraussetzung für die Weiterentwicklung einer Marke ist, kann nicht nur im Medienbereich erzielt werden. Die prominentesten Beispiele für die Medienmarkentauglichkeit von Produkten kommen häufig aus dem Spielzeugbereich: So hat *Barbie* mittlerweile die Hauptrolle in mehreren Spielfilmen übernommen, und *Diddl* erfreut sich großer Beliebtheit bei den Kindern. In der Vergangenheit waren die 1993 gestarteten *Power Rangers* aus dem Unternehmen von Saban ein gutes Beispiel für die Möglichkeiten, die sich aus der Zusammenarbeit von Medienanbietern und Spielzeugherstellern ergeben. Der Fernsehsender Fox Kids, an dem Saban damals noch beteiligt war, und der Spielwarenhersteller Bandai erzielten gemeinsam einen großen wirtschaftlichen Erfolg, indem die Fernsehserie sowohl als Publikumsmagnet als auch als Werbung für Bandai-Produkte funktionierte (vgl. Zacherl 2001, 208ff.).

Bei der Entwicklung und Pflege von Marken auf der Ebene des werbefinanzierten Fernsehens für Kinder treten zwei Formen von Indirektheit auf, die für die Markenkommunikation nicht folgenlos sind: Die Finanzierung der Anbieter erfolgt erstens nicht direkt durch das Publikum, sondern indirekt durch die Werbekunden. Zweitens ist es für die Werbekunden, wenn sie Produkte verkaufen wollen, die für Kinder gedacht sind, aber von den Eltern gekauft werden, entscheidend, durch Markenkommunikation vor allem diese Zielgruppe zu erreichen, um das Ziel des Verkaufs von Produkten zu erreichen. Natürlich müssen auch die Kinder diese Marke akzeptieren, bei der Positionierung auf dem Aufmerksamkeitsmarkt wird allerdings eine prominente Stellung im Medienmenü der Familie angestrebt. Die Bedeutung der Markenkommunikation im Aufmerksamkeitsmarkt der Kinder steigt mit dem Einfluss, den diese bei der Anschaffung der entsprechenden Produkte haben. Dies erklärt, warum Lizenzen für die Produktion von Kleidungsstücken bei populären Medienfiguren in der Regel vergeben sind. Die Eltern entscheiden sich beim Kauf für ein Produkt, bei dem sie eine Akzeptanz des Kindes erwarten, weil dieses die entsprechende Marke akzeptiert. Umgekehrt erklärt dies auch die zahlreichen Marketingpartnerschaften von Produkten des täglichen Bedarfs wie Joghurt und Cornflakes, auf deren Auswahl die Kinder Einfluss haben.

Eine weitere Gruppe von Anbietern konzentriert sich mit ihren Angeboten wesentlich stärker auf die kleinen Konsumenten und ihr Budget. Ein Teil der Angebote dieser Akteure orientiert sich auch bei der Preisgestaltung an den finanziellen Möglichkeiten der Kinder: Sammelbilder, Figuren, Hörkassetten und in einigen Fällen auch Videokassetten und CDs werden in einem erschwinglichen Preissegment angeboten. Die Marke wird dabei über alle diese Kanäle transportiert, dies trägt aus der Sicht der Anbieter im günstigsten Fall dazu bei, die Beziehung des Kunden zu dieser Marke zu festigen und ihn über einen längeren Zeitraum an diese Marke zu binden.

3.2 Medien für Kinder und ihre Eignung für die Markenkommunikation

Da im Mittelpunkt der Untersuchung Medienmarken stehen, ergibt sich die Frage, welche medialen Kanäle geeignet sind, um Marken aufzubauen und zu pflegen. Kinder haben mittlerweile Zugang zu einer Vielzahl unterschiedlicher Medienangebote. Die Grundlage hierfür ist dabei sowohl die Ausstattung der Haushalte als auch ihr eigener Medienbesitz. Allerdings eignen sich nicht alle Medienangebote im gleichen Ausmaß für die Markenkommunikation. Wichtigstes Massenmedium aufgrund der überragenden Reichweite in der Zielgruppe der Kinder und Jugendlichen ist das Fernsehen. Mit den werbefinanzierten Programmen ergibt sich die Möglichkeit, große Teile der Zielgruppe zu erreichen.[5] Weitere Möglichkeiten für klassische Werbung bieten vor allem Zeitschriften und Kinowerbung, eine wachsende Bedeutung hat auch das Internet.

Die Erreichbarkeit der Zielgruppen über die verschiedenen Medien unterscheidet sich jedoch stark von der der Erwachsenen. Untersuchungen zur Mediennutzung junger Zielgruppen zeigen, dass diese wesentlich weniger Zeit vor dem Fernseher verbringen, als dies bei der Bevölkerung ab 14 Jahren der Fall ist. Dabei hat sich die Sehdauer pro Tag zwischen 1992 und 2002 nur geringfügig verändert: Lag sie 1992 bei den 3 bis 13 Jahre alten Kindern bei 93 Minuten, so sind es 2002 99 Minuten gewesen. Dieser Ausweitung der Sehdauer von 4 Prozent steht bei den Zuschauern ab 14 Jahren eine Ausweitung der täglichen Sehdauer von 168 Minuten im Jahr 1992 auf 215 Minuten im Jahr 2002 gegenüber, also eine Ausweitung um 28 Prozent (vgl. Feierabend/Klingler 2003, 168). Insgesamt verbringen die Kinder also weniger Zeit mit Mediennutzung, als dies bei Erwachsenen der Fall ist. Eine weitere Verknappung der Werbemöglichkeiten ergibt sich aus der Tatsache, dass ein großer Teil der genutzten Medienan-

---

[5] Vgl. dazu ausführlich den Beitrag von Hasebrink in diesem Band.

gebote wie der öffentlich-rechtliche Kinderkanal keine Werbemöglichkeiten bietet. So spielt Werbung in Computer- und Videospielen und auf Hörkassetten keine Rolle, auch der Umfang von Werbung in Comics und Mangas ist gering.

Aus diesen Vorgaben ergibt sich für die Anbieter die Notwendigkeit, eine Vielzahl von kommunikativen Maßnahmen einzusetzen, um sich einen Teil der Aufmerksamkeit der Zielgruppe zu sichern. Von großer Bedeutung sind dabei für viele Anbieter medienwirksame Events, die zum einen als Gesprächsthema in der Zielgruppe die Marke mittransportieren und zum anderen durch die Verknüpfung und Bündelung mit anderen Angeboten dazu beitragen können, neue Zielgruppen zu erschließen. So arbeitet Super RTL bei den programmbezogenen Events mit verschiedenen Partnern zusammen, um so Beziehungen zu Werbekunden zu pflegen und zugleich Kosten zu teilen und Risiken zu vermindern. Auch andere Akteure nutzen die Möglichkeit, mit Events auf sich aufmerksam zu machen, so feiern viele Medienfiguren medienwirksam Geburtstag, etwa die *Sesamstraße* und *Benjamin Blümchen,* oder sie wechseln auf die Bühne, wie dies bei der sehr erfolgreichen Tournee der Hörspielserie *Die Drei ???* der Fall war. In den meisten Fällen wird mit diesen Events kein Geld verdient, sie dienen ausschließlich der Festigung der Beziehung zwischen Publikum und Marke.

3.3 Strategische Optionen für die Anbieter von Inhalten für Kinder

Die Gruppe der Akteure auf dem Markt für Kinderfernsehen unterscheidet sich zum Teil erheblich in den strategischen Zielen, die mit der Nutzung von Marken verbunden sind. Dabei lassen sich zunächst drei Typen von Marken beschreiben, aus denen sich Vorgaben für die jeweiligen Strategien ergeben.

3.3.1 Produzentenmarken

Die Produzenten von Inhalten orientieren sich bei der Wahl ihrer Strategie in der Regel an dem für sie wichtigsten Markt. Wenn ein Unternehmen regelmäßig als Koproduzent von Sendern für Zeichentrickserien auftritt, wird es seine Kommunikation für die Beziehungspflege mit den Kooperationspartnern nutzen. Möglicherweise hat es in dieser Funktion kein Interesse daran, Ressourcen in Marketing zu investieren, und es konzentriert sich stattdessen darauf, seine Kernkompetenz an seine unmittelbaren Kunden zu vermitteln. Dies ist in der Regel bei kleinen und mittleren Produktionsunternehmen der Fall, die Auftrags- oder Koproduktionen für verschiedene Sender erstellen. Größere Investitionen in den Aufbau einer eigenen Marke lohnen sich für ein solches Unternehmen nur, wenn es expandieren will. Auf einer ersten Stufe geschieht ein solcher Markenaufbau über Messen und Fachpublikationen, die für die Programmabnehmer relevant sind, später kann das Unternehmen, vorausgesetzt es verfügt über die entsprechenden Ressourcen, versuchen, beim Publikum ein Mindestmaß an Bekanntheit zu erreichen, das wiederum die Marke aus der Sicht der Nachfrager von Programmen stärkt. Um Aufmerksamkeit zu bekommen, können populäre Lizenzen für die Produktion von Inhalten genutzt werden. Das Risiko, das New Line Cinema mit dem Kauf der Lizenz und der Produktion des *Herrn der Ringe* eingegangen ist, hat der Firma neben einem enormen wirtschaftlichen Erfolg auch ein hohes Maß an Reputation verschafft. Produzentenmarken, wie sie der Disney-Konzern oder die Jim Henson Company pflegen, haben ihre Marke mittlerweile unabhängig von konkreten Produkten stabilisiert. Die mit dem Namen des Unternehmens verbundene Strategie ist an der kontinuierlichen langfristigen Pflege und Weiterentwicklung der Marke orientiert.

3.3.2 Produktmarken

Im Gegensatz zu den Produzentenmarken werden die Voraussetzungen bei Produktmarken vom Anbieter stark am geplanten Lebenszyklus des Angebots ausgerichtet. Dabei folgt die Strategie den strukturellen Vorgaben, die sich aus der Auswertung des Medienproduktes ergeben. Ziel der Markenstrategie bei Produkten ist, die Kontrolle über die Präsenz der Marke in der Aufmerksamkeit der Zielgruppe auszuüben. Aktuelle Beispiele sind die beiden Mega-Kinoerfolge *Harry Potter* und *Der Herr der Ringe*. In beiden Fällen werden mehrere Teile über einen langen Zeitraum ausgewertet. Die Grundlage des Erfolges ist in beiden Fällen ein Bestseller vom Buchmarkt, der anzeigte, dass die kritische Masse an Bekanntheit beim Publikum, die die Voraussetzung für den Erfolg ist, vorhanden war.

Beide Filme unterscheiden sich in ihrer Zielgruppe. So ist *Harry Potter* vor allem bei den jungen Lesern bekannt und beliebt, während sich für die Verfilmung des Tolkien-Buchs ein älteres Publikum begeistert. Schon lange vor dem Start des Filmes setzte die Marketing-Kommunikation der beiden Projekte ein. Während es bei *Harry Potter* in erster Linie Berichterstattung über die Dreharbeiten war, nutzten die Schöpfer der Tolkien-Trilogie offensiv die Kommunikationsmöglichkeiten, die sich durch das Internet ergaben. Ausführlich wurde auf entsprechenden Websites mit der Fan Community über die Besetzung der verschiedenen Rollen diskutiert, es gab Newsletter, die über den letzten Stand der Produktion informierten und – natürlich – auch jede Menge Hinweise auf alle Lizenz- und Merchandising-Produkte. Durch diese aktive Kommunikation holten die Aktiven um Regisseur Jackson einen Teil der Tolkien-Fans ab und nahmen sie mit auf die fantastische Reise nach Mittelerde. Da viele das Buch kannten, war die spannende Frage nicht, wie die Geschichte ausgeht, sondern wie sie für das Kino umgesetzt wird. Mit diesem Thema gelang es, die Fangemeinde in den

Marketing-Prozess einzubeziehen. Die Fans sorgten schon vor dem Filmstart für Aufmerksamkeit, der bei jeder Premiere wiederkehrende Höhepunkt der Markenloyalität der Fans sind aber die Events, die von verkleideten Tolkien-Anhängern in den Kinos veranstaltet werden. Dabei wird diese loyale Zielgruppe auch mit Lizenzartikeln versorgt, die im Hinblick auf den Preis und die Qualität dem Engagement der Fans entsprechen. Bei der Wahl der Lizenzpartner ging New Line Cinema sehr sorgfältig vor und versorgte diese umfassend mit Informationen über die filmische Vorlage, um einen Mindeststandard der Lizenzprodukte sicherstellen zu können. Über drei Jahre wird nun einerseits die Community gepflegt, die sich zum Film bekennt und damit das Projekt unterstützt, außerdem wird mit den Lizenzpartnern dafür gesorgt, dass die einzelnen Teilprodukte wellenartig und koordiniert durch die Auswertungsstufen gespült werden. So wechseln sich auf den verschiedenen Kanälen immer neue Versionen und Varianten ab, verschiedene Editionen von DVDs werden von Computer- und Videospielen für verschiedene Plattformen abgelöst, und auch das Buch erscheint in neuen Auflagen.

Die Produzenten von *Harry Potter* nutzten nicht das gesamte Potenzial, das sich aus der Verfilmung der Bestseller ergibt. Aufgrund der späten Entscheidungen über die Gestaltung der Inhalte beklagten sich viele Lizenznehmer, dass sie bei der Produktion der entsprechenden Produkte nicht die erforderlichen Vorlagen hatten, um den im Film verwendeten Bildern zu entsprechen. Hinzu kam eine uneinheitliche Lizenzvergabe, so gab es verschiedene Lizenzprodukte in verschiedenen Qualitätsstufen. Dies bedeutete z.B. für die Achterbahn AG als Lizenznehmer für Kalender im Hochpreissegment Konkurrenz durch Angebote bei Aldi. Eine ähnliche kontinuierliche Pflege der Fangemeinde, wie dies beim *Herrn der Ringe* der Fall ist, wird nicht betrieben. Insgesamt ist die Auswertung der Marke *Harry Potter* unmittelbar auf die Filme fokussiert, wobei jeder der Filme stärker als Einzelprojekt vermarktet wird, als dies bei der in großen Teilen bereits vorliegenden Tolkien-Verfilmung der Fall ist.

Im Fall von Serien im Kinderprogramm spielen vor allem die Programmkosten eine zentrale Rolle. Dies erklärt die globale Verbreitung von Zeichentrickserien, die von den Produzenten kostengünstig angeboten werden können. Die Gründe hierfür liegen zum einen in den Produktionskosten, die auch durch den Einsatz digitaler Technik mittlerweile gesunken sind. Hinzu kommt, dass sich diese Produkte vergleichsweise leicht bearbeiten lassen, um sie auf die jeweiligen nationalen Vorgaben sprichwörtlich zuschneiden zu können, so kann z.B. leichter den jeweils unterschiedlichen Jugendschutzbestimmungen entsprochen werden. Auf diese Weise kann ein Produkt an eine Vielzahl von Abnehmern verkauft werden, wodurch sich der Spielraum bei der Preisgestaltung im Wettbewerb mit anderen Anbietern vergrößert. In vielen Fällen ist man dazu übergegangen, realistische Serien mit Schauspielern erneut als Zeichentrick zu produzieren, um diese Vorteile nutzen zu können. So sind die meisten Figuren aus den Büchern von Astrid Lindgren mittlerweile auch Helden von Zeichentrickserien und auch Rowan Atkinson alias Mister Bean treibt als gezeichnete Figur sein Unwesen.

3.3.3 Distributorenmarken

Bei der Auswertung von Medienprodukten kommt den Fernsehveranstaltern ebenso wie dem Filmverleih im Kino vor allem eine Distributionsfunktion zu. Da das Fernsehen in diesem Fall lediglich die Plattform für die Verbreitung von Inhalten an eine bestimmte Zielgruppe in einem übergreifenden Vermarktungskonzept ist, das auf Zielgruppen ausgerichtet ist, bemühen sich die Sender, ihr Angebot für diese Zielgruppen möglichst spezifisch zu entwickeln. Dabei haben sich mittlerweile zielgruppenspezifische Rahmenprogramme entwickelt, die auf bestimmte Altersgruppen fokussiert sind. *Toggo*, *Toggolino* und *Junior* dienen als Orientierung für das Publikum, um geeignete Sendungen zu finden. Die Leistung, die mit diesen Orientierungshilfen verbunden werden soll, ist im Gegensatz zu den Inhalten, bei denen die Qualität des Produktes im Vordergrund steht, die abstraktere Kompetenz des Angebotes, dass sich hinter diesem Label Angebote finden lassen, die geeignet sind, die Bedürfnisse dessen zu erfüllen, der die Auswahlentscheidung trifft. Wenn die Kinder auswählen können, suchen sie nach ihren Lieblingsinhalten, wenn die Eltern die Auswahl bestimmen, werden Faktoren wie Werbefreiheit und Gewaltfreiheit zu Qualitätskriterien, die zum öffentlich-rechtlichen Kinderkanal führen.

Ist es den Distributoren gelungen, ihre Zielgruppe von ihrer Auswahlkompetenz zu überzeugen, kann die Marke als crossmedialer Präsentator weiterentwickelt werden und sich dabei auch anderer Geschäfts- und Finanzierungsmodelle bedienen. So bietet der Online-Auftritt des Kinderprogramms *Toggolino* von Super RTL die Möglichkeit, den Zugang zu werbe- und gewaltfreien Inhalten im Internet als Abonnent zu nutzen. Außerdem präsentiert der Sender Musik und Videos, die mit dem Logo gekennzeichnet sind.

3.4 Markenstrategien im Medienbereich: Formen der Kooperation bei der Auswertung von Marken

Für den Aufbau und die Pflege von Marken gibt es eine Vielzahl von Strategien, die im Medienbereich in vielen Fällen in Mischformen und Kombinationen eingesetzt werden(vgl. Feldmann 2000, 38). Zunächst soll das Verhältnis der an der Markenpflege beteiligten Akteure im Mittelpunkt stehen. Die Unterscheidung zwischen den Ebenen des Wettbewerbs soll dazu beitragen, die Konkurrenzverhältnisse und Kooperationsmöglichkeiten zwischen den verschiedenen Akteuren zu verdeutlichen. Auf den Märkten herrschen in Bezug auf Marken viele Varianten von Kooperation und Konkurrenz, die aus der Sicht der Inhaber der Rechte zu einem positiven Ergebnis bei der Auswertung der Marke führen sollen. So ist bei einer Lizenzvergabe für die Rechteinhaber sowohl der für sie ertragreichste Kanal attraktiv, als auch der Kanal, der optimal zur Festigung der Position der Marke beiträgt. Im horizontalen Wettbewerb von Unternehmen in einem bestimmten Marktsegment spielt der Faktor der Abgrenzung und Profilierung eine wichtige Rolle.

3.4.1 Konstellationen von Akteuren

Bei der Auswertung von Inhalten über die verschiedenen zur Verfügung stehenden Kanäle kommt es zwischen den Akteuren häufiger zu einer Situation, in der Kooperation und Wettbewerb scheinbar gleichzeitig vorkommen. Eine wichtige Rolle spielt dabei, welche Funktion die Akteure auf den jeweiligen Märkten einnehmen. Der Blick auf die Struktur der Medienmärkte zeigt, dass die Anbieter von Fernsehprogrammen auf drei Absatzmärkten aktiv sind, auf denen sie ihr spezifisches Angebot vermarkten müssen.

Tabelle 3.1: Medienmärkte (nach Siegert 2001, 114)

Beschaffungsmärkte			
Finanzen	**Technologie**	**Inhalte**	**Personal**
Beschaffung von Kapital	Beschaffung von Verteilungstechnologie/ Know-how	Beschaffung von Themen und Inhalten	Beschaffung von Künstlern, Journalisten, Managern, Technikern etc.

Absatzmärkte		
Andere Anbieter	**Publikum**	**Werbung**
Absatz von (Nutzungsrechten an) eigenproduzierten Inhalten an andere Medienanbieter	Absatz des Programms und seiner Inhalte an das Publikum	Absatz der Kontakte zu Publika an die Werbewirtschaft

Doch nicht nur auf den Absatzmärkten, auch auf den Beschaffungsmärkten hilft die Markenbildung, die Verhandlungsposition bei Anbietern zu verbessern (vgl. Karstens/Schütte 1999, 244). In vielen Fällen ist für die Akteure in diesem Bereich Zuverlässigkeit ein wichtiger Faktor, der den Verhandlungserfolg mitbestimmt. Insbesondere wenn ein Fernsehprogramm nur ein Profit-Window bei der Auswertung eines Programms ist, spielt es für die Anbieter eine große Rolle, wie berechenbar der Veranstalter ist, um möglicherweise bei der Vermarktung anderer Produkte mit ihm zu kooperieren. Wenn ein Medienangebot in verschiedenen Versionen und Varianten vorliegt, so wird der Inhalte-Lieferant möglicherweise gleichzeitig zum Werbekunden des Fernsehprogramms. Wenn z.B. zu einer Fernsehserie weitere Produkte wie Videospiele, Hörspiele und Videokassetten über den Handel verbreitet werden, ergeben sich gleich mehrere Optionen für eine Zusammenarbeit bei der Auswertung: So kann das Programm allein mit der Sendung als Werbeplattform genutzt werden, gemeinsame Marketing-Aktionen für Produkt und Programm können beiden Anbietern nützen. Auch eine möglicherweise vorhandene Möglichkeit, Zugang zu Kunden über eine mit dem Sender verbundene E-Commerce-Plattform oder Kundendaten aus einem Clubangebot des Senders zu bekommen, können für den Rechteinhaber so attraktiv sein, dass sich dies in einem niedrigeren Preis für das Programm niederschlägt.

Die optimale Ausrichtung einer Marke richtet sich nach den Erfordernissen des Marktes, die im Wesentlichen von den Akteuren vorgegeben werden, mit denen das Unternehmen Beziehungen unterhält. Insofern müssen bei der Gestaltung und Ausrichtung der Marke unterschiedliche Ansprüche berücksichtigt werden. Ein klarer Unterschied ergibt sich dabei unter anderem aus der Unterscheidung zwischen öffentlich-rechtlichen und privatwirtschaftlichen Programmveranstaltern. Während kommerzielle Veranstalter die Ansprüche der Werbekunden bei der Gestaltung ihrer Kommunikation und damit auch beim Aufbau und der Pflege von Marken berücksichtigen müssen, können die öffentlich-rechtlichen Veranstalter stärker auf die Wünsche ihres Publikums eingehen. Im Fall von Kinderprogrammen richten sich die öffentlich-rechtlichen Anbieter dabei auch nach den Vorstellungen der Eltern. Da auf dem Markt für frei empfangbares Fernsehen der Wettbewerb allein über die Qualität des Programms ausgetragen wird, spielen mit Blick auf die Eltern Medienpreise und externe Bewertungen der Programme eine wichtige Rolle für die Einschätzung der Qualität. Mit Blick auf die Positionierung und Pflege von Marken sind deshalb solche Beurteilungen von großer Bedeutung, viele Anbieter weisen bei der Vermarktung ihrer Produkte auf entsprechende Auszeichnungen hin.

3.4.2 Hierarchie und Kooperation

Die Auswertung von Medieninhalten im Fernsehen ist in vielen Fällen nur eine Stufe in der gesamten Vermarktung eines Medienangebotes. Auf welcher Ebene die Markenbildung jedoch zur Kennzeichnung eines Angebotes beiträgt, bleibt für das Verhältnis der Akteure zueinander nicht ohne Folgen. So wird im Fall von Programmangeboten, bei denen die Vermarktung des Produzenten Bestandteil der Strategie ist, der Rechteinhaber versuchen, seine Interessen im Vergleich zum Fernsehsender durchzusetzen, und darauf beharren, dass das Angebot klar zuzuordnen ist. Dies ist z.B. der Fall, wenn der Disney-Konzern oder Ravensburger TV sich generell darum bemühen, bei der grafischen Gestaltung sicherzustellen, dass das Produkt diesem Anbieter zugeordnet wird. So sind die entsprechenden Angebote im Programm von Super RTL als Ravensburger TV, PLAYHOUSE DISNEY und TOON DISNEY klar zu erkennen. Die Gründe hierfür liegen im Fall Disney in der übergreifenden Vermarktungsstrategie des Gesamtkonzerns, der unter der dominanten Dachmarke Disney alle Auswertungsmöglichkeiten für seine Inhalte nutzt. Dabei spielen Unternehmensbeteiligungen eine wichtige Rolle, da sie dem Konzern zum einen eine optimale Durchsetzung seiner Interessen sichern können und zum anderen dazu beitragen, optimal an den Erlösen zu partizipieren.

3.4.3 Auswertungsnetzwerke

Die folgende Übersicht zeigt die Organisation der Markenentwicklung bei der BBC. Dieser Akteur bemüht sich, in Kooperation mit unabhängigen Produzenten und Rechteinhabern globale Marken zu entwickeln. Das Ziel der Aktivitäten ist es, global auswertbare Marken zu entwickeln und auszuwerten. Erfolgreiche Beispiele sind die *Teletubbies* und die *Tweenies*, auch *Wallace and Gromit* starteten so ihre Karriere.

Abbildung 3.1: Organisation der Markenentwicklung bei der BBC (Doglio 2000, 5)

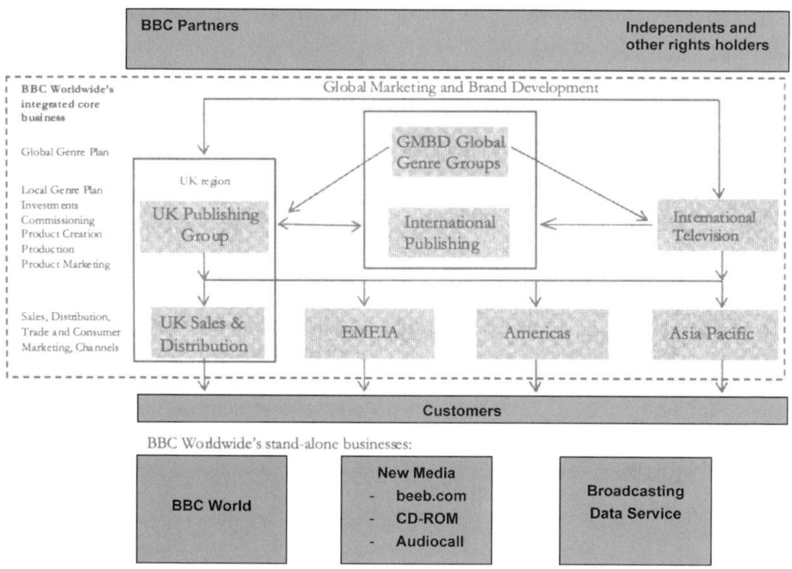

Die Rechteinhaber und die BBC kooperieren dabei in der Entwicklung der Programme, wobei die BBC ihr jeweiliges Know-how über die unterschiedlichen Märkte einbringt und sich im Vertrieb engagiert. Auf diese Weise sind die Programme durch die Vernetzung und Kooperation in Entwicklung und Auswertung für alle Beteiligten profitabler, als dies der Fall wäre, wenn jeder der Anbieter auf sich gestellt seine Ziele verfolgen würde.

Im Gegensatz zum kollegialen Modell der BBC verdeutlicht die Struktur des Nintendo-Konzerns, dass hier versucht wird, ein hohes Maß an Kontrolle über die Auswertung der eigenen Produktmarken auszuüben.[6] Für die Auswertung der Kernprodukte des Unternehmens, Hard- und Software für Spiele, sind in allen wichtigen Verbreitungsgebieten Tochterunternehmen zuständig, die sich nach Vorgaben aus der Unternehmenszentrale richten.

Im Fall des *Pokémon*-Erfolges war diese Struktur mit der Koordination der verschiedenen Marketing-Maßnahmen überfordert. Deshalb gibt es mittlerweile eine eigene Pokémon Company, deren Aufgabe die Entwicklung und Pflege dieser Marke ist. Auch dieses Unternehmen ist fest in die Hierarchie des Konzerns eingebunden. Die Koordinationsaufgaben der Pokémon Company umfassen nicht nur die Organisation der Produktion und Distribution der Hard- und Software, sondern auch die Abstimmung der Lizenznehmer, die bei der Einführung von neuen Produkten informiert werden, um sich mit dem Marketing für ihre Lizenzprodukte auf die neue Situation einstellen zu können.

Im Jahr 2001 deutete sich zunächst an, dass auch der an der RTL-Gruppe beteiligte Bertelsmann-Konzern an der Entwicklung einer konzernübergreifenden Kindermarke arbeitete, diese Entwicklung wurde jedoch inzwischen wieder eingestellt (vgl. Bertelsmann AG 2001). Eine solche übergreifende Marke hätte in den vielen Kanälen, die der Bertelsmann-Konzern nutzen kann, auch Auswirkungen auf die Programme gehabt. Die Organisation des Konzerns in selbstständigen Profitcentern hätte aber dazu beigetragen, dass eine abgestimmte Auswertung einer solchen Kindermarke unter Umständen an den Einzelinteressen der verschiedenen organisatorischen Einheiten gescheitert wäre. Eine Koordination einer solchen Marke durch eine neue organisatorische Einheit auf Konzernebene wäre wahrscheinlich gescheitert, da sie die Selbstständigkeit der Profitcenter in Frage gestellt hätte.

---

6 Vertiefend zu den Produktions- und Produktmerkmalen der Nintendo-Angebote vgl. Strobel (2003).

Abbildung 3.2: Organisationsstruktur Nintendo (Quelle: www.nintendo.com)

COMPANY GROUP INFORMATION

Nintendo Co., Ltd. ("the Company") and its related companies, which are composed of the Company, twenty-one subsidiaries, and ten affiliates as of March 31, 2003, operate manufacturing and sales of electronic entertainment products as a major business. Chart of business by the Company and its related companies are as follows.

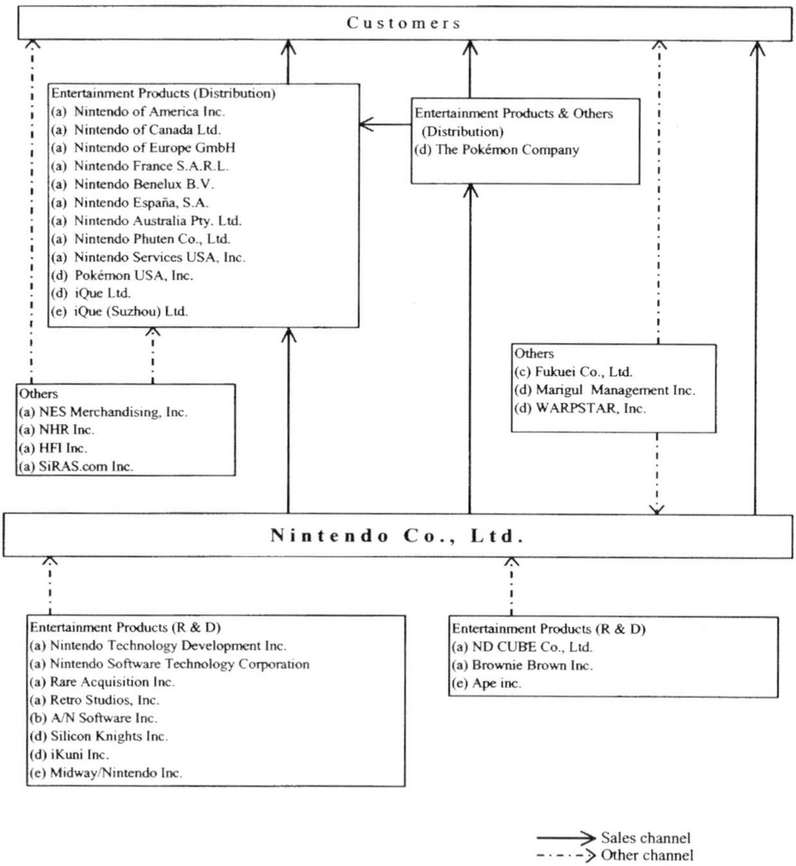

The number of companies

(a) Consolidated subsidiaries	19
(b) Non-consolidated subsidiary with equity method applied	1
(c) Non-consolidated subsidiary with equity method non-applied	1
(d) Affiliates with equity method applied	7
(e) Affiliates with equity method non-applied	3

Diese Beispiele verdeutlichen den enormen organisatorischen und logistischen Aufwand, über den entschieden werden muss, wenn es zu einer systematischen Auswertung von Marken über unterschiedliche Kanäle und auf unterschiedlichen Märkten kommen soll. Dieses scheint vor allem großen Unternehmen wie Disney oder Time Warner AOL zu gelingen, die einerseits eine Vielzahl der Auswertungsstufen und Produktionsschritte unter ihrem Dach vereinigen und über eine Vielzahl von regionalen Partnerschaften verfügen, die sie für solche Projekte nutzen können. Allerdings konterkariert Medienkonzentration einen der möglichen Vorteile des Konzeptes: Wenn viele Partner in einem solchen Projekt zu einem Medienkonzern gehören, funktioniert eine Verteilung des finanziellen Risikos bei solchen Projekten natürlich nicht. Damit sind Unternehmen, die nicht zum Konzern gehören, im Wettbewerb mit zum Konzern gehörenden Unternehmen als Partner attraktiver, um eine Risikostreuung zu ermöglichen.

Traditionelle Geschäfts- und Finanzierungsmodelle behalten abgesehen von solchen Großprojekten weiterhin ihre Bedeutung, auch wenn sie zum Teil aufgrund der aktuellen Entwicklung modifiziert und angepasst werden. Die einzelnen Unternehmen, die in ihren Bereichen spezialisiert sind, müssen adäquate Schnittstellen entwickeln, um den Anforderungen innerhalb eines solchen Business-Webs gerecht zu werden. Nur dann können sie sich an solchen Projekten erfolgreich beteiligen.

3.5 Markenstrategien im Wettbewerb auf dem Markt der Kindermedien

In Anlehnung an die in der Konzentrationsforschung verwendeten Begriffe der horizontalen, vertikalen und diagonalen Konzentration werden diese hier für die Beschreibung der Wettbewerbsverhältnisse zwischen den Anbietern von Marken für Kinder verwandt (vgl. Knoche 1978, 292). Der horizontale Wettbewerb bezieht sich dabei auf die Konkurrenz von Anbietern auf derselben Angebotsstufe, der Einsatz von Markenstrategien in vertikaler Richtung bezieht die vor- und nachgelagerten Ebenen des Medienmarktes bzw. Wertschöpfungsstufen mit ein. Diagonal meint in Bezug auf den Einsatz von Markenstrategien die Optionen für Kooperation und Konkurrenz außerhalb des Medienbereichs. Hier stehen Akteure im Mittelpunkt, bei denen lediglich in Bezug auf die Zielgruppen des Angebots eine Übereinstimmung erkennbar ist.

3.5.1 Horizontaler Wettbewerb

Im horizontalen Wettbewerb lassen sich vier verschiedene Strategien unterscheiden. Dies sind die Einzelmarkenstrategie, die Mehrmarkenstrategie, die Markenfamilienstrategie und die Dachmarkenstrategie. Die zuerst genannte Einzelmarkenstrategie stellt ein einzelnes Produkt in den Vordergrund, die Urheber der Marke sind häufig nicht als solche erkennbar. Die Vorteile einer solchen Strategie liegen zum einen darin, eine spezifische, ausdifferenzierte Marke zu kreieren und mit Blick auf die Wünsche der Konsumenten zu optimieren. Wenn dies nicht funktioniert, lässt sich ein Imageschaden für den Urheber der Marke minimieren. Ein weiterer Vorteil ist der im Vergleich zu anderen Strategien geringere Koordinationsbedarf, der bei der Führung einer solchen Marke entsteht, da der Abstimmungsbedarf mit ähnlichen Produkten gering ist. Die Nachteile einer solchen Strategie liegen darin, dass alle mit der Markeneinführung und Entwicklung verbundenen Kosten durch den Erfolg der Marke gedeckt werden müssen. Dies bedeutet in der Regel hohe Kosten vor der Einführung der Marke, um das Risiko eines Misserfolges zu minimieren.

Tabelle 3.2: Vergleich der Einzelmarkenstrategie und der Mehrmarkenstrategie (nach Meffert 2002, 141)

Strategietyp / Aspekte	Einzelmarke	Mehrmarke
Merkmal	• Führung eines jeden Produktes unter einer Marke	• In jedem Produktbereich parallele Führung von mindestens zwei auf den Gesamtmarkt ausgerichteten Marken
Chancen	• Gezielte Ansprache einzelner Kundensegmente • Spezifische Markendifferenzierung durch optimale Abstimmung von Bedürfnisprofilen • Aufbau eines unverwechselbaren Produktimages • Kaum Gefahr negativer Ausstrahlungen auf andere Marken • Geringerer Koordinationsbedarf bei den unterschiedlichen Marktanteils- und Kostendegressionseffekten	• Bessere Marktausschöpfung • Halten von potenziellen Markenwechslern durch Produktdifferenzierung • Erhöhte Markteintrittsbarrieren für Konkurrenzmarken dank breiter Regelflächenabdeckung • Schutz der übrigen Produkte vor Preiskampf durch Einführung von „Kampfmarken“
Risiken	• Zurechnung der Markenkosten allein auf ein Produkt • Ungenügende Amortisation der aufgewendeten Kosten bei kurzer Lebensdauer der Einzelmarke • Trends des Markennamens zur Bezeichnung der Produktgattung, Verlust der differenzierten Markenpersönlichkeit • Fehlende Stützung der Produktmarke durch angrenzende Marken	• Suboptimale Verwendung der finanziellen und personellen Unternehmensressourcen • Gefahr der Übersegmentierung • Kannibalisierung der eigenen Monomarke durch gegenseitige Substitution der Marktanteile
Zentrale Anforderungen	• Möglichkeit des Aufbaus einer eigenständigen Markenpersönlichkeit	• Existenz von Finanzkraft und Management-Know-how in ausreichendem Maße; glaubwürdige Markendifferenzierung

Im Medienbereich steht die Einzelmarkenstrategie häufig am Anfang der Karriere eines Produktes. So werden viele Serien und Figuren zunächst mit der Einzelmarkenstrategie ausgewertet, erst wenn sie Potenzial für eine aufwändigere Vermarktung zeigen, ändert sich die Strategie. Dies zeigt der aktuelle Trend, bei der Wahl von auszuwertenden Themen zunächst den Blick auf die klassischen Inhalte zu richten und diese auf ihr Potenzial für eine umfassende Auswertung zu prüfen (vgl. Spörl 2003, 31ff.). So kehren in den nächsten Jahren die Helden des Marvel-Universums auf die unterschiedlichen Bildschirme zurück. Zahlreiche Comic-Figuren des Verlages sind mittlerweile mit Multimedia-Lizenzen ausgestattet worden, den Anfang der langfristigen Auswertung von *Superman* und Co. hat in diesem Jahr *Hulk* im Kino gemacht.

Auch die *Sesamstraße* erlebt mittlerweile eine multimediale Auswertung, obwohl sie ursprünglich als Fernsehserie gestartet ist; und der Held aus Kinderhörkassetten, *Benjamin Blümchen,* wird nach 25 Jahren in immer neuen Medien ausgewertet. Dabei ist das ständige Nachwachsen des Publikums hilfreich, Kinder wachsen irgendwann aus „ihrer" Marke heraus, so dass dann die nächste Kohorte die modernisierte Marke übernehmen kann.

Im Gegensatz zur Einzelmarkenstrategie bemüht sich bei der Mehrmarkenstrategie ein Anbieter, mehrere Marken in demselben Produktbereich parallel zu führen. Diese sind meist auf den Gesamtmarkt ausgerichtet und unterscheiden sich im Preis, in den Produkteigenschaften oder im kommunikativen Auftritt. Ein Beispiel ist hier *Dragonball* und *Dragonball Z,* beide Serien ähneln sich stark, trotzdem sprechen sie unterschiedliche Zielgruppen an. Diese Strategie kommt besonders bei Anbietern zur Anwendung, die sich auf eine bestimmte Angebotspalette spezialisiert haben, wie etwa Nintendo bei Spielkonsolen. Mit dem parallelen Angebot verschiedener Generationen von Game Boys und einer großen Konsole, dem GameCube, sowie verschiedenen Versionen von Game Boy- und GameCube-Spielen wie *Digimon* und *Pokémon* sorgt Nintendo dafür, dass ein neuer Anbieter eine hohe Markteintrittsschwelle überwinden muss. Bei der Wahl einer solchen Strategie spielt die Positionierung des Unternehmens im Gesamtmarkt eine wichtige Rolle. Durch die „Konkurrenz aus dem eigenen Hause" soll verhindert werden, dass Konkurrenten Marktanteile für sich gewinnen, indem Kunden, die die Einzelmarke wechseln, trotzdem aus dem Sortiment des Unternehmens auswählen. Schwächen der Mehrmarkenstrategie liegen zum einen in der Gefahr einer Kannibalisierung der eigenen Marken und zum anderen in dem Problem, die Zahl der über den Markt refinanzierbaren Marken zu bestimmen.

Tabelle 3.3: Vergleich der Markenfamilienstrategie und der Dachmarkenstrategie (nach Meffert 2002, 147)

Aspekte / Strategietyp	Markenfamilie	Dachmarke
Merkmal	• Führung mehrerer Produkte unter einer Marke, unter Umständen mehrerer Markenfamilien parallel nebeneinander	• Führung aller Produkte eines Unternehmens unter einer Marke
Chancen	• Ansprache neuer Zielgruppen durch Markterweiterung • Verringerung des Floprisikos • Schnellere Akzeptanz im Handel und bei den Konsumenten • Übertragung des Goodwills auf Folgeprodukte • Verjüngung des Images der Muttermarke • Gegenseitige Stärkung der Marken und bessere Positionsabsicherung • Relativ geringe Kosten der Markenbildung bei Nutzung von Synergien	• Ansprache neuer Zielgruppen durch Marktausweitung • Verringerung des Floprisikos • Schnellere Akzeptanz im Handel und bei den Konsumenten • Gemeinsame Übernahme des Profilierungsaufwands
Risiken	• Negative Ausstrahlungseffekte unter den Produkten der Markenfamilie bei unterschiedlichen Marketing-Mix-Strategien, Qualitätsniveaus, Images und fehlender Affinität • Höherer Abstimmungsbedarf zwischen den Einzelmarken der Markenfamilie • Gefahr von Substitutionsbeziehungen	• Deprofilierung der Dachmarke durch ungenügende Markenkompetenz • Negative Ausstrahlungseffekte unter den Produkten der Dachmarke bei unterschiedlichen Marketing-Mix-Strategien, Qualitätsniveaus, Images und fehlender Affinität • Höherer Koordinationsbedarf innerhalb der Dachmarke • Gefahr von Substitutionsbeziehungen
Zentrale Anforderungen	• Sicherstellung von ähnlichen Marketing-Mix-Strategien, konstanter Qualität und Affinität der Produkte	• Einhaltung des Kompetenzanspruchs für alle Produkte der Dachmarke

Im Vergleich zur Mehrmarkenstrategie ist die Markenfamilienstrategie im Medienbereich sehr verbreitet. Die Vorteile der Markenfamilienstrategie liegen darin, dass klare Vorgaben für zentrale Bestandteile der Präsentation der Marke festgelegt werden können, etwa in Bezug auf den Marketing-Mix oder Qualitätsanforderungen. Außerdem kann der Goodwill von etablierten „Eltern-Marken" auf neu eingeführte „Nachwuchs-Marken" übertragen werden. Die Nachteile der Markenfamilienstrategie ergeben sich aus dem hohen Koordinationsaufwand, mit dem vor allem Substitutionseffekte zwischen den eigenen Angeboten vermieden werden sollen. Außerdem besteht auch die Möglichkeit eines negativen Imagetransfers von einem „Schwarzen Schaf" der Markenfamilie auf andere

Familienmitglieder. Im Fernsehbereich ist auf der Makroebene die RTL-Gruppe mit den Sendern RTL, RTL II und Super RTL eine solche Markenfamilie, deren Mitglieder allerdings für sich genommen unterschiedliche Markenstrategien verfolgen (vgl. Feldmann 2000, 38). Doch nicht nur die Programmveranstalter nutzen diese Strategie, auch die Produzenten wenden sie in einigen Fällen an, etwa wenn auf die *Muppets* bei der Jim Henson Company die *Muppets Babys* folgen.

Im Gegensatz zur Markenfamilienstrategie, bei der eine Vielzahl von Marken miteinander koordiniert werden müssen, werden bei einer Dachmarkenstrategie alle Produkte unter einem einheitlichen Markennamen angeboten. Die Vorteile einer solchen Strategie liegen zum einen in der schnellen Übertragung des aufgebauten Goodwills auf neue Produkte, zum anderen kann eine langlebige Marke mit der entsprechenden Kundenbindung etabliert werden. Der Nachteil dieser Strategie liegt in der möglichen Erosion der Marke, wenn eine Produktgeneration oder ein einzelnes Produkt nicht den Erwartungen der Kunden entspricht. Die Verknüpfung und Variation der unterschiedlichen Strategien lässt sich an den Beispielen Nintendo und Disney verdeutlichen: Bei der Vermarktung der *Pokémon*-Spiele bemüht sich der japanische Konzern, eine langlebige Marke zu etablieren. Zur *Pokémon*-Familie zählen alle bisher erschienenen Editionen des Game Boy-Spiels. Im Gegensatz dazu nutzt der Disney-Konzern diese Strategie nicht auf der Produkt-, sondern auf der Produzentenebene, indem er DISNEY als Dachmarke für Familienunterhaltung pflegt und viele seiner Programme explizit mit diesem Namen verbindet.

3.5.2 Vertikaler und diagonaler Wettbewerb

Für das Projekt von besonderer Bedeutung sind Markenstrategien, die über die horizontale Ebene hinausreichen und die Marke aus ihrem Stammmarkt auch in andere Bereiche übertragen. Die wichtigsten Strategien, die dabei angewendet werden, sind die Markentransferstrategie, das Co-Branding und die Strategie der Markenausdehnung.

Bei Markentransferstrategien bemühen sich die Anbieter, von den positiven Imagekomponenten bereits etablierter Marken zu profitieren und in geeigneten Assoziationsbereichen an diese anzuschließen. Der Vorteil für ein neues Angebot liegt bei dieser Strategie vor allem darin, dass der mit der Ausgangsmarke verbundene Goodwill für ein neues Produkt genutzt werden kann. Das Risiko dieser Strategie ergibt sich daraus, dass eine erfolglose Transfermarke sich negativ auf das Image der Stammmarke auswirken kann. Um dies zu vermeiden, ist eine sorgfältige Auswahl der Transfermarken erforderlich, außerdem gibt es einen wachsenden Koordinationsbedarf zwischen der Entwicklung der Hauptmarke und der Transfermarken. Aktuelles Beispiel für die Probleme, die sich in einem solchen Fall ergeben können, ist die aktuelle Folge der *Tomb-Raider*-Spiele „The Angel of Darkness“ von Eidos. Da das Spiel nicht die Erwartungen der Fans erfüllt, wirkt sich dies möglicherweise auf die Akzeptanz des Films aus. Erfolgreicher waren zuletzt die Umsetzungen von Büchern und Comics in andere Medien. Neben *Harry Potter* und dem *Herrn der Ringe* war auch *Spiderman* ein großer Erfolg, Letzterer nicht nur als Film, sondern auch als Video- und Computerspiel. Auch die Fernsehserien und Kinofilme zu *Pokémon* nutzen den Imagetransfer vom Ursprungsprodukt.

Tabelle 3.4: Vergleich der Markentransferstrategie und des Co-Branding (nach Meffert 2002, 153)

Strategietyp / Aspekte	Markentransferstrategie	Co-Branding
Merkmal	• Übertragung positiver Imagekomponenten von einer etablierten Marke auf ein Transferprodukt einer neuen Produktkategorie	• Gemeinsamer Auftritt von selbstständigen Marken im kooperativen Verbund
Chancen	• Besetzen strategischer Geschäftsfelder • Gewinnung neuer Zielgruppen in neuen Märkten • Senkung der Markteintrittsbarrieren • Reduzierung der Markenbildungskosten • Erweiterung des Assoziationsfeldes der Stammmarke • Stärkung der Hauptmarke durch Rückfluss positiver Imagebestandteile • Abschwächung bzw. Antizipation von Werbebeschränkungen	• Vermeidung hoher Anfangsinvestitionen für Neumarken • Schnell hohe Bekanntheit • Vertrauensbonus • Gegenseitiger Imagetransfer
Risiken	• Markenerosion durch zu viele oder zu schnelle aufeinander folgende Markentransfers • Verlust der Markenidentität durch Ansprache unterschiedlicher Zielgruppen • Negative Ausstrahlungseffekte bei geringer Imageaffinität zwischen Haupt- und Transfermarke • Wachsender Koordinationsaufwand durch horizontale Abstimmung in der Markenführung von Hauptmarke und Transferprodukten	• Fehlende Positionierungsfreiräume • Hoher Koordinationsbedarf • Diffuse Markenidentität • Gefahr negativer Imagetransfers
Zentrale Anforderungen	• Sicherstellung eines starken imagemäßigen Zusammenhangs von Haupt- und Transfermarke	• Fit zwischen beteiligten Marken sowie eindeutiger Leistungsbezug der Co-Brands

Beim Co-Branding treten zwei selbstständige Marken im kooperativen Verbund auf. Eine wichtige Motivation für den Einsatz dieser Strategie ist die Chance, gegenseitig neue Zielgruppen zu erschließen und dabei vom Goodwill des Partners zu profitieren. Damit diese Strategie erfolgreich ist, müssen jedoch die Partner sorgfältig ausgesucht werden. Diese Strategie findet sich im Aufmerksamkeitsmarkt der Kinder häufig dann, wenn Spielzeugfirmen als Lizenznehmer Medienfiguren nutzen, um ihre Marke bei neu heranwachsenden Zielgruppen bekannt zu machen. So nutzt Lego seit einigen Jahren Kooperationen mit Lizenzanbietern aus dem Medienbereich, um junge Zielgruppen zu erreichen. Dabei werden immer neue zeitlich limitierte Editionen aufgebaut, deren Lebenszyklus sich am jeweiligen Medienangebot orientiert.

Als Markenausdehnung bezeichnet man eine Strategie, die die Werte einer etablierten Marke für neue Produkte durch Verwendung gemeinsamer Attribute (Name, Ausstattung) einsetzt, um positive Imagebestandteile zu übertragen (vgl. Caspar 2002, 235). Die zwei Adressaten einer solchen Strategie sind die Konsumenten und der Handel bzw. die Verteiler. Diese Strategie bietet ebenfalls die Chance, die Kosten bei der Einführung einer neuen Marke gering zu halten. Allerdings bestehen sowohl für die Transfer- als auch für die Ursprungsmarke Risiken, so kann das Konzept z.B. scheitern, wenn die Ursprungsmarke nicht stark genug ist und/oder durch die Transfermarke kannibalisiert wird.

Abbildung 3.3: Abgrenzung des Markenausdehnungsbegriffs (nach Casper 2002, 236)

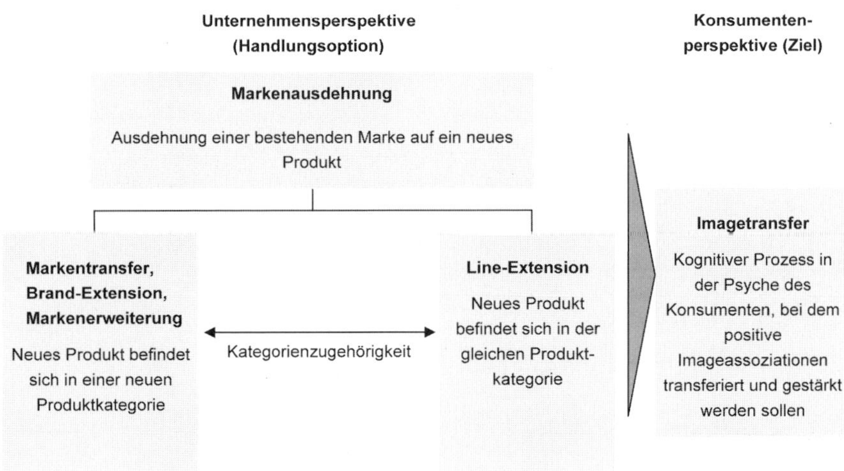

Damit der angestrebte Transfer funktionieren kann, muss es einen „Fit“ zwischen Ursprungs- und Transfermarke geben, die beiden müssen zueinander passen. Hierbei können bereits wenige im Marken- oder Produktkonzept festgelegte Eigenschaften ausreichen, um einen solchen Fit herzustellen, etwa in Bezug auf die Gestaltung von Verpackungen (vgl. Casper 2002, 251). Diese Verknüpfungspunkte werden Transferklammern genannt.

Auch in diesem Fall bietet sich der umfassende Erfolg von *Pokémon* als Beispiel an: Die Lizenzierung von Sammelkarten zu einem digitalen Spiel enthielt die genannten Risikofaktoren. Da sowohl beim Game Boy-Spiel als auch beim Kartenspiel das Sammeln eine zentrale Spielmotivation ist, liegt hier eigentlich ein großes Substitutionspotenzial, das sich jedoch nicht negativ auswirkte. Hinzu kommt die klar erkennbare Gestaltung der Verpackung und der Karten selbst.

3.6 Zusammenfassung

Die Voraussetzung für die Auswertung von Inhalten mit der Strategie des umfassenden Markenmanagements ist die Wahl einer leistungsfähigen Organisationsstruktur, die den Anforderungen, die sich ergeben, gewachsen ist. Als Organisation scheinen sowohl Konzerne als auch Unternehmensnetzwerke für die Umsetzung einer solchen Strategie geeignet zu sein. Entscheidend für das Gelingen ist vor allem, dass die Entscheidungsstrukturen flexibel genug sind, um die Marke immer wieder nach den jeweiligen Markterfordernissen neu auszurichten und weiter zu entwickeln. Dabei kommt es immer wieder dazu, dass Unternehmen, die in Kernbereichen Konkurrenten sind, in Randbereichen ihrer Tätigkeit kooperieren, um am jeweiligen ökonomischen Erfolg zu partizipieren.

Die drei vorgestellten Typen von Marken, deren Pflege in solchen Netzwerken denkbar ist, lassen sich mit den unterschiedlichsten Marketingstrategien auf den Märkten positionieren. Eine „beste“ Strategie scheint es nicht zu geben, die sich dynamisch verändernde Unternehmens- und damit Markenumwelt führt zum einen dazu, dass die Strategien in immer neuen Kombinationen erfolgreich eingesetzt werden, zum anderen ermöglicht sie immer wieder etablierten Inhalten, zur Marke zu werden, wenn sich z.B. neue Distributionsmöglichkeiten ergeben.

4 Kinderprogramme als Markenvehikel

Bei der Auswertung von Medienangeboten für Kinder spielt das Fernsehen eine besonders wichtige Rolle, da es aufgrund der hohen Reichweite in der Zielgruppe ein hohes Maß an Aufmerksamkeit auf ein Angebot lenken kann. Für Fernsehveranstalter bedeutet dies eine Doppelrolle, zum einen können sie das

Potenzial als „Aufmerksamkeitsgenerator" für eigene, selbstproduzierte Inhalte nutzen, zum anderen können sie dieses Potenzial als Dienstleistung vermarkten. Zwischen diesen beiden Positionen gibt es eine Vielzahl unterschiedlicher Abstufungen, die sich z.B. aus dem Einfluss der jeweiligen Akteure oder aus deren Zahlungsbereitschaft ergeben. Mit dem Blick auf einige der mit den Fernsehveranstaltern verbundenen Akteure wird versucht, die Rolle der Veranstalter zu verdeutlichen.

Für die cross- oder multimediale Auswertung eignen sich sowohl komplette Programme als auch einzelne Charaktere oder Figuren aus diesen Programmen, die unter anderem von spezialisierten Unternehmen in diesem Bereich als Marke entwickelt und geführt werden. Nach Angaben der International Licensing Industry Merchandiser's Association (LIMA) wurden mit Lizenzen Umsätze in Höhe von 198 Mio. $ erzielt, wichtigstes Segment war in Deutschland Entertainment. Im Vergleich zu den USA waren die erzielten Erlöse mit Spielzeug und Spielen sehr hoch, 20 Prozent der Umsätze entfielen auf die Lizenzierung von Inhalten für Spiele, weitere 6 Prozent auf die Lizenzierung von Entertainment-Angeboten für Video- und Computerspiele (vgl. LIMA 2003).

4.1 Der Kinderkanal

Der 1997 gestartete öffentlich-rechtliche Sender hat im Vergleich zu den privaten Veranstaltern wesentlich bessere Rahmenbedingungen für die Entwicklung eines eigenen Profils als Marke. Da keine Abhängigkeit von Werbeerlösen besteht, sondern die Finanzierung aus Gebühren langfristig gesichert ist, kann der Kinderkanal wesentlich stärker als kommerzielle Veranstalter auf Eigen- und Koproduktionen setzen. Hinzu kommt, dass sich aus der Zusammenarbeit mit anderen öffentlich-rechtlichen Veranstaltern Möglichkeiten zur Nutzung von Strukturen und Inhalten ergeben, die in diesem Ausmaß bei den privaten Veranstaltern nicht zu erkennen sind. So gibt es eine Vielzahl von Programmen, die von ARD-Landesrundfunkanstalten oder dem ZDF zugeliefert werden (vgl. Kinderkanal 2003a). Auch die Kommission zur Ermittlung des Finanzbedarfs der Rundfunkanstalten stellte in ihrem 13. Bereicht fest, dass der Kinderkanal nur über einen geringen eigenen Programmbestand verfügt. 1998 waren dies 960 Minuten, 1999 2.550 Minuten (KEF 2001, 204).

Ein besonderer Vorteil dieser Zulieferungen ist, dass es sich in der Regel um bereits etablierte Marken handelt, deren positives Potenzial im Hinblick auf Bekanntheit und Qualität auf den Sender übertragen wird. Mit diesem „Guthaben" hat der Kinderkanal es vor allem bei den Eltern leicht, Markenstatus zu erreichen, da die meisten dieser Programme (*Sesamstraße*, *Die Biene Maja*, *Heidi*, *Löwenzahn*, *Das Sandmännchen*) bei dieser Generation bekannt sind und mit

Qualität verbunden werden. Mit dem Blick auf diese Zielgruppe bemüht sich der Kinderkanal offensichtlich, mit seinen Programmen bei einer Vielzahl von Medienpreisen beteiligt zu sein. Diese Preise werden in der Kommunikation des Senders immer wieder herausgestellt, um die Qualität des Programms zu verdeutlichen (vgl. z.B. Kinderkanal 2003b). Natürlich muss auch der Kinderkanal die ihm zur Verfügung stehenden Kanäle nutzen, um von seiner Zielgruppe wahrgenommen zu werden und dieses Publikum an sich zu binden. Dabei verfolgt der Kinderkanal ein Konzept, das stark auf die direkte Interaktion mit der Zielgruppe setzt, zum einen werden Events für die Kommunikation genutzt, zum anderen spielt auch das Internet eine wichtige Rolle für die Kommunikation mit dem Publikum. Bei Programmen, über deren Auswertungsrechte der Kinderkanal verfügt, besteht seit 2002 eine feste Kooperation mit dem Unternehmen Bavaria Sonor, das ein Tochterunternehmen der Bavaria-Film Gruppe ist. Dieses Unternehmen wertet mit dem *Tigerenten Club*, *Schloss Einstein* und *Die Sendung mit der Maus* bereits eine Vielzahl öffentlich-rechtlicher Programme erfolgreich aus und kann bei der Vermarktung der Sendungen des Kinderkanals wie z.B. *Der kleine König Macius* auf bewährte Partner zurückgreifen (vgl. Kinderkanal 2002).

Neben den Aktivitäten des Veranstalters bemühen sich auch die Anbieter von Inhalten eigenständig, diese für weitere Auswertungsmöglichkeiten zu nutzen. Neben den Fernsehrechten nutzt EM.TV die Rechte für die Auswertung des ursprünglich als Figur für Kinderlieder entwickelten Charakters *Tabaluga* für Tourneen und Hörspiele, die Serie ist auch auf Video erschienen und wurde mehr als 600.000 Mal verkauft. Das 1997 auf dem Kinderkanal gestartete Programm ist auch ein Exportschlager, es wird mittlerweile in mehr als 100 Ländern ausgestrahlt (vgl. Maffay, BMG 2003).

Die finanziellen Voraussetzungen des Kinderkanals sind insbesondere geeignet, Eigenproduktionen für den deutschsprachigen Markt herzustellen, da Erlöse aus dem Weiterverkauf der Programme für den Bestand des Senders keinen so großen Stellenwert haben, wie dies bei kommerziellen Veranstaltern der Fall ist. Letztere müssen bei Eigenproduktionen auch die Möglichkeiten zum Weiterverkauf der Programme ins Ausland berücksichtigen und können sich deshalb nur in begrenztem Maße auf den deutschsprachigen Markt konzentrieren.

4.2 Die privat-kommerziellen Anbieter und die mit ihnen verbundenen Unternehmen

Im Gegensatz zum öffentlich-rechtlichen *Kinderkanal* haben die privaten Veranstalter nur eingeschränkte Möglichkeiten für eine umfassende langfristige Planung, da bei ihnen die Erlöse nicht von der Höhe der Rundfunkgebühren in einer Gebührenperiode abhängen. Im Jahr 1999 wurden Werbeerlöse von mehr als 250 Mio. DM erzielt, ein Betrag der in den letzten Jahren aufgrund der schwierigen Werbekonjunktur wahrscheinlich nicht erreicht wurde (Vgl. KEK 2002b, 162). So gab der Sender Super RTL für das Jahr 2002 Netto-Werbeerlöse in Höhe von 86 Mio. € an, 2001 waren es noch 91,1 Mio. € (Super RTL 2002). Außerdem können die privaten Veranstalter nicht in vergleichbarem Maße kostengünstig auf bewährte Inhalte zurückgreifen, in der Regel müssen sie die Rechte für die Ausstrahlung von Programmen erwerben.

Der Markt für Kinderprogramme schien Ende der neunziger Jahre in einer Krise zu stecken. Nicht zuletzt die Konkurrenz durch den öffentlich-rechtlichen Kinderkanal sorgte dafür, dass nicht alle Anbieter wirtschaftlich erfolgreich waren, schließlich stellte mit Nickelodeon im Mai 1998 einer der Veranstalter den Sendebetrieb ein. In der Folgezeit wurden jedoch mit den Kinder-Spartenprogrammen *Junior*, *K-toon*, *Disney Channel* und *Fox Kids* im Pay-TV neue Angebote lizenziert (vgl. KEK 2002b, 164). Offensichtlich ist ein werbefreies Kinderprogramm für Eltern besonders attraktiv, so dass in diesem Bereich neue Programme erfolgreich starten konnten.

Beim Blick auf die Konstellation der Anbieter zeigt sich, dass die charakteristische Struktur des kommerziellen Fernsehmarktes in Deutschland mit den beiden Sendergruppen auch für den Kinderfernsehbereich gilt. Allerdings kommen zu diesen beiden Gruppen mit der EM.TV & Merchandising AG und dem Disney-Konzern zwei weitere zentrale Akteure hinzu, die zum einen als Mitgesellschafter von Programmveranstaltern in Erscheinung treten, zum anderen aber auch eigene Programme veranstalten und eine Vielzahl von mit dem Fernsehmarkt verbundenen Geschäftsaktivitäten auf nationaler und internationaler Ebene betreiben.

4.2.1 Der Disney-Konzern

Unter den werbefinanzierten Veranstaltern von Kinderprogrammen sind Super RTL und RTL II beim Publikum sehr erfolgreich. Bei beiden Veranstaltern ist der Disney-Konzern beteiligt. Während RTL II vor allem durch die mittlerweile etablierte Anime-Schiene am Nachmittag erfolgreich ist, richtet sich das Programm von Super RTL fast komplett an ein junges Publikum. Die Beteiligung bei Super RTL liegt bei 50 Prozent und der Konzern ist ein wichtiger Lieferant von Programmen für diesen Veranstalter.

Für Super RTL ergibt sich aus der starken Position des Disney-Konzerns das Problem, dass der Sender in die Rolle des bloßen Publishers von Inhalten gedrängt wird. Um dieser Entwicklung entgegen zu wirken, bemüht sich der Sender, mit *Toggo* und *Toggolino* eigenständige crossmediale Angebotsplattformen zu entwickeln, die neben Disney einen eigenen Wert für das Programm bedeuten. Unterstützt wird dieses Konzept dadurch, das Super RTL sich bemüht, von den neben den Disney-Programmen erworbenen Inhalten möglichst umfassende Rechtepakete zu erwerben, die auch die Auswertung der Lizenzrechte in Verbindung mit den eigenen Brands unabhängig von Disney erlauben. Solche von Super RTL ausgewerteten Programme sind *Angela Anaconda*, *Jimmy Neutron*, *Bob der Baumeister*, *The Powerpuff Girls* und *SpongeBob – Schwammkopf*.

Abbildung 4.1: Disney im deutschen Kinderfernsehen

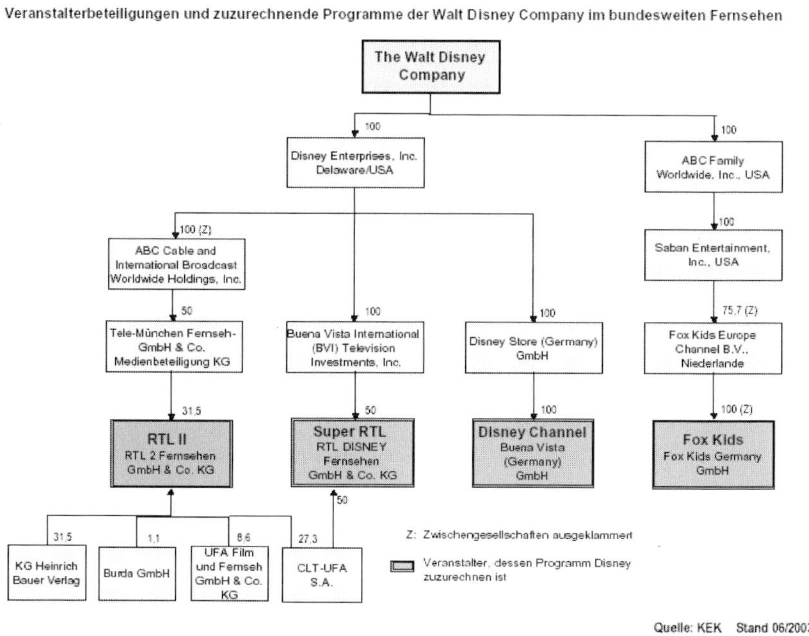

Durch seine Beteiligung an den Kinderprogrammen der RTL-Gruppe sichert sich der Konzern den Zugang zum reichweitenstarken werbefinanzierten Fernsehen in Deutschland. Die Struktur des Konzerns mit einer eigenen Tochtergesellschaft, die für die regionale Auswertung der Lizenzen des Konzerns zuständig ist, erlaubt dem Unternehmen, auf praktisch allen Stufen der Verwertungskette an den Erlösen, die mit seinen Programmen erzielt werden, direkt zu partizipieren. Die von Disney Consumer Products in München ausgewerteten Lizenzen sind unter anderem *Atlantis*, *Micky & Co.*, *Winnie the Pooh* und *Das Dschungel-*

buch. Eine wichtige Rolle für den Disney-Konzern spielen bei der Auswertung die Möglichkeiten zur Entwicklung langfristiger einheitlicher Strategien, wie z.B. die Planung der Weihnachtsfilme für die nächsten Jahre oder die einheitliche Gestaltung der Corporate Identity der weltweit aktiven 15 Disney Channels zeigt (vgl. Häuser 2002, 84). Das werbefinanzierte Fernsehen kann in Verbindung mit anderen Konzernaktivitäten effektiv für die Cross-Promotion eingesetzt werden und so Produkte auf anderen Auswertungsstufen, etwa Kinofilme, unterstützen.

Neben dem Engagement im werbefinanzierten Fernsehen ist Disney mit dem Disney Channel und dem von der Saban-Gruppe erworbenen Fox Kids auch im Pay-TV-Markt vertreten. Damit eröffnet sich für den Konzern eine weitere Möglichkeit, an den Erlösen aus der Auswertung seiner Programme zu partizipieren. Mit der Saban/Fox Kids Consumer Products Germany GmbH wurden zusätzlich die Lizenzen der von Fox produzierten Programme Eigentum des Konzerns. Dazu zählen unter anderem *Action Man*, *Power Rangers*, *The Tribe* und die *Ninja Turtles*.

4.2.2 Die EM.TV & Merchandising AG

Die EM.TV & Merchandising AG hat in der Vergangenheit eine wechselvolle Geschichte erlebt. Einst ein Star am neuen Markt, danach fast vor dem Aus befindet sich das Unternehmen mittlerweile auf einem Konsolidierungskurs. Das Unternehmen verfügt auch nach dem Verkauf der Jim Henson Company über eine Vielzahl attraktiver Programme und Lizenzen. Zu Letzteren zählen z.B. der *Bär im großen blauen Haus*, *Biene Maja*, die *Sesamstraße* und ein Teil der Lizenzrechte an *Pokémon*. Durch die Beteiligungen an Programmveranstaltern im Kinderfernsehmarkt sichert sich das Unternehmen den Zugang zu den möglichen Abnehmern der Inhalte.

Die von EM.TV verfolgte Strategie ähnelt der des Disney-Konzerns. Das Unternehmen bemüht sich, in möglichst vielfältiger Form an den Erlösen, die mit seinen Inhalten erzielt werden, zu partizipieren. So verkauft das Unternehmen 2002 300 Stunden Kinder- und Jugendprogramme an Tele 5, einen Veranstalter, der zu 100 Prozent der Tele München Fernsehen GmbH & Co. Produktionsgesellschaft gehört (N.N. 2002, 22). Die Probleme der jüngeren Vergangenheit ergeben sich für das Unternehmen vor allem aus der generell schwierigen wirtschaftlichen Situation der Fernsehveranstalter, die aufgrund sinkender Werbeeinnahmen einen eingeschränkten Handlungsspielraum haben. Zur Stabilisierung trägt in diesem Fall der öffentlich-rechtliche Rundfunk bei, der nicht in gleichem Maße unter der schlechten Werbekonjunktur leidet.

Abbildung 4.2: EM.TV im deutschen Kinderfernsehen

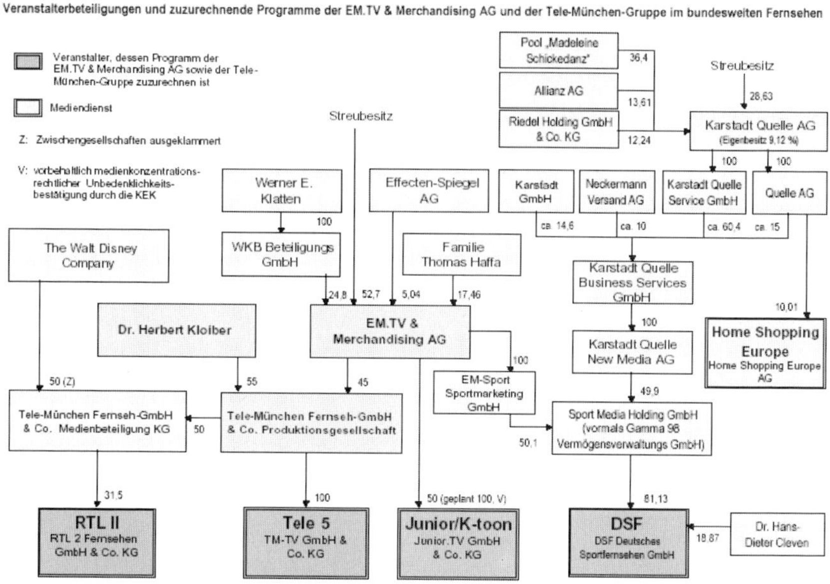

Quelle: KEK Stand: 08/2003

4.3 Auswertungsmöglichkeiten für Lizenzen

Die Entwicklung von Inhalten für Kinder zu lizenzierbaren Marken erfolgt in der Regel bereits durch die jeweiligen Produzenten oder von ihnen beauftragte Agenturen. Je nach Lizenzthema werden dabei die Entwicklungsmöglichkeiten der einzelnen Inhalte unterschiedlich genutzt. Wenn das Ausgangsprodukt der Vermarktung ein Kinofilm ist, so hat die Markenentwicklung und die Lizenzpolitik vor allem den Anforderungen zu folgen, die sich aus der Auswertung dieses zentralen Produktes ergeben. Im Fall der Kinofilme zum *Herrn der Ringe* und *Harry Potter* ergeben sich aus den Erscheinungsdaten der jeweils neuen Kinofilme Vorgaben für den Vertrieb von Lizenzprodukten: Erscheint der neue Film, müssen die „alten" Lizenzprodukte fast vom Markt verschwunden sein, um Platz für die neue Generation zu machen. Ähnliches gilt für die Auswertung von Video- und Computerspielen: Wenn die Pokémon oder Lara Croft zu neuen Abenteuern in ihren Stammmärkten aufbrechen, folgen andere Lizenzinhaber mit ihren Aktivitäten, um zum einen den positiven Marketingeffekt für das Hauptprodukt für sich zu nutzen und zum anderen um das Kernprodukt zu stützen und so den Wert der eigenen Lizenz zu erhöhen.

Eine besonders wichtige Rolle spielt bei der Entwicklung der Lizenzthemen aus Medienangeboten die Modularität der Programme – es lassen sich nicht nur das gesamte Programm sondern auch einzelne Bestandteile als Lizenz auswerten. So wird nicht die *Sendung mit der Maus,* sondern vor allem die Maus selbst als Lizenz ausgewertet, auch bei vielen Zeichentrickserien sind es vor allem einzelne Charaktere, die eine zentrale Rolle für das Licensing spielen. Mit dem Blick auf die Auswertungsmöglichkeiten der Programme setzte schon in den siebziger Jahren in den USA eine Entwicklung ein, bei der sich Spielzeugfirmen direkt an der Produktion von Fernsehsendungen beteiligten. So entstanden z.B. die Programme *Ninja Turtles*, *Spiderman*, *Flash Gordon* und *Power Rangers* als Produkte solcher Kooperationen (vgl. zu Salm 2001, 146). Das Ergebnis dieser Entwicklung war die teilweise Ablösung der Werbefinanzierung durch die Finanzierung aus den Lizenzerlösen, die durch eine Beteiligung am Verkauf der entsprechenden Spielzeuge erzielt wurde (vgl. Kline 1991, 226). Damit wird zu einer wesentlichen Gestaltungsvorgabe eines Programms die Frage, ob und wie viele Elemente sich über Lizenzen auswerten lassen bzw., wenn das Fernsehprogramm ein Lizenzprodukt von einem anderen erfolgreichen Angebot ist, welche Vorgaben sich aus den Anforderungen dieses Produktes ergeben.

5 Marken und Markenzeichen in Fernsehangeboten für Kinder

In Ergänzung zu den vorgestellten Angebots- und Vermarktungsstrategien der Anbieter von Medienangeboten für Kinder soll in einem weiteren Kapitel die Frage behandelt werden, wie sich die ökonomischen Strategien in Fernsehangeboten für Kinder niederschlagen. Die leitende Fragestellung besteht darin, wie die im Fernsehen präsenten Produzenten-, Produkt- und Verteilermarken auf der konkreten Programmebene zum Ausdruck kommen. Das folgende Kapitel fasst eine Programmstruktur- und Produktanalyse zusammen, die in Bichler/ Pluschkowitz (2004) ausführlich dokumentiert ist.

5.1 Markenrelevante Angebote auf der Programmstrukturebene

Im Rahmen einer Programmstrukturanalyse wurden deutsche Programmangebote für Kinder innerhalb einer zufällig ausgewählten Woche in Bezug auf markenrelevante Programmelemente untersucht. Folgende Bestandteile des Gesamtprogramms wurden bei dieser empirischen, quantitativ ausgelegten Analyse von Kinderfernsehangeboten als untersuchungsrelevant betrachtet:

1. Umfang und strukturelle Zusammensetzung des Gesamtprogramms,
2. Inhalte und Darstellungsformen einzelner Sendungen,
3. Zwischenglieder, diverse Logos und ästhetische Identität,
4. Werbung,
5. Namensgebung.

Gegenstand der Analyse waren die Wochenprogramme des gebührenfinanzierten Kindersenders KI.KA, des werbefinanzierten Familien-Senders Super RTL und des Pay-TV-Kinder-Spartenkanals Premiere Junior; außerdem wurden das Wochenend-Kinderprogramm des werbefinanzierten Senders SAT.1, das sein Portfolio ebenfalls unter dem Label Junior vermarktet, sowie das Wochenendkinderprogramm K-RTL des werbefinanzierten Senders RTL in die Analyse mit einbezogen. Dieser Auswahl lag das Anliegen zu Grunde, ein möglichst breites Spektrum unterschiedlicher Strategien auf der Programmstrukturebene aller drei Anbieterformen (öffentlich-rechtlich, werbe- sowie pay-tv-finanziert) abzubilden.

Untersuchungszeitraum bzw. Zeitraum der Aufzeichnung stellte für alle ausgewählten Sender die Woche vom 25. Februar 2002 bis 03. März 2002 dar; in dieser Woche waren keine Programmverzerrungen durch besondere Medienereignisse wie etwa Fußballübertragungen, Jubiläumsfeiern etc. zu erwarten.[7] Insgesamt wurden etwa 300 Stunden Programm aufgezeichnet. Dieses verteilte sich folgendermaßen auf die einzelnen Sender:

- KI.KA mit 91h/Woche,
- Super RTL mit 98h/Woche,
- Premiere Junior TV mit 91h/Woche,
- SAT.1 mit 7h/Woche und
- K-RTL mit 13h/Woche.

Aus den Ergebnissen der detaillierten Programmstrukturanalyse wurde für die untersuchten Programmanbieter jeweils ein markenrelevantes Anbieterprofil erarbeitet, auf das sich die vorliegende Darstellung beschränkt.

5.1.1 KI.KA

KI.KA ist der einzige öffentlich-rechtliche Sparten-Sender mit ausschließlich kinderspezifischen Angeboten im deutschsprachigen Raum. Das Programm läuft bisher von Montag bis Sonntag jeweils tagsüber zwischen 06:00 und 19:00 Uhr.[8] Der Sender strahlt je nach Tageszeit ein altersspezifisches Programm aus, welches jedoch nicht explizit als Programmfläche für eine spezielle Zielgruppe gekennzeichnet ist. Insgesamt präsentiert KI.KA über 90 Stunden Programm pro Woche.

[7] Aufgrund technischer Probleme bei der Aufzeichnung mussten beim Pay-TV-Sender Premiere Junior vier Programmtage durch Programmtage der folgenden Woche (06.-09. März 2002) ersetzt werden. Infolge des annähernd gleichen Programminhalts in diesen beiden Wochen hat dies keine Konsequenzen für die Ergebnisse der Analyse.

[8] Mittlerweile wurde die Sendezeit in den Abend hinein verlängert.

Als Programmlogo bzw. Corner Graphic fungiert das visuell gestaltete Markenzeichen des KI.KA. Dominanter symbolhafter Baustein des Erscheinungsbildes ist das KI.KA-Rad. Beide Elemente kennzeichnen das gesamte Programm und bilden die visuelle Oberflächenidentität des Senders.

Tabelle 5.1: Genres nach Programmanbietern (Basis: Zahl der Sendungen)

	KI.KA		Super RTL		alle Anbieter	
	Anzahl [N]	Anteil [%]	Anzahl [N]	Anteil [%]	Anzahl [N]	Anteil [%]
Cartoon	122	45,2	232	88,9	596	71,2
Magazin-Formen	54	20,0	2	0,8	57	6,8
Spielfilm, Spielserie	27	10,0	7	2,7	50	6,0
Puppenspiel	25	9,3	0	0,0	35	4,2
Sonstige Sendung	15	5,6	5	1,9	25	3,0
Moderation	3	1,1	0	0,0	24	2,9
Dokumentation	5	1,9	7	2,7	20	2,4
Nachrichten	9	3,3	0	0,0	9	1,1
Musiksendung	7	2,6	0	0,0	7	0,8
Gameshow	1	0,4	5	1,9	7	0,8
Tiersendung	2	0,7	2	0,8	6	0,7
Bastelsendung	0	0,0	1	0,4	1	0,1
Gesamt	270	100,0	261	100,0	837	100,0

KI.KA zeichnet sich durch einen hohen Anteil an Eigenproduktionen aus. Darunter fallen Titel wie die Puppencomedy-Show *Tolle Sachen* und *Chili TV*, die interaktiven Sendungsangebote wie etwa *Musik Boxx*, *Spiel Boxx* oder *Trick Boxx* und das tägliche Flächenmagazin *Kikania*, das montags bis freitags gesendet wird. Die Eigenwerbung in den Zwischengliedern konzentriert sich stark auf diese selbstproduzierten Sendungen, die dem Sender ein spezielles Gepräge geben. Darüber hinaus sendet KI.KA häufig Sendungen von ZDF und ARD. *Pumuckl-TV*, *Tigerenten-Club* und das Nachrichtenmagazin *Logo* belegen dies beispielhaft.

Unter den Herkunftsländern der Kaufproduktionen dominieren europäische Länder. Die Herkunft der Sendungen ist verglichen mit dem Angebot der anderen Kindersender relativ weit gefächert. KI.KA liefert außerdem das im Durchschnitt aktuellste Programm aller Anbieter. Das Programm setzt sich aus einem breiten Genremix zusammen. Cartoons nehmen zwar in etwa die Hälfte des Programms ein, den verbleibenden Raum teilen sich Magazine, Spielfilme, Fernsehserien, Puppenspiele, Musiksendungen, Dokumentationen, Nachrichten und Gameshows. Innovativ ist KI.KA bei den interaktiven Formaten; im Vordergrund steht die Kommunikation mit dem Senderteam. Die Zuschauer werden angeregt, Briefe zu schreiben, Lieder, Gedichte und Selbstgebasteltes einzusenden oder aber einfach nur Fragen zu stellen. Darüber hinaus finden sich etwa in der *Trick Boxx* Anleitungen für die Erstellung eigener Trickfilme. Aufgrund seiner Finanzierung enthält das Programm keine Spot-Werbung. Mit der Sendung *Tolle Sachen* und ihren Protagonisten *Chili*, *Briegel* und *Bernd dem Brot* bietet KI.KA allerdings ein werbekritisches Programm, das eine Parodie auf die Werbung in anderen Programmangeboten darstellt. Der Sender KI.KA verfügt über eine eigene Homepage (www.kika.de), auf die im Rahmen von Zwischengliedern wiederholt hingewiesen wird.

5.1.2 Super RTL

Super RTL ist ein privatwirtschaftlich-organisierter, aus Werbeeinnahmen finanzierter Spartensender mit vorwiegend familienorientiertem Programm und davon deutlich getrennten kinderspezfischen Programmteilen. Das Kinderprogramm des Senders, das sich an die Zielgruppe der 3- bis 13-Jährigen richtet, läuft montags bis sonntags von 06:30 bis 20:15 Uhr. Insgesamt zeigt Super RTL über 90 Stunden Programm pro Woche.

Das Kinderprogramm von Super RTL lässt auf verschiedenen Ebenen eine charakteristische Struktur erkennen, die in einem komplexen System von Markierungen zum Ausdruck kommt:

- in der Sendermarke Super RTL, die als Senderlogo in allen Programmelementen abgesehen von Werbungen und werbeähnlichen Formen sichtbar ist,
- im Signet Toggo als Dachmarke (Eigenbeschreibung des Senders), welches als Corner Graphic einen Teil der Kindersendungen markiert,
- in der schwarzweißen Toggolino-Kuh, die die Programmfläche für Kinder zwischen drei und acht Jahren kennzeichnet,
- in dem Schriftzug Ravensburger TV, der wiederum eine eigene Programmfläche kennzeichnet,
- in der Adresse des Web-Portals (www.toggo.de), die in den meisten grafischen Bausteinen der Zwischenglieder angeführt ist,
- und in der Kennfarbe Orange, die alle Kennspots, alle grafischen Rahmungen von Trailern und Teasern sowie alle Nachspänne prägt.

Importprodukte aus den USA prägen die Programmzusammensetzung. Televisuelle Top-Events sind mit den Eigenproduktionen *Super Toy Club* oder *Q-Boot – Das Quizz* an den Wochenenden angesiedelt. Der hohe Anteil an Disney-Produktionen (*Disneys Pepper Ann*, *Chip und Chap* oder *Darkwing Duck*) stellt ein zentrales Charakteristikum des Kinderprogramms von Super RTL dar. Der Cartoonanteil drängt bei Super RTL alle anderen Genres ins Abseits. Spielfilme, Fernsehserien, Dokumentationen, Gameshows, Tiersendungen und Magazine teilen sich lediglich ein Zehntel der Programmzeit. Interaktive Formen bilden Programmhöhepunkte in den Gameshows am Wochenende.

Werbung ist ein markanter Baustein des Kinderprogramms von Super RTL. Die Figur des *Lurchi* als häufiger Sponsoringhinweis prägt das frühe Vormittagsprogramm deutlich mit. Ein weiteres Spezifikum von Super RTL sind punktuelle Verknüpfungen zwischen Werbung und Programm (*Bob der Baumeister*).

Tabelle 5.2: Werbung und werbeähnliche Formen nach Programmanbietern

	Werbeblock				**Sponsoringspots, Spots zu Begleitmaterialien und sonstige werbeähnliche Formen**			
	Anzahl		Dauer		Anzahl		Dauer	
	[N]	Anteil an (1) [%]	[min]	Anteil an (1) [%]	[N]	Anteil an (1) [%]	[min]	Anteil an (1) [%]
Super RTL	206	76,3	705,7	94,5	64	23,8	40,9	5,5
SAT.1	14	27,5	60,4	94,4	37	72,5	3,6	5,6
K-RTL	19	100,0	74,7	100,0	0	0	0	0
Junior TV (Premiere)	0	0	0,0	0,0	8	100,0	2,3	100,0
Gesamt	239	68,7	840,7	94,7	109	31,3	46,8	5,3

Mit Toggo verfolgt Super RTL eine crossmediale Verknüpfung zwischen Kinder-TV, Internet, Print und Merchandising. So können die Zuschauer neben der Rezeption des Fernsehprogramms auf die sendereigene Homepage (www.toggo.de) zugreifen. Die Marke Toggo wirbt außerdem für bestimmte Produkte (wie etwa CDs oder Videokassetten). Mit der nur kurzzeitig existierenden Kinderzeitschrift *Toggo* wurde auch der Versuch unternommen, den Printmediensektor zu erschließen. Toggo ist demnach geradezu omnipräsent.

5.1.3 Junior TV (Premiere)

Junior TV (Premiere) ist ein privatwirtschaftlich organisierter Pay-TV-Spartenkanal im ausdifferenzierten Programmbouquet des Pay-TV-Senders Premiere World. Er lief im Untersuchungszeitraum neben den zwei weiteren Kinderangeboten K-Toon und Fox-Kids. Junior TV sendet sein Programm von Montag bis Sonntag zwischen etwa 06:30 und 19:30 Uhr.

Das Logo-Signet von Junior besteht ausschließlich aus grafischen Elementen, zwei schräg zueinander gestellten Ringen. Der bunt geschriebene Namenszug Junior ist in den grafischen Teilen der Zwischenglieder häufig angeführt. Die

Kurzgeschichten mit den Cartoon-Figuren *Junior*, *Jaz* und *Jane* sind zentrale Elemente des Gesamterscheinungsbildes und fungieren als Senderkennspots. Die Kennfarbe von Premiere Junior ist ein leuchtendes Gelb.

Tabelle 5.3: Genres nach Programmanbietern (Basis: Zahl der Sendungen)

	Junior TV (Premiere)		K-RTL		alle Anbieter	
	Anzahl [N]	Anteil [%]	Anzahl [N]	Anteil [%]	Anzahl [N]	Anteil [%]
Cartoon	204	84,0	24	49,0	596	71,2
Magazin-Formen	1	0,4	0	0,0	57	6,8
Spielfilm, Spielserie	15	6,2	1	2,0	50	6,0
Puppenspiel	10	4,1	0	0,0	35	4,2
Sonstige Sendung	5	2,1	0	0,0	25	3,0
Moderation	0	0,0	21	42,9	24	2,9
Dokumentation	6	2,5	2	4,1	20	2,4
Nachrichten	0	0,0	0	0,0	9	1,1
Musiksendung	0	0,0	0	0,0	7	0,8
Gameshow	0	0,0	1	2,0	7	0,8
Tiersendung	2	0,8	0	0,0	6	0,7
Bastelsendung	0	0,0	0	0,0	1	0,1
Gesamt	243	100,0	49	100,0	837	100,0

Das Kinderprogramm von Premiere Junior weist keine speziellen Programmflächen für eingeschränkte Alters-, Geschlechts- oder Interessengruppen auf. Der Anteil an Fremdproduktionen, vor allem aus dem amerikanischen Raum, kennzeichnet das Programm. Abgesehen von den etwa 30-sekündigen Kurzgeschichten mit *Junior* und seinen beiden Freunden (*Jane* und *Jaz*), welche zwischen den einzelnen Sendungen platziert werden, setzt sich das Programm von Premiere Junior ausschließlich aus Importproduktionen zusammen. Zahlreiche aus den USA stammende Cartoon-Klassiker wie etwa *Schweinchen Dick*, *Popeye the Sailor*, *Familie Feuerstein*, *Animaniacs* spielen eine wichtige Rolle im Angebot. Eigenproduktionen und interaktive Sendungsformen sind im Programmangebot von Premiere Junior nicht enthalten.

Die Vielfalt der Genres ist mäßig. Vier Fünftel des Programms werden von Cartoons ausgefüllt, der Großteil davon besteht aus Action-Cartoons. Ein Spezifikum von Junior TV ist ein hoher Anteil japanischer Anime-Produktionen. Zudem sendet Junior TV Produktionen aus wesentlich mehr Produktionsländern als etwa Super RTL oder die beiden Wochenend-Kinderprogramme auf RTL und SAT1. Schließlich sendet Premiere Junior das durchschnittlich älteste Kinderprogramm.

5.1.4 K-RTL – das Kinderprogramm von RTL

Zum Zeitpunkt der Datenerhebung bestand im Rahmen des Kinderprogramms eine Kooperation von RTL mit Disney, die insbesondere in Form des *Disney-Clubs* seinen Ausdruck fand. Im April 2002 wurde nach Auskunft von RTL diese Kooperation eingestellt und die Programmschiene zu einer reinen Cartoon-Schiene umgewandelt. Programme für dieses Kinderprogramm werden unter anderem von Nickelodeon und Universal geliefert. Die folgenden Ausführungen beziehen sich jedoch ausschließlich auf die Zeit der Kooperation mit Disney.

Tabelle 5.4: Disney Club (K-RTL) in Einzelelementen

Genre	**Anzahl**		**Dauer**	
	[N]	Anteil [%]	[min]	Anteil [%]
Moderation	21	58,3	16,6	7,3
Non-Action-Cartoon	6	16,7	116,4	51,4
Action-Cartoon	3	8,3	19,8	8,7
Cartoon Sonstige	3	8,3	63,9	28,2
Dokumentation	2	5,6	6,1	2,7
Gameshow	1	2,8	3,8	1,7
Gesamt	36	100,0	226,6	100,0

Der private werbefinanzierte Vollprogramm-Sender RTL bot am Samstag- und Sonntag-vormittag ein Angebot an Kindersendungen, das mit dem Programmlogo K-RTL und eigenständigen Trailern gekennzeichnet war. Im Untersuchungszeitraum sendete RTL zehn Stunden gekennzeichnetes Kinderprogramm.

Visuell markiert wurde das RTL-Kinderprogramm durch das Logo-Signet K-RTL und die Figur des Cartoon-Löwen *Jay*, der Kennspots und Trailer als Hauptfigur von Kurzgeschichten auszeichnete. Die Moderatoraussage *„Jays Welt gibts auch im Internet!“* führte im Rahmen von Zwischengliedern über zum Kurzverweis auf das Webportal von K-RTL (www.K-RTL.de), das mittlerweile ebenfalls nicht mehr existiert. Über eine spezifische Kennfarbe verfügte K-RTL nicht.

Innerhalb von K-RTL dominierte das Genre Cartoon. Die Programminhalte waren von zwei Hauptcharakteristika geprägt. Zum einen standen Action-Cartoons wie etwa *CatDog* im Zentrum, zum anderen prägte die Sendung bzw. Programmfläche *Disney Club*, die knapp die Hälfte der Sendezeit einnahm, das Programmangebot. Der *Disney Club* wiederum setzte sich aus Moderationen, Disney-Cartoons, punktuell aus Mini-Quiz-Sendungen und Kurzdokumentationen zusammen. Die Produktionen stammten zu einem großen Teil aus den USA.

Werbung war ein wesentlicher Programmbestandteil von K-RTL. Sponsoringhinweise oder Hinweise auf Begleitmaterialien spielten im Kinderprogramm K-RTL keine Rolle. Werbung und Zwischenglieder bewirkten eine starke zeitliche Parzellierung des Programms.

5.1.5 J(unior) – das Kinderprogramm von SAT.1

Bei SAT.1 handelt es sich um einen privaten werbefinanzierten Vollprogrammsender. Das mit einem „J“ (Junior) gekennzeichnete Kinderprogramm ist auf den Samstag-Vormittag konzentriert; es beginnt um etwa 07:00 Uhr und endet um 14:00 Uhr. Insgesamt stehen in der Woche etwa 6,6 Stunden Programm zur Verfügung.

Als Corner Graphics fungieren einerseits das Senderlogo SAT.1 am rechten oberen sowie das Kinderprogrammsignet „J“ am rechten unteren Bildschirmrand. Diese beiden Logos begleiten alle Sendungen. Zudem wird eine jeweils neu beginnende Sendung durch den Schriftzug Junior begleitet. Als Markenzeichen wird also einerseits der Schriftzug SAT.1 und andererseits das Kürzel „J“ bzw. der bunte Schriftzug Junior verwendet.

Darüber hinaus verfügt SAT.1 Junior über eine Webpage, die im Rahmen der Zwischenglieder mehrfach eingeblendet wird (www.SAT1.de/junior).

Die Kurzgeschichten mit den Cartoon-Figuren *Junior*, *Jaz* und *Jane* sind ebenso wie bei Premiere Junior zentrale Elemente des Gesamterscheinungsbildes und fungieren als Senderkennspots. Sie sind im Nachspann der Kurzgeschichten mit dem Copyrightzeichen von EM.TV und dem Hinweis auf das Webportal (www.myjunior.de) gekennzeichnet. Die Kennfarbe von SAT.1 ist ebenso wie bei Premiere ein leuchtendes Gelb.

Besonders auffallend sind die Übereinstimmungen bzw. Ähnlichkeiten von SAT.1 Junior und Premiere Junior im Bereich der Namensgebung des Kinderprogramms und im Bereich des Erscheinungsbildes. In den Zwischengliedern jenseits der Kennspots mit *Junior*, *Jaz* und *Jane* versucht SAT.1 jedoch, sich gegenüber Premiere Junior besonders mit cartoonhaften figurativen Elementen[9] abzuheben. Statt der üblichen Sendungsabspänne werden bei SAT.1 weiße Cartoon-Blasen mit Kurzangaben zu den Produktionsfirmen dargeboten.

---

[9] Etwa mit verschiedenen szenischen Varianten, in denen Motive wie Lokomotiven, Trompeten, Katzen etc. eine wichtige Rolle spielen. Charakteristisch für das Kinderprogramm von SAT.1 sind cartoonhafte Schriftzüge und besonders häufig eingesetzte Cartoon-Blasen.

Das Kinderprogramm von SAT.1 Junior besteht ausschließlich aus Cartoons. Das Angebot setzt sich weitestgehend aus Kaufproduktionen zusammen, Eigenproduktionen und interaktive Formen kommen nicht vor.

Tabelle 5.5: Cartoons bei SAT.1

Genre	**Anzahl**		**Dauer**	
	[N]	Anteil [%]	[min]	Anteil [%]
Action-Cartoon	6	42,9	130,3	42,3
Non-Action-Cartoon	6	42,9	133,0	43,1
Cartoon Sonstige	2	14,3	45,0	14,6
Gesamt	14	100,0	308,3	100,0

Im Kinderprogramm von SAT.1 sind Grundorientierungen der werbefinanzierten privaten Programme wie ein hoher Werbeanteil, ein sehr hoher Anteil an Zwischengliedern sowie die Konzentration auf ausschließlich fiktionale, unterhaltungsorientierte Cartoons am radikalsten realisiert. Das Programm besteht weitestgehend aus US-amerikanischen Fremdproduktionen. Die große Zahl an Zwischengliedern, Werbeeinschaltungen und werbeähnlichen Hinweisen bewirkt eine überaus hohe Parzellierung; darin markiert SAT.1 im Vergleich zu den anderen Sendern eine Spitzenposition. Ein weiteres Charakteristikum des Programms besteht darin, dass sich SAT.1 beinahe ausschließlich auf ältere Produktionen stützt.

5.1.6 Abschließende Bemerkungen zur Programmstrukturanalyse

In der Programmstrukturanalyse wurden die grundlegenden Bauformen beschrieben, mit denen die Anbieter von Kinderfernsehprogrammen versuchen, oberhalb der Ebene einzelner Sendungen übergreifende Marken zu bilden, die den jungen Rezipienten die Orientierung im unübersichtlich gewordenen Gesamtangebot des Fernsehens erleichtern sollen. Dabei ging es nicht um eine flächendeckende Bestandsaufnahme sämtlicher Angebote für Kinder; vielmehr galt die Analyse ausgewählten Kinderprogrammen, die im Hinblick auf die Fragestellungen des Gesamtprojekts von besonderem Interesse sind.

Die Analyse hat deutlich unterschiedliche Programmprofile ergeben, die als Anhaltspunkte für je unterschiedliche Strategien der Markenbildung und -pflege verstanden werden können. Die dabei herausgearbeiteten Unterschiede im Kontext dieser Studie und auf der Basis allein der Programmstrukturanalyse sind nicht als Qualitätsunterschiede zu verstehen, es geht hier nicht um den Vergleich der Leistung etwa von öffentlich-rechtlichen und privaten Veranstaltern. Ziel der Analyse war vielmehr die Identifizierung spezifischer Markenstrategien bzw. ihrer Ausdrucksformen auf der Ebene der Programmstrukturen, um so in den weiteren Untersuchungsschritten der Frage nachgehen zu können, wie diese Angebotsformen mit der Marktposition der Anbieter auf der einen und den Wahrnehmungen der Rezipientinnen und Rezipienten auf der anderen Seite zusammenhängen.

5.2 Markenrelevante Angebote auf der Sendungsebene

Neben der quantitativen Analyse des allgemeinen, markenrelevanten Programmangebots für Kinder wurden in einem weiteren Schritt spezifische, markenrelevante Kindersendungen hinsichtlich ihrer formalen, dramaturgischen und inhaltlichen Konzeption untersucht.

Im Speziellen stellte sich die Frage nach den jeweiligen Handlungs- und Identifikationsangeboten der Sendungen, nach der Art und Weise, wie sie den Kindern dargeboten und in welcher Form diese multimedial aufeinander bezogen präsentiert werden. Dabei wurde besonders auf die Heldendarstellung (Paus-Haase 1998) sowie auf spezifische Angebote für Jungen und Mädchen geachtet, da diese verschiedene Interessen und demzufolge unterschiedliche Sendungsfavoriten haben und sich daraus schlussfolgern lässt, dass bei der Produktion und Konzeption von geschlechts- oder altersspezifischen Kinderprogrammangeboten die Vorlieben der jeweiligen Zielgruppe mitberücksichtigt sind. Die Angebote können somit aufgrund ihrer zielgruppenspezifischen Gestaltung der Wahrnehmungs- und Bearbeitungsweise ihrer Rezipienten entgegenkommen, indem sie in ihrem Sinn- und Bedeutungsangebot Themen von Kindern aufgreifen und/oder auf die speziellen Ästhetiken der jungen Klientel zugeschnitten und in einer attraktiven, aufmerksamkeits- und rezeptionsfördernden Präsentationsweise (Paus-Haase 1991, 1998) dargeboten werden.

Der Auswahl von konkreten Medienmarken, die im Rahmen dieser Studie im Hinblick auf die genannten Darstellungsstrategien analysiert werden sollten, lagen folgende Faktoren zu Grunde:

- hoher Grad an intermedialer Vernetzung,
- Verbreitung und Nutzungshäufigkeit,
- inhaltliche Vielfalt der Angebote, exemplarische Auswahl für verschiedene Angebotstypen sowie
- Aktualität.

Entsprechend dieser vier Aspekte wurden folgende drei Kindersendungen ausgewählt:

- die Serie *Sailor Moon,*
- die Serie *Dragonball Z,*
- das Kindermagazin *Die Sendung mit der Maus*.

An dieser Stelle können wiederum nur zusammenfassende Charakterisierungen der Sendungen präsentiert werden, die auf einer differenzierten Produktanalyse basieren (siehe dazu ausführlich Bichler/Pluschkowitz 2004).

Dragonball Z

Der Markencharakter der Serie *Dragonball Z*[10] zeigt sich sowohl in der formalen als auch inhaltlichen Konzipierung. Sehr wichtig erscheint dabei die Zielgruppeneingrenzung, da die Produzenten auf ein spezifisches Publikum, die männlichen Rezipienten, eingehen können. Themen wie Machtdemonstration, Kampf, Steigerung der eigenen Kräfte etc. sind vorrangig auf Jungen zugeschnitten und werden auf sehr dynamische, actionreiche und zuweilen äußerst brutale Art und Weise umgesetzt, indem etwa die Konsequenzen der Gewaltakte dargestellt werden. Physische Gewalt steht somit im Vordergrund der Handlung. Hauptsächlich intrinsisch motiviert, folgen Gewalthandlungen vorwiegend aus der Freude am Kampf. Dieser eigenmotivierte Kampfeinsatz lässt die im Grunde ernsten und gefährlichen Auseinandersetzungen mit Bösewichten zu einer Art Spiel bzw. Wettbewerb, zu einer guten Übung für die Serienhelden, werden. Der gezielte Einsatz von Humor verleiht den Geschichten zudem einen größeren Unterhaltungswert, ernste Themen sowie Gewaltdarstellungen werden damit abgeschwächt. Dieser „andere" Umgang mit dem Thema Gewalt sowie die explizite Thematisierung von Körperlichkeit und Sexualität (in Form von Schlüpfrigkeiten und sexistischen Anspielungen) stellt insbesondere für pubertierende Jungen ein Faszinationspotenzial dar,[11] das in dieser Form aus anderen Cartoons nicht bekannt ist. Die unentwegte Auseinandersetzung der ständig zwischen den Polen Angst und Stärke agierenden Serienhelden bietet den jungen Rezipienten im Wechsel von Gefahr und ihrer Überwindung durch das bei Helden und Schurken gleichermaßen probate Mittel Gewalt ein hohes Maß an „Unterhaltungsangst" und intensiven „Flow-Erlebnissen" (Paus-Haase 1994, 239).[12] Kinder genießen den Schauer der Erregung dieser risikoreichen, aber in den meisten Fällen auch erfolgreichen Kämpfe ihrer Helden, die ihre Macht und

---

10 Siehe zur hohen Problematik der Serie in Bezug auf Gewaltdarstellungen sowie sexuelle Implikationen das Gutachten von Paus-Haase/Lampert (2002) und insbesondere das Kap. „Medienmarkenbeziehungen am Beispiel der Erfolgsserie *DBZ*" der qualitativen Rezeptionsstudie in diesem Band sowie ausführlicher die Ergebnisse der qualitativen Rezeptionsstudie in Paus-Hasebrink u.a. (2003).

11 Dies zeigen die Ergebnisse der Rezeptionsstudie in Paus-Hasebrink u.a. (2003).

12 Vgl. dazu auch Grimm (1992, 60).

Überlegenheit augenfällig durch Gewalteinsätze dokumentieren (Paus-Haase 1994, 239). Die Stärke eines Helden stellt ein großes Attraktionspotenzial für das Publikum dar. Die Elemente Realitätsnähe auf der einen und Wirklichkeitsverfremdung auf der anderen Seite können neben dem Einsatz von Körperlichkeit und Sexualität, gemischt mit hohen Gewaltanteilen, als – problematisch zu wertende – wichtige markenrelevante Strategiemerkmale von *Dragonball Z* bezeichnet werden. Indem Themen angesprochen werden, die den Entwicklungsaufgaben von jungen Menschen entsprechen, in diesem Fall das eigene Geschlecht zu entdecken und die eigene Geschlechtsidentität aufzubauen, bietet die Sendung ein Faszinationspotenzial, das geeignet ist, junge Rezipienten an das Programm zu binden, da es der Serie ihr unverwechselbares Profil verleiht.

Ein weiteres markenrelevantes Merkmal der Serie, welches sich auch in anderen erfolgreichen japanischen Zeichentrickserien finden lässt, zeigt sich in ihrer inhaltlichen sowie dramaturgischen Komplexität. Die Episodenabenteuer erzählen eine sich fortsetzende Geschichte. Dieser für Zeichentrickserien ungewöhnliche Gebrauch einer weiterführenden Erzähltechnik und die Verwendung von so genannten „Cliffhangern" ähnelt dem Muster von den bei Kindern und vor allem bei Jugendlichen so beliebten Daily Soaps, wodurch regelmäßige Rezeption unabdingbar ist. Die sich im Laufe der Staffeln steigernde Anzahl an Handlungsträgern, deren Abenteuer in der Regel parallel nebeneinander erzählt werden, erschwert den jungen Zuschauern das Verstehen der Geschichte zusätzlich. Doch gerade diese komplexe Handlungsstruktur, die *Dragonball Z* von vielen anderen Zeichentrickserien abhebt, schürt möglicherweise das Interesse des jungen Publikums und kann somit als ein weiterer markenrelevanter Aspekt genannt werden – zwar nicht ausschließlich auf Sendungs-, jedoch generell auf Genre-Ebene, da eine Vielzahl an Anime diese komplexe Erzählstruktur aufweisen. Die Kinder können sich an ihren Kenntnissen über *Dragonball Z* messen.[13] Über die gemeinsame Kommunikation in den Peer-Groups entstehen dabei Moden und Trends, welche die Kinder jedoch unter Druck setzen, da sie über das nötige Wissen verfügen müssen, um mitreden zu können. So versuchen manche Kinder die Serie heimlich zu sehen, wenn ihnen die Rezeption von ihren Eltern verboten wird.

Die vielen unterschiedlichen Helden mit unterschiedlichen Eigenschaften, Fähigkeiten und Verhaltensweisen bieten den Kindern die Möglichkeit, aus einem Pool an Identifikationsfiguren auszuwählen. Somit ist die Chance größer, dass für jeden Geschmack etwas bzw. jemand dabei ist. Die Identifikation mit den Helden bietet Kindern die Möglichkeit, „Alltagsprobleme, Wünsche und Ängste,

---

[13] Dies zeigen die Ergebnisse der Rezeptionsstudie in Paus-Hasebrink u.a. (2003).

Gefühle von Hilflosigkeit, Ohnmacht, aber vor allem ‚Allmachtsphantasien' [zu] bearbeiten" (Paus-Haase 1994, 236).

Außerdem sind die Cartoon-Charaktere vielschichtiger und realistischer konzipiert, da auch ihre Schwächen und Fehler dargestellt werden und ihre Beziehungen untereinander mitunter sehr kompliziert und komplex erscheinen. Die Helden in *Dragonball Z* sind keine perfekten Helden, sie erreichen vielmehr mit Disziplin, hartem Training und festem Glauben an sich selbst ihr Ziel; die Helden entwickeln sich. Die Vielzahl an Figuren und ihre komplexen Beziehungen zueinander, welche sich aufgrund ihrer steten Weiterentwicklung und Sammlung von Erfahrungen schlagartig ändern können, bieten dem Publikum, verglichen mit dem in Deutschland ausgestrahlten Animationsangebot, somit eine abwechslungsreichere und interessantere Geschichte, die niemals zum Stillstand kommt, und Handlungen oder Verhaltensweisen der Protagonisten aufgrund des ihnen innewohnenden immer gleichen Menschenbildes und Gesellschaftsstandes vorausgesagt werden können. Dieser Form der Realitätsnähe ist möglicherweise ein stärkeres Bindungspotenzial inhärent als Serien, deren Helden immer gleich bleiben. Schließlich können Kinder sich damit leichter mit ihrem Bildschirmhelden identifizieren; sie können mit den Serienfiguren mitwachsen.

Märchen- und Sagenelemente können Kindern bei der Suche nach einem Sinn im Leben wichtige Anregungen geben, da sie ihnen Symbol- und Identifikationsangebote liefern. *Dragonball Z* stellt in gewisser Weise ebenfalls eine Märchenwelt mit tapferen Rittern und gemeinen Bösewichten dar. Es gibt zahlreiche märchenhaft unrealistische Figuren von anderen Planeten, einen in vielen Legenden und Sagen vorkommenden Drachen, der die geheimsten Wünsche erfüllt und viele tapfere, starke Helden, die versuchen, andere und sich selbst vor bösen Eindringlingen zu beschützen. Die irreal erscheinende Welt bietet den Kindern eine Möglichkeit, furchtlos in sie einzutauchen, da sie eindeutig nicht existent ist. Das Märchenschema wird jedoch durch fehlende Happyends, unklare Grenzdefinitionen zwischen Gut und Böse und dem Behandeln von Themen wie Sexualität und Perversion auch durchbrochen. *Dragonball Z* stellt somit eine Mischung aus realer und fiktiver Welt dar.

Zusätzlich zur serieneigenen Markenprofilierung gewinnt die umfassende Palette an Merchandisingprodukten, die den Bekanntheitsgrad der Serie stärkt, markenrelevante Bedeutung. Neben unzähligen Artikeln wie Schulmappen, Tassen, Rucksäcken, Stickern, Postern etc. können einzelne Episoden auf Hörspielkassetten, Video oder CD-ROMs und die zur Serie äquivalenten Comichefte (Manga) erworben werden. *Son-Goku* und seine Freunde sind somit nicht nur am Bildschirm zu sehen, sie sind geradezu allgegenwärtig präsent – so auch im Internet.

Dragonball Z kennzeichnet sich generell sehr stark durch seinen explizit animesken Charakter, d.h. es lassen sich Merkmale in der Serie finden, welche zu den Grundeigenschaften japanischer Zeichentrickserien zählen. Dazu gehören neben Spezialeffekten wie Speed-Lines, bewegten Hintergründen oder visuellen Gestaltungselementen für Gefühlsregungen, die den Erzählungen mehr Dynamik verleihen sollen, auch der ständige Wechsel in der Erzähl- und Bildgeschwindigkeit. So erfolgen in den Episoden abrupte Wechsel zwischen sehr schnellen (alle 1,5 Sekunden ein Schnitt) und sehr langsamen (alle 10 Sekunden ein Schnitt) Sequenzen. Dies gibt der Serie einen eigentümlichen Touch. Die jungen Rezipienten finden Gefallen an der „animetypischen" Gestaltung der Geschichten.[14] Sie erkennen die Andersartigkeit des Zeichentricks gegenüber anderen, gängigen Cartoonserien, wissen in der Regel um das Herkunftsland von *Dragonball* und *Dragonball Z*, und vor allem Pre-Teens haben ganz bestimmte Vorstellungen von Japan (vgl. Götz/Ensinger 2002).[15] *Dragonball Z* und Anime-Programme ebenso wie die Medienberichterstattung prägen das Bild von anderen Kulturen, hier der japanischen.

Sailor Moon

Wie schon der Action-Cartoon *Dragonball Z* zeichnet sich auch der Action-Cartoon *Sailor Moon* hinsichtlich seiner zielgruppenspezifischen Konzipierung aus, da mit den dargebotenen Inhalten hauptsächlich Mädchen angesprochen werden (sollen). Dies wird bereits dadurch verdeutlicht, dass die Helden der Geschichte Mädchen sind. Bekannte Geschlechterstereotype, nach denen Frauen zumeist hilflose Opfer, nett anzusehende Staffagen oder böse Furien verkörpern, welche immerzu im Schatten ihrer männlichen, intelligenten, mutigen Helden stehen, werden in *Sailor Moon* aufgehoben. Mädchen nehmen all jene Stellungen und Positionen ein, die mit Macht und Stärke verbunden werden. Sie sind die Heldinnen der Serie und zeigen neben stereotyp weiblichen Stärken wie Einfühlungsvermögen, große Liebesfähigkeit oder Schönheit auch Merkmale, die in der Regel männlichen Helden zugeschrieben werden; so sind sie mutig, verfügen über große physische Kräfte und beschützen Schwächere. Das Außergewöhnliche der Serie zeigt sich zudem am fast umgekehrten Machtverhältnis zwischen Frauen und Männern. Die wenigen männlichen Akteure sind

---

14 Siehe dazu auch die Ergebnisse der qualitativen Rezeptionsstudie in diesem Band sowie ausführlicher Paus-Hasebrink u.a. (2003); siehe dazu auch: Götz/Ensinger (2002).

15 „Es ist eng in Japan und sehr zugebaut. Das weiß ich von meiner Freundin. Die Schule ist schlimm. Kinder dürfen geschlagen werden. Durch Anime träumen die Japaner ein besseres Land." (Judy, 14 Jahre)
„Die haben Holzhäuser, die oben spitz sind mit einer Glühlampe drauf, die Häuser haben glitzernde Farben. Die Männer haben Perücken auf, mit einem Puckel (bill) drauf. Die Frauen haben echte Haare und stecken sie auch mit einem Puckel hoch." (Bülent, 10 Jahre) (Götz/Ensinger 2002).

den Heldinnen, ihren Kraft- und Machtstatus betreffend, untergeordnet. Die weiblichen Rezipienten können sich besser mit den (weiblichen) Figuren identifizieren, da sich für sie hier die Möglichkeit bietet, aus der stereotypen, von Männern dominierten Alltagswelt auszubrechen und ihre diesbezüglichen Aggressionen auszuleben.

Trotz ihres Actioncharakters und der physischen Auseinandersetzungen zwischen Gut und Böse stehen in der Serie Themen wie „Liebe“, „Vertrauen“, „Eifersucht“ etc. im Vordergrund aller Abenteuer der Heldinnen. Nicht der Kampf an sich, sondern der Weg dorthin symbolisiert den Grundcharakter der Serie. Diese Mischung aus actiongeladenen und sozialthematisch gerichteten Handlungen verleiht der Serie ihr eigenes Profil und grenzt sie von anderen Zeichentrickserien ab; ihr kommt damit Markenrelevanz zu.

Ein weiterer bedeutender Aspekt bezüglich der Markenbildung von *Sailor Moon* besteht wie auch bei *Dragonball Z* in der dramaturgischen und inhaltlichen Komplexität der Serie. Trotz in der Regel in sich abgeschlossener Episoden erzählen die einzelnen Folgen in der Summe eine große, alles umfassende Geschichte, deren Inhalt bei nur zeitweiliger Rezeption der Serie nicht erfasst werden kann. Im Gegensatz zum Jungen-Cartoon findet die Mädchenserie jedoch die Balance zwischen einer sich über die Episoden erstreckenden, fortsetzenden Handlung und in sich abgeschlossenen, kurzfristige Happyends zeigende Einzelfolgen. Die Zuseher müssen nach Ende einer Einzelgeschichte nicht um ihre Heldinnen bangen, da die angestrebte Idylle kurzfristig wiederhergestellt wird. Die Handlungsstruktur der Serie *Sailor Moon* gestaltet sich somit zwar einerseits komplizierter als so manch andere Zeichentrickanimation und bindet die Rezipienten durch ihren Fortsetzungscharakter und der damit einhergehenden allgemeinen Spannungssteigerung emotionaler an die Geschehnisse, doch relativiert sich die emotionale „Belastung“ der Rezipienten durch die sicheren Episoden-Happyends. Diese ungewöhnliche Mischung aus Monotonie und Abwechslung charakterisiert *Sailor Moon* und kann zudem als markenrelevante Eigenheit betrachtet werden.

Ein formales Kennzeichen der Serie *Sailor Moon*, welches der Serie Dynamik verleiht und den visuellen Reiz der Animation verstärkt, ist neben animetypischen Spezialeffekten wie Split Screens, Überblendungen, bewegten Hintergründen und Fokusvariierungen, der gezielte und oftmals verwendete Einsatz von hellen, bewegten Pastellfarben (vgl. Heller 1994) wie Rosa, Lila und Orange, der besonders weibliche Rezipienten ansprechen soll.

Die zahlreichen Charaktere der Serie verkörpern verschiedene Typen von Menschen, die unterschiedliche Stärken und Schwächen zeigen; ihre Beziehungen zueinander gestalten sich sehr unterschiedlich und komplex, sind jedoch immer durch starke Emotionen und Intensität geprägt. Den weiblichen Rezipienten wird somit eine Fülle an Identifikationsfiguren geboten. Zudem entwickeln sich die Titelheldinnen im Laufe der Serie weiter, sie lernen aus ihren Fehlern und werden reifer. Bei dieser animetypischen Charakterentwicklung der Serienfiguren wird in *Sailor Moon* sehr stark der soziale Aspekt in den Vordergrund gestellt. Alle Akteure der Serie besitzen Gefühle und handeln nicht selten aufgrund ihrer emotionalen Befindlichkeit – auch die Bösewichte. Dass auch die Bösewichte zum Guten bekehrt werden können, jedoch im Gegenzug die Guten auch ihren Schwächen unterliegen können und zu ihren Gegnern wechseln, charakterisiert *Sailor Moon* in besonderer Weise. Da das Thema Liebe immer etwas mit zwischenmenschlichen Beziehungen zu tun hat, kommen den Verhältnissen der Protagonisten untereinander übergeordnete Bedeutungen zu. In ihnen manifestieren sich die Beweggründe für das Handeln der jeweiligen Serienfiguren und der Zuschauer kann somit emotional an die Geschichten gebunden werden. Die Vielfalt der Handlungsträger und die Komplexität ihrer Beziehungen zueinander können demnach als weiteres markenrelevantes Serienmerkmal bezeichnet werden.

Ein für den Erfolg der Serie und ihrer Markenbildung nicht unwesentliches inhaltliches Kennzeichen stellt die Balance zwischen Wirklichkeitsbezügen und märchenhaften Handlungselementen dar. Die Heldinnen leben im Hier und Jetzt, gehen realistischen und banal scheinenden Tätigkeiten wie etwa dem Schulbesuch nach und haben mit Problemen zu kämpfen, die jedes Mädchen in diesem Alter auszustehen hat. Die vor allem auf ein weibliches Publikum zugeschnittenen Problemdarstellungen der Heldinnen sind somit oftmals realitätsnah, und die jungen Zuschauer können sich demzufolge gut in die jeweiligen Geschichten und Situationen hineinversetzen. Die Serie weist aber auch ein ebenso hohes Maß an märchenhaften Handlungselementen auf. Die Heldinnen haben neben ihrem normalen Teenager-Dasein eine zweite Existenz; sie führen sozusagen ein Doppelleben. Einerseits unterscheiden sie sich nicht von ihren Mitschülern und Altersgenossinnen, doch andererseits steckt hinter dieser scheinbaren Normalität ein gänzlich anderes Leben, eines mit Superkräften, Dämonen, Prinzen und Prinzessinnen, Mondkristallen und viel, viel Liebe. Sie sind demnach etwas Besonderes. Sie bieten sich damit Kindern an, Träume auszuleben und in ihrer Phantasie zu Superhelden zu werden.

Da heutzutage kein Produkt mehr ohne konsequente Vermarktungsstrategien auszukommen scheint, um erfolgreich sein und zu einer Marke werden zu können, ist auch zu *Sailor Moon* eine große Merchandisingmaschinerie aktiv. Neben Spielzeugpuppen in Gestalt der Serienheldinnen, Stickern, Uhren, Schulmappen, Postern, Schirmen etc. werden auch Video- und Hörspielkassetten,

CDs und DVDs zur Serie angeboten. Im Internet findet sich zudem eine Unmenge an verschiedenen *Sailor-Moon*-Homepages, auf welchen Hintergrundinformationen zur Serie abzufragen sind und auf denen mit anderen Fans Videomaterial ausgetauscht oder einfach nur über die Serie diskutiert werden kann.

Die Sendung mit der Maus

Die Sendung mit der Maus ist nicht nur für Kinder konzipiert; sie wendet sich vielmehr explizit auch an Eltern und Großeltern sowie andere interessierte Erwachsene. Zu ihren Markencharakteristika zählen v.a.

- die *Maus* selbst (als Moderations- und Identifikationsfigur),
- die wichtigsten Nebenfiguren (wie etwa der blaue *Elefant*, die gelbe *Ente*, periodisch auftretende Trickfiguren aus den Lachgeschichten und die Moderatoren),
- das Magazinformat der Sendung (mit den kurzen Beiträgen aus Lach- und Sachgeschichten, welche die Mischung aus Information und Unterhaltung garantieren).

Alle genannten Sendungselemente sind durch ihr periodisches Auftreten gekennzeichnet und bieten den jungen Zuschauern den wichtigen Wiedererkennungseffekt. Die *Maus*, ihre beiden Gefährten, *Elefant* und *Ente*, die in ihren Eigenheiten ausschließlich über ihre Beziehung zur *Maus* bestimmt sind, und Trickfiguren wie *Käpt´n Blaubär* oder *Otto*, der Hund, zeigen den Kindern kreative Problemlösungen, sie erzählen oder erleben lustige Geschichten und regen zum Schmunzeln an. Das vielfältige Publikum wird unterhalten. Die *Maus* selbst ist die Hauptattraktion des Magazins und stellt die Bezugsfigur für die zuschauenden Kinder dar.[16] Sie identifizieren die *Maus* mit der gesamten Sendereihe (vgl. Paus-Haase 1995, 27). In ihren Abenteuern löst sie mit viel Witz, Einfallsreichtum und spielerischer Kreativität jedes sich ihr in den Weg stellende Problem und regt die kindlichen Zuschauer zum Mitdenken an. Die *Maus* repräsentiert die Sendung, da vor allem sie es ist, die auf vielfältige Art und Weise vermarktet wird. Unzählige Merchandisingartikel wie etwa Plüschmäuse, Schulmappen, Schulranzen, Tassen und Computerspiele mit der *Maus* etc. finden regen Anklang bei den Kindern. Doch auch innerhalb der Sendung wird für das Magazin geworben. So zeigt etwa ein Bericht wie eine Plüschmaus hergestellt wird, der wiederum Kinder zum Kauf des Produkts anreizen kann. Die Lieder der Sendung sind ebenfalls auf Kassette und CD erhältlich. Die Reihe der Ver-

---

16 Der Erfolg der *Maus* zeigt sich auch in der Umbenennung der Sendung von *„Lach- und Sachgeschichten mit der Maus“* in *„Die Sendung mit der Maus“*.

marktungsweisen endet jedoch nicht bei diesen beinahe schon gewöhnlichen Merchandisingmethoden; so eröffnete im März 1996 das Filmmuseum Potsdam das erste „Mausoleum",[17] der „Maus-Club" wurde gegründet, und die deutsche Post brachte 1998 eine Sonderbriefmarke mit der *Maus*, dem *Elefanten* und der *Ente* heraus (vgl. Bremer 2001). Somit steht die Maus für die Sendung, und die Sendung ist die *Maus*. Die *Maus* ist somit zu einem Markenzeichen geworden und trägt in hohem Maße dazu bei, dass das Magazin, in welchem sie agiert, selbst zur Marke avanciert.

Die Moderatoren begleiten die (jungen) Zuschauer wiederum durch die reale Welt, sie erklären ihnen Geschehnisse und Arbeitsschritte und bieten ihnen Einblicke in die eigene (Um)Welt. So ziehen sich die jeweiligen Moderatoren neben der immer wiederkehrenden *Maus* wie ein roter Faden durch die Sendung und bieten den Kindern eine vertraute Umgebung, einen ihnen vertrauten Menschen, also eine fest verankerte Stütze. Dieses Element ist geeignet, eine freundschaftliche, fast familiäre Beziehung zwischen Kind und Protagonist entstehen zu lassen. Sowohl in Unterhaltungs- als auch in Informationsbeiträgen finden die Zuschauer demnach Begleitfiguren.

Das Magazinformat unterstützt die Rezeptionsweise der Kinder, indem sie sie nicht durch lange, monotone Beiträge langweilt, sondern Aufmerksamkeit mit kurzen, abwechslungsreichen Geschichten zu erzielen versucht. Sowohl die Lach- als auch die Sachgeschichten sind so konzipiert und aufbereitet, dass sie einerseits leicht verständlich sind und andererseits auch nicht „kindlich" daherkommen. Diese häppchenartige dramaturgische Struktur der Sendung und die inhaltliche Mischung aus Unterhaltung und Information kommen der geringeren Aufmerksamkeitsspanne der jungen Rezipienten (im Vergleich zu Erwachsenen) entgegen und sie fordern sie dazu auf, nicht um- oder abzuschalten. Erst das Miteinander der manchmal lustigen, manchmal kühlen Sachgeschichten mit den humorvollen Lachgeschichten gibt der *Sendung mit der Maus* den ihr innewohnenden, eigenen Touch.

Angelehnt an die Formen kindlicher Wahrnehmung und Rezeption bietet die *Sendung mit der Maus* Kindern unterschiedlichen Alters die Chance, je nach Aufmerksamkeit und Interesse an Beiträgen teilzunehmen, aber auch, ohne das Verständnis einer Gesamtsendung zu gefährden, aus ihr auszusteigen (vgl. Stötzel 1995, 199). Sie orientiert sich in ihrer unidirektionalen Erzählweise an der kindlichen Rezeption und leistet durch ständige sprachliche Hinweisreize wichtige Unterstützung für das Verstehen der Botschaft eines Beitrags oder einer Sendung (Paus-Haase 1995, 27).

---

[17] Siehe http://www.wdrmaus.de/rundumdiemaus/geschichte/chronik.phtml.

So kann die Orientierung an jungen Rezipienten, sei es bezüglich der formalen (Bild und Sprache) oder der inhaltlichen Aufbereitung der Sach- bzw. Lachgeschichten, als einer der Erfolgsfaktoren und demzufolge als markenrelevantes Charakteristikum der *Sendung mit der Maus* bezeichnet werden.

Eine die Rezipienten betreffende Funktion der dramaturgischen Magazingestaltung im Rahmen einer Gesamtkonzeption ist die Wiedererkennung: Sie wird erzeugt durch die gleich bleibende Länge der Folgen, gleich bleibende Moderationsfiguren, durch eine ähnliche Struktur und die zeitliche Fixierung der Sendung innerhalb eines Senderprogramms (vgl. Stötzel 1995, 198). Die meist aus heterogenen Mosaiksteinchen bunt zusammen gewürfelten, polythematischen Beiträge[18] bilden letztendlich eine homogene Sendung, und das Magazinformat der *Sendung mit der Maus* baut somit ein eigenständiges Image (mit Kennmelodie und Titelfigur) auf. Dies hebt die Sendung aus der Flut der für Kinder produzierten Sendungen heraus und trägt somit maßgeblich zur Markenbildung der *Sendung mit der Maus* bei.

Fazit

Ein Geheimnis einer erfolgreichen Markenbildungsstrategie einer Sendung bzw. Serie liegt demnach vor allem in der Einzigartigkeit des Angebots, in seiner Abgrenzung zu anderen ähnlichen Produkten. Durch ihre Andersartigkeit erlangt sie ihrerseits die Aufmerksamkeit der jungen Zuschauer und bleibt ihnen somit eher in Erinnerung.

Es sollte den Kindern zudem entweder eine einzigartige, sehr universal konzipierte Identifikationsfigur oder aber eine Reihe an unterschiedlichen, periodisch auftretenden Identifikationsfiguren mit jeweils unterschiedlichen Charakterausprägungen angeboten werden, um möglichst viele junge Zuschauer ansprechen zu können. Es gibt jedoch kein Rezept für das Konzipieren von erfolgreichen Zeichentrickfiguren. Eigenheiten wie etwa Humor, Mut, Stärke, Intelligenz oder Freundlichkeit können ebenso Bestandteil erfolgreicher Markenfiguren sein wie vermeintlich negative Merkmale, z.B. Schusseligkeit, Feigheit, Dummheit oder Gefräßigkeit. Die Figuren müssen ins Gesamtkonzept passen, welches sich, und dies ist der ausschlaggebende Faktor, in erster Linie am Zielpublikum orientieren muss. Wichtig ist also, dass die Produkte sich in ihrer inhaltlichen und formalen Konzeption an eine spezifische Zielgruppe, also die Kinder, bzw. wie bei *Sailor Moon* und *Dragonball Z*, an Mädchen oder Jungen richten. Hier gilt

18 Der relativ schnelle Wechsel von einzelnen Beiträgen innerhalb der Sendung sowie von journalistisch zu dramaturgisch aufbereiteten Beitragsformen kann als Grund für die hohe Aufmerksamkeit und Attraktivität beim kindlichen Publikum gelten.

es, Fragen zu klären, wie mit welchen Thematiken Jungen bzw. Mädchen bzw. Kinder eines bestimmten Alters gefesselt werden können, welche dramaturgische und inhaltliche Aufbereitung für welche Zielgruppe am besten geeignet ist oder was den Kindern sowohl inhaltlich als auch formal an Themen und Gestaltungselementen zugemutet werden kann. Und da junge Zuschauer zudem nicht nur unterhalten und gefesselt, sondern wie die *Sendung mit der Maus* zeigt, ebenso unterhaltend informiert werden wollen und die Inhalte der Sendungen für die Integration und Nutzung der Kinder im Alltag geeignet sein und mithin einen „alltagsfunktionalen Gebrauchswert“[19] besitzen müssen, können keine allgemeingültigen Kriterien für die Konzeptionierung einer „Kinder-Markensendung“ aufgestellt werden.

6 Die Akteure im Kinder- und Jugendfernsehen und ihre Strategien im Multimedia-Zeitalter

Die Gründe für die scheinbare Allgegenwart von einigen Medienmarken im Alltag der Kinder liegen auf unterschiedlichen Ebenen. Ein wichtiger Faktor, der die Entwicklung beschleunigt, ist der Einsatz digitaler Technik bei der Produktion, Distribution und Nutzung. Auf der einen Seite wird es so immer schwieriger für die Anbieter, zu entscheiden, auf welchem Wege ihr Publikum tatsächlich erreicht werden kann. Andererseits ergeben sich für die Inhaber von Rechten eine Vielzahl von Optionen zur Auswertung von Marken (vgl. Dreier 2002, 52f.). Dabei verschwimmen die Grenzen zwischen Wertschöpfungs- und Markenmanagement, bei vielen Anbietern scheint allein der größtmögliche Profit durch eine möglichst lukrative Lizenzierung im Mittelpunkt der Handlungen zu stehen, das Interesse am sorgfältigen Aufbau und an der Pflege einer Marke ist in einigen Fällen nicht erkennbar. Daneben spielen die aktuellen Trends im Marketing eine wichtige Rolle. Die Schaffung von Markenidentitäten eröffnet für Figuren und fiktive Charaktere zahlreiche Möglichkeiten, als Identifikationsfiguren für bestimmte Angebote aufzutreten. Mittlerweile setzen viele Unternehmen auf solche bei der Zielgruppe beliebte Figuren, um sich von der Konkurrenz abzusetzen. Im Rahmen eines solchen Trends ist es nicht verwunderlich, dass es für einige Anbieter attraktiver ist, bereits etablierte Figuren mit ihrem Angebot zu verbinden als den langen Weg der Etablierung einer eigenen Figur zu gehen. Dass dies aber durchaus keine notwendige Voraussetzung für den Erfolg ist, zeigt zum Beispiel das *Moorhuhn*, das seine Karriere mit einem Auftritt in einem Werbespiel für die Whisky-Marke *Johnny Walker* begann. Ein unerwarteter Erfolg aus der Vergangenheit war auch das Maskottchen der Zigarettenmarke *Camel*, das bei Kindern und Jugendlichen einen ähnlichen Bekanntheitsgrad wie klassische Zeichentrickfiguren erreichte. Bei der Wahl geeigneter Marken

---

[19] Siehe dazu auch Götz (2002, 40).

gibt es eine enorme Auswahl, die Attraktivität der Angebote wird von der Bekanntheit und Akzeptanz der entsprechenden Figuren bei der Zielgruppe bestimmt (vgl. Hofmann/Schmid 2002, 20).

Unter den neuen Bedingungen einer digitalisierten Medienwirtschaft hat sich auch der Konkurrenzdruck zwischen den Anbietern von Inhalten erheblich verstärkt. Dies zeigt sich zum einen in einer fortschreitenden Konzentrationsentwicklung: Wer beim Umbau seiner Strukturen nicht erfolgreich war, unterliegt im Wettbewerb. Zum anderen erhöht der Leistungswettbewerb den Druck auf die Unternehmen, ihre vorfinanzierten Angebote möglichst schnell zu refinanzieren. Dabei bemühen sie sich, durch die umfassende Auswertung von Lizenzen zu ihren Kernprodukten zwei Ziele zu erreichen: Zum einen soll ein möglichst hoher Betrag erlöst werden, zum anderen sollen geeignete Partner für die Auswertung der Marke gesucht werden, die dazu beitragen, das Marketing zu optimieren und so das Produkt zu einem Erfolg zu machen. Dabei werden solche Partnerschaften auf zwei Ebenen geschlossen, zum einen auf der des technischen Formats und des Verbreitungskanals, zum anderen aufgrund der geografischen Situation. Von Partnern mit Kenntnissen der regionalen Situation in dem Marktsegment, in dem das Produkt angeboten wird, erwarten Rechteinhaber eine bessere Auswertung, als sie sie selber leisten könnten.

Die Anbieter von Medieninhalten sind nicht die einzigen, die sich darum bemühen, im Markt für Kindermedien Marken aufzubauen und zu pflegen. Im Fall des Fernsehens bemühen sich die Sender insgesamt darum, ihre Auswahlkompetenz zu betonen und sich gegenüber den Inhalteanbietern als Orientierung im Angebot zu profilieren. Dies tun sie nicht nur im Fernsehen selbst, sondern auch über andere Kanäle, die ihnen für ihre kommunikativen Maßnahmen zur Verfügung stehen, etwa das Internet.

Diese allgemeinen Tendenzen gelten auch und gerade für den Markt der Kindermedien, der sich in den letzten Jahren aufgrund der Ausstattung der Haushalte mit den verschiedensten technischen Zugängen zu Medienangeboten dynamisch entwickelt hat. Dabei ergibt sich für die Mediennutzung der Kinder eine Vielzahl unterschiedlicher Optionen, so dass Marken, wenn sie in der Zielgruppe eine hohe Bekanntheit erreichen wollen, auf mehreren Kanälen präsent sein müssen. Unter den Medien nimmt dabei das Fernsehen noch die wichtigste Stellung ein, allerdings zeichnet sich ab, dass andere Medienangebote wie das Internet oder Bildschirmspiele bereits eine große Bedeutung bei der Markenkommunikation haben. Hinzu kommt, dass die Kinder im Vergleich zu Erwachsenen in geringerem Ausmaß über Medien zu erreichen sind. Dies ist für die Medienanbieter ein besonderes Problem, weil sich die meisten Angebote an die Mitglieder einer bestimmten Altersgruppe richten, also innerhalb eines bestimmten Zeitabschnittes ihre Zielgruppe gefunden haben müssen. Anders als im Markt der klassischen Marken spielt Beständigkeit im Kindermarkt eine untergeordnete Rolle, wenn sich die Kommunikation an die jungen Konsumenten richtet. Nur wenn sie sich an Eltern oder Erziehungsberechtigte richtet, trägt sie zum Erfolg der Marke bei.

Unter anderem deshalb bemühen sich die Anbieter, neben den Massenmedien auch in anderen Bereichen vertreten zu sein, um so in kurzer Zeit möglichst viele Kontakte zu erreichen. Zum Aufmerksamkeitsmarkt der Kinder zählt neben der Peer-Kommunikation die Zeit, die mit Spiel und Sport verbracht wird, und außerdem in wachsendem Ausmaß auch die technisch vermittelte Kommunikation entweder im Internet oder über Mobilfunknetze. In diesen Bereichen bemühen sich viele Anbieter von Marken für Kinder und Jugendliche darum, präsent zu sein (vgl. Lindstrom 2003, 297).

In einigen Fällen gelingt es den Anbietern sogar, die Schule zu erobern. So können im Rahmen des bundesweiten Schulwettbewerbes „Vom Klassenraum ins Kinderzimmer“, an dem 400 Schulen teilnehmen, um ein Hörspiel mit den Helden der Serie TKKG entstehen zu lassen, die Kooperationspartner EUROPA-Musikverlag, Pelikan, Micky Maus sowie die Fußball-Bundesliga ihr Publikum in der Schule erreichen (Schulprojekt TKKG).

Die scheinbare Allgegenwart von Marken führt letztlich dazu, dass das Publikum immer mehr Optionen hat, die von ihm präferierten Angebote in den unterschiedlichsten Kanälen mit den unterschiedlichsten Finanzierungsmodellen zu nutzen. Multimedial erfolgreiche Marken erreichen dabei entweder dieselbe begrenzte Zielgruppe immer wieder oder vergrößern ihr Publikum beständig. Insgesamt schafft die multimediale Auswertung von erfolgreichen Produkten durch die Unternehmen bei diesen die finanziellen Spielräume, um den Strukturwandel der Medienwirtschaft vollziehen zu können.

Letztlich zeigt sich, dass der Strukturwandel im Medienbereich einige ohnehin vorhandene Trends in der Entwicklung des Kinderfernsehens befördert: Zum einen geraten die Programmveranstalter in einigen Fällen, in denen sie nur über geringe eigene Durchsetzungsmöglichkeiten verfügen, in die Rolle des Publishers, der lediglich für den angemessenen Rahmen für die Programmpräsentation sorgt. Zum anderen führt die Suche nach alternativen Finanzierungsquellen zu Werbeerlösen, die einerseits aufgrund der schwankenden Werbekonjunktur und andererseits aufgrund der fehlenden Akzeptanz bei den Eltern Probleme mit sich bringen, dazu, dass die Sender versuchen, Lizenzerlöse zu erzielen. Gefördert wird dieser Trend durch die wachsende Zahl der hierfür geeigneten Programme und den Wettbewerbsvorsprung, den Programmveranstalter durch ihre Tätigkeit gegenüber klassischen Lizenzgebern haben – ihre Lizenzen werden von ihrem Programm unterstützt. Hinzu kommt, dass aufgrund der zunehmenden Differenzierung des Mediensystems die Kreation von Navigationselementen, die die Erkennbarkeit der Angebote unabhängig von der Distributionsform sicherstellen an Bedeutung gewinnt. Ein Ergebnis dieser Entwicklung ist der Versuch, crossmediale Marken zu entwickeln, um das Publikum auf unterschiedlichen Kanälen und Plattformen zu erreichen und zumindest eine mittelfristige Publikumsbindung herzustellen.

Klaus Neumann-Braun und Jörg Astheimer

Medienprodukte und Markenpflege auf globalisierten Märkten – das Beispiel *Pokémon*

1 Einleitung

Pokémon entwickelte sich seit seiner Einführung auf dem japanischen Markt 1996 innerhalb von nur drei Jahren zu der in der Folge weltweit wichtigsten Marke für Kinderspielzeug und -unterhaltung. Bezogen auf die US-amerikanischen Verhältnisse ist *Pokémon* die schnellste und erfolgreichste Marken-Neueinführung aller Zeiten. Im September 1999 etablierte RTL II mit der TV-Serie *Pokémon* die Taschenmonster gewinnbringend auf dem deutschsprachigen Markt: Damit erreichten Game Boy, Sammelkarten und Kinofilm begleitet von einer Vielzahl von Merchandising- und Licensing-Produkten auch die deutschen Kinderzimmer. Von den einen aufgrund ihrer Vereinnahmung des Kinderalltags gefürchtet, von den anderen aufgrund ihrer Sagen- und Märchenelemente („Kinder brauchen Märchen") geschätzt, bahnten sich die Taschenmonster unaufhaltsam ihren Weg in die Lebenswelt der Kinder.

In dem ersten Abschnitt dieses Beitrags soll anhand des Global Players *Pokémon* dem *Transformationsprozess* nachgegangen werden, durch den eine internationale Marke in nationale Märkte – hier: Japan, die Vereinigten Staaten von Amerika sowie Deutschland – eingefügt wird. Diesen *Symbolwanderungen* gehen wir anhand unvoreingenommener, kontextsensibler Produktanalysen der TV-Serie *Pokémon* nach.[20] In ihnen werden Bezüge zu den kulturellen Besonderheiten der beteiligten Länder hergestellt: Dazu ist es zunächst notwendig, das Produkt *Pokémon* in ein Verhältnis zur Kinder- und Lebenswelt Japans zu setzen. Für das nordamerikanische Publikum erfährt die Serie dann besondere Veränderungen und Adaptionen. Die deutsche *Pokémon*-Welt ist hingegen nahezu identisch mit der amerikanischen. Damit öffnet die hiesige TV-Serie *Pokémon* dem deutschen Rezipienten das Fenster zu einer hybriden, aus japanischem Bildmaterial und US-amerikanischem Text zusammengestellten *Pokémon*-Welt. Die Art der Transformation zentraler Inhalte der Serie im Prozess der globalisierten Distribution ist in den USA Gegenstand eines öffentlichen Diskurses, der hierzulande jedoch bisher kaum Beachtung fand, u.E. aber dringlich finden sollte. In dem zweiten Abschnitt dieses Beitrags wird schließlich auf die einzelnen Attraktionsstrategien der TV-Serie *Pokémon* sowie auf die

[20] Berücksichtigte TV-Folgen, gesendet auf RTL II in der Zeit vom 08.07. bis 15.07. 2002: Der Rätselmeister (58), Panik im Vulkan (59), Bezaubernde Meerjungfrau (61), Der Kampf um den Erdorden (63), Wettkampf der Wasser-Pokémon (85), Abenteuer auf der Insel Navel (93), Romantisches Insel-Abenteuer (103), Hallo Pummelo (111).

Verzahnung von kommerzieller Markenwelt und kindlicher Lebenswelt eingegangen.

2 Bildmagnet *Pokémon*

Fernsehen begeistert Kinder. Oft fühlen sie sich bei entsprechend action-dominierter Unterhaltung geradezu gefangen genommen von der Magie der Bilderflut. Anders als Erwachsene, deren Aufmerksamkeit sowohl auf die Bild- als auch auf die Sprachebene ausgerichtet ist, haften Kinder weltweit besonders an den Bildern von TV-Zeichentrickserien. Die erste Antwort auf die Frage nach der besonderen Faszination der TV-*Pokémon* ist folglich die, auf die *Attraktion der Bilderwelt* zu verweisen: Die unmittelbare und fesselnde Wirkung der Bilderflut bindet die Kinder an die TV-Serie. Dieser Zusammenhang lässt sich am anschaulichsten mit dem von Böhme-Dürr (1999, 20ff.) geprägten Begriff *„Bildmagnet Fernsehen"* verdeutlichen: Sehen funktioniert unmittelbar als automatische Reaktion auf visuelle Reizmuster und dieses Wahrnehmungsgeschehen ist gerade von Kindern nur in engen Grenzen kontrollierbar. Das erklärt die Schwierigkeit, die Kinder bei der Steuerung ihres Sehverhaltens haben. Der Stellenwert des Visuellen kann nicht hoch genug eingeschätzt werden: Die Rezeption findet instinktiv statt und ist, wie das sprichwörtliche Kitzeln in der Magengrube, eine autonome körperliche Spontanreaktion. Die visuellen Reizmuster wie Formen, Farben, Bewegungen werden unmittelbar rezipiert. Gestützt wird diese Annahme durch die Ergebnisse neurophysiologischer Forschungen, dass ein universeller Sehinstinkt die Wahrnehmung lenkt. Oft ist der gefühlsmäßige und der rationale Umgang mit der unvermittelten Realität und der medienvermittelten Realität identisch. Das Verhältnis zwischen visueller und akustischer Ebene ist geprägt durch die *Bildüberlegenheit.* Es ist das aufscheinende Flimmermuster – so die Autorin –, das die Faszination der TV-Serie ausmacht und erst in zweiter Linie die Bedeutung des Gezeigten. Zwar bestimmt die Sprache die Wirkungsrichtung von Informationen, es sind jedoch die Bilder, die Texten ihre Wirkungsstärke verleihen.

Kinder lieben also dynamische, actionreiche, stehende (Comics) und laufende Bilder (Zeichentrickfilme). Die Bedeutung dieser *formal features* wurde besonders relevant bei der Produkteinführung auf dem nordamerikanischen Markt: *„Faster placed"* lautete das Motto der amerikanischen Produktionsfirma „4Kids Production!, die seinerzeit für die *Umgestaltung* der Serie nach amerikanischen Standards verantwortlich war. Die Erhöhung der Geschwindigkeit – verstanden als Dynamisierung formaler Reizmuster – wurde zum erklärten Ziel der US-Adaption der japanischen *Pokémon*-TV-Filme. Nicht nur Bilder sondern auch Dialoge, Klangeffekte und Musik wurden beschleunigt und intensiviert. Die Dichte der Reizmuster verstärkte sich. In der Synchronisation orientierte man sich daran, Sprachfluss und humorvolle Pointen zu realisieren. Musik und Klangeffekte waren im japanischen Original nur rudimentär vorhanden. In der US-amerikanischen Adaption begleitet Musik hingegen die komplette Sendung. Die Bemühung um Dynamisierung orientierte sich aber auch an dem gezielten Einfangen des Kinderblicks. Zur Steigerung der Aufmerksamkeit produzierte man neue Intro- und Schlusssequenzen im Stil der Videoclip-Ästhetik: Kennzeichen der US-Version ist vor allem die Erhöhung der Schnittfrequenz. Die Beschleunigung der Bildfolgen begründete man mit der Perzeptionsweise amerikanischer Kinder, deren Aufmerksamkeit angeblich schneller nachlässt.[21] Hauptcharakteristikum der US-Adaption ist also die Bemühung, durch eine konsequente Steigerung sowohl visueller als auch akustischer Reize für eine Dynamisierung der Serie *Pokémon* hin zu einem *action*-dominierten Zeichentrick-Programmangebot zu sorgen.

Betrachtet man die TV-Serie unter *globaler* Perspektive, fällt als konstantes transnationales Element die Bildebene auf: In allen drei kulturellen Kontexten, Japan, den USA und Deutschland, bleiben die Bilder unverändert und üben eine starke Faszination auf Kinder aus. Was sich hingegen verändert, sind die *Inhalte* der einzelnen Folgen. Deshalb wird im Weiteren nun auf den Aspekt der Semantik eingegangen und gefragt, welcher Bedeutungswandel mit der jeweiligen Synchronisation einhergeht.

Sprache verankert Bilder inhaltlich in einem kulturellen Kontext. Die symbolische Bildebene gleicht einer offenen Form, in die, im Rahmen des Synchronisationsprozesses, unterschiedliche Bedeutungen gleichsam eingelassen werden. Wie zu zeigen sein wird, verleiht die US-Version dem japanischen Original einen neuen Sinn: Während in Letzterem der schulische Wettkampf als Action-Prinzip dominiert, deutet die nordamerikanische Version das Kampfszenario in Richtung einer heldenhaften Welterrettung um. Für den deutschen Markt wird diese Neurahmung unverändert übernommen: Die Mythen der amerikanischen Kulturindustrie finden ungebrochen Eingang in Deutschlands Kinderzimmer.

3 Japans PokéSchool oder: Schulkindheit und die Welt der Pokémon

Die Symbolwanderungen auf dem globalisierten Unterhaltungsmarkt nehmen im vorliegenden Fall ihren Anfang in Japan. In welchem Verhältnis stehen Erzählstruktur, Handlungen und Motive der Protagonisten sowie Fragen von Moral und

---

[21] Zur angesprochenen Dynamisierung der TV-Serie *Pokémon* vgl. http://www.infoplease.kids.lycos.com/spot/Pokémon1.html sowie http://www.salemstate.edu/~poehlkers/Emerson/ Pokémon.html.

Ethik der *Pokémon*-Welt, zu der japanischen Kultur? Schubert (2003) vertritt die These, dass die Serie ein Spiegelbild der *japanischen Schulkindheit* sei:

Der Name *Pokémon* steht für den englischen Ausdruck „pocket monsters", was übersetzt so viel wie „Taschenmonster" bedeutet. Hinter diesem Namen verbergen sich bis heute über 251 (Phantasie-)Monsterfiguren und -charaktere: Sie gliedern sich in diverse Gruppen, haben seltsame Namen und kuriose Fähigkeiten. Ein sog. *Pummeluff* beispielsweise wiegt seine Gegner mit Gesang in den Schlaf, andere „erledigen" ihre Gegner mit allen denkbaren Feuerwaffen. Die menschlichen Charaktere der Serie (und die Kinder zuhause an ihren Game Boy-Spielen!), z.B. *Ash* (s.u.), fangen, sammeln und trainieren die *Pokémon*, bauen sie zu einer Mannschaft auf und ziehen mit ihr in den Kampf, um gegen andere virtuelle (für den Fall des Game Boys: oder reale) Spieler zu gewinnen. Der kindliche Held der Geschichten ist ein zehnjähriger Junge namens *Ash Ketchum*. Er hat sein Elternhaus verlassen und unternimmt gemeinsam mit seinen etwa gleichaltrigen Freunden *Misty* und *Rocko* eine Reise, um bester *Pokémon*-Meister zu werden.[22] Um dieses Ziel zu erreichen, reisen sie zu verschiedenen Wettkampfstätten. Es geht vordergründig um den Kampf zwischen Gleichaltrigen, einem Wettkampf, bei dem die Gegner mit ihren *Pokémon* gegeneinander kämpfen. Eine Nebenhandlung besteht in dem Auftreten von Team Rocket, das im Japanischen als „charmantes Verbrecher-Team" bezeichnet wird: Sein intendiertes Ziel ist, Herrschaft über fremde *Pokémon* zu erlangen. Damit stört Team Rocket die Wettkämpfe der anderen Kinder und fordert *Ash* immer wieder zur Verteidigung seines wichtigsten *Pokémons* mit dem Namen *Pikachu* heraus. Ein Ende der Kämpfe ist nicht in Sicht, immer neue Kampfsituationen sind zu bestehen.[23]

Zentrale *Identifikationsfiguren* – mit größter globaler Beachtung – sind der zehnjährige *Ash* und dessen *Pokémon Pikachu*. Darüber hinaus bietet sich eine kaum zu übertreffende Vielzahl weiterer 250 (Japan: 350) *Pokémon*, ausgestattet mit unterschiedlichen Charakteren und Fähigkeiten, dem Rezipienten als Identifikationsobjekt an. Der deutsche Song „Was für ein *Pokémon* bist Du?" aus dem Soundtrack zur TV-Serie[24] verdeutlicht die Mannigfaltigkeit der Charaktere und fragt, in welchem Pocket Monster man sich individuell wiederfindet. Im Mittelpunkt steht jedoch das symbiotische Verhältnis zwischen *Ash* und

22 Im Folgenden benutzen wir für die Protagonisten, Sendetitel etc. die Namen der deutschen Übersetzung.

23 Die *Pokémon* Game Boy Edition ist so komplex angelegt, dass ein Nintendo-Spiele-Berater zu dem Schluss kommen kann, dass ein Spieler sicherlich mehrere Jahre brauche, um *Pokémon* einmal durchzuspielen, vgl. Strobel (2003).

24 Der Soundtrack ist auch im Videospiel zur TV-Serie zu hören: „Pokémon. Die Videospiel-Sensation von Nintendo! Exklusiv für den Game Boy, den Game Boy Color und das Nintendo 64".

Pikachu, das in der Serie immer wieder unter dem Aspekt der Freundschaft thematisiert wird: Es ist Vorbild für die Freundschaft zwischen Mensch und *Pokémon* und Sinnbild der parasozialen Interaktion zwischen dem Rezipienten und der Marke *Pokémon* (Werbespruch: „*Pikachu* und Du – ein starkes Team").

Mit treuen Augen blickt *Pikachu* seinen Trainer *Ash* an und lenkt zugleich die Aufmerksamkeit des Kinderblicks auf seine niedliche, unschuldige Erscheinung. Doch der erste Eindruck trügt: Kaum beginnt der Wettkampf, so entwickelt sich auch *Pikachu* zu einer Kampfmaschine im Dienste seines Trainers. Die Funktion *Pikachus* changiert zwischen einem strategisch einzusetzenden Werkzeug und einem gleichwertigen Partner. Herausragendes Merkmal der Beziehung zwischen *Ash* und *Pikachu* ist jedoch deren Wechselseitigkeit. Zur bindenden Kraft wird die Tatsache, dass beide aufeinander angewiesen sind und von der Entwicklung des anderen reziprok lernen. Also ist eher von einer affektiv besetzten *Freundschaft* statt von einem rein funktionalen Arbeitsbündnis auszugehen. Die erfolgreiche Entwicklung des *Pokémon* verläuft in drei Stufen und ist Zeichen seines Lernerfolgs sowie Ausdruck des erfolgreichen Trainings seines Meisters. Insofern symbolisiert die Entwicklung des *Pokémon* die Persönlichkeitsentwicklung seines Meisters. Mit dem Moment der Übergabe *Pikachus* an *Ash* durch *Professor Eich* beginnt *Ash*s Meisterkarriere und zugleich die Übernahme der Verantwortung für *Pikachu*, die einer Patenschaft gleicht: *Ash*s Aufgabe ist es, *Pikachu* zu trainieren und zu pflegen.[25] Letzteres kennt man in der japanischen Kinderkultur spätestens seit der Einführung des Kinderunterhaltungsprodukts *Tamagotchi*. Der relevante Referenzbegriff aus der japanischen kulturanthropologischen Forschung lautet *amae* und bezeichnet, angelehnt an das Modell der Mutter-Kind-Symbiose, die gegenseitige lebenslange Verbundenheit in emotional dichten sozialen Beziehungen. Vorbild für das Verhältnis zwischen *Ash* und *Pikachu* – so der Autor Schubert – ist das in Japan vorherrschende Sozialisationsmuster des Mutter-Kind-Verhältnisses, das sich bis ins Vorschulalter durch ständige physische Nähe auszeichnet. Der Trainer nimmt eine mütterliche Position gegenüber seinem *Pokémon* ein. Es wird sein Schützling, den es verantwortungsbewusst zu pflegen und zu betreuen gilt.

Die Übergabe *Pikachus* ist gewissermaßen eine doppelte *Initiation* (vgl. Tisseron 2000, 15): Manifest symbolisiert sie den Eintritt in die Welt der *Pokémon* und latent den ersten Schritt des Erwachsenwerdens, festzumachen an dem basalen Kriterium der Übernahme von Verantwortung für ein anderes Lebewesen. Nun wird *Ash* seine Meister-Laufbahn starten, auf die er bis zu seinem zehnten Geburtstag warten musste. Es beginnt eine Reise, die im gewis-

---

25 Beide Aspekte werden in der Serie durch die wiederkehrenden Institutionen „Local Pokémon Center" bezüglich der Pflege und „Gym" bezüglich des Trainings verdeutlicht.

sen Sinne eine Metapher für den Sozialisationsprozess und für die Entwicklung kognitiver und sozialer Kompetenzen während der Präadoleszenz ist. Ebenso wie seine *Pokémon* wird sich *Ash* in drei Schritten vom Kind zum Jugendlichen zum Erwachsenen entwickeln. Dieser Sozialisationsprozess erweist sich als in die Strukturprinzipien japanischer Schulkindheit eingebettet:

Der Kontakt zur Erwachsenenwelt wird über *Professor Eich* hergestellt. Er übernimmt die Rolle eines Mentors, der *Ash* zu Beginn der Serie das *Pokémon Pikachu* schenkt. *Professor Eich* ist die ausschlaggebende Instanz, gegenüber der *Ash* sich hinsichtlich der Pflege und des Trainings seines *Pokémon*s verantworten muss, und der er seine *Lernfortschritte* – im Sinne von erfolgreichem Training und Kämpfen – mitzuteilen hat. Das Verhältnis zwischen *Ash* und *Professor Eich* ähnelt dem Verhältnis zwischen Schüler und Lehrer, zwischen *deshi* und *sensei*, das japanische Institutionen beherrscht: Der ältere *sensei* bietet dem jüngeren *deshi* Freundschaft, Ratschläge und Unterstützung und erhält dafür Dankbarkeit, Respekt und Loyalität (Strom 1999). Verglichen mit anderen *Pokémon* verfügt *Pikachu* über außergewöhnliche Fähigkeiten. *Pikachu* gleicht einem Geschenk, das aber auch mit einer Aufgabe verknüpft ist, nämlich der der Pflege. Die Versuche Team Rockets *Pikachu* zu stehlen, stellen *Ash*s Schutz- und Fürsorge auf die Probe. Neben der *Pflege* hat *Ash* daher die Aufgabe den *Schutz Pikachus* zu garantieren. Gelingen *Ash* diese „brutpflegerischen“ Maßnahmen, hat er sich bewährt. *Professor Eich* beobachtet *Ash* aus der Ferne via *Teleprompter* und lässt ihm – im Rahmen der Spielregeln und der Verantwortung gegenüber seinen *Pokémon* – die nötige Freiheit. *Ash* befindet sich damit sprichwörtlich an der „langen Leine“.

Kompetentere Gleichaltrige, hier adoleszente Arena-Leiter, haben die Funktion von Vorbildern bzw. Autoritäten. Sie sind *Prüfer* und keine Konkurrenten, was sich mit dem japanischen Schulalltag vergleichen lässt. Ihr Status als Außenseiter erklärt sich aus einem Charakteristikum des *japanischen Bildungswesens*: Die entscheidenden Prüfungen sind *Aufnahme*prüfungen. Der Leistungsdruck, der von ihnen ausgeht, kommt gewissermaßen von „außen“. Nicht die Institution, in die die Schüler bereits integriert sind, markiert die Anforderungen, sondern die nächstfolgende, bei der sie sich um Aufnahme bewerben. In diesem Sinne ist signifikant, dass *Ash* selten auf den ersten Blick einen Arena-Leiter als solchen erkennt. Durch Siege gegen Arena-Leiter erhält *Ash* Orden, deren Besitz den Zutritt in organisierte *Pokémon-Ligen*[26] ebnen bzw. ihn für das Finale einer Liga qualifizieren. Die Summe der Liga-Wettkämpfe der „Orange Liga“[27]

---

26 Hier: Orange-Liga/a.a. Stelle: Indigo-Liga.

27 Vgl. die Folgen: Wettkampf der Wasser-Pokémon (85), Abenteuer auf der Insel Navel (93), Romantisches Insel-Abenteuer (103).

stellt ein komplexes Geflecht von Prüfungssituationen dar, die aufeinander bezogen sind. *Ash* und dessen *Pokémon* müssen verschiedene Fähigkeiten unter Beweis stellen. Ähnlich wie in der Schule geht es dabei um das Durcharbeiten einer sachstrukturierten Folge von Aufgaben. Man kann daher von einer Überprüfung der trainierten Fähigkeiten sprechen, sprich: von einer Form der Leistungskontrolle (Stichwort „Lernschule").

In dieser Hinsicht ist die Auszeichnung letztlich eine Benotung des Lernfortschritts: Sie ist Zeichen von erfolgreichem Lernen, Kooperation und Training. Zwar muss *Ash* dies vielfach im Zweikampf bzw. Duell unter Beweis stellen. Aber dennoch ist das soziale Verhältnis zwischen *Ash* und den Arena-Meistern asymmetrisch: Der Arena-Meister ist der *Lehrende*, *Ash* bleibt der *Lernende*, der diesem loyal verbunden ist. Auch hier herrscht eine klare Hierarchie, die nach dem Anciennitätsprinzip strukturiert ist. Die Arena-Leiter sind zwar jugendlich, zeichnen sich aber bereits durch größere Reife aus. Sie dienen *Ash* als Vorbilder.

Ash und seine Begleiter sind in der Entwicklungsphase der so genannten *mittleren Kindheit,* die zwischen 8-13 Jahren stattfindet. Herausragendes Zeichen dieser Entwicklungsphase ist die zunehmende Bedeutung von Peer-Kontakten für die *Identitätsentwicklung* von Kindern. Die Lebenswelt der Gleichaltrigen wird neben der Schule und Eltern zu einer immer stärkeren und zentraleren Sozialisationsinstanz. Neben der Entwicklungsaufgabe, sich für sozial definierte Rollen zu entscheiden, Einstellungen und Handlungsmuster zu übernehmen und geforderte Leistungen zu erbringen, wird es in der mittleren Kindheit wichtig, *Kompetenzen* interpersonaler Verständigung und sozialer Kooperation zu lernen (vgl. Krappmann 1998, 356ff.). In der Gruppe um *Ash* herrscht stilles Einvernehmen darüber, dass *Ash*s Meisterschaft das gemeinsame Ziel der Reise ist. *Misty* und *Rocko* sind Arena-Leiter, die *Ash* beratend zur Seite stehen, ihn auf Schwächen hinweisen und Lösungswege finden. Sie nehmen im Verhältnis zu *Ash* die Position älterer Geschwister ein. *Tracy* ist so genannter *Pokémon*-Beobachter, d.h. er zeichnet *Pokémon*, Trainer und Kämpfe. Jenseits der Kampfhandlung zeigt *Misty* zum Beispiel ihre Stärken, indem sie die Rätsel löst, die *Ash*s Team zur Kampfstätte führen (Folge 58). *Tracy* wiederum geht seiner Aufgabe nach, *Pokémon* zu zeichnen. Die Kompetenzen und Aufgaben des Teams sind daher *komplementär* verteilt, die Mitstreiter konkurrieren nicht, sondern ergänzen sich in ihren Rollen bzw. Kompetenzen. Die Gruppe ist insofern klar als *Lern- bzw. Arbeitsgruppe* definiert und entspricht der japanischen Vorstellung vom Verhältnis zwischen Individuum und Gruppe, das die Vorstellung eines *gruppenorientierten Individualismus* aufweist. Insofern changiert das Bild dieser Gruppe zwischen brüderlicher Freundschaft und der für die japanische Schulkindheit konstitutiven Kleingruppe.[28] Im japanischen Schulalltag hat die Kleingruppe die Funktion gegenseitiger Unterstützung aber auch gegenseitiger Kritik. Es ist ihre Aufgabe, Konflikte untereinander und damit ohne die Mitwirkung eines Lehrers zu lösen. In dieser Hinsicht ist das Verhalten *Misty*s zu interpretieren, die zu Beginn der ersten TV-Staffel Kritik an *Ash*s unverantwortlichem Verhalten gegenüber *Pikachu* übt und ihm in der ersten und dritten Folge der japanischen Version zur Bestrafung auf die Wange schlägt.

Die japanische Serienwelt vermittelt in aller Deutlichkeit, dass *Ash Ketchum* in ein Geflecht von Bindungen und Erwartungen eingebunden ist. Seine Reise gleicht in ihrer Determiniertheit eher einer Schullaufbahn bzw. der Karriere eines Sportlers als einer unbestimmten action-dominierten Abenteuerreise. Die zunächst außeralltäglich erscheinende Situation – jenseits von Schule und Elternhaus – ist im hohen Maße strukturiert und hat daher den Charakter von institutionalisiertem Lernen. Gerade Wettkampf und Spiel sind immer wieder Gegenstand entwicklungstheoretischer Betrachtungen und werden in Bezug zu der Organisation von Peer-Groups gesetzt. Der dargestellte Poké-Wettkampf läuft nach vorstrukturierten Spielprinzipien und festen Regeln ab. Die Peer-Group schafft sich also *nicht* neue Regeln oder Spiele, sondern ordnet sich dem Anciennitätsprinzip, den Regeln der Wettkämpfe und schließlich auch den Regeln der Gesellschaft unter. Reziprozität, Kooperation und Aggressionskontrolle werden nicht im Rahmen zweckfreier Interaktion erworben sondern durch die Akzeptanz des Regelwerks und damit schließlich durch die Adaption sozialer Normen und Erwartungen. Team Rocket wiederum stellt den disfunktionalen Gegenentwurf eines solchen Sozialisationsmodells dar.

Alles in allem spiegelt die TV-Serie die Lebenswelt der japanischen Schulkinder wieder. Denn hinter den Kämpfen und Abenteuern der Kinder und ihrer *Pokémon*, hinter den magischen Kampftechniken der Monster verbirgt sich eine Welt, die nach den Regeln und Ritualen der *Schulkindheit* Japans strukturiert ist. Die Kinder sind geübt in Kooperation und gegenseitiger Disziplinierung und stellen sich als Arbeitsgruppe den auf sie zukommenden Prüfungen. Doch in der *PokéSchool* geht es nicht darum, Vokabeln oder Grammatik zu lernen. Der Stundenplan lockt mit nichts Geringerem als den Fähigkeiten und Geheimnissen der *Pokémon*, die man mit Begeisterung lernen kann, und den Prüfungen, die man auf dem Weg zur Meisterschaft bestehen muss. *PokéSchool* ist die von Kindern gewünschte Alternative zum konventionellen Schulunterricht. Ein in ihr erfolgreicher Schüler kann Wissen und Fähigkeiten im Spiel mit dem Game Boy

---

[28] Im Vergleich zu den hier dargestellten organisierten Peer-Kontakten sollte man in Deutschland eher von einem Peer-Kontakte-Markt ausgehen.

sowie Sammelkarten unter Beweis stellen und auch in weiteren Nintendo-Produkten selbst abprüfen.

4 Amerikas *PokéHero* oder: vom Wettkampf zur Weltrettung

Pokémon nahm seinen Anfang in Japan. Aufgrund des enormen Erfolges, den Nintendo mit seiner *PokéMania* erzielte, stand einer globalen Vermarktung nichts im Wege. Verantwortlich für die Verbreitung der Marke außerhalb Asiens sind die beiden Firmen Nintendo of America und 4Kids Productions. Für den amerikanischen Markt veränderte man zentrale Serieninhalte, nicht jedoch die Zeichentrickbilder. Für die Einführung der TV-*Pokémon* auf dem deutschsprachigen Markt wurde auf eine nochmalige Überarbeitung verzichtet: Die deutsche PokéWelt ist schlicht die synchronisierte amerikanische PokéWorld.

Die auch den deutschen Rezipienten bekannten Akteure *Ash Ketchum*, *Misty* oder *Gary* sind – wie die meisten anderen visuellen und verbalen Details – das Ergebnis der US-Adaption des japanischen Originals: Auf der Bildebene wurden kulturelle Referenzen wie etwa japanische Namen oder Verkehrsschilder entfernt und einzelne Darstellungen von expliziter Gewalt und Sexualität zensiert.[29] Des Weiteren wurden – wie bereits angesprochen – die Zeichentrick-Bilder beschleunigt und dynamisiert. Das Bildmaterial blieb jedoch insgesamt gesehen erhalten, so dass die visuelle Ebene als *transnational* eingestuft werden kann. Anders stellt sich die Konstellation für die Semantik des Programmmaterials dar: Im Zuge der englischsprachigen Synchronisation wurde der Handlungsrahmen der *Pokémon*-Geschichte(n) grundlegend verändert, was sich am deutlichsten am Beispiel des Titelthemas sowie dem Thema bzw. Motto des Team Rocket zeigen lässt. Das neue Titelthema ebenso wie die Neupositionierung des Team Rocket im Gefüge der *Pokémon*-Welt haben zur Folge, dass das Handeln von *Ash* und seinen Gegnern einen veränderten Sinn erhält: Nun geht es um nicht weniger als um die *Errettung der ganzen Welt*! Mit *Ash Ketchum* setzt die US-amerikanische Adaption der Serie einen Helden westlichen Zuschnitts in Szene, der dazu berufen ist, gemeinsam mit seinen *Pokémon* den Kampf gegen „das Böse“ (Team Rocket) anzutreten und die Welt zu erretten.

---

29 Episode 18 (Holiday at Acapolco) und 35 (Legend Of Dratini) wurden aufgrund der US-Zensur weder in den USA noch in Deutschland gezeigt.
Hinsichtlich Änderungen bei Bildern und Sprache vgl. „Japanese to English Episode Comparisons“: http://www.Pokémonshow.tripod.com und
„Episode Comparison“: http://www.geocities.com/english_japanese/episode_comparisons.htm

Titelthema Pokémon

Als aufschlussreich erweist sich das Titelthema „2B A Master“ der ersten Staffel der TV-Serie (Episode 1-80). Es ist Teil der Eröffnungssequenz, die den Rezipienten auf zentrale Inhalte der Serie einstimmt und das Seriengeschehen pointiert darstellt. Die besondere Relevanz des Eröffnungsthemas liegt darin, dass dieses – zusammen mit dem Ende – die Serie zu einer Einheit formt (Hickethier 1996, 108) und dem Handlungsgeschehen, insbesondere der Motivation des Protagonisten *Ash*, eine spezifische Bedeutung verleiht. Es gilt zu prüfen, inwiefern japanisch kontextualisierte Bild- und amerikanisch synchronisierte Textbotschaft übereinstimmen bzw. voneinander abweichen. Der Text des „Opening Songs“ der TV-Serie verdeutlicht auf sehr konkrete Weise Motivation und Ziele des Protagonisten *Ash* Ketchums, der stellvertretend für den Rezipienten *Pokémon*-Wettkämpfe austrägt. Anstelle von Mehrdeutigkeiten oder Leerstellen[30], in die der Rezipient eine spezifische Bedeutung hineinlesen bzw. interpretieren kann, werden distinkte Handlungsappelle eingeführt und Identifikationsmuster konstituiert. Die Adaption des Titelthemas zeigt deutlich, dass der durch die Bildbotschaft erzeugte Raum für Phantasie auf wenige spezifische Aspekte hin *verengt* wird.

2B A Master [31]

I want to be the very best, like no one ever was. To catch them is my real test, to train them is my cause. I will travel across the land, searching far and wide, each *Pokémon* to understand the power that's inside.

Pokémon (Gotta catch 'em all). It's you and me. I know it's my destiny. *Pokémon* (Oh). You're my best friend in a world we must defend. *Pokémon* (Gotta catch 'em all). A heart so true. Our courage will pull us through. You teach me and I'll teach you. *Pokémon*. Gotta catch 'em all. Gotta catch 'em all, yeah.

Every challenge along the way. With courage I will face. I will battle everyday to claim my rightful place. Come with me the time is right. There's no better team. Arm and arm we'll win the fight. It's always been our dream.

Pokémon (Gotta catch 'em all). It's you and me. I know it's my destiny. *Pokémon* (Oh) You're my best friend in a world we must defend. *Pokémon* (Gotta catch 'em all). A heart so true. Our courage will pull us through. You teach me and I'll

---

30 Norbert Neuß (2002, 20f.) interpretiert den deutschen Titelsong der zweiten Staffel unter diesem Aspekt.

31 Gesprochen: To be a master!, siehe http://www.animelyrics.com/anime/Pokémon/pokpt.htm.

teach you. *Pokémon*. Gotta catch 'em all. Gotta catch 'em all. Gotta catch 'em all. Gotta catch 'em all. Gotta catch 'em all, yeah.[32]

Die Welt, in der *Ash* sich bewegt, lehnt sich am geltenden Realitätsprinzip an: Sagen- und märchenhafte Elemente sind allein auf die Freunde und Kampfgefährten der jugendlichen Protagonisten – die *Pokémon* – beschränkt. Die Grenzen von Raum und Zeit bleiben gewahrt. Die Filmwelt unterscheidet sich von der Wirklichkeit lediglich darin, dass in ihr Pocket Monster existieren. Und genau diesen hat *Ash* sein Leben verschrieben (*„I know it's my destiny"*). Seine Bestimmung ist es – dem japanischen Original folgend – *Pokémon*-Meister zu werden: „Ich lebe dafür *Pokémon*-Meister zu werden, ich muss es werden, ich werde sicher einer werden", ist die zentrale Botschaft des japanischen Songs *„Mezase Pokémon Masutaa"*. Der Titelsong der US-Version knüpft bereits im Titel an die japanische Vorlage an. „To Be A Master" wird jugendsprachlich codiert: Die beiden Zeichen „2" und „B" ersetzen die korrekte Grammatik. „2B A Master" lässt sich mit „Wie wird man Meister" übersetzen und ist daher als *Handlungsanweisung* zu verstehen.

---

32 *Pokémon* Titelsong (Japan) Episode 1-80: Mezase Pokémon Musataa (Aim to be a Pokémon Master): (I'll get you, Pokémon!) / For example, in fire, in water, in grass, in forests, in earth, in clouds, in that girl's skirt (eek!). Very, very, very, very difficult but surely I'll get you! I'll get you, Pokémon! / Farewell, bye-bye, Masara (Pallette) Town. I'm taking a journey with my friends (Pikachu!). / I'll win with my sharpened skills and make new friends as I go to the next city. / Of course I always go dexterously. There's no compensation, but... (that's not so!) I always, always live seriously because I have my friends. / For example, in fire, in water, in grass, in forests, in earth, in clouds, in that girl's skirt (you're persistent!). / Very, very, very, very difficult but surely I'll get you! I'll get you, Pokémon! / I got tired in battle, good night, good night. If I close my eyes, I'll revive (Pikachu?). Flames burn, winds blow that battle roars. / Yesterday's enemy is today's friend. Those are old words but... (what do you mean „old!"). Today's friend is also tomorrow's friend yeah, forever. / Ah! I long to become a Pokémon master. I must become one. I will surely become one! / Dreams always become true. Somebody sung that but it's like a bud always blooming. Dreams are things that come true. / Of course I always go dexterously. there's no compensation, but... (pika pika!) I always, always live seriously because I have my friends. / Ah! I long to become a Pokémon master. I must become one. I will surely become one! / Ah! I long to become a Pokémon master. I must become one. I will surely become one!
Pokémon Titelsong (Deutschland): Ich will der Allerbeste sein. Wie keiner vor mir war. Ganz allein fang ich sie mir. Ich kenne die Gefahr. / Ich streife durch das ganze Land. Ich suche weit und breit. Das Pokémon – um zu verstehen, was ihm dieses Macht verleiht. / Pokémon [komm schnapp sie Dir]. Nur ich und Du. In allem was ich auch tu. Pokémon. Mein bester Freund. Komm retten wir die Welt. Pokémon [komm schnapp sie Dir]. Dein Herz ist gut. Wir vertrauen auf unseren Mut. Ich lern von Dir und Du von mir. Pokémon. [komm schnapp sie Dir] Komm und schnapp sie Dir. Pokémon. / Egal wie schwer mein Weg auch ist. Ich nehme es in Kauf. Ich will den Platz, der mir gehört. Ich gebe niemals auf. / Komm zeigen wir der ganzen Welt, dass wir Freunde sind. Gemeinsam ziehen wir in den Kampf. Das beste Team gewinnt. / Pokémon [komm schnapp sie Dir]. Nur ich und Du. In allem was ich auch tu. Pokémon. Mein bester Freund. Komm retten wir die Welt. Pokémon [komm schnapp sie Dir]. Dein Herz ist gut. Wir vertrauen auf unseren Mut. Ich lern von Dir und Du von mir. Pokémon. [komm schnapp sie Dir] Komm und schnapp sie Dir. Pokémon.

Doch *Ash* geht es in der US-Version um mehr als den ‚Meistertitel': Der Beginn des Songs *„I want to be the very best, like no one ever was"* bringt die Sehnsucht nach Einzigartigkeit und Größe zum Ausdruck. „The very best" deutet auf die Aspekte Leistung und Sieg über die Konkurrenz hin. Durch die darauf folgende Zeile *„To catch them is my real test, to train them is my cause"* wird die Eingangsphrase für den mit *Pokémon* vertrauten Rezipienten in einen nachvollziehbaren Zusammenhang gerückt: *Ash*s Ziel ist es, Führender im *„Pokémon*-Wettkampf" zu sein, der Beste den es je gab – was in der Welt des Sports etwa dem *Weltrekord* entspricht. Die Tatsache, dass diese inhaltliche Veränderung auch in die Synchronisation der Dialoge eingeflossen ist, spricht für den Stellenwert, den Nintendo of America bzw. 4Kids Productions dieser Thematik beigemessen haben. So zeigt die zweite Folge der US-Version im Rückblick eine Zusammenfassung der vorhergehenden Episode. Brachte *Ash* in der ersten Folge noch zum Ausdruck, dass er anstrebt, ein *Pokémon*-Meister zu werden, so wird dies in der Zusammenfassung dahingehend geändert, dass er zum besten *Pokémon*-Trainer bzw. -Meister werden will. Die Textzeile *„I will be a Pokémon master"* wird zu: *„I will be the greatest Pokémon trainer [...] the greatest Pokémon master [...] of all time!"*[33]

Die japanische Vorlage präsentiert jedoch einen Wettkampf im Spannungsfeld von Konkurrenz *und* Kooperation. Ein weiterer Aspirant des Meistertitels ist der Enkel von *Prof. Eich*, *Gary Eich*. Beide stellen sich unabhängig voneinander den Prüfungen der Arena-Meister. Ein direkter Vergleich, der Sieger und Verlierer ermitteln würde, findet entsprechend der unterliegenden japanischen Sinnstruktur im Rahmen der offiziellen Wettkämpfe nicht statt. Um die Figur des Konkurrenzprinzips fortzusetzen, wird im Gegensatz zur japanischen Version in der US-amerikanischen Freundschaft und Kooperation auf das Verhältnis zwischen Trainer und *Pokémon* reduziert: *„Pokémon. It's you and me. [...] You're my best friend."* Die japanische Version stellt stattdessen an mehreren Stellen einen Bezug zu einer Freundschaftsbeziehung her und bezieht diese auf den Aspekt der Versöhnung: *„Yesterday's enemy is today's friend. Those are old words but... (what do you mean „old"!). Today's friend is also tomorrow's friend yeah, forever".* Meister zu werden heißt, Freundschaften zu pflegen, in der sportlichen Auseinandersetzung neue Freunde zu gewinnen sowie Gegner zu Freunden zu machen.

Durch die Verschränkung von japanischem Kollektivismus mit den Vorstellungen von westlichem Individualismus und Liberalismus entsteht ein *diffuser Sinnzusammenhang* divergierender Bild- und Textbotschaften. Gruppenbindung, Verantwortung, Versöhnung mit Gegnern sind Kennzeichen der japanischen

---

33 Siehe http://www.geocities.com/english_japanese/comparisons/ep02.html.

Version, in der *Ash* sich nur als Teil eines Kollektivs weiterentwickelt. Die Bilder bleiben gleich, werden jedoch mit einem neuen Sinn, einer neuen Moral versehen. *Ash* wird zum Einzelkämpfer stilisiert. Er repräsentiert das aus alten Bindungen freigesetzte Individuum, das sich dem Wettbewerb des Marktes stellt und außerdem andere (hier: *Pokémon*) als Ressourcen im Kampf um Siegchancen gewinnbringend benutzt. Da diese Auseinandersetzung entsprechend der visuellen Botschaft keine Verlierer hinterlässt, wird in der Serie der Mythos vom freien Wettbewerb gezeichnet, aus dem alle als Gewinner hervorzugehen scheinen.

Motto ‚Team Rocket'

„To protect the world from devistation. To unite all peoples within our nation. To denounce the evils of truth and love. To extent our reach to the stars above. Jessie. James. Team Rocket blasts off at the speed of light. Surrender now or prepare to fight, fight fight! Meowth, that's right!"[34]

Das Motiv der *Weltrettung* gewinnt durch die inszenierte Dichotomie in Gut und Böse seine Relevanz. Team Rocket personifiziert das Böse. Die TV-Serie basiert auf einer wiederkehrenden Erzählstruktur: Das Hauptthema sind die Wettkämpfe, die *Ash* gegen die Arena-Leiter bestreitet. Im Verlauf der Handlung greift Team Rocket mit dem Versuch *Pokémon* zu entwenden störend in die Handlung ein. *Ash*s Aufgabe ist es, diese Störung zu überwinden und dabei sein *Pokémon* zu beschützen, damit im Folgenden der Wettkampf fortgeführt werden kann.[35]

Aus der Tatsache, dass es Team Rocket vornehmlich auf *Ash*s *Pokémon Pikachu* abgesehen hat, entsteht der Konflikt zwischen *Ash* und Team Rocket.

---

34 *Team Rocket* (Japan): Listen to us about this and that. The answer we give will be the universe's sympathy. To prevent the universe's destruction. To protect the universe's peace. To bring love and honesty's evils to light. The lovely, charming villians: Jessie! James! The pair from Team Rocket soars through the galaxy. A white hole waiting for a white day (Übersetzung: http://www.geocities.com/ritabuuk/TR/songyoeienni.html)
Team Rocket (Deutschland): Wir wollen über die Erde regieren! Und unseren eigenen Staat kreieren! Liebe und Wahrheit verurteilen wir. Mehr und mehr Macht, das wollen wir! Jesse! James! Team Rocket – so schnell wie das Licht! Gebt lieber auf und bekämpfe uns nicht! Miauz genau!

35 Da sich dieser Ablauf als roter Faden durch sämtliche Folgen zieht, hält die Serie wenig Spannung bereit. Stereotyp erscheinen Team Rocket – ihr Motto proklamierend – auf der Bildfläche und verschwinden am Horizont mit dem Kommentar: „Das war mal wieder ein Schuss in den Ofen". Die Darstellung von *Team Rocket* folgt nicht dem Stereotyp, dass das Böse mächtiger und stärker dargestellt ist als das Gute. Sie werden vielmehr als lächerlich, abnormal dargestellt. Vergleiche hierzu Teamverhalten und Geschlechterrollen von *Team Rocket* in den Folgen: Der Rätselmeister (58) und Wettkampf der Wasser-*Pokémon* (85).

Die Mitglieder Team Rockets werden im Japanischen als „charmante Schurken" bezeichnet, ihr ungeschicktes Auftreten trägt humoreske Züge. Passenderweise lassen sie sich als *Störenfriede* oder *Spielverderber* bezeichnen. Gegenüber Arena-Leitern ist es *Ash* sogar peinlich, Team Rocket zu kennen.[36] Dem Thema der Weltrettung wird in der US-Adaption dadurch Nachdruck verliehen, dass Team Rocket vom Störenfried zum Gegner bzw. Gegenspieler umgedeutet wird. Team Rocket steht gemäß dem US-Motto für das Böse, das die Welt bedroht. *Ash* wird zum Helden, dessen Aufgabe es ist, die Welt zu beschützen.

Durch die US-Version erfährt die Auseinandersetzung zwischen *Ash* und Team Rocket eine Überhöhung in einen Kampf zwischen Gut und Böse. Angesichts des Mottos von Team Rocket wird deutlich, dass es bei dem Motiv der heldenhaften Weltrettung um eine inszenierte Auseinandersetzung des guten Helden mit „dem Bösen" geht. Kennzeichen der Figur des Helden ist, allgemein gesprochen, dass dieser sich über seine Eigeninteressen hinwegsetzt und im Dienste der Allgemeinheit für das Gute und die gerechte Sache kämpft. Erst durch die Bedrohung von Team Rocket wird die Figur des messianischen Weltretters plausibel. Kontrastreicher könnten beide Poké-Versionen nicht sein: Die Polarisierung von Gut und Böse tritt an die Stelle der im japanischen Original vertretenen Auflösung der Gegnerschaft: *„Yesterday's enemy is today's friend"* und notorische Kampfbereitschaft des Einzelkämpfers im Dienste der Menschheit ersetzt das japanische *„I got tired in battle, good night, good night"*.

In der US-Version des Titel-Themas zeigt sich eine Rhetorik, die *Ash* – als Beschützer der Welt und Sieger über das Böse – als triumphalen Held konstruiert und ihn in klassischer Weise als Verkörperung der Verbindung der Gemeinschaft zum Heiligen stilisiert (Giesen 1999, 438). Dies entspricht jedoch nicht der originären Handlungsstruktur bzw. dem Sinn der *Pokémon*-Serie, sondern widerspricht diesem: Gewonnen hat *Ash* nur, wenn er über das Böse siegt. Mit der US-Adaption wird Team Rocket zudem in einen Bezug zu bekannten US-amerikanischen (Unterhaltungs-)Mythen gesetzt: Die Akteure heißen Jessie und James! Die Aufforderung *„catch `em all"* lässt sich im übertragenen Sinn auch auf Team Rocket anwenden, denn zusammen tragen sie den Namen von einem der berühmtesten Verbrecher der US-Geschichte: Jesse James Woodson, genannt Jesse James. *Ash* wandelt sich so zum „einsamen Cowboy", zu einem patriotischen Kämpfer, der für Recht und Ordnung kämpft.[37]

---

[36] Vgl. hierzu die Strandszene in Folge 85: Wettkampf der Wasser-*Pokémon*.

[37] Ein weiteres Beispiel ist der amerikanische Mythos der Selbstverwirklichung durch die Eroberung der Natur. Hieran erinnert, dass *Pokémon* gefangen werden, funktionell zum Einsatz kommen und anschließend in ihrer Kugel eingesperrt werden; vgl. König (1987, 74).

Wie stimmig ist jedoch dieser Bedeutungswandel vom kindlichen Sportvorbild zum heldenhaften Sieger über das Böse und Retter der Welt? Kann *Ash* als ein *überzeugender* Held angesehen werden? Zweifel sind angebracht: Beim Vergleich mit dem Poké-Spielszenario fällt auf, dass *Ash* eher das Performative, Regelgeleitete als das Charismatische, eher die Routine als die Ausnahme verkörpert und er bleibt primär seinem individualistischen Ziel verbunden, bester Meister zu werden. Der junge Held *Ash* ist stets in Fragen des intuitiven Erkennens – dem Lösen von Rätseln, dem Erkennen fremder Meister oder Maskierungen – auf die Hilfe seiner Gefährten *Misty* und *Rocko* angewiesen.[38] Auch fehlt jenes Moment, das *Bruno Bettelheim* (1977, 13ff.) im Hinblick auf kindliche Helden in Märchen als konstitutiv bezeichnet: So gibt im Märchen das Vorhandensein eines *existentielles Dilemmas* den zentralen Handlungsrahmen für das Wirken eines Helden ab. Es sind innere Konflikte bzw. Krisen, die den Helden zu seinem Handeln bewegen. Der *gute* Protagonist ist beherrscht von existentiellen Ängsten wie der Todesangst, der Liebe zum Leben, dem Bedürfnis geliebt zu werden oder der Furcht als nutzlos zu gelten. Was den Helden im Märchen auszeichnet ist sein Umgang mit diesem Konflikt, d.h. Überwindung, Problemlösung, Bewährung. Hiervon grenzt Bettelheim moderne für Kinder geschriebene Geschichten ab, die gerade existentielle Probleme oft ausschließen. Bettelheim bringt außerdem Fragen der kindlichen *Entwicklung* mit ins Spiel: So benötigen insbesondere Kinder in Symbolform gekleidete Anregungen für den Umgang mit existentiellen Fragen und wie sie sicher zur Reife heranwachsen können. Die TV-Serie *Pokémon* hingegen produziert nur den *Schein* eines existenziellen Konflikts.

Konstitutiv für die US-amerikanische Heldengeschichte ist, dass im Gegensatz zum japanischen Original das Individuum in den Vordergrund gerückt wird. Dies findet seine Entsprechung in der Rezeption. Denn amerikanische Kinder identifizieren sich anders als japanische eher mit *Ash* als mit den *Pokémon* (Nassehi 2000).[39] In Japan trägt *Ash* den Vornamen seines Erfinders Satoshi Tajiri. In den USA wird Satoshi zu *Ash* Ketchum. Satoshi ist eine konkrete Person, *Ash Ketchum* (gesprochen: catch `em – fang' sie!) ist der Stellvertreter der Rezipienten, *der Fänger* in der Welt der *Pokémon*.[40] *Ash*s Kleidung, seine dynami-

---

38 Vgl. die Folgen: Der Rätselmeister (58), Abenteuer auf der Insel Navel (93).

39 Bei 4Kids Productions ging man außerdem davon aus, dass der Aspekt ‚Niedlichkeit' der *Pokémon* in den USA geringe Verkaufchancen besitzt. Stattdessen entschied man sich, die ‚Coolness' bestimmter *Pokémon* mehr hervorzuheben. Von *Pikachu* erwartete man, dass er sich zur globalen Schlüsselfigur entwickeln würde und behielt seinen japanischen Namen. Vgl. http://www.salemstate.edu/~poehlkers/Emerson/Pokémon.html)

40 Der Zeichenstil des Mangas *Pokémon* deutet auf eine auf Identifikation und Anteilnahme ausgerichtete Darstellung hin. Anders als etwa bei den Super-Helden der *Marvel*-Comics (Spiderman, Batman) ist der Zeichenstil von *Pokémon* eher stilisiert als realistisch. Bei realistischen Darstellungen verkörpert der Protagonist sich selbst. Der Rezipient soll sich nicht selbst

schen Bewegungen und Gestik bzw. Mimik sind *Signifikate eines sportlichen bzw. „versporteten Kindes“*. Durch das Logo seiner Baseball-Cap ist *Ash* als offizieller Teilnehmer der *Pokémon*-Liga für Außenstehende erkennbar. Seine Handschuhe vermitteln die ständige Bereitschaft *Pokémon*-Bälle zu schleudern und zu fangen. Sein sportlicher Habitus entspricht einem transnationalen Identifikationsmuster. *Ash* ist kleiner dargestellt als seine Begleiter und in den Momenten, in denen er überfordert ist, auf deren Hilfe angewiesen. Existentiellen Konflikten ist *Ash* nicht ausgesetzt. Stattdessen muss er sich im Rahmen der ihm gestellten Aufgaben – Wettkampf und Beschützen der *Pokémon* – bewähren und wächst dabei nicht selten über seine eigenen Fähigkeiten hinaus. Sein Antrieb ist kein innerer Konflikt, sondern sein scheinbar grenzenloser Ehrgeiz „Nummer Eins“ zu werden. *Ash* ist ein Vorbild, ein *Schulheld bzw. Klassenprimus*, der sich durch seinen aufrichtigen Charakter von den Klassenclowns, personifiziert durch Team Rocket, unterscheidet. Team Rocket schafft Chaos und Unordnung und *Ash*s Aufgabe ist die Wiederherstellung der Ordnung.

Für den sportlichen *Ash* ist nichts unmöglich, denn die Grenzen der Möglichkeiten des Individuums sind außer Kraft gesetzt. Kaum ist die Kampffähigkeit seiner *Pokémon* im örtlichen *Pokémon*-Center wieder hergestellt, ist *Ash* wieder ‚fit für den Kampf‘. Mit seinem Willen zur Selbstkontrolle und Selbstvervollkommnung kommt in ihm der Mythos des bürgerlichen Subjekts zum Ausdruck. Insbesondere durch die Eröffnungs-Sequenz und in den Wettkämpfen, die stets das Bild der energetisch geschleuderten *Pokémon*-Bälle zeigen, wird das Bild eines *sportiven Vorbilds* gezeichnet. Dies entspricht der Beobachtung, dass sportive Praxen in der mittleren Kindheit zunehmend zentral sind. Sport wird zum soziokulturellen Signifikat der Präadoleszenz. Sport hat sich aus dem Modell einer puritanisch-arbeitsbezogenen Sportausübung gelöst, wird ästhetisch überhöht und geht eine Symbiose mit Mode- und Freizeitkonsum ein. In diesem Zusammenhang stellt der Körper im Anschluss an Pierre Bourdieu einen gesellschaftlichen Wert, ein ‚kulturelles Kapital‘ dar. [41] Ebenso ist mit der sportlichen Praxis, dem Erhalten von Auszeichnungen, nämlich die Hoffnung auf Bestätigung und Statusgewinn verknüpft.

---

wieder erkennen können, sondern so sein wollen wie der Protagonist. Es findet eine Idealisierung des Helden statt. Stilisierte Darstellungen von Gesicht und Körper hingegen ermöglichen Rezipienten, eine leichtere Identifikation mit dem Protagonisten: Man kann sich im Protagonisten spiegeln. Ash ist daher ein Vorbild bzw. Stellvertreter in der Welt der Pokémon, der kindlichen Wünschen und Ängsten eine Projektionsfläche bietet; vgl. McCloud (1994, 44).

41 Der Survey *Kindheit in Deutschland* von 1996 (Zinnecker/Hasenberg 1996, 123f.) zeigt, dass nur etwa jedes zehnte Kind Urkunden oder Pokale durch außersportliche Aktivitäten (Musik, Kunst, Literatur, Theater, Fortbildung u.a.) erhält. Orden und Pokale verweisen unmittelbar auf die sportliche Dimension des *Pokémon*-Wettkampfs.

Zusammengefasst lässt sich für die US-Adaption Folgendes festhalten: Die Stilisierung zum Helden beinhaltet eine gesellschaftliche und eine individuelle Sinnkomponente. Erstere ist auf die Reise *Ash*s bezogen, die zu einer Mission mit dem Ziel der *Weltrettung* und dem Eintreten für eine gerechte Ordnung umgedeutet wird. Sie ist verbunden mit *Ash*s individualistischem Streben nach Größe und Einzigartigkeit, was mit dem Symbol des *Weltmeisters* versinnbildlicht wird. Wie dieser Sinnhorizont in der Spannung von Sportarena und Kreuzzug von Kindern aufgenommen und verarbeitet wird, ist eine offene Frage, die nicht länger unbeachtet bleiben sollte.

5 Deutschlands *PokéWorld* oder: die Verschränkung von Markenwelt und Lebenswelt

Bisher wurde die kulturelle Adaption der TV-Serie *Pokémon* und der Symbolwandel zwischen dem Ursprungsland Japan und den USA von der hiesigen Öffentlichkeit kaum wahrgenommen. Zwar weist Nassehi (2000) auf die kulturell unterschiedliche kindliche Rezeption der Serie hin, deren Schwerpunkt in Japan eher auf den *Pokémon*, in den USA eher auf dem Protagonisten *Ash* liege, allerdings gelingt es ihm nicht, den angesprochenen *turn* im *plot* hin zum konkurrenz-orientierten Individualismus erklären zu können. In den Vereinigten Staaten ist die „Amerikanisierung" *Pokémon*s hinlänglich bekannt. Dafür sorgte bereits die Äußerung des Präsidenten der verantwortlichen Produktionsfirma 4Kids Productions, Norman Grossfeld: „Let`s make this an American show for American kids".[42] Dass die Serie eindeutig japanische Referenzen in sich trägt, die trotz der von 4Kids Productions vorgenommenen Amerikanisierung gerade im Hinblick auf Handlungsstruktur und Sozialbeziehungen offensichtlich sind, darauf hat Stephanie Strom (1999) in einem Artikel der New York Times hingewiesen. Dementsprechend bietet *Pokémon* Kindern traditionelle japanische Werte wie Empathie, Beharrlichkeit, Kooperation, Anciennitätsprinzip und Verantwortlichkeit als Subtext hinter der Konstruktion eines heldenhaften Individualismus und Machtstrebens. Mit der US-Adaption bietet die Serie *Pokémon* dem deutschen Rezipienten ein kontradiktorisches Verschmelzen zweier Kindheits- und Weltvorstellungen, denn die deutsche Version ist nahezu identisch mit der US-amerikanischen. Die Diskrepanz zwischen (amerikanischem) Text und (japanischem) Subtext hat der Popularität der Serie jedoch nicht geschadet, offensichtlich – so die einschlägige Literatur – spricht die *PokéWorld* wichtige kindspezifische Entwicklungsthemen an:

---

42 *Pokémon* in America. Gotta change it all? Siehe: http://infoplease.kids.lycos.com/spot/Pokémon1.html.

Magie und Zauber in der PokéWorld: Zahlreiche Interpretationen der *Pokémon*-Welt stellen das Verhältnis zwischen dem jugendlichen Protagonisten und seinen *Pokémon* in den Vordergrund. *Pokémon* wird dann im Sinne der dargestellten Abwendung von Rationalität und Hinwendung zu magischen Denkweisen als märchenhafte Erzählung interpretiert (Paus-Haase/Wagner 2002, siehe auch Paus-Haase 2002, Paus-Hasebrink 2003) oder als Zeichen der Wiederverzauberung bzw. Noch-Verzauberung von Kindheit (von Brück 2001, 35 und Coulmas 2001, 21). Die Autoren von Brück und Coulmas referieren dabei auf das Phänomen des *Animismus*, der auch – so die These – für die TV-Serie von Relevanz sei. In religionssoziologischer Ausdeutung bezeichnet der Begriff Animismus den Glauben, alle Erscheinungen der Umwelt hätten eine persönliche Seele. Und in der Entwicklungspsychologie Jean Piagets bezeichnet der Begriff Animismus bekanntlich die kognitive Tendenz des Kindes, Objekte seiner Umwelt als lebend und mit einem eigenen Willen ausgestattet zu begreifen. Auch der filmtechnische Begriff Animation, der im Japanischen die Bezeichnung *Anime* trägt, wird im Sinne von ‚etwas beleben' verwendet. Für Kinder ist es selbstverständlich, den Dingen eine eigene Seele, einen eigenen Willen zuzuschreiben. Auch ihr Umgang mit den Gegenständen ihrer Spielwelt ist von Elementen animistischen Denkens geprägt. In deutlicher Weise spricht die TV-Serie solche Denkweisen an: Die Fabelwesen und ihre *magischen* Fähigkeiten werden zu treuen virtuellen Freunden und Kampfgefährten ebenso wie die Plüschfigur *Pikachu*, der Game Boy oder die rare Sammelkarte des Boostersets. Dem ganz jungen Konsumenten präsentiert sich eine magisch überhöhte und beseelte *PokéWorld*, in der sich Rationalität und Irrationalität verschränken.

PokéWorld in der Spannung von Progression und Regression: Ein weiterer phantastischer Aspekt ist in den Fähigkeiten der *Pokémon* zu sehen. Anders als in den meisten Cartoons – beispielsweise Batman, Teenage Mutant Hero Turtles oder Masters of the Universe – sind nicht die menschlichen Protagonisten Träger übersinnlicher Kräfte.[43] Vielmehr symbolisieren die übersinnlichen Fähigkeiten der *Pokémon* die Kraft der *Pokémon*-Trainer, die als Ich-Stärke interpretierbar ist und auf *progressive Tendenzen* verweist. Und in psychoanalytischer Perspektive wird die TV-Serie unter dem Aspekt der Verbindung von rationaler und irrationaler Welt gesehen: Bis auf *Pikachu* verschwinden *Pokémon* immer wieder in Poké-Bällen. Mit dem Bild des Balls bzw. der Kugel werden im besonderen Maße *regressive Affekte* angesprochen: Das Verschwinden der *Pokémon* in einer Kugel bedeutet auf der Ebene der Phantasie eine Rückkehr in den Mutterschoß (Stichwort: Geburts- und prä-uterine Phantasien) und hätte

---

[43] Vielleicht ist es gerade dieser Aspekt, der *Pokémon* so anschlussfähig macht. Jeder kann in die Rolle *Ashs* schlüpfen, da die übersinnlichen Fähigkeiten nicht an die Person *Ashs* gebunden sind.

dann einen tröstlichen, beruhigenden Effekt; man könne sich vom Leistungsdruck der Realität erholen, wieder klein und passiv sein.[44] Nassehi hingegen betont die rationalen Aspekte der *PokéWorld*, wenn er das Phänomen *Pokémon* unter dem Aspekt der „Digitalisierung von Informationen“ oder des Mythos vom „bürgerlichen Subjekt“ interpretiert. Und mit der sehr engen Beziehung von *Ash* und *Pikatchu* wurde schließlich für die kindlichen Rezipienten das Modell einer affektiv hoch besetzten Beziehung zwischen Kind und *Pokémon* geschaffen: In dieser Hinsicht ist die Geschichte der *Pokémon* nah mit dem Phänomen des *Tamagotchi* verbunden, für das es seinerzeit auch intensive Fürsorge und Pflege zu übernehmen galt (Musfeld 1997). Bewusst wurde der Aspekt der Identifikation mit dem Taschenmonster im Film fokussiert. Daher kann insgesamt gesehen von einer Gleichzeitigkeit progressiver und regressiver sowie rationaler und irrationaler Tendenzen in der *PokéWorld* ausgegangen werden. Gerade diese Konstellation macht offensichtlich einen großen Teil der Faszination der Produktwelt *Pokémon* aus.

In der PokéWorld werden die Geschlechtsrollen entgrenzt: Die *Pokémon*-Welt spricht die Bedürfnisse von Jungen und Mädchen gleichermaßen an. Grünewald und Küpper (2003) vertreten die These, dass die Konstruktion der *Pokémon* über das konventionelle geschlechtstypisierende Rollenverständnis hinausgehe und die Kinder im Grundschulalter gerade wegen ihrer androgynen oder geschlechtsneutralen Konstruktionsweise faszinieren würden. In den ersten Spieleditionen sind alle – bis auf einen – *Pokémon* geschlechtsneutral. In ihrem Verhalten spiegelt sich eine plurale Gender-Identität, sie zeigen sowohl ‚typisch‘ männliche als auch ‚typisch‘ weibliche Eigenschaften. Nintendo bot in der Crystal Edition (2001) neben dem Jungen *Ash* auch einen weiblichen Charakter an, der speziell Identifikationsbedürfnissen von Mädchen entgegenkommen sollte. Und auch in den Nebenrollen – z.B. TrainerInnen und Arena-LeiterInnen – werden konventionelle Geschlechtsrollenstereotype durchbrochen. Die Autorinnen folgern, dass *Pokémon* den Kindern ermögliche, ihre Rolle nach ihren Bedürfnissen einer individuellen Geschlechteridentität zu übernehmen und nicht nur nach *biologischem* Geschlecht. Im Sammeln und Tauschen von Sammelkarten und Stickern oder im Game Boy-Spielen können Mädchen wie Jungen phantasieren und ihren Wünschen und Ängsten mittels der virtuellen Geschöpfe Ausdruck verleihen, um schließlich Lösungen zu finden, die ihnen befriedigend erscheinen. Das Spiel mit den *Pokémon* kann im Gendering-Prozess entsprechend einen wichtigen Platz einnehmen. Nachfolgende TV-Serien wie *Digimon* oder besonders *Dragonball* stereotypisieren hingegen wieder in alt gewohnter Manier – zur Freude der Jungen, zum Unmut der Mädchen, sicher jedoch zum Nachteil aller.

---

[44] Persönliche Mitteilung von Elisabeth Rohr (Universität Marburg) (2003).

PokéWorld als Raum der Selbstsozialisation: Der Erfolg *Pokémon*s ist auch darin zu sehen, dass die Produkte Nintendos die Agenda des Schulhofes und der Peer-Kommunikation am Nachmittag in der Nachbarschaft gerade aufgrund ihres Bezugs zur *Gleichaltrigengesellschaft* und deren Eigenarten besetzen und beherrschen. Die Anknüpfungspunkte sind bereits im japanischen Original vorhanden. Durch die Filminhalte werden die Spielprinzipien über den Game Boy und die Sammelkarten symbolisch im Kinderalltag verortet. Im Lebensraum *Schule* verschmelzen heute die beiden Handlungsfelder Unterricht und Peer-Kontakt. Auf dem Schulhof, der Hinterbühne der Schule, auf der sich wichtige Prozesse der Selbstsozialisation vollziehen, finden Wettkampf und Spiel, Training und Lernen statt und Freundschaften sowie Feindschaften werden dort ausgetragen (Zinnecker 2001). Wichtig in diesem Alter ist das Sammeln von Gegenständen und Informationen. Der Schulhof als Tauschbörse von z.B. Sammelkarten steht hierfür als Symbol. Über das Leitmedium Fernsehen öffnet sich die Tür zur *PokéWorld* und der Unterhaltungskonzern Nintendo bahnt sich dann mit weiteren Licensing-Produkten seinen Weg in die *Kinderzimmer*. Die Spielhandlungen Kämpfen und Sammeln werden von der PR-Maschinerie Nintendos auf die Leidenschaft des Erfinders *Satoshi Tajiri* Insekten zu fangen und den Grillenkampf japanischer Kinder während des Zweiten Weltkriegs zurückgeführt – so der offizielle Ursprungsmythos. Tatsächlich lässt sich der Erfolg *Pokémon*s kaum ohne die Popularität des Spiels der tragbaren Videospielkonsole Game Boy begreifen. Man sollte bei der Interpretation des Faszinationspotenzials nicht unberücksichtigt lassen, dass es mit *Pokémon* gelang, das Genre der Strategiespiele, die im Allgemeinen für eine hohe Identifikation des Spielers mit seinen Spielfiguren stehen, für die tragbare Videospielkonsole Game Boy beliebt zu machen.

Game Boy und Sammelkarten kamen sicherlich Kindern hinsichtlich ihres Mobilitätsbedürfnisses entgegen. Die TV-Serie zeigt deutlich, wie sich jeder nur denkbare Ort in ein Spielfeld, eine Arena transformieren lässt: *Pokémon* könnt ihr überall spielen – so das Motto. Entsprechend können Schulbänke, Pausenhöfe, Schulwege zum Spiel- bzw. Kampffeld werden. Durch die Marke *Pokémon* wurde eine gemeinsame, modische Wissensbasis geschaffen, von der aus sich jeder seine eigene Spielweise wählen kann (vgl. Tisseron 2000, 15). Die einzelnen Produkte – TV-Serie, Kinofilm Game Boy, Sammelkarten – sind aufeinander bezogen und Teil einer gemeinsamen Geschichte und Idee: Eine eigenständige *PokéWorld* ist entstanden.[45]

---

[45] Der Erfolg *Pokémons* wird immer wieder an den Umsätzen des Game Boys und der Sammelkarten, den Besucherrekorden der ersten Kinofilme und den Quoten der TV-Serie gemessen. Auch der Umsatz der Licensing-Produkte spricht für sich. Die Rolle des Internets am Erfolg der Marke *Pokémon* kommt jedoch selbst im Zusammenhang mit der Verbreitung und Verknüpfung des Produktnetzes kaum zur Sprache. Für Nintendo Deutschland lässt sich diesbe-

PokéWorld integriert Kinder in ein engmaschiges Warennetz: Die Spielwelt der *Pokémon* befreit Kinder vom engen Zugriff der Eltern und Pädagogen und schafft ihnen einen Freiraum – allerdings zum Preis einer gleichzeitigen Abhängigkeit von der Marke *Pokémon*. Das Wissen über die komplexen Zusammenhänge der *PokéWorld* lässt Kinder zu *Experten* werden. Eltern und Pädagogen hingegen bleibt der Einblick in deren Welt letztlich versperrt. Der Appell weltbester Meister zu werden, indem man alle *Pokémon* schnappt, spricht eine deutliche Sprache. Bei den unterschiedlichen *Pokémon* Game Boy-Editionen (Rot und Blau) beispielsweise gibt es hinsichtlich Spielverlauf, Grafik und anderen Features kaum Unterschiede, verschieden ist lediglich, dass jeweils 11 *Pokémon* nur in einer Edition auftauchen. Um sein *Pokédex*[46] zu vervollständigen, muss man die jeweils andere Edition besitzen bzw. entsprechende *Pokémon* per Gamelink[47] mit anderen Game Boy-Eigentümern tauschen. Um der beste Meister zu sein, muss man alle 151 *Pokémon* schnappen und daher entweder selbst oder mit Hilfe von Freunden über die ersten beiden Game Boy-Editionen verfügen. Beim virtuellen Tausch von *Pokémon* mittels *Gamelink* ist die Kooperation der Spielpartner unerlässlich. Bei den Sammelkarten hingegen birgt die künstliche *Verknappung* der Charaktere zum einen den Reiz, aber auch das Konfliktpotenzial des Spiels. Was beim Game Boy noch im Bereich der Möglichkeiten lag, nämlich alle 151 (bzw. 251, 351...) *Pokémon* zu besitzen, wird bei den Sammelkarten um ein Vielfaches dramatischer. Im sog. Starterset sind 60 der 151 *Pokémon* enthalten. Alle anderen müssen für teures Geld erworben werden. Da manche Karten künstlich rar gehalten werden und nur selten in den sog. *Boostersets* enthalten sind, müssen sie entweder getauscht oder von anderen Kids gekauft werden, was nicht selten dazu führt, dass für eine Karte etwa der gleiche Preis wie für das Starterset bezahlt wird. *Pokémon* wird zu einer Währung, einem sehr teuren Statussymbol. Entscheidender Unterschied zwischen Game Boy und Sammelkarten ist die Entwicklungsfähigkeit der Charaktere, denn die Taschenmonster der Sammelkarten entwickeln sich nur dann weiter, wenn man auch die passende *Entwicklungsstufe*, d.h. die entsprechende Evolutionskarte, sein Eigentum nennen kann. Entwicklung bzw. Evolu-

züglich anführen, dass man stets um eine zentrale und kontrollierte Steuerung der Informationsprozesse bemüht zu sein scheint. Einem Aufbau von Web-Rings bzw. -Communities steht man mit Skepsis gegenüber, da inoffizielle Informationen oder jugendgefährdende Inhalte mit der Marke Nintendo in Verbindung gebracht werden könnten. Aus den gleichen Gründen scheiterte übrigens auch ein Link von der deutsche Seite http://www.Pokémon.de zum Sender RTL II. Da der TV-Sender den Link nicht direkt zum Programm der TV-Serie setzen wollte sondern nur zur Startseite, kam eine Vernetzung aufgrund des Jugendschutzes nicht zustande.

46 Der *Pokédex* ist ein elektronisches Sammelalbum, das alle Eigenschaften der *Pokémon* auflistet, die zur Sammlung des Spielers gehören.

47 Über das separat erhältliche Universal-Game-Link-Kabel lässt sich *Pokémon* auch zu zweit spielen. Sobald zwei Spieler ihre Spielkonsole miteinander verbunden haben, können sie im Spiel den „Kabel Club im Pokémon Center“ einer Stadt aufsuchen. Hier können sie *Pokémon* tauschen, um ihre Sammlungen zu vervollständigen.

tion ist in der Logik von TV-Serie und Computer-Spiel Zeichen des erfolgreichen Trainings bzw. gewonnener Wettkämpfe. Im Rahmen des Kartenspiels wird diese Idee jedoch verworfen: Entwicklung ist nicht mehr mit Fähigkeit bzw. Kompetenz sondern nur mit Eigentum verbunden. Entsprechend waren es eher die Sammelkarten als die Spielkonsole, die auf den Schulhöfen soziale Konflikte auslösten. Aufgrund von steigendem Peer-Gruppendruck und sozialen Konflikten unter den Kindern wurden schließlich die Sammelkarten in vielen Schulen Amerikas verboten.

Mit dazu beigetragen hat sicherlich die eindringliche *Kaufbotschaft* der US-Adaption der TV-Serie: Das Titelthema enthält die Textzeile „gotta catch `em all", die im japanischen Original nicht enthalten ist. Dies wird durch den Namen des Protagonisten (Ketchum = catch 'em) noch verstärkt. Auffällig ist die inhaltliche Divergenz zwischen dem Appell „catch `em all" und den tatsächlichen Versuchen des Protagonisten *Pokémon* zu fangen: *Ash* hat innerhalb der ersten 150 Folgen lediglich 13 *Pokémon* gefangen und diese in sein Team aufgenommen. Der Umstand, dass *Ash* gerade nicht damit beschäftigt ist, *Pokémon* zu fangen und zu sammeln zeigt, dass der Appell „catch `em all" direkt auf das außerhalb der Serie liegende Spieluniversum Nintendos verweist. Das Titelthema *2B A Master* muss daher als Werbung verstanden werden. Nicht die Handlungsstruktur der TV-Serie, sondern das Spielprinzip von Game Boy und Sammelkarten wird hier angesprochen. Es wird beim Rezipient das Bedürfnis stimuliert, seine Sammlung der Pocket Monster vervollständigen zu müssen. Die ohnehin vorhandene Sammelneigung der Präadoleszenz wird bewusst gesteigert. Letztlich ist der Appell „catch `em all" – der im deutschen Opening Song mit „Komm' und schnapp' sie Dir!" und in der Werbung Nintendos mit ‚Schnapp sie Dir alle!' übersetzt wird - ein *Kaufappell*, der Konsumwünsche stimulieren soll. Verbunden mit der Frage der Meisterschaft lautet die Botschaft: „Je mehr *Pokémon* Du besitzt, desto größer ist Deine Macht!".

6 Ausblick

Die Ausführungen haben einen Einblick in die Symbolwanderungen, die mit der Markenpflege auf globalisierten Märkten einhergehen, vermitteln und die damit einhergehenden kulturellen Differenzierungen und Synthetisierungen ansprechen können. In der *Pokémon*-Version für den japanischen Markt wird eine Welt entworfen, die die japanische Schulkindheit und den japanischen Kollektivismus auf der Basis von Freundschaft und Treue spiegeln. In der US-amerikanischen Version findet eine Neurahmung statt, die zu einer ideologischen Überhöhung in Gestalt des Themas Weltrettung führt. Die Kinder des deutschsprachigen Markts sehen diese hybride Welt und es stellt sich die Frage, ob das Prinzip „mehr Action und mehr Ideologie" eine wünschenswerte Mischung darstellt.

Sind das die Helden, die Kinder brauchen? Sicher – Kinder haben ihre entwicklungsstandspezifischen Themen und finden diese auch in der *PokéWorld* angesprochen: Eine Welt voller Abenteuer und Bewegung – Stichwort: Bildmagnet Zeichentrick – sowie eine Welt in der Spannung von Progression und Regression, Rationalität und Irrationalität. Der Produktverbund erweitert das Leben in der *PokéWorld* in (fast) alle Facetten des Kinderalltags hinein. Kinder schaffen sich mit diesen Mediensymboliken ihre eigene Welt – in schulischen als auch außerschulischen Sozialisationskontexten. *Pokémon* ist allgegenwärtig und allseits bekannt. Aber die Analyse hat auch gezeigt, dass *Pokémon* nicht ein sinnkonsistentes Produkt, sondern vielmehr von hybrider Struktur ist, und es gilt nach den möglichen Folgen dieser Hybridisierung zu fragen: Wenn – wie gezeigt – sportlicher Wettbewerb mit tendenziell kriegerischem Kampf vermengt wird, entsteht die Frage, ob dies nicht auf Rezipientenseite zu spezifischen symbolischen Entdifferenzierungen (hat Krieg nicht auch eine sportliche Seite und umgekehrt?) und in der Folge durchaus handfesten, materialen Entgrenzungen (von der regelgeleiteten „Klopperei" zum deregulierten „Plattmachen" auf dem Schulhof) führt. Vertiefende Rezeptionsstudien sind angezeigt.

Ingrid Paus-Hasebrink, Claudia Lampert, Eva Hammerer und Marco Pointecker

Medien, Marken, Merchandising in der Lebenswelt von Kindern

1 Zur qualitativen Rezeptionsstudie

1.1 Theoretische Ausgangslage

Im Zentrum der vorliegenden Teilstudie steht die Frage nach der Relevanz von multimedialen Marken im Alltag von Kindern, ein noch weitgehend unbearbeitetes Feld. Welche Bedeutung gewinnen multimediale Marken für Kinder unterschiedlichen Alters und Geschlechts in Bezug auf ihre Ich-Auseinandersetzung und ihr Selbstbild sowie ihre Sozialbeziehungen, mithin ihre Auseinandersetzung mit anderen in Familien, in Schulklassen, Peer-Groups und Freundschaften? Diese Prozesse des Selbstfindens, Abgrenzens und Balancehaltens von Kindern in Familien, in Kindergarten und Schule, in den Peer-Groups und Freundschaftsbeziehungen sind mittlerweile in vielfältiger Form und Verfasstheit von Medien durchdrungen. Um Qualitäten von Markenbeziehungen identifizieren und beschreiben zu können, ist es wichtig, die Frage nach den Funktionen zu stellen, die derartige Angebote für Kinder in Konstellationen und Kontexten ihres Alltags erfüllen können. Dabei ist zwischen den Beziehungen, die die Kinder zu den Angeboten selbst herstellen (können), und denen, die sie mit Hilfe der multimedialen Angebote etwa zu den Peers gestalten, zu unterscheiden. Die Frage nach den Funktionen impliziert ein (zumindest begrenztes) Verständnis der Kinder für die Relevanz von Markenzeichen sowie einen aktiven Umgang mit ihnen.

Der Blick auf das Kind als aktiv handelnden Rezipienten, das sich in seiner spezifischen lebensweltlichen Situation auf der Basis seines handlungsleitenden Entwicklungsthemas mit dem Medienangebot auseinander setzt, prägt die Perspektiven und Vorgehensweisen dieser Forschungsarbeit.

Als theoretischer Ausgangspunkt, der Chancen eines möglichst weitgehenden Zugriffs bietet, dient der Blick auf die komplexe Lebenswelt von Kindern, in die ihre Auseinandersetzung mit dem Medienangebot eingelagert ist, um den fruchtbaren Boden für eine das Kind in seinen entwicklungspsychologischen Bedingungen und sozialisatorischen Alltagsprozessen ernstnehmende und ihm als Subjekt des Forschungsprozesses gerecht werdende medienpädagogische Forschung bereitzustellen.

Im Mittelpunkt der Untersuchung der Umgangsweisen von Kindern mit Medienangeboten im Kontext multimedialer Vernetzung steht dabei die symbolische

Arbeit mit dem spezifischen Medienmenü, das sich Kinder aus dem vielfältigen Medienangebot zusammenstellen.

In welcher Weise sie dies tun und wie sie mit dem spezifisch zusammengesetzten Medienmenü umgehen, hat in entscheidendem Maße mit dem lebensweltlich bedingten ‚Vorwissen' von Kindern zu tun. Das ‚Vor'- bzw. ‚Weltwissen' von Menschen organisiert sich in der Form von Schemata, die im Laufe des Sozialisationsprozesses durch aktive Welterfahrung erworben und ausdifferenziert werden. Höhere Organisationsformen von Schemata stellen ‚Scripts' und ‚Frames' dar. Während ‚Frames' Schemata-Zusammenschlüsse zu Gesetzmäßigkeiten und Regelhaftigkeiten beschreiben, ist unter einem ‚Script' eine Vernetzung von Schemata zu verstehen, die Interaktionsabläufe regeln.[48] ‚Scripts' sind somit komplexe Wissensorganisationen, die als Zugewinn alltagskompetenter Umgangsweisen auch mit Medien für das Erkennen und Verstehen etwa der Fernsehdramaturgie eine wichtige Voraussetzung darstellen (Paus-Haase 1999).

Der Umgang mit Medienangeboten, seine spezifischen Interaktions- und Beziehungsformen, werden von jeweiligen Entwicklungsthemen geleitet. Diese Betonung der individuellen Dispositionen im Rezeptionsprozess umreißen Charlton/Neumann-Braun (1990) auf sozialpsychologischer Ebene mit dem Begriff der ‚thematischen Voreingenommenheit'. Er lenkt die Aufmerksamkeit auf die (oft unbewusste) Intentionalität des Rezeptionsprozesses und betont die aktive Auseinandersetzung von Kindern mit Medienangeboten. Welches Material den Kindern geboten wird und was sie dabei für sich herausziehen bzw. neu erschaffen können, wird mitbestimmt durch die Balance von Inhalt und Präsentation der Angebote in ihren unterschiedlichen Erscheinungsformen und der jeweiligen aktiven Auseinandersetzung der Kinder mit ihnen in ihrem Alltag. Mediensymbolik dient Kindern zur Medienkommunikation.

So weisen sie z.B. hochfavorisierten Medien und Medienmarken im Kontext ihres Alltags ganz unterschiedliche Bedeutungen zu. Dabei ist zwischen allgemeinen, den von den Produzenten als Marke offerierten Angeboten und den von den Kindern selbst konstruierten Medienmarken zu differenzieren. Längst nicht alle Angebote treffen den speziellen ‚Nerv' der Kinder und erlangen den Status hoch favorisierter Produkte. Einige Angebote aber gewinnen einen hoch favorisierten Status bei Kindern, weil sie ihnen gewissermaßen Stoff bieten, unterschiedlich strukturierte ‚Drehbücher' mit unterschiedlichen Dramaturgien, die sie für ihre Anliegen ‚umschreiben', jeweils nach ihren Interessen und Bedürfnissen in der Gestaltung ihres Alltags in seinen unterschiedlichen Selbst- und Sozial-

[48] Vgl. Beaugrande/Dressler (1981).

auseinandersetzungsprozessen in Familien, mit Peers, in Freundschaften, in den institutionellen Gruppen des Kindergartens und der Schule, also den zentralen sozial-räumlichen Orten ihrer Lebenswelt. Diese ‚Kinder-Medienmarken' konstruieren Kinder in je spezifischer Weise zu *ihren* Medienmarken, z.B. in der Art wie und in welchen Kontexten sie sich ihnen nähern, wie und wozu sie sie einsetzen, etwa indem sie sich *mit* ihrer Hilfe in der Fülle der Medienangebote zu orientieren, sich in der Freundschaftsgruppe zu positionieren suchen oder sich *an* ihnen orientieren (sich im Prozess ihrer Ich-, Selbst- und Sozialauseinandersetzung mit ihnen identifizieren oder von ihnen abgrenzen – um zwei Pole von Funktionen zu beschreiben), auch in der Form und Ausprägung der Art und Intensität, mit der sie Beziehungen zu ihnen und mit ihnen aufbauen und pflegen.[49]

Um sich der symbolisch vermittelten medialen Sozialisationswelt nähern zu können, die kognitiv wahrgenommen, gedeutet, verarbeitet, rekonstruiert und artikuliert werden muss und in die das Medienhandeln in mehrschichtiger und prozesshafter Weise einfließt, ist der Umgang mit multimedialen Angeboten auf der Rezipientenebene kontextbezogen zu untersuchen; soziale Handlungen, speziell die sozialisatorische Interaktion und die Medienrezeption sind in ihrem alltäglichen Kontext zu beschreiben und zu rekonstruieren.

Für die qualitativ orientierte medienpädagogische Forschung mit Kindern, die auf einen adäquaten Nachvollzug des subjektiv gemeinten Sinns von Handlungen abzielt, erscheint ein verstehender Zugang zur Lebenswirklichkeit von Kindern, wie er im Rahmen des interpretativen Paradigmas diskutiert wird (Deutsches Jugendinstitut 1988, Baacke/Kübler 1989, Soeffner/Hitzler 1995, Flick 1995, Paus-Haase 1994, 1998, 2000), unumgänglich. Dieser Zugang erfolgt aus der Perspektive auf das jeweilige Individuum oder auf konkrete institutionelle oder informelle Gruppen und Peerbeziehungen in ihrer jeweils spezifisch geprägten Situation. Er bietet die Chance, entsprechend fallbezogene Untersuchungen durchzuführen, auf deren Grundlage anschließend durch den Vergleich mit anderen Fällen prägende Muster des Umgangs von Kindern mit ihren favorisierten Medien bzw. (Medien)Marken identifiziert und beschrieben werden können (Lamnek 1988, 1989, Paus-Haase 1998).

Um den im Zentrum der vorliegenden Teilstudie stehenden Fragen nach dem Handlungs- und Identifikationspotenzial der von Kindern präferierten Medienangebote und ihrer Relevanz für spezifische Markenbeziehungen im Rahmen ihrer Medienmenüs (Hasebrink/Krotz 1996) nachgehen zu können, rücken die le-

---

[49] Siehe dazu ausführlicher die Kapitel „Konstruktion von Medienmarken" sowie insbesondere „Medienmarkenbeziehungen am Beispiel der Erfolgsserie *DBZ*" weiter unten.

benswelltlich fundierten Wahrnehmungs- und Bearbeitungsweisen der Kinder im Alltag, in ihrer familialen Situation, ihrer Schulklasse, ihrer Peer-Group und im Zusammenhang mit Freundschaften sowie die Bewertungsmodi ihrer Eltern und Lehrer in den Mittelpunkt; eine methodisch breit gefächerte Vorgehensweise erscheint im Hinblick auf einen möglichen Enkulturationsbeitrag von Medienmarken im Rahmen der Sozialisation der jungen Rezipienten sowie etwaige Kultivierungsprozesse notwendig.

Aus diesem Grunde wurden neben einem repräsentativen Ausschnitt der Kinder und ihrer Eltern (dies zielte darauf ab, Medienhandlungsweisen in ihrer Vielfalt zu beobachten und Vermutungen über ihre Streuung treffen zu können[50]) einzelne Probanden(gruppen) eingehender untersucht, um die Komplexität des Phänomens erfassen zu können.

1.2 Methodisches Vorgehen der qualitativen Rezeptionsstudie: Erhebungs- und Auswertungsstrategien

1.2.1 Zur Erhebung[51]

Die qualitative Rezeptionsstudie gliedert sich in unterschiedliche Schritte, in denen auch unterschiedliche Methoden zum Einsatz kamen.

Im ersten Untersuchungsschritt wurde an insgesamt drei Standorten (A, B, C)[52] jeweils eine Schulklasse der Stufen 1, 3, 5 und 7 im Rahmen eines Klassengesprächs interviewt. Diese Gruppeninterviews (Mangold 1967, Witzel 1985, Bohnsack 1991, Paus-Haase 1998) dienten einem Screening in unterschiedlicher Absicht. Zum einen ging es darum, die Vorlieben und Themen sowie Lieblingsfiguren der Kinder im Rahmen der Medienmarkenverbünde und ihre peerbezogenen (medialen) Aktivitäten zu eruieren. Zum anderen wurde so ein ausreichender Pool von Untersuchungsteilnehmern rekrutiert, aus dem Kinder für die weiteren vertiefenden Schritte ausgewählt wurden. Mit der Klassensituation konnte insbesondere Aufschluss darüber gewonnen werden, welche Themen jeweils Gleichaltrige verhandeln und wie sie sich über ihre medialen Interessen, ihre favorisierten Angebote und die jeweilige Art, sich mit ihnen auseinander zu setzen, im Klassenkontext verständigen. Zusätzlich zu den Schulkindern im Al-

---

50 Zur Repräsentativstudie siehe die Ausführungen von Uwe Hasebrink in diesem Band.

51 Die Erhebung fand im Juni 2002 statt.

52 Der Wahl dieser drei unterschiedlichen Standorte liegt die Überlegung zu Grunde, Populationen aus einem ländlich geprägten Ort (A) sowie aus einer Großstadt aus dem Osten (B) und einer Großstadt aus dem Westen der Bundesrepublik Deutschland (C) rekrutieren zu können, um gegebenenfalls Hinweise auf räumlich-strukturell bedingte Unterschiede im Umgang mit (Medien)Marken zu erhalten. Beim Standort B handelt es sich um einen Vorort, der vor einiger Zeit in die Großstadt eingemeindet wurde.

ter zwischen sechs und 13 bzw. 14 Jahren[53] wurde auch eine kleine Population von Kindergartenkindern in die Untersuchung miteinbezogen, um die Perspektiven der jüngeren Kinder kennen zu lernen.[54] Diese waren zudem aus methodischen Gründen nicht in eine repräsentative Befragung einzubeziehen. In C fanden daher mit zwei Kindergartengruppen Gruppengespräche (Stuhlkreisgespräche) statt.

In einem zweiten qualitativen Erhebungsschritt wurden pro Klasse drei Kinder zwischen sechs und 14 Jahren sowie aus den Kindergartengruppen insgesamt sieben Kinder zwischen drei und sechs Jahren für Einzelinterviews ausgewählt. Diese Interviews wurden nach der Methode teilstandardisierter Leitfadeninterviews (Lamnek 1988, 1989) durchgeführt. Die ausgewählten Kindergartenkinder wurden mittels einer Handpuppe befragt.

Vertieft und spezifiziert wurden diese Interviews mit den Kindern durch ergänzende Fragen, die sich an der Methode des Rollenspiels (Lohaus 1986, Sader 1995, Paus-Haase 1998) orientierten und die in besonderer Weise geeignet waren, über die Phantasien, Erwartungen und vordergründigen Wahrnehmungsmuster der Kinder Auskunft zu geben (Fragen wie z.B.: In welche Rolle(n) bestimmter Helden oder Heldinnen bzw. Protagonisten würde ich gern selbst einmal schlüpfen? Was würde ich tun, wenn ich 100 Euro zur Verfügung hätte?). Diese Vorgehensweise berücksichtigt, dass die kognitiven, emotionalen und sozialen Ebenen von Medienverarbeitungsprozessen nur analytisch unterschieden werden können, realiter jedoch eng verschränkt auftreten und von den Kindern dementsprechend artikuliert werden (Jörg 1994). Ergänzend wurde den Kindern im Einzelinterview eine Liste mit den Programmlogos der speziellen Spartensender wie z.B. KI.KA und Super RTL sowie Programmflächen für Kinder wie etwa Ravensburger TV, Kikania und Toggolino vorgelegt.[55] Damit sollte überprüft werden, welche Sender- und Programmflächen-Marken den Kindern bekannt sind. Die Interviews fanden im häuslichen Rahmen durchweg im Kinderzimmer der Kinder statt, um ein möglichst offenes und angstfreies Interviewklima zu gewährleisten. Des Weiteren bot sich damit dem Interviewer die Chance, einen Einblick in die Ausstattung der Kinderzimmer im Hinblick auf eine etwaige Infiltration von (multimedialen) Marken zu gewinnen.

---

53 In die Untersuchung wurden auch einige 14-jährige Kinder miteinbezogen; sie stammen jeweils aus den zur Untersuchung ausgewählten 7. Klassen.

54 Siehe dazu ausführlicher den Exkurs „Medien- und Medienmarken im Alltag von Kindergartenkindern" in Paus-Hasebrink u.a. (2004).

55 Die Liste findet sich im Anhang der qualitativen Rezeptionsstudie in Paus-Hasebrink u.a. (2004).

Um einen möglichst ganzheitlichen Zugang zur Lebenswelt der Kinder zu erhalten, erschien es zudem wichtig, neben Verfahren, die sich unmittelbar an Kinder richteten, Methoden einzusetzen, die den weiteren Zugang zur Lebenswelt von Kindern ermöglichen, wie etwa Interviews mit Eltern, Erziehern und Erzieherinnen, Klassenlehrern und Klassenlehrerinnen (Oswald/Krappmann 1995, S. 356, Paus-Haase/Süss/Lampert 2001).

Tabelle 1: Überblick über die Untersuchungsschritte der qualitativen Rezeptionsstudie

Untersuchungsteil	Sample	Altersgruppen	pro Standort	Gesamt
Klassengespräche	jeweils eine Schulklasse der Stufen 1, 3, 5, 7	6 bis 13 Jahre	4	12
Leitfadeninterviews mit Lehrern	Klassenlehrer		4	12
Leitfadeninterviews	3 Kinder pro Klasse	6 bis 13 Jahre	12	36
Leitfadeninterviews mit Eltern	Eltern der ausgewählten Kinder		12	36
Gesamt			**32**	**96**

Kindergartenteilstudie				
Gruppengespräche (Handpuppeninterviews)	2 Kindergartengruppen (private und staatliche Einrichtung)	3 bis 6 Jahre	C	2
Leitfadeninterviews mit Erzieherinnen	Betreuerinnen der jeweiligen Gruppen		C	2
Leitfadeninterviews (Handpuppeninterviews)	3 Kinder aus jeder Gruppe	3 bis 6 Jahre	C	6
Leitfadeninterviews mit Eltern	Eltern der ausgewählten Kinder		C	6

Eltern, Erzieher bzw. Lehrer gehören als die zentralen Sozialisationsagenturen zum Kinderalltag. Die Familie prägt in ihrer speziellen sozial-räumlichen Struktur das Verhalten und Handeln von Kindern in entscheidendem Maße (Aufenanger 1990, Hurrelmann u.a. 1996), insbesondere das jeweilige Erziehungskonzept gewinnt in diesem Zusammenhang zentrale Bedeutung (Hurrelmann u.a. 1996). Dasselbe gilt, wenn Kinder einen Kindergarten besuchen, auch in Bezug auf das (Medien-)Erziehungskonzept der Betreuungspersonen (Six u.a. 1999) oder für die Schule (Tulodziecki/Six 2000). Des Weiteren erscheint es gerade (kommerziell stark überformten) Phänomenen wie Medienmarken gegenüber unerlässlich, sowohl die Einstellung der Erziehungspersonen zu ihnen selbst sowie zu den Umgangsweisen ihrer Kinder damit zu eruieren.

So wurden, um dem Zusammenhang der elterlichen Einstellung und Umgangsweisen mit Medienmarken in der Familie nachzugehen, jeweils die Eltern der aus den Klassen und Kindergartengruppen ausgewählten Kinder ebenfalls im häuslichen Kontext mittels eines teilstandardisierten Leitfadeninterviews befragt. Zusätzlich fanden jeweils Interviews mit den KlassenlehrerInnen der ausgewählten Klassen sowie den GruppenleiterInnen zu ihren Erfahrungen mit Medienmarken in Bezug auf die Wahrnehmungs- und Bearbeitungsweisen ihrer Schüler bzw. Kindergartenkinder sowie zu eigenen Einstellungen und Perspektiven auf dieses Phänomen statt.

1.2.2 Zur Auswertung

Sämtliche Kinderinterviews[56] (Klassengespräche, Einzelinterviews) wurden auf Audiokassetten aufgezeichnet und transkribiert.[57] Um die Fülle des Materials bewältigen zu können, wurde im ersten Auswertungsschritt auf eine computergestützte Auswertungsmethode zurückgegriffen, wie sie im Bereich der qualitativen Forschung durch das Programm ‚MAXqda' (Nachfolgeprogramm von ‚WinMax' 97) geboten wird. Dabei wurden die eingelesenen Texte der Klassengespräche sowie der Einzelinterviews[58] mit den ausgewählten Kindern in Sinnabschnitte unterteilt und mit Schlagworten versehen. Anschließend konnten die einzelnen Sequenzen (‚Codings') per Computerbefehl zusammengestellt werden.

Die Schlag- bzw. Codeworte wurden z.T. induktiv auf Basis der theoretischen Prämissen formuliert; z.T. wurden sie im Laufe des Codierungsprozesses vom Material selbst abgeleitet. Auf diese Weise entstand ein hoch ausdifferenziertes Kategoriensystem (‚Codewortbaum'), das einen umfassenden Blick auf die von Kindern eingebrachten Perspektiven bot. Dabei wurde der für die Klassengespräche entwickelte Codewortbaum auch der Analyse der Einzelinterviews zu

---

56 Die Klassengespräche wurden während der Unterrichtszeit in einer Schulstunde in den jeweiligen Klassen der Kinder durchgeführt; daran nahmen sämtliche Kinder der Klasse teil (je nach Klassenstärke differierte die Zahl der Teilnehmer zwischen 18 und 28 Kindern). Die Klassenlehrer waren bei den Gesprächen zumeist nicht zugegen; wenn sie anwesend waren, haben sie inhaltlich keine Stellung bezogen, sondern lediglich hin und wieder Aufforderungen an die Kinder gerichtet, sich am Gespräch zu beteiligen. Die Stuhlkreisgespräche fanden im Gruppenraum des jeweiligen Kindergartens ebenfalls in Abwesenheit der Gruppenleiterin statt, sie dauerten ca. 60 Minuten. Die Einzelinterviews, die jeweils im häuslichen Kontext mit den Kindern allein durchgeführt wurden, bewegten sich in einem zeitlichen Rahmen von ca. 40 bis 60 Minuten.

57 Die Gespräche mit den erwachsenen Interviewpersonen wurden ihrem Wortlaut nach paraphrasiert. Die personenbezogenen Angaben wurden anonymisiert.

58 Aufgrund der geringeren Datenmenge wurde bei den Stuhlkreisgesprächen und den Einzelinterviews mit den ausgewählten Kindergartenkindern auf die Auswertung mit MAXqda verzichtet; diese wurden vielmehr per Hand codiert und entsprechend einem Kategoriensystem, dem der Codewortbaum der Klassen- bzw. Einzelgespräche mit den Schulkindern zu Grunde lag, um Vergleichbarkeit zu gewährleisten, hermeneutisch ausgewertet. Die Einzelfallbeschreibungen der Kindergartenkinder wurden als Fallbeispiele ausformuliert; sie befinden sich im Anhang der qualitativen Rezeptionsstudie in Paus-Hasebrink u.a. (2004).

Grunde gelegt, jedoch auf die spezifischen Bedingungen dieser Interviews (um deutlicher individuelle Sichtweisen erfassen zu können) ergänzt.[59]

Um bei der Analyse der Klassengespräche möglichst viele Aspekte ausdifferenzieren zu können, erschien es sinnvoll, die entsprechend dem Codewortbaum codierten Ausschnitte einer fokussierenden Analyse zu unterziehen. Dabei galt die Aufmerksamkeit bestimmten Aspekten, die vor dem Hintergrund der Forschungsfrage relevant erschienen: Welche Themen sind Kindern wichtig, mit welchen Medienfiguren beschäftigen sie sich, welche Rolle spielt dabei die multimediale Vernetzung der Angebote auch im Hinblick auf das sie begleitende Merchandising? Auf dieser Auswertungsebene wurde das Material nach Dimensionen und Kategorien gegliedert, um einzelne Diskussionssequenzen mit jeweils demselben Thema einer vergleichenden Betrachtung der drei an einem Standort rekrutierten Klassen aus den ausgewählten Jahrgangsstufen unterziehen zu können. So ließen sich Unterschiede im Hinblick auf das Alter sowie das Geschlecht der Kinder gegebenenfalls auch im Hinblick auf den Standort der Schulen (A, B, C) eruieren.[60]

Die Einzelinterviews wurden hingegen einer fokussierenden und einer kontextuellen Analyse unterzogen. Dabei stand bei dem fokussierenden Auswertungsschritt im Zentrum des Forschungsinteresses, einen breiten Überblick über die Umgangsweisen von Kindern mit unterschiedlichen Medienangeboten insbesondere im Hinblick auf ihre multimediale Vernetzung und ihre begleitenden Merchandisingartikel zu erlangen. Im zweiten Auswertungsschritt wurde jedes Einzelinterview-Transkript für sich betrachtet, um tiefer in die Bedeutungsstrukturen und -zuweisungen der Kinder eindringen zu können. Aus diesen Einzelinterviews kristallisierten sich sechs als besonders auffällig und aussagekräftig im Hinblick auf spezifische Beziehungsmuster von Kindern zu Medienmarken bzw. spezifische Markenbeziehungen heraus. Sie geben Auskunft über die unterschiedlichen Facetten von Markenbeziehungen und ihre Relevanz für die kindlichen Ich-, Selbst- und Sozialbezüge im familialen Kontext und in Peer-Groups.

Auf Basis des kontextuell ausgewerteten Materials wurden nunmehr Einzelfallbeschreibungen (Flick 1995) der ausgewählten Kinder erstellt, wobei die sechs im Hinblick auf die Forschungsfrage besonders aussagekräftigen ausführlich in

---

59 Siehe dazu die im Anhang zur qualitativen Studie dokumentierten Codewortbäume in Paus-Hasebrink u.a. (2004).

60 Da sich Standortunterschiede nur in wenigen Punkten nachweisen ließen, konnte auf einen expliziten Vergleich verzichtet werden. Wo Standortunterschiede deutlich wurden, finden sich im Text entsprechende Hinweise.

Fallbeispielen dargestellt wurden.[61] Als Eckpunkte galten dabei demographische Angaben und ein knappes Porträt der Person in Hinblick auf die Fragestellung. Sämtliche Daten der qualitativen Untersuchung zu den ausgewählten Probanden flossen in diese Analysen ein. Sie wurden nach der Methode des thematischen Codierens (Flick 1995) mit Hilfe einer Matrix (Alter/Geschlecht, familialer Hintergrund, Stellung in der Peer-Group, Mediennutzung/Lieblingsfiguren, Medienmarken/Merchandising, Themen, kompetenter Umgang mit Medien und Werbeverständnis, Auffälligkeiten, Motto) bearbeitet, um die lebensweltlichen Bedingungen zu verdeutlichen, unter denen die Kinder a) ihr Sozialverhalten generieren und b) mit Medien Erfahrungen sammeln bzw. spezifische Beziehungen zu *ihren* Medienmarken aufbauen.

Die nachfolgenden Ergebnisse stellen eine Zusammenfassung der zentralen Aspekte der Klassengespräche und Einzelinterviews mit Kindern, Eltern und Lehrern im Hinblick auf Medienmarken dar.[62]

2 Zur Konstruktion von Medienmarken

Medienangebote gehören fest zum Alltag schon der jüngsten Kinder dazu. Wie die Klassengespräche und Einzelinterviews an allen drei Standorten gezeigt haben, kennen und nutzen die Kinder, Jungen wie Mädchen, jüngere und ältere, eine Fülle unterschiedlicher Sendungen und Produkte. Innerhalb dieser kaum überschaubaren Palette wird jedoch nur einigen wenigen Medienangeboten von den Kindern der Status einer Medienmarke zugewiesen.[63] Zu nennen sind diesbezüglich die insbesondere aus dem Fernsehen bekannten Angebote *Bob der Baumeister* (bei den Kindergartenkindern), *Pokémon* und *Dragonball Z* (im Folgenden *DBZ*) sowie die über das Kino publik gewordenen Angebote *Harry Potter* und *Herr der Ringe.* Sie sind den weitaus meisten Kindern hoch vertraut und geläufig, viele von ihnen besitzen zumindest einige dieser multimedial vermarkteten Produkte. Auf der Senderebene erreichen RTL II sowie speziell bei den jüngeren Kindern Super RTL und der öffentlich-rechtliche Kinderkanal

---

61 Um die Vielfalt der genutzten Angebote der Kinder aufzuzeigen, wurden die 36 Einzelinterviews systematisch nach folgenden Kriterien aufbereitet: familialer Hintergrund, genutzte Medien/favorisierte Angebote, Figuren/Helden, Sammeln/Merchandising/Wissen um Trends und Motto. Die Einzelfallbeschreibungen sämtlicher Kinder (n=36) finden sich ebenso wie die im Hinblick auf die Fragestellung der Studie besonders aussagekräftigen Fallbeispiele (n=6) im Anhang; siehe dazu Paus-Hasebrink u.a. (2004).

62 Die Präsentation der Gesamtstudie findet sich in Paus-Hasebrink u.a. (2004).

63 In den Kinderzimmern findet sich eine Vielzahl von Merchandisingartikeln auch zu Angeboten, die die Kinder selbst nie genutzt haben bzw. gar nicht kennen. Wie sich am Beispiel des fünfjährigen Franz zeigt, besitzen Kinder diese Merchandisingprodukte, weil sie unter anderem als Give-aways (z.B. bei *McDonald's* oder auch *Kelloggs*) anderen Produkten beiliegen.

KI.KA und bei älteren Kindern die Musiksender MTV und Viva den Status beliebter Medienmarkenangebote.

Mitschüler und ältere Schulkinder gewinnen für die Kinder als Orientierungsgenossen im Alltag an Relevanz; Schulkinder vergleichen sich mit den Kindern ihres Alters, messen ihre Kräfte und bemühen sich um entsprechende Positionierungen in den von ihnen favorisierten Inner Circles, den kleinen Kreisen in den Klassen, und ihren Klassen selbst. Als eine Art Währung dienen ihnen insbesondere Medienangebote, die eine hohe Aufmerksamkeit bei vielen Kindern genießen, da sie in vielfältiger Weise aus der Fülle der Produkte herausragen, wie zum Zeitpunkt der Erhebung *Dragonball Z*. Diese alltagskulturellen Angebote und Produkte, so zeigt sich in den Klassengesprächen deutlich, spielen aufgrund ihrer ausgeprägten Markenrelevanz eine wichtige Rolle in Peer-Group-Kontexten. Der hohe Attraktions- und Bekanntheitswert dieser Produkte bietet den Kindern in vielfältiger Weise Stoff für Austausch und ein Gefühl von Zugehörigkeit. Die Kinder unterhalten sich in den Pausen über Angebote dieser Art, sie tauschen Sammelkarten und Sticker, bauen darüber Beziehungen auf und pflegen diese.

Insgesamt lassen sich zwei Funktionen des Umgangs mit Medien- und Merchandisingangeboten identifizieren: Integration bzw. Abgrenzung. Vanessa (5. Klasse aus A) beschreibt dies treffend: „Na, also, die da sammeln, bei denen wird das besprochen, bei den anderen nicht". Dabei finden sich jedoch nur einige wenige Kinder in allen Altersstufen, die sich wie Sabrina (7. Klasse, aus A) explizit von ihren Mitschülern abgrenzen wollen: „Ich find es nicht schön, wenn man das Gleiche hat, wie die anderen". Die meisten Kinder setzen Medienangebote ein, um sich mittels multimedial vermarkteter Produkte in Peer-Groups zu integrieren, in ihnen zu positionieren bzw. zu anderen – dies ist vor allem bei älteren Jungen der Fall – in einen Wettstreit zu treten. Ein wichtiger Befund im Hinblick auf die Fragestellung der Studie ist dabei vor allem, dass auch dann, wenn Jungen sich nicht explizit als Fan der Serie *DBZ* bezeichneten, sie sich den Produkten rund um die Anime-Serie kaum entziehen können. So bewertet Mirko (9 Jahre, A) *DBZ* durchweg negativ. Trotzdem tauscht er mit seinen Klassenkameraden Sticker und unterhält sich auch über die Sendung: „Da redet man manchmal mit, weil ein bisschen Fan von *DBZ* bin ich ja auch. Ich kauf mir manchmal Kaugummis und tausche mit Freunden die Stickers. Das ist jetzt nicht so, dass ich nichts über *DBZ* weiß." Auch Martina (9 Jahre, B) nutzt die ansonsten bei Mädchen wenig beliebte Fernsehserie *Dragonball Z* und die Merchandisingangebote zur Integration in ihren Klassenverband, in dessen Kontext zur Zeit der Befragung *DBZ* einen wichtigen Stellenwert genoss: Sie wurde von zwei Jungen, die meistens die Trends vorgeben, beeinflusst, wenngleich sie diese nicht zu ihren Freunden zählt: „Da haben die erzählt, dass das [*DBZ*] sehr schön sein soll, und dann hab ich das auch mal ausprobiert (...). Vor drei Monaten hab ich da eben damit angefangen, das auch anzugucken." Daneben finden sich Kinder, darunter insbesondere Mädchen, denen es allein wichtig ist, multimediale Angebote für sich selbst zu besitzen. So etwa die 13-jährige Franziska aus B, die Produkte rund um *Herr der Ringe* sammelt, weil sie das Angebot im Kontext ihrer Identitätsgenese nutzt. So bewundert sie den Mut des kleinen Hobbits *Frodo;* sie selbst bezeichnet sich als nicht so mutig wie er, wäre jedoch gern wie dieser Protagonist von *Herr der Ringe*. Darüber hinaus bewegt das Thema Freundschaft ebenso wie die spezifische Entwicklung der Hauptfiguren, die sich wie z.B. *Aragorn* vom „ganz normalen Waldläufer (...) so langsam mal zum König von Gondor" (Franziska) entwickelt. Ihr ist es wie auch einigen anderen Mädchen nicht wichtig, sich über ihre Favoriten mit Klassenkameraden auszutauschen.

2.1 Jungenmarken – Mädchenmarken

Im Umgang mit Medien- und Merchandisingangeboten lassen sich, unabhängig vom Alter der Kinder, deutliche Unterschiede zwischen den Geschlechtern identifizieren. Die Jungen und Mädchen orientieren sich in der Auswahl der Merchandisingprodukte themenbezogen an ihren Lieblingsfiguren, deren Auswahl sie überwiegend gleichgeschlechtlich vornehmen.

Bei den Jungen handelt es sich dabei durchweg um Angebote aus den Sendungen *DBZ* und *Pokémon*. Bei *DBZ* nennen einige Jungen *Son-Goku* und *Vegeta* als ihre persönlichen Favoriten. An den *DBZ*-Figuren fasziniert die Jungen vor allem deren Stärke, aber auch deren Aussehen: „(...) *Son-Goku* seine Haare find ich geil, als dreifacher Super Saiyajin" (Bora, 1. Klasse, A). Die meisten Mädchen, selbst jene, die *DBZ* nicht genau kennen, lehnen dagegen die Sendung aufgrund ihrer Brutalität ab. Luise, 3. Klasse aus C, hat beobachtet, dass *DBZ* bei den Jungen aus ihrer Klasse ein wichtiges Thema darstellt; sie kann jedoch nicht einmal den Titel der Serie richtig angeben: „Irgendwie Drag ... Dragon Wall oder so was Ähnliches. Das weiß ... Das kenn' ich aber gar nicht".

Die Lieblingsfiguren bei *Pokémon* sind *Pikachu*, *Glurak* und *Turtok*. Die *Pokémon*-Figuren erscheinen den Jungen vor allem wegen ihrer Fähigkeiten und ihrer Möglichkeit zur Weiterentwicklung interessant. So kann *Glurak* Feuer spucken und *Turtok* „Wasserattacken" durchführen. Jochen (1. Klasse, B): „Mein Lieblings-*Pokémon* ist *Turtok*. Der kann 'ne Wasserattacke. Das is' hier gut, weil wenn das gegen ein Feuer-*Pokémon* kämpft, dann kann er das löschen, das Feuer." Jungen wählen bevorzugt starke, kampfbewährte Figuren der dritten Entwicklungsstufe wie *Glurak* und *Turtok* (vgl. auch Paus-Haase/Wagner 2002).

Während die Jungen Figuren aus „fernen Welten" präferieren, die für Kampf und Auseinandersetzung stehen, wählen die Mädchen alltagsnahe Figuren zum Beispiel aus der Tierwelt (z.B. *Bugs Bunny*), reale Frauengestalten wie *Cora* aus *GZSZ* (weil sie „so lieb ist", Alicia, 1. Klasse, C), die bereits eine Realitätsverlängerung darstellen und Symbolmaterial für spätere Rollenauseinandersetzungen bieten, oder auch starke Mädchenfiguren zu ihren Heldinnen wie *Hermine* aus *Harry Potter* und nach wie vor *Pippi Langstrumpf*:[64] „weil die kann alles heben. Hat einen Affen und ein Pferd" (Lorraine, 1. Klasse, A). Einige Mädchen begeistern sich auch für Figuren aus *Pokémon*, *DBZ* und *Digimon*; sie betonen dabei insbesondere den ästhetischen und sozialen Aspekt:[65] „Das eine *Digimon* ist ganz süß und das heißt *Kardoman*. Das kann die Ohren auf und zu machen, und das kann jedem helfen." (Tanja, 1. Klasse, C).

Nur einige wenige Angebote unterbreiten Jungen wie Mädchen einen Themen- und Figurenfundus, der für beide Geschlechter attraktiv ist. Dazu gehören (wenn auch mit Abstrichen) *Pokémon* und vor allem *Harry Potter*. Bei *Pokémon* gelingt es jedoch auch nur *Pikachu*, von Jungen wie Mädchen gleichermaßen favorisiert zu werden.[66] Die Beliebtheit aller anderen Figuren unterscheidet sich jedoch wiederum deutlich nach dem jeweiligen Geschlecht, dem sie angehören.[67]

Harry Potter bietet den Kindern ähnlich wie *Pokémon* ebenfalls ein geschlechtsübergreifendes Angebot. Doch in diesem Fall begeistern sich die Mädchen explizit, wie Kira z.B. (3. Klasse, C), für die weibliche Protagonistin aus dem Film, *Hermine*; an ihr gefällt Kira, „dass sie immer so gut ist, und sie kann gut zaubern". Damit hebt sie den für viele Mädchen wichtigen Aspekt der Sozialkompetenz hervor.

Jungen und Mädchen unterscheiden sich auch wesentlich im Hinblick auf ihre Sammelobjekte und Motive. Besonders die Jungen präferieren Produkte, die in ein eng gestricktes Medienverbundsystem wie *Pokémon* und *DBZ* eingebettet sind.

Den Jungen geht es dabei vor allem um den Konkurrenzaspekt: Norbert (3. Klasse, C): „Ähm ... ich kauf mir meine Karten auch selber, aber den Rekord

---

64 Siehe dazu auch Paus-Haase 2002.

65 Siehe dazu auch Paus-Haase/Wagner 2002.

66 Interessant ist die Beobachtung, dass die fünfjährige Alina *Pikachu* für ein weibliches Wesen hält. Kinder etwa in diesem Alter nehmen sich erstmals als Junge bzw. Mädchen wahr.

67 Siehe dazu ausführlich die Untersuchung zu *Pokémon* in Österreich (Paus-Haase/Wagner 2002, Paus-Haase u.a. 2002 und Paus-Hasebrink 2003). Darin wird deutlich, dass sich *Pokémon* in der Ausrichtung seiner Figuren im Wesentlichen an Jungen richtet und auch von diesen bevorzugt rezipiert wird; siehe dazu auch die repräsentative Rezeptionsstudie von Hasebrink in diesem Band, die zu analogen Ergebnissen kommt.

hat noch niemand in unserer Klasse gebrochen. Den hat Michel mal gemacht, der hat sich 42 Packungen gekauft und in jeder Packung, bei den Fußballstickern, sind ja sechs drinnen und kostet 50 Cent“. Auch die Vollständigkeit der Sammlung ist ihnen wichtig: „Ich gucke Werbung, weil wenn da was kommt und die anderen kaufen sich das dann, finde ich das nicht schön, wenn ich das nicht hab und alle lachen dann“ (...) „Ich habe die meisten Aufkleber hier aus der Klasse, weil mir fehlen ja nur noch 22“ (Patrik, 1. Klasse, B). Einige wenige Jungen wie Max schätzen an den Abziehbildern aber auch deren Ästhetik: „So *Pokémons*, da habe ich da schon so, da einen kleinen Hefter voll, und so andere, die ich woraus ich dann ein schönes Bild kleben kann, und noch so, davon habe ich auch schon sehr viele Blätter voll, sehr viele schöne Bilder aus so welchen Stickers.“

Zwar finden sich auch einige Mädchen, die *Pokémon*-Sticker und/oder *DBZ*-Sammel-karten besitzen und sammeln, doch hauptsächlich beschäftigen sie sich mit *Benjamin Blümchen*- und Tier-Stickern. Kuscheltiere wie *Diddl* und *Beanies* sind ebenfalls beliebt.[68] Mädchen achten weniger auf die Bedeutung ihrer Favoriten für den Peer-Group-Kontext; sie beziehen sich stärker auf ihr eigenes Hobby bzw. beschäftigen sich auch gern nur für sich selbst mit den Produkten. Lola (3. Klasse, B) beschreibt dies am Beispiel von Stickern: „Für mich ist das nicht wichtig, weil das ist nur für mich ein Hobby, weil das mag ich so gerne, und dann, dann habe ich alle möglichen Pferdearten in meinem Stickerheft und das finde ich schön, damit ich mir alle angucken kann.“

Jungen tendieren dazu, ihre Sammel- und Tauschobjekte nach außen zu tragen und auch zu zeigen. Dabei treten sie in einen Wettstreit: Wer hat die meisten Karten, Gogos oder Sticker? Sie nutzen Helden und Themen aus ihren favorisierten Angeboten, um sich im Klassenverband zu positionieren. Dies zeigt sich auch in ihrem Umgang. So spielen vor allem die Jüngeren Kampfszenen nach und unterhalten sich über Figuren, deren Eigenschaften und Fähigkeiten und die zuletzt gesehene Folge. Themen wie Kampf und Stärke stehen dabei im Vordergrund. Die Älteren favorisieren daher auch Action- und Gruselfilme, interessieren sich aber auch für Rollen- und Adventurespiele am PC oder für die Playstation. Die Mädchen dagegen tragen ihre Interessen weniger nach außen. Sie unterhalten sich zwar auch über Medieninhalte und Figuren, doch spielt dies innerhalb ihrer Peer-Group und auch im Klassenverband eine deutlich geringere Rolle.

---

[68] Schon im Kindergarten lassen sich Verhaltensweisen dieser Art identifizieren: Jungen beschäftigen sich eher mit Hartplastik-Artikeln, Mädchen eher mit Figuren aus weichen Materialien wie z.B. Kuscheltieren (vgl. Paus-Haase 1998).

Die Vorlieben der Jungen und Mädchen sind jedoch nicht ohne einen Blick auf das vorfindbare Medienangebot selbst zu erklären, das in erster Linie männliche Helden präsentiert und verstärkt auf Jungen ausgelegt ist. Dies betrifft insbesondere die Angebote, die in ein sehr ausdifferenziertes Medienverbundsystem eingebunden sind; für Jungen steht eine Fülle an Merchandisingprodukten zur Verfügung, die für sie attraktiv sind. Weibliche Helden und Identifikationsfiguren speziell für Mädchen sind immer noch vergleichsweise rar. Zudem finden sich zu den von ihnen favorisierten Charakteren nur wenige Merchandising-Angebote auf dem Markt. Sie weichen daher eher auf Produkte aus, die keinem medialen Kontext entspringen wie die insbesondere bei jüngeren Mädchen hoch beliebten *Diddl*-Mäuse und *Beanies*. Ältere Mädchen finden vorwiegend in Zeitschriften wie *Bravo* oder *Girl* Angebote zu „ihren“ Themen wie Mode, Lifestyle und Stars. Insgesamt besitzen die Mädchen auch deutlich weniger Produkte aus dem Medienverbundsystem.

2.2 Zur Rolle des Alters: „In“ oder „out“

Wenn auch geschlechtsbezogene Aspekte die Umgangsweisen der Kinder am deutlichsten prägen, so lässt sich doch auch das Alter der Kinder als relevanter Faktor in den Umgangsweisen mit medialen Produkten nachweisen. Dabei fällt auf, dass mit zunehmendem Alter die Identifikation der Kinder mit den Favoriten aus den Medien abnimmt. Auch der Wunsch der befragten Kinder, Sammel- und Merchandisingprodukte zu besitzen, sinkt. Dies hängt damit zusammen, dass dem Sammeln und Tauschen bei den Älteren kaum noch Bedeutung zukommt.

Bei den Erstklässlern steht noch das Sammeln im Mittelpunkt ihrer peer-group-bezogenen Aktivitäten; dabei wendet sich das Interesse der Kinder jedoch keinesfalls nur den im Kontext multimedial vermarkteter Angebote stehenden Produkten zu. Sie sammeln nicht nur Sticker, Sammelkarten und Gogos mit Medienbezug, sondern auch Gegenstände ohne mediale Bezüge wie Zähne, Steine, Münzen und Lastautos.

Im Gruppengespräch mit den Kindergartenkindern und den Erstklässlern fällt jedoch auf, dass diese Kinder vor allem medienbezogene Gegenstände nennen, die im Kontext ihrer Beziehung zu Gleichaltrigen eine Rolle spielen. Dies sind im Wesentlichen Sammel- und Tauschobjekte wie Gogos, Sticker, Sammelkarten etc. Andere Merchandising-Artikel wie z.B. Bettwäsche, Zahnputzbecher, Federmappen, die zu den täglich benutzten Alltagsgegenständen zählen, sind den Kindern in diesem Alter noch nicht präsent. Ein Blick in die Kinderzimmer sowie die Gespräche mit Kindern und Eltern im Kontext der Einzelinterviews machen jedoch deutlich, dass diese Gegenstände auch schon zum festen Alltagsrepertoire der jüngeren Kinder gehören.

Im Vergleich zu den Kindern der ersten Klassen nennen die älteren Kinder nun nicht allein Merchandisingartikel, die eine Rolle in der Beziehungsarbeit[69] innerhalb ihrer Peer-Group spielen, sondern die auch zum täglichen Leben gehören, wie z.B. Bettwäsche, Bleistifte, Kalender und *Legos* von *Harry Potter*.

Zudem verstärkt sich – dies ist bei den Kindern ab der dritten Klassen der Fall – der Trend, dass Jungen und Mädchen unterschiedlich mit Medienverbundprodukten umgehen. Den Jungen bieten sich entsprechend der Fülle multimedialer Angebote und ihren Interessen viele Möglichkeiten zur Bearbeitung ihrer Themen. Neben der inhaltlichen Auseinandersetzung mit ihren zentralen Themen (‚Kampf', ‚körperliche Stärke und Training von Kampftechniken' bzw. der ‚Kampffähigkeit') gewinnt für sie der Wettstreit im Umgang mit Merchandisingfiguren mit zunehmendem Alter an Bedeutung in der Positionierung in ihren Peer-Groups.

Noch deutlicher als bei den Jungen der ersten Klassen steht bei den älteren die Zeichentrickserie *DBZ* im Mittelpunkt des Interesses. Beliebte Figuren sind *Son-Goku*, *Son-Gohan*, *Vegeta*, an ihnen faszinieren sie vor allem die verschiedenen Entwicklungsstufen, die sich in ihrer verbesserten Kampftechnik niederschlägt, so etwa im dreifachen ‚Super Saiyajin'. Mathias (3. Klasse, B) erklärt dazu: „Ich finde eigentlich alle starken Figuren von *DBZ* gut." Daniel (3. Klasse, C) dagegen hat bei den Figuren einen eindeutigen Liebling: *Trunks*. Dies begründet er so: „Der reist in der Zukunft rum mit einer Zeitmaschine und also, der ist ja ... also da ist auch sehr viel Phantasie drinnen, dass sie fliegen können, dass sie Strahlen abfangen könne und so, aber ohne Geräte, zum Beispiel sie können auch so fliegen und dann gibt es da noch so eine Verwandlung, die können sich in Affen verwandeln (...) und der kann seine Haare färben, der kann sich verwandeln, also *Trunks* hat fünf Verwandlungen. Einmal den Affen, einmal den Super Saiyajin, einmal den Ultra Saiyajin, einmal den dreifachen Super Saiyajin und einmal den Vierfachen."

Die älteren Mädchen greifen hingegen – ähnlich wie die Erstklässlerinnen – auf ein Fernsehangebot zurück, das aber nicht in ein Merchandisingnetz eingebunden ist. Bei ihnen spielen nunmehr reale Frauenfiguren (wie z.B. *Sabrina* aus der gleichnamigen Serie, die über Fähigkeiten wie Zaubern und Hexen verfügt), die zentrale Rolle.

---

[69] Jüngere Kinder, die sich verbal noch nicht differenziert genug ausdrücken können, nutzen mediale Symbolangebote, um sie als Ausdrucksmittel in ihrer Beziehungsarbeit einzusetzen; vgl. dazu auch Paus-Haase (1998).

Auch das Sammeln und Tauschen gewinnt in den verschiedenen Altersgruppen eine unterschiedliche Funktion: Nutzen vor allem die Jüngeren die Artikel für den Aufbau und die Pflege von Peer-Beziehungen, so fällt bei den Jungen in den fünften Klassen auf, dass sie sich über die Produkte innerhalb der Gruppe zu behaupten versuchen. Ab der fünften Schulstufe steht vor allem die persönliche Beziehung zu den Produkten (Identifikation mit bestimmten Figuren, Ästhetik) im Mittelpunkt; Sammel- und Tauschobjekte verlieren zunehmend als „Währung" ihre Bedeutung. Lediglich einige Jungen und einige Mädchen aus der siebten Klasse in A melden sich bei diesem Thema noch zu Wort. So sammelt z.B. Lara Hefte von VIVA und MTV und Theo ausländische Euromünzen. Beim Thema Sticker-Tausch berichtet auch Theresa (7. Klasse, B): „Was mal bei uns in der Klasse in war, das war *Herr der Ringe*-Sticker aus *Duplo*. Und die haben wir dann untereinander getauscht. Und also, wer welche doppelt hatte, der hat die vertauscht mit jemandem, der die noch nicht hatte. Das war ne Zeitlang in." Ähnlich Matteo (7. Klasse, B): Er gibt an, Poster, Fußball-Sticker von *Hanuta* und *Duplo* zu sammeln. Interessant scheint seine Antwort auf die Frage, ob die Sticker in der Klasse getauscht oder gesammelt werden: „Ja, eigentlich nicht. Ich hab da einen Kumpel, mit dem tausch ich die ab und zu mal, aber sonst nicht. Ich hab eigentlich schon fast alle." In der Klasse in C sticht Elfi mit ihrer Sammelleidenschaft für Karten, Sticker, Poster und Taschenbücher von *DBZ* eindeutig aus dem Klassenverband heraus.[70]

Dass Sammeln bei den älteren Kindern weitgehend „out" ist, machen die Kinder in den Klassengesprächen und Einzelinterviews auch unmissverständlich deutlich; sie lassen keinen Zweifel daran, weshalb sie sich nicht mehr für bestimmte Angebote interessieren. Die Serie *Pokémon* und das Sammeln von Karten und Stickern gehört für sie z.B. der Vergangenheit an und gilt bei Kindern dieses Alters nicht mehr als zeit- und altersgemäß. Dies wird im Gespräch zwischen Frank, Jeanette und dem Interviewer im Klassengespräch der Siebten in B deutlich. Frank wird von Jeanette offen auf seine *Pokémon*-Rezeption und -Sammlung angesprochen, was ihm offensichtlich peinlich ist:

Jeanette: „Das ist bei Frank öfters der Fall, dass er irgendwie *Pokémon* oder so was mitbringt, und dann soll er die auch schnell wegpacken."
Frank: „Das stimmt doch gar nicht."
Jeanette: „Natürlich."

Gelächter in der Klasse

---

70 Siehe dazu das Fallbeispiel „Elfi – *DBZ* als Parallelrealität".

Interviewer: „Hast Du mal *Pokémon* gesammelt?"
Frank: „Nein."
Die anderen: „Ach ne ... das stimmt doch gar nicht."
Interviewer: „Hast Du es mal gesammelt?"
Frank: „Nö, gesammelt nicht."

Für die 12- bis 14-Jährigen spielen (mit wenigen Ausnahmen) Merchandisingangebote kaum noch eine Rolle. Die ältesten Kinder befinden sich in einer Übergangsphase zur Statuspassage Jugend. Im Vordergrund stehen bei ihnen Angebote mit Lifestyle-Charakter. Bei den Mädchen sind dies Zeitschriften mit Geschichten über Stars, aber auch Soaps. Die Jungen favorisieren hingegen Cartoons wie *Simpsons*, Musiksender wie MTV und VIVA und Sportsendungen. Mediale Helden werden häufig durch Personen aus dem öffentlichen Leben wie Popstars, Fußballspieler und Schauspieler ersetzt.

Die Jungen und Mädchen in dieser Altersgruppe prägen im Umgang mit Medien- und Markenangeboten bereits deutliche Stile aus, die sie in ihren Peer-Groups und Inner Circles innerhalb der Klassen pflegen. In diesem Zusammenhang gewinnen nicht nur unterschiedliche Medien, sondern auch bestimmte Musikvorlieben oder auch bestimmte Kleidungsgewohnheiten an Bedeutung. Tankred aus B formuliert, was eine Rolle spielt und wie sich der Prozess vollzieht; er glaubt, dass sich andere „von Vorbildern (...) dann so den Stil abgucken, was sie sich für Klamotten kaufen, zum Beispiel nach einer Musikrichtung, zum Beispiel Hip Hop oder so was, die haben eben weite T-Shirts oben an, daran kann man das erkennen."

Mädchen informieren und richten sich in ihren Vorlieben besonders nach ihren Freundinnen. Überdies informieren sie sich über *ihre* Trends in Zeitschriften, aber auch über die Werbung. Diese dient vor allem den Jungen als wichtige Informationsquelle: „Meistens aus der Werbung, Plakate, halt auch Radio, überall, wo die Werbung ist". Werbung löst jedoch bei vielen Kindern ambivalente Gefühle aus. Die meisten Kinder geben an, dass Werbung „nervt", weil sie ihre Lieblingssendungen unterbricht, andere finden sie jedoch lustig und informativ; die meisten Kinder, sowohl Mädchen als auch Jungen, nennen dennoch zahlreiche Lieblingsspots.

Das Alter der Kinder spielt vor allem als Faktor im Hinblick auf die „Verjüngung"[71] sowie die „generationsabhängige Vorliebe" für Medienmarken eine zentrale Rolle. Den jüngeren Kindern erscheinen die Angebote, die ältere bereits zu ihrer Medienmarke kreiert haben, nach einer gewissen Zeit so attraktiv, dass sie

71 Siehe dazu die Ausführungen von Klaus Neumann-Braun und Jörg Astheimer in diesem Band.

sie für sich übernehmen. Für die älteren Kinder bedeutet dies, sich nach neuen, für ihre Peer-Group reizvollen mithin funktionalen Angeboten umzusehen. In diesem Kontext kommt vor allem den älteren Geschwistern und Freunden eine wichtige Rolle zu. Dieses Phänomen, das man bereits im Kindergarten beobachten kann, lässt sich am besten an der Medienmarke *Pokémon* beschreiben, wenngleich sich auch in den älteren Klassen vereinzelt noch einige *Pokémon*-Begeisterte finden lassen.[72] So sind nicht nur die Rezipienten der Serie jünger als zu Beginn ihrer Einführung – vermehrt finden sich *Pokémon*-Begeisterte bereits im Kindergarten – ; es zeigt sich auch eine Interessensverlagerung im Zusammenhang mit den Merchandisingartikeln. Fasziniert von der Serie sind vor allem die jüngeren Kinder. Diese – vorwiegend Jungen – nutzen die multimedialen Angebote wie Spiele für Game Boy oder Playstation. Ansonsten kann festgestellt werden, dass neuere Angebote wie *DBZ* und die damit verbundenen Merchandising-Angebote wie z.B. Gogos *Pokémon* verdrängen. Je älter die Kinder werden, desto geringer ist ihr Interesse an den japanischen Pocket-Monstern. Ab der dritten Klasse ist der Trend zu beobachten, dass sich die Kinder von dieser Serie bereits weitgehend verabschiedet haben; dies findet seinen Niederschlag auch im Sammeln und im Konsum entsprechender Produkte. Loretta (3. Klasse, A) fasst dies präzise zusammen: „Also früher war *Pokémon* eigentlich in, jetzt ist es eigentlich wieder out". Denis (3. Klasse, A) bestätigt dies: „Wir reden gar nicht mehr über *Pokémon*, nur noch über *DBZ*". An ihre Stelle sind in überwältigendem Maße die Serie *Dragonball Z* sowie deren Produkte aus einem ebenfalls weit gespannten Medienverbundsystem getreten. Dies gilt jedoch in erster Linie für die Jungen, die in dieser Serie eine Fülle von Figuren erhalten, die für ihre Identitätsgenese männliche Orientierungsvorlagen bereithalten. Stellte *Pokémon* ein Angebot dar, das von Mädchen wie Jungen, wenn auch mit unterschiedlichen Blickwinkeln und im Hinblick auf die Figuren heterogen, rezipiert wurde,[73] erweist sich *DBZ* als ein ausgesprochen „männliches Angebot", das von Jungen *aller* Altersstufen rezipiert wird. Den Mädchen fehlt es nunmehr, nachdem *Pokémon* an Interesse eingebüßt hat, an vergleichsweise attraktiven multimedial vermarkteten Angeboten.

---

72 Eine solche Ausnahme bildet Manfred (3. Klasse, C) der nach wie vor *Pokémon*-Merchandisingprodukte favorisiert: „Ich sammle auch *Pokémon*-Karten, weil ich spiele immer mit meinem Freund gegen ihn. Wir machen Kämpfe damit, und ich sammle auch Fußballsticker."

73 Siehe dazu Paus-Haase/Wagner (2002), Paus-Haase u.a. (2002), Paus-Hasebrink (2003) sowie das Kapitel „Medienprodukte und Markenpflege auf globalisierten Märkten – das Beispiel *Pokémon*" von Klaus Neumann-Braun und Jörg Astheimer in diesem Band.

Das Beispiel Harry Potter
Die unterschiedlichen altersabhängigen Umgangsweisen der Kinder lassen sich am Beispiel der Angebotspalette zur Medienmarke *Harry Potter* beschreiben: So finden sich in den ersten Klassen Medienangebote in verschiedenen multimedialen Ausprägungen (Kino, Buch, PC) wieder. In den dritten Klassen besitzen die Kinder darüber hinaus auch Produkte, die zu ihrem täglichen Leben gehören (Bettwäsche, Kalender). Hier finden sich aber auch erste Nutzer des Playstationspiels, das dann verstärkt in der fünften Klasse gespielt wird. Die Fünftklässler nehmen dann auch schon die Unterschiede in den verschiedenen medialen Umsetzungen von *Harry Potter* wahr, die sie je nach Vergleichsmedium durchaus kritisch bewerten: So fehlen ihnen im Video Episoden aus dem Buch, während die DVD mehr Informationen bereitstellt als der Kinofilm. In der siebten Klasse differieren die Meinungen über *Harry Potter*. Die Kinder in diesem Alter lassen bereits individuelle Vorlieben erkennen und bilden eigene Standpunkte sowie Geschmacksvorlieben aus. Zwar kennen viele Kinder *Harry Potter*, Gesprächsthemen bietet er den meisten aber nicht mehr. Angebote wie *Herr der Ringe* und *Star Wars* haben *Harry Potter* in dieser Altersgruppe abgelöst. Dies gilt vor allem für die Kinder in A und B; sie bewerten im Klassengespräch die Figur und die multimedialen Angebote zu *Harry Potter* kritisch. In A sind die älteren Kinder darauf bedacht, Angeboten dieser Art gegenüber als „cooler" zu erscheinen; in B hingegen war *Herr der Ringe* Thema im Deutschunterricht. In C favorisieren die Kinder allerdings noch den Kinofilm zu *Harry Potter*.

Das Alter spielt auch für die Bewertung und Beurteilung sowie im Hinblick auf Hintergrundwissen zu den multimedial angebotenen und vermarkteten Produkten eine wichtige Rolle. So erkennen die Kinder mit zunehmendem Alter und aufgrund eigener Erfahrungen die Dynamik von Medienangeboten und -produkten und sind zum Teil auch schon in der Lage, die ökonomischen Hintergründe des Medienverbundsystems zu verstehen. Alle Kinder der dritten Klassen wissen mittlerweile, wo und zu welchem Preis Sticker, Sammelkarten und Gogos zu erwerben sind. Diese Artikel werden zum großen Teil von den Kindern selbst gekauft und bezahlt. Teure Merchandisingangebote, wie z.B. *Harry Potter*-Bettwäsche, erhalten sie dagegen von Eltern und Verwandten als Geschenk. Auf die Frage nach der Faszination von Merchandising-Produkten bringt es Felix (3. Klasse, C) generell auf den Punkt: „Es macht Spaß, sie zu sammeln und zu tauschen."

Wirft man die Frage auf, ob nun Kinder den zahlreichen Fernseh- und Filmangeboten und insbesondere ihren multimedial vermarkteten Derivaten gegenüber hilflos ausgeliefert sind, so zeigt sich, dass bereits jüngere Kinder Ansätze von Medienkompetenz erkennen lassen. Nicht alle jedoch sind so kritisch wie die erst siebenjährige Hannelore aus C. Sie erkennt bereits einen Zusammenhang zwischen Merchandising-Artikeln, Produzenten und Konsumenten: „Keine Ahnung, ich glaube, damit wollen die Leute einfach nur Geld haben, weil die Kinder es gut finden und weil's im Kino dann läuft und so und dann finden, glauben die, das kaufen mir viele ab und das stimmt ja auch und dann kriegen die einfach Geld." Auf die Frage des Interviewers, wer denn das Geld bekommen würde, antwortet Hannelore: „Die Leute, die das verkaufen. Das ist so, als wenn man Geld verschenkt."

2.3 Von Trendsettern, Eltern und Lehrern sowie sozialen Bedingungen

Die Klassengespräche zeigen, dass die Umgangsweisen der Kinder neben Geschlecht und Alter auch im engen Zusammenhang mit mikrostrukturellen, individuell geprägten Prozessen innerhalb der Klassen selbst stehen: Dabei werden regionale Vorlieben offenkundig, die mit den jeweils in den Klassen „angesagten" Trends zu tun haben.[74] Wirft man einen Blick auf die Rolle von Trends, so zeigt sich, dass Kinder erst in der mittleren Kindheit verstärktes Interesse daran erkennen lassen, oft auch verbunden mit der kritischen Reflexion über ihren Preis: „Immer das was in ist, ist halt teuer." (Mirko, 9 Jahre aus A).

Die Jungen am Standort A lassen eine starke Leidenschaft für Fußball-WM-Sticker, Murmeln und Gogos erkennen. Dagegen liegen in B und C die *DBZ*-Sticker und -Sammelkarten sowie bei den Jüngeren die *Pokémon*-Aufkleber im Trend. Patrik aus B: „Weil da gibt es Menschen, die kämpfen, darum wollen jetzt die ganzen Schüler aus dieser Schule *DBZ* haben. Ich hab da noch welche mit, zwei Glitzis, die habe ich heute getauscht."

Eine zentrale Funktion in der Bestimmung der aktuell präferierten Angebote, also in der Mitbestimmung dessen, was als „Währung" taugt bzw. anerkannt wird, spielen in nahezu allen Klassen so genannte Trendsetter. Gernot (13, B) bringt stellvertretend für viele befragte Kinder auf den Punkt, wie Trends in Peer-Groups oder in Schulklassen transportiert werden: „Also, manchmal bringt einer neue Sachen auf in der Klasse und dann kaufen sich's später andere auch noch." Während der Gespräche in der dritten Klasse in B erzählt z.B. Mathias, dass es eindeutige Trendsetter gibt, deren Kaufentscheidungen den übrigen Teil der Klasse beeinflussen: „Ja, eigentlich ist der John und Max, die haben fast eigentlich immer die Sachen. John holt sich fast alles, was neu ist, und Max macht es dann, und die ganzen Kinder machen das dann alles nach von unse-

---

[74] In wieweit Kinder Trends folgen, hängt auch vom Erziehungsstil der Eltern ab. Hinzu kommt, dass ältere Kinder nicht mehr so stark wie jüngere von ihren Eltern reglementiert werden. Sie können bereits selbstständiger entscheiden, welche Angebote sie nutzen. Zu einem analogen Ergebnis kommt die repräsentative Rezeptionsstudie.

rer Klasse." Diese Aussage bleibt nicht ohne Reaktion. Ein Schüler meldet sich zu Wort (Philip), der Mathias als den eigentlichen Markenleader in der Klasse präsentiert. „Eigentlich ist das der Mathias, der hier immer die neuesten Sachen in die Klasse bringt. Ja, also der tut sie ja immer, ja eigentlich kennen wir nur von ihm, dass da nach *Dragonball Z* das *Dragonball GT* kommt. Siehste, und da wissen wir das eigentlich immer vom Mathias." Mathias differenziert diese Aussage: „Das haben die immer gekauft, ich kenne bloß die neuesten Sachen."

Eine wichtige Orientierungsfunktion, insbesondere für jüngere Kinder, gewinnen neben den eigenen sozial „starken" Mitschülern vor allem (ältere) Freunde, ältere Mitschüler und Geschwister. So erzählt Paul (1. Klasse, B): „Ja die Großen, die haben immer ihre Hefte oder ihre Sticker mit auf der Hofpause. Daher sehen wir das." Alina aus dem Kindergarten z.B. lehnt die dort allenthalben favorisierte Medienmarke *Bob der Baumeister* ab; sie interessiert sich für die von ihrer siebenjährigen Schwester Jolanda präferierten Medienangebote.

Bei den älteren Kindern erweitert sich nicht nur das Spektrum an Medien- und Merchandisingangeboten. Was „angesagt" ist, wissen sie zumeist von den Peers oder auch älteren Geschwistern oder über die Fernsehwerbung. Speziell das Internet gewinnt nun aber an Bedeutung für diese Altersgruppe, dies gilt insbesondere für die Jungen. Sie nutzen es, um Hintergrundinformationen zu den aktuellen Serien und Figuren zu suchen und werden dabei auch gelegentlich auf neue Angebote aufmerksam (gemacht).

Die Umgangsweisen der Kinder mit Medien-, speziell mit Medienmarkenangeboten, werden jedoch auch durch das Verhalten von **Eltern und Lehrern**[75] geprägt. Insbesondere bei den jüngeren Kindern nehmen die Eltern ihre Erziehungs- und Orientierungsfunktion wahr. Anders als bei den älteren Kindern machen die Eltern bei den jüngeren ihren Einfluss auf die Kinder auch in deren Auseinandersetzung mit multimedial vermarkteten Angeboten sowie im Hinblick auf den Umgang mit Trends und Merchandisingartikeln geltend. Dies lässt sich an der regen Diskussionsteilnahme der Mädchen und Jungen in den ersten Klassen zu diesem Aspekt erkennen. Konflikte ergeben sich dabei aus den Re-

---

75 Als ein Ergebnis der Elternbefragung kristallisierten sich drei (Medien-)Erziehungsweisen heraus: „Streng-regelmentierende" Eltern lassen sich z.B. durch einen sehr kritischen Umgang mit Medien und Medienmarken und einen stark reglementierenden Medienerziehungsstil charakterisieren. Den Kontrast stellen die sog. „Konzeptlosen" dar, deren Erziehungskonzept durch Orientierungslosigkeit und Inkonsequenz geprägt ist. Eine Art Zwischenstellung nehmen die sog. „Permissiven" ein, die den Medienangeboten nicht gänzlich ablehnend gegenüberstehen, sondern ihren Kindern eigene Medienerfahrungen zugestehen, auch wenn sie bestimmte Angebote selbst negativ bewerten. Siehe dazu die Auswertung der Eltern- sowie der Lehrerinterviews im Einzelnen in Paus-Hasebrink u.a. (2004). Zu einer analogen Typenbildung kommt die qualitative Rezeptionsstudie weiter unten.

zeptionswünschen der Kinder, die sich mitunter nicht mit jenen der Eltern decken. Offenkundig wird dies bei Sendungen wie *DBZ*. Bei den Mädchen wird dies in B besonders bei *DBZ* sichtbar: „Ich wollte mal *Dragonball Z* gucken, da hat meine Mutti das mit gesehen und mein Papa, und da haben die beiden gesehen, dass, ja dass da nur Kämpfen drin ist, und da haben sie gesagt, ich darf das nicht gucken, das *Dragonball Z*." (Johanna, 1. Klasse, B)

Auch bei den Sammelkarten und Stickern sind nicht alle Eltern damit einverstanden, dass ihre Kinder diese erwerben. So erzählt Jenny, 1. Klasse, aus C: „Meine Mutter sagt immer: ‚Was willst du eigentlich mit den Karten? Die liegen sowieso nur im Zimmer rum." Aussagen dieser Art finden sich in den Klassengesprächen öfter.

Allerdings gibt es auch Eltern, die billigere Merchandisingartikel, wie z.B. Zahnputzbecher oder Süßigkeiten von *Harry Potter*, akzeptieren und den Wunsch ihrer Kinder danach unterstützen. Der Wunsch der Kinder in den ersten Klassen nach entsprechenden Figuren beeinflusst auch den Kauf bestimmter Produkte. Wenn diesen Figuren (z.B. *Star Wars, Harry Potter*) beiliegen, wie dies etwa bei *Kelloggs Smacks* der Fall ist, entscheiden sich Kinder häufig für eben diese Produkte: „Und beim Plus, da gibt es, da kann man so *Smacks* kaufen, und da drauf steht manchmal mit Figuren, und da stand letztens *Star Wars* drauf, und da gibt's ne Figur, und da hab ich die *Smacks*, hat die Mama mir die *Smacks* gekauft" (Matti, 1. Klasse, A).

In den Schulen selbst stoßen die Kinder selten auf Verständnis für ihre Medien- und Sammelvorlieben. Die Lehrer aller drei ersten Klassen z.B. erlauben ihren Schülern zwar, Merchandisingartikel mit in die Schule zu nehmen, die Kinder dürfen jedoch nur in den Pausen damit spielen: „Wenn ich ab und an Sticker dabei hab', nimmt sie die Frau Hendriks ab, mir hat sie noch nie welche abgenommen, aber den anderen Kindern, da tun die manchmal die Gogos zeigen, und die ganzen Kinder machen dann einen Kaffeeklatsch und gucken, dann nimmt die Frau Hendriks die ihnen wieder weg. Und manchmal gibt die es ihnen dann nicht wieder" erzählt Fridolin aus A. Ähnliches erzählt auch Patrik aus B: „Wir lassen das immer im Ranzen, nur auf der Hofpause nehmen wir es manchmal raus, um es anzugucken (...)."

Auch die **Schulform** sowie die **sozialen Bedingungen**, unter denen die Kinder leben, beeinflussen ihre Umgangsweisen mit multimedial vermarkteten Produkten. Wie insbesondere die Klassengespräche in A erkennen lassen, unterliegen die Schüler und Schülerinnen der Hauptschule dort im Umgang mit Medien- und Merchandisingangeboten einem hohen Gruppendruck; einige Kinder der Klasse dort leiden unter der Arbeitslosigkeit ihrer Eltern. Finanzielle Probleme erschweren es den Kindern, mit anderen ‚mitzuhalten'. Dies wird vor allem im Gespräch mit der siebten Klasse in A deutlich; auch wenn das Thema Merchandisingartikel dort längst eine abnehmende Bedeutung hat, ist es in A zuweilen ein heikles Thema, bei dem auch soziale Hintergründe eine wichtige Rolle spielen, wie Gregorio deutlich macht: „Ich find es nicht gut, dass wenn manche, die geben halt voll an mit den Sachen, die sie haben, und machen halt die anderen Leute fertig, weil die das nicht haben"; Interviewerin: „Ist das bei Euch in der Klasse der Fall?"; Klasse: „Nein, ja natürlich ... "; Gregorio: „Manche Eltern sind jetzt arbeitslos geworden, aber nicht meine, die haben Arbeit in der Glashütte hier."

Die höhere formale Bildung, die die Gymnasiasten aus B genießen, prägt ebenfalls deutlich den Medienumgang der Kinder, mithin die Diskussion dort. Die Schüler und Schülerinnen verhandeln beispielsweise das Pro und Contra von Literaturverfilmungen wie *Herr der Ringe* oder *Harry Potter*; dort wurde das Thema *Harry Potter* sogar im Deutschunterricht behandelt. Die Kinder setzen sich auch mit Medien bzw. mit dem Thema ‚Werbung' kritischer auseinander als die Kinder an den anderen beiden Standorten.

2.4 Zur Differenzierung von Eltern- und Kindermarken

In einer von Individualisierungsprozessen geprägten Gesellschaft, die von relativer Wahlfreiheit einerseits aber auch von einer verwirrenden Vielfalt der Lebenskonzepte und Wertsysteme andererseits gekennzeichnet ist, stellt es Kinder zuweilen vor große Herausforderungen, die jeweils anstehenden Entwicklungsaufgaben zu bewältigen, ihre eigene Identität auszubilden, sich als Junge bzw. Mädchen selbst zu verorten, sich in ihren Stärken und Schwächen im Umgang mit anderen kennen und akzeptieren zu lernen und zu einem ausbalancierten Selbstkonzept zu gelangen. Dies geschieht jeweils vor dem konkreten Hintergrund ihrer Lebenswelt, ihrer Alltagserfahrungen.

Kinder müssen dabei ihre innere Realität mit den äußeren Anforderungen in der Familie, dem Kindergarten und der Schule bzw. in Klassenverbänden, in Peer-Groups und in Freundschaften in Einklang bringen. Das heißt zum einen, sich in die Familien- bzw. Klassengemeinschaft adäquat einzubringen und den eigenen Standort zu erkennen, zu reflektieren und zu vertreten, zum anderen gilt es, im Kindergarten oder der Schule den Erwartungen der Erziehungspersonen sowie den Leistungsanforderungen der Lehrer und Lehrerinnen gerecht zu werden. Dabei sehen sie sich allzu oft festgefügten, ritualisierten, nicht selten auch bürokratisierten Formen der Alltagsgestaltung gegenübergestellt, denen es standzuhalten gilt. Für Kinder gilt es jedoch längst nicht mehr, nur den zahlreichen Anforderungen gerecht zu werden, die mit der Notwendigkeit der eigenen Alltagsgestaltung zusammenhängen; vielmehr sehen sie sich auch einer Fülle medial geprägter Angebote und Verlockungen gegenüber. (Kommerzialisierter) Kinderalltag heißt auch Erlebnisalltag. In dieser Konsumfülle weisen ihnen (multimediale) Markenzeichen den Weg. Sie verweisen auf Angebote, die sich zum Zeitvertreib, zur Unterhaltung und zum Amüsement zu eignen scheinen, die Entlastung vom Alltag versprechen, mehr noch, die schlicht Erfolg in der Bewältigung der Alltagsaufgaben anbieten, die Orientierung verbunden mit lustvollem Erleben bereit halten. Medien und ihre Protagonisten können für Kinder zur symbolischen Bühne werden, auf denen Heranwachsende „probehandeln“, d.h. neue Handlungsmuster und -strategien gedanklich und emotional ausprobieren können, ohne ernsthafte Konsequenzen fürchten zu müssen. In diesem Kontext erscheint es keinesfalls als beliebig, welche Medienangebote junge Menschen auswählen, welches Baumaterial aus welchem ‚Steinbruch‘ sie nutzen, um sich ‚Wissen' für ihre Alltagsgestaltung herauszubrechen und für ihre Anliegen ‚umzugestalten'.

Kinder nutzen, wie die Auswertung der Einzelinterviews gezeigt hat, sehr unterschiedliche mediale Angebote zu einer probehaften Auseinandersetzung mit ihren Entwicklungsthemen, etwa der Selbstauseinandersetzung und der Verortung in der Auseinandersetzung mit anderen Menschen, Eltern, Erzieherinnen, Lehrern, Klassenkameraden, Peers, der besten Freundin bzw. dem besten Freund. Dies geschieht, je nachdem in welchem lebensweltlichen Kontext die Kinder ihre Aufgaben angehen müssen, in sehr unterschiedlicher Weise. Mit Medienangeboten positionieren sie sich, entweder indem sie die bei ihren Altersgenossen „angesagten“ Medienangebote ebenfalls favorisieren oder sich explizit, zuweilen auch unbestimmt und unentschieden, von ihnen absetzen. Sie folgen dabei den aktuellen Trends, die ihnen entweder in der Werbung oder über Personen in ihrem unmittelbaren Umfeld, zumeist über Gleichaltrige, nahe gebracht werden.

Die meisten Kinder, wie die vorliegende Untersuchung deutlich gezeigt hat, bleiben jedoch im Umgang mit diesen Angeboten weitgehend „unauffällig“, das heißt, sie nutzen die Fülle unterschiedlicher Medien, favorisieren diese jedoch deutlich weniger. Sie messen ihnen keinen Status bei, der prägende Relevanz für ihr Leben gewinnt. Es bilden sich zumeist keine starken Beziehungen aus, ihr Involvement bleibt unausgeprägt.[76]

Wirft man einen Blick auf die jeweils von ihrem Alter und ihrem Geschlecht geprägten Umgangsweisen der Kinder, so lassen sich unterschiedliche Beziehungsformen und -qualitäten identifizieren. Zentral erscheinen in diesem Zusammenhang das Erziehungsverhalten der Eltern sowie deren Reglementierung

---

[76] Siehe dazu ausführlicher die Auswertung der Einzelinterviews in Paus-Hasebrink u.a. (2004).

des Medienkonsums ihrer Kinder. Es wird deutlich, dass sich sowohl „Eltern-“ als auch „Kindermarken“ unterscheiden lassen.

Unter „Elternmarken“[77] sollen im Wesentlichen multimedial vermarktete Angebote verstanden werden, die das Wohlwollen der Eltern genießen und von ihnen selbst an die Kinder im Sinne des Gütesiegels „erlaubt“ bzw. „kindgerecht“ mithin „qualitätsvoll“ herangetragen werden. Eltern wissen um die hohe Bedeutung medialer Angebote im Alltag ihrer Kinder; die wenigsten von ihnen lehnen daher Medienangebote strikt ab; sie treffen vielmehr eine subjektiv bestimmte, dennoch im allgemeinen Tenor gesellschaftlichen Diskurses legitimierte Wahl vermeintlich adäquater Angebote, die ihnen entweder als das vermeintlich „geringere Übel“ erscheinen oder bei ihnen gar explizit als „erziehungstauglich“ gelten.

Als so genannte „Eltermarken“ lassen sich vor allem auf der Senderebene KI.KA und auf der Sendungsebene Angebote wie z.B. *Bob der Baumeister, Löwenzahn, Die Sendung mit der Maus*, *Pettersson und Findus, Logo*, *Sesamstraße*, *Biene Maja* und *Tigerentenclub* bezeichnen. Der Kinderkanal etwa bietet ein reichhaltiges, weitgehend gewalt- und werbefreies Programm, das Eltern ein gutes Gefühl bietet: Auf diesem Sender können die Kinder ihrer Ansicht nach ein Programm finden, das den eigenen Erziehungszielen nicht zuwiderläuft, sie vielmehr sogar unterstützt oder die Eltern zeitweilig von ihren Aufsichts- bzw. Erziehungsverpflichtungen entlastet. Kinder akzeptieren zuweilen, je nach lebensweltlichem Umfeld und eigenem Interesse, das elterliche Gebot und genießen diese Angebote, die bei den Eltern auf große Akzeptanz stoßen, machen sie mitunter sogar mit besonderem Involvement zu *ihrem* Anliegen bzw. zu ihrer Marke. Dies gilt insbesondere für jüngere Kinder, ganz besonders im Kindergartenalter, und für Mädchen. Die meisten Kinder, die sich einer Elternmarke bedienen, stammen aus streng-reglementierenden Elternhäusern. In diesen Fällen erlauben die Eltern ihren Kindern vor allem Medienangebote mit Qualitätsanspruch, womit werbefreies, informatives und lehrreiches Programm für Kinder gemeint ist. Dazu gehören auch entsprechende Videos und Computerspiele, z.B. zu *Löwenzahn,* die den Erziehungszielen der Eltern nicht entgegenstehen bzw. diese explizit unterstützen.

Da die Eltern zumeist andere Merchandising-Produkte ablehnen – sie möchten, dass ihre Kinder sich über soziale Werte definieren – und ihnen daher bedingt kleinere Dinge wie Figuren, Stickeralben oder gelegentlich auch ein Video erlauben, findet sich unter diesen Kindern kaum eines, das eine besonders inten-

---

77 In diesem Sinne lassen sich mediale Angebote auch als „Erzieher-“ bzw. „Lehrermarken“ (so genannte „Erwachsenenmarken“) definieren.

sive Medienmarkenbeziehung ausbildet. Als Ausnahme ist die siebenjährige Hannelore zu nennen; sie vertritt die Elternmarke KI.KA mit großer Intensität und hat dieses von ihren Eltern goutierte Fernsehangebot geradezu zu *ihrer* Marke konstruiert. Zu Hannelores Sendungspräferenzen zählen insbesondere die Zeichentrickserien *Heidi* und *Wickie*; diese Sendungen verfolgt sie mit hohem Involvement. Sie gibt an, „manchmal ganz schön sauer" zu werden, wenn sie ihre Lieblingssendungen mal nicht sehen kann. Videos bzw. Kassetten zu ihren Favoriten besitzt sie jedoch nicht.

Wie auch Hannelore besitzen die meisten Kinder, die Elternmarken favorisieren, nur wenige Merchandisingartikel; die meisten von ihnen haben sie – oft auch ohne Zustimmung der Eltern – als Geschenk von den Großeltern erhalten oder auch von Freunden, etwa zum Kindergeburtstag. Multimedial angebotene Produkte wie etwa *Pokémon* und *Dragonball Z* spielen in der Lebenswelt dieser Kinder kaum eine Rolle, da ihre Eltern diese Angebote durchweg ablehnen.

Als „Kindermarken" hingegen lassen sich multimedial dargebotene Produkte beschreiben, die Kindern die Möglichkeit bieten, *ihre* Anliegen, zumeist deutlich als Abgrenzung von den Eltern und als erste Versuche, Unabhängigkeit und Eigenständigkeit zu erlangen und zu präsentieren, zu bearbeiten. Kinder nutzen diese Angebote und konstruieren sie als *ihre* eigene Medienmarke, die sich in Abgrenzung zu den Eltermarken als Kindermarken bezeichnen lassen.[78] Dabei sind es vor allem die Kinder aus permissiv und konzeptlos erziehenden Elternhäusern, die Medienangebote für sich zu einer Medienmarke bzw. Kindermarke konstruieren.

Eine bedeutsame Kindermarke ist zum Zeitpunkt der Befragung insbesondere *Dragonball Z*. Dieses multimedial vermarktete Produkt nimmt bei den Kindern, vor allem bei Jungen, einen hoch favorisierten Status ein; es unterbreitet ihnen ein Angebot, das sie „selbstbestimmt" nutzen können, indem sie es ihren Interessen und Bedürfnissen in der Gestaltung ihres Alltags gemäß in ihren Selbst- und Sozialauseinandersetzungsprozessen in Familien, mit Peers, in Freundschaften, in den institutionellen Gruppen der Schule einsetzen. Auch hierbei

---

[78] Kinder aus konzeptlos erziehenden Familien tendieren zu einer besonders ausgeprägten Beziehung zu Medienangeboten. Vier von den insgesamt sechs Kindern von konzeptlos erziehenden Eltern bzw. Müttern nehmen im Hinblick auf *Dragonball Z* einen Fanstatus ein; siehe dazu das Kapitel „Medienmarkenbeziehungen am Beispiel der Erfolgsserie *Dragonball Z*" sowie die analogen Ergebnisse der repräsentativen Rezeptionsstudie in diesem Band.

lassen sich wiederum Kinder unterscheiden, die *DBZ* entweder zur Integration[79] oder – sehr viel seltener – zur Abgrenzung in ihren Peer-Groups einsetzen.

Eine „Kindermarke“ funktioniert erst dann als eine solche, wenn möglichst viele Kinder die im Produkt angelegte „Lesart“ übernehmen. Weichen sie von dieser dominanten Lesart ab, so zeigt sich, dass sie dieses Angebot nicht im Sinne seiner integrativen Funktion in Peer-Groups nutzen können.[80]

Die Angebote rund um *Harry Potter* sowie – vor allem auch für einige ältere Kinder – *Herr der Ringe* spielen im Hinblick auf die Fragestellung der Studie eine besondere Rolle. Dabei handelt es sich um ein Zwischenstück zwischen den „Eltern-“ und den „Kindermarken“. *Harry Potter* basiert wie auch *Herr der Ringe* auf einer Bucherzählung, so dass selbst streng-reglementierende Eltern, die für ihre Kinder vor allem das Buch als am besten geeignetstes Medium einschätzen, etwa *Harry Potter* nicht generell ablehnen.[81] Viele Kinder haben die Buchvorlagen gelesen und anschließend auch die Kinofilme gesehen. Einige besitzen die dazugehörigen Videokassetten, Computer- und Playstationspiele. Im Hinblick auf *Harry Potter* und *Herr der Ringe* zeigt sich allerdings ein anderer Umgang als bei *DBZ*. Beide Angebote, hauptsächlich für Kinder in der mittleren Altersstufe attraktiv, können zum einen als „Elternmarken“ betrachtet werden; selten stoßen die Kinder bei ihren Eltern auf Widerspruch, wenn sie sich mit den Filmen, den Büchern oder dazu gehörigen Merchandisingartikeln beschäftigen. Zum anderen bieten diese Produkte ihnen Stoff für ihre Themenanliegen Magie, Zaubern und Freundschaft. Deutlich wird aber auch, dass Kinder zu diesen Angeboten keine ausgeprägte Fan-Beziehung[82] aufbauen; sie nutzen zwar die Fülle der Produkte, zeigen dabei jedoch ein schwächeres Involvement als bei der Nutzung etwa von *Pokémon* oder *DBZ.* Zwar können sich viele Kinder vorstellen, in die Rolle von *Harry Potter*, *Hermine, Ron*, *Frodo* oder eines *Jedi-Ritters* zu schlüpfen, einen derartig starken Bezug zu diesen Figuren wie sie ihn zu

---

79 Als ein auffälliger Ausnahmefall lässt sich in diesem Kontext Marco aus C bezeichnen; er ist geistig behindert und besucht als so genanntes Integrationskind eine Regelschule in C. Marcos Eltern kaufen ihrem Sohn *Pokémon*-Artikel in der Hoffnung, dass ihm über diese Produkte die Integration in seinen Klassenverband gelingt.

80 Siehe dazu das Beispiel von Thomas im Kapitel „Medienmarkenbeziehungen am Beispiel der Erfolgsserie *Dragonball Z*“.

81 Eine Ausnahme bilden innerhalb der streng-reglementierenden Eltern lediglich am Standort B die expliziert christlich erziehenden Eltern. Sie lehnen aufgrund ihrer (christlichen) Glaubens- und Lebenseinstellung gewisse Figuren, Sendungen und Genres sowie die dazugehörigen Marken explizit ab. Dazu zählt *Harry Potter.* In ihm sehen sie eine Art „Jesus-Ersatz, der messianischen Anspruch erhebt“ (Herr Heilig, Vater der neunjährigen Julia aus B). Außerdem bewerten sie generell Cartoons und Produkte wie etwa *Pokémon* ausgesprochen negativ: „ (...) weil das sind ja Pocketmonster und wir sind Christen, deswegen kommt das für uns gar nicht in Frage“ (Frau Lang, Mutter der sechsjährigen Helga aus A).

82 Siehe dazu das Kapitel „Medienmarkenbeziehungen am Beispiel der Erfolgsserie *Dragonball Z*“.

ihren *DBZ*-Helden aufbauen, lässt sich bei *Harry Potter* und *Herr der Ringe* jedoch nicht beobachten. Wenngleich die Kinder vor allem von den Eigenschaften ihrer Favoriten wie dem Zaubern, dem mutigen Verhalten der Buch- bzw. Filmhelden oder deren Aussehen angetan sind, so bleibt dennoch eine gewisse Distanz spürbar, möglicherweise auch deshalb, weil diese Helden nicht täglich auf dem Bildschirm anzutreffen sind, sondern nur im Kino bzw. über Video und Buch erlebt werden können.

Mitunter sind Kinder, die *Harry Potter* und *Herr der Ringe* favorisieren, auch im Besitz einiger Sammel- und Merchandisingangebote wie Sticker und Poster. Einige Kinder beklagen jedoch den hohen Preis dieser Produkte; daher finden sie sich kaum in den Kinderzimmern der Probanden. Schließlich müssen die meisten Kinder für Produkte dieser Art ihr Taschengeld aufwenden.

2.5 Medienmarkenbeziehungen am Beispiel der Erfolgsserie *Dragonball Z*

Im Unterschied zu den Kindern, die zwar zahlreiche Medienangebote rezipieren, Merchandisingangebote nutzen und – wenn auch mit geringerem Involvement – Markenbeziehungen aufbauen, zeigt sich bei insgesamt sechs Kindern (fünf Jungen und einem Mädchen) im Sample der insgesamt 36 Einzelinterviews ein anderes Bild. Diese Kinder bilden eine besonders intensive Beziehung zu Medienangeboten aus, die für sie – wenn auch aus unterschiedlichen Motiven vor dem Hintergrund unterschiedlicher lebensweltlicher Bedingungen – eine außergewöhnliche Relevanz erreichen.[83] Sie konstruieren das mit klaren Markenzeichen versehene Angebot zu *ihrer* „Marke“, zu einem Markstein in ihrem Alltag, indem sie den ihnen wichtigen medialen Symbolangeboten (es handelt sich dabei in erster Linie um von ihnen hoch favorisierte tragende Protagonisten von Medienmarkenangeboten) einen Status verleihen, der diese zu Wegweisern und Weggefährten macht – wichtiger zuweilen gar als Personen in ihrem unmittelbaren Alltag, als Eltern, Peers und Freunde. Die Kinder nehmen – von ihnen selbst im Interview so bezeichnet – die Rolle von Fans[84] ein. Auffällig erscheint dabei,

---

83 Es finden sich auch Kinder, die eine ausgesprochene Fanbeziehung zu unspezifischen medialen Angeboten aufbauen, wie etwa der fünfjährige Jonathan. *Seine* Welt dreht sich um Dinosaurier in allen Variationen; siehe dazu das entsprechende Fallbeispiel im Anhang zur qualitativen Rezeptionsstudie in: Paus-Hasebrink u.a. (2004).

84 Der Begriff Fan verweist dabei auf eine von hoher emotionaler und affektiver Beteiligung geprägte Beziehung eines Individuums zu den Objekten seiner Verehrung; siehe dazu: Göttlich/Krischke-Ramaswamy (2002, 166). Eine zentrale Rolle im Kontext der Fan-Forschung spielt zudem die Verbindung zu Gleichgesinnten, die im Zusammenhang mit der Beziehung zu dem favorisierten Objekt, einem Star oder auch einer Sendung, wie in diesem Fall, gelebt werden kann. Diese Fans zählen zu den dezidiertesten, zuweilen auch auffälligsten Rezipienten populärer Kultur; sie gelten als extreme Rezipienten (168). Wichtig erscheint im

dass sich alle sechs Kinder auf ein und dasselbe Angebot beziehen: auf die multimedial vermarktete Fernsehserie *Dragonball Z*, eine Anime-Serie, die bis Anfang des Jahres 2003 mit großem Erfolg auf RTL II lief und der nach ihrer wiederholten Fernsehausstrahlung der Kinofilm *Dragonball Z* im März 2003 folgte.

Im Folgenden sollen nun diese sechs Kinder mit ihren ganz speziellen Medienmarkenbeziehungen[85] genauer vorgestellt werden. Die jeweiligen Beziehungen und die sie prägenden Handlungsweisen der Kinder werden dabei im Hinblick auf ihre jeweiligen psychischen und sozialen Strukturen vor dem Hintergrund ihrer Alltagskonstellationen im Kontext mit dem Symbolangebot *Dragonball Z* beschrieben. So kann deutlich werden, wie die Kinder das Medien(marken)angebot *Dragonball Z* mit der Fülle seiner multimedialen Markenzeichen für sich zu einer stabilen Marke konstruieren, auf der sie in einem stürmischen, sie bedrängenden bzw. sie bedrohenden Alltag Halt zu gewinnen trachten, die ihnen einen Ruhe- aber auch Erlebnispol bietet, mit der sie glauben, sich wehren zu können, der sie jedenfalls das Gewicht zutrauen, ihnen selbst in ihrem Alltag Position zu verschaffen. Ein Blick auf das Konstruktionsprinzip der Serie und ihrer Begleitartikel leitet dieses Kapitel ein.

2.5.1 Dragonball Z: das Symbolangebot[86]

In der Serie stehen zwei Themenbereiche als Handlungsträger im Vordergrund. Dies ist zum einen die Suche nach den Dragonballs, die der Sendung ihren Namen gibt. Das Ziel ist es, sieben magische Kugeln zu finden, mit deren Hilfe ihr Besitzer sich einen oder mehrere Wünsche erfüllen kann.[87] Dabei versuchen immer mehrere Parteien, in den Besitz der Drachenbälle zu gelangen, die sie

---

Kontext der vorliegenden Untersuchung die Feststellung von Göttlich und Krischke-Ramaswamy, dass Prozesse des Marketing und die Zunahme von Merchandising zum einen zu einer stärkeren Fragmentierung und zum anderen zu einer Durchdringung von Fankulturen beigetragen haben; diese erleben nun ihrerseits – in der Pflege ihrer Fanbeziehung – durch neue Medien wie etwa das Internet neue Möglichkeiten der Globalisierung (171). Zu beachten ist aber auch, dass – wie im Fall von *Dragonball Z* – ein globalisiert dargebotener Inhalt lokale Fangruppen kreiert, wie dies bei Kindern im Kontext ihrer Klassenbeziehungen der Fall ist.

85 Die vorliegenden, im Kontext dieser Untersuchung identifizierten Beziehungsarten erheben keinen Anspruch auf Vollständigkeit. Es erscheint vielmehr wahrscheinlich, dass sie die Möglichkeiten von Umgangsweisen der Kinder mit Medienmarkenangeboten nicht vollständig abbilden; andere Probandengruppen in anderen sozialen Konstellationen sowie die Nutzung anderer Formatvarianten legen prinzipiell andere Medienhandlungsweisen und Beziehungsarten nahe.

86 Die Ausführungen dieses Kapitels beruhen auf der Produktanalyse von Michelle Bichler; siehe dazu Bichler/Pluschkowitz 2004.

87 In einigen Episoden der *Dragonball Z*-Serie wird sogar auf die Suche nach den Wunschkugeln verzichtet; die Konzentration liegt ausschließlich auf den Kämpfen zwischen Gut und Böse, so zum Beispiel in der *„Radditz-Saga“*, der *„Cell-Saga“ und* der *„Buu-Saga“*.

dazu anderen Beteiligten mit List, zumeist jedoch mit Gewalt, abringen müssen. Damit gestaltet sich die Suche nach ihnen spannend; sie wird von zahlreichen Auseinandersetzungen geprägt. Zum anderen steht das Trainieren der Kampfkünste der Helden im Mittelpunkt der Handlung. Der actiongeladene Kampfteil in den Geschichten stellt den bedeutungsstärkeren und sowohl zeitlich als auch inhaltlich präsenteren Teil in den *Dragonball Z*-Geschichten dar.[88]

Die etwa zwanzigminütigen Episoden der Fernsehserie *DBZ* bauen aufeinander auf, Geschehnisse aus bereits gezeigten Folgen und Sagas werden für das Verständnis der Serie als Basiswissen vorausgesetzt (vgl. Paus-Haase/Lampert 2002, Paus-Hasebrink/Lampert 2003). Das Verständnis wird u.a. dadurch erschwert, dass die Figuren nicht eindeutig festgelegt bzw. „einem Lager" zuzuordnen, sondern vielschichtiger sind. Sie entwickeln sich im Verlauf der einzelnen Geschichten und wachsen von teilweise naiven Kindern und Teenagern zu Erwachsenen heran; dabei wechseln sie gelegentlich die Fronten, d.h. die guten Charaktere können zu bösen mutieren, aber auch die bösen zu guten avancieren. Die gesamte *„Dragonball*-Welt" erschließt sich dem Zuschauer in ihrer Komplexität erst, wenn er alle Folgen gesehen hat oder über die Systematisierungsangebote in anderen Medien (Internet, Zeitschriften etc.) informiert wird.

In der *„Dragonball*-Welt" existieren verschiedene Völker. Das wichtigste Volk, von dem der Hauptheld *Son-Goku* abstammt, sind die *Saiyajins*, ihr Heimatplanet ist *Vegeta*. Äußere Kennzeichen dieses Volkes sind der sportliche Körperbau, die schwarzen Haare und ein Affenschwanz. Die *Saiyajins* sind ursprünglich aggressiv, sehr stark und können ihre Kraft durch Training steigern. Zudem verfügen sie über die Fähigkeit, sich in einen *Oozaru* (Affen) zu verwandeln und beherrschen die Kampftechnik des *Super Saiyajins*. Die *Saiyajins* können ihre Kraft potenzieren und dadurch immer stärkere Gegner besiegen.

Son-Goku, der zentrale Protagonist der Serie, spannt über seine Person den Rahmen über alle Geschichten und Folgen; er allein ist in jeder Episode und in jeder Saga anzutreffen; andere kommen, gehen, sterben oder tauchen nach Jahren wieder auf, während er, ob tot oder lebendig, immer prägender Akteur der Geschichte ist.

Die Serie befasst sich inhaltlich vordergründig mit den Themen „Kampf und Rettung der Welt" wie auch „Weiterentwicklung der eigenen Kampfkünste". Jede Saga präsentiert den Rezipienten einerseits einen neuen Bösewicht, der den

---

88 Der Humor, der den Vorläufer *Dragonball* charakterisierte, ist beinahe vollständig aus der Serie gewichen, und obwohl die Dragonballs noch immer eine wichtige Rolle spielen, stehen vor allem die sich stetig steigernden Kampftechniken und Gefechte der Helden im Mittelpunkt.

Helden und der Welt, in der sie leben, Gewalt antun will. Die daraus resultierenden zahlreichen Kämpfe stellen andererseits die Leistungssteigerungen der einzelnen Akteure in deren kraftraubenden Trainingseinheiten dar. Demnach müssen sich die Helden mit Themen wie Tod, Machtstreben, Angst, Verlust, aber auch Teamgeist, Freundschaft oder Selbstlosigkeit auseinander setzen. Die durch die Vereinigung der Dragonballs realisierbaren Wünsche werden größtenteils dazu benutzt, verstorbene Freunde oder auch Feinde wieder zurück ins Leben zu rufen. Die allseits präsente Gegenwart des Todes – es ist jederzeit möglich, dass eine Figur (sogar ein Hauptheld) stirbt – führt dazu, dass selbst vor dem Jenseits nicht Halt gemacht wird und einzelne Helden auch dort weiter ausgebildet werden, um neue Kampflevels zu erreichen.

Diese für Zeichentrickserien ungewöhnliche dramaturgische Aufbereitung und Komplexität sowie das etwas andere Themenspektrum grenzen *Dragonball Z* von anderen animierten Kindersendungen ab und spielen bei der Markenbildung der Serie eine wesentliche Rolle. Den Kindern wird sozusagen eine innovative Seite auf dem Gebiet des Zeichentricks geboten, die sie vorher nicht kannten. Die Serie gestaltet sich anspruchsvoller, aber sie wirkt vielleicht gerade deshalb reizvoller, da der Überblick über die erzählten Abenteuer und das genaue Wissen über Geschichten, Figuren und Zusammenhänge erst nach steter Rezeption erlangt werden kann. Wie die Ergebnisse der Klassengespräche und Einzelinterviews zeigen,[89] messen sich die Kinder an ihren Kenntnissen über *Dragonball Z* und finden Gefallen an der – den Fernsehprogrammen für Erwachsene ähnlichen – komplexeren Sendungsstruktur. Über die gemeinsame Kommunikation in den Peer-Groups entstehen dabei Moden und Trends, welche die Kinder jedoch unter Druck setzen können, da sie über das nötige Wissen verfügen müssen, um mitreden zu können. So versuchen manche Kinder, die Serie heimlich zu sehen, wenn ihnen die Rezeption von ihren Eltern verboten wird.[90]

Da *Dragonball Z* eine typische Action-Serie ist, kommt der Konfliktdarstellung und ihrer Bewältigung eine entscheidende Rolle zu. Die stereotype, in vielen Serien zu findende Aufteilung der Akteure in das stupide Schwarz-Weiß-Schema „Gut versus Böse“ wird aber dahingehend aufgelöst, dass die Charaktere wirk-

---

89 Siehe dazu auch Götz (2002, 42).

90 Der fünfjährige Jannik ist ein besonders eindrucksvolles Beispiel dafür, wenngleich sich seine Vorliebe nicht auf *DBZ* sondern auf *Pokémon* bezieht. Er würde sich gern über *Pokémon* in seine Peer-Group integrieren, seine Eltern lehnen dieses Angebot jedoch strikt ab und verbieten ihrem Sohn jegliche Nutzung. Jannik antwortet darauf mit einer Simulation; er phantasiert sich in die ihm eigentlich unbekannte *Pokémon*-Welt derartig hinein, dass er immer wieder im Einzelinterview auf *Pokémon* zu sprechen kommt, dabei aber unterschiedliche Fernsehinhalte aus Unkenntnis der Serie miteinander vermischt Siehe dazu die Kindergartenteilstudie zur qualitativen Rezeptionsstudie im Anhang in Paus-Hasebrink u.a. (2004).

lichkeitsgetreuere Wesenszüge und Eigenschaften besitzen als in Serien mit strikten Held-Bösewicht-Abgrenzungen. Die „Guten“ haben ebenso ihre Fehler und Schwächen wie ihre Widersacher, natürlich nicht in deren Ausmaß, jedoch sind diese immerhin erkennbar vorhanden. So ist *Son-Goku* etwa für seine Naivität, *Piccolo* für sein argwöhnisches Misstrauen allem und jedem gegenüber und der *Rinderteufel* für seine Feigheit bekannt. Das Überwinden der eigenen Schwächen kennzeichnet die Helden der Serie, und mit den Erfahrungen, die sie im Laufe einer Staffel sammeln, entwickeln sie sich weiter, werden reifer, stärker und verantwortungsbewusster. Die Bösewichte sind im Gegenzug auch nicht absolut negativ gezeichnet. Viele von ihnen lernen im Laufe einer oder mehrerer Staffeln die Vorzüge ihrer Gegner kennen und wechseln nicht selten die Seite. So bleibt die Geschichte interessant, da immer wieder unerwartete Geschehnisse auftreten können, und die Zuseher sind andererseits in der Lage, sich besser mit den Figuren zu identifizieren, da ihnen menschlichere Wesenseigenschaften zugeschrieben werden. Vor allem *Son-Goku*, der Held der Serie, fasziniert durch seine außergewöhnliche Stärke, seine besonderen Fähigkeiten, seine äußere Erscheinung und seinen Humor.

Die große Fülle an ästhetisch andersartig gezeichneten Haupthelden liefert den jungen Rezipienten eine breite Palette an Identifikationsfiguren, die sie zur Kreativität anregen.[91] Jeder der vorwiegend männlichen Akteure hat seine ganz eigenen Stärken und Schwächen, und die Kinder können sich denjenigen auswählen, der sie am meisten anspricht oder charakterisiert. Die Entwicklung der einzelnen Charaktere führt dazu, dass sich das Beziehungsgeflecht zwischen den Figuren im Laufe einer oder mehrerer Staffeln ändern kann. Aus Hass zwischen ehemaligen Feinden wird durch das Schätzen lernen der gegenseitigen Fähigkeiten eine emotional neutrale Beziehung, die schlussendlich zu einer guten Freundschaft führen kann, wie etwa jene zwischen *Son-Goku* und *Piccolo*.

Obwohl die Helden ein fantastisches Aussehen aufweisen und sie mit fantastischen Waffen und Techniken kämpfen, verlieren sie dennoch nicht gänzlich den für Kinder auch wichtigen Bezug zur Wirklichkeit. Ihnen obliegen neben ihrer Tätigkeit als Held auch noch andere Verpflichtungen, wie etwa Familienbetreuung oder ihre Arbeit etc. Die Helden erleben zwar in ihren Abenteuern außerordentliche körperliche Verwandlungen, werden jedoch nach ihren Kämpfen wie-

---

91 In den Interviews finden sich zahlreiche Anhaltspunkte dafür, dass Kinder durch die Figurengestaltung dazu angeregt werden, selbst kreativ zu werden und die Protagonisten nachzeichnen.

der zu „gewöhnlichen“ Sterblichen. Die Tatsache, dass sie ebenfalls nicht davor gefeit sind zu sterben, unterstreicht dies zusätzlich.[92]

2.5.2 Markenrelevante Charakteristika der Serie

Betrachtet man nun die Serie *Dragonball bzw. Dragonball Z* unter dem Aspekt der Markenbildung, so zeigen sich in ihrer Konzeption sowohl zahlreiche formale wie auch inhaltliche Elemente als wichtige Ingredienzien:

Die Produzenten zielen explizit auf ein spezifisches Publikum, die männlichen Rezipienten.[93] Diese Zielgruppeneingrenzung drückt sich in der Themenwahl wie Machtdemonstration, Kampf, Steigerung der eigenen Kräfte aus; sie sind vorrangig auf Jungen zugeschnitten und werden auf sehr dynamische, actionreiche und zuweilen äußerst brutale Art und Weise umgesetzt, indem etwa die Konsequenzen der Gewaltakte unmissverständlich ins Bild gehoben werden. Physische Gewalt steht im Vordergrund der Handlung. Der gezielte Einsatz von Humor verleiht den Geschichten zudem einen größeren Unterhaltungswert, ernste Themen sowie Gewaltdarstellungen werden damit abgeschwächt. Dieser „andere“ Umgang mit dem Thema Gewalt sowie die explizite Thematisierung von Körperlichkeit und Sexualität (in Form von Schlüpfrigkeiten und sexistischen Anspielungen) stellt insbesondere für pubertierende Jungen ein Faszinationspotenzial dar,[94] das in dieser Form aus anderen Cartoons nicht bekannt ist. Die Elemente Realitätsnähe auf der einen und Wirklichkeitsverfremdung auf der anderen Seite können neben dem Einsatz von Körperlichkeit und Sexualität, gemischt mit hohen Gewaltanteilen, als wichtige markenrelevante Strategiemerkmale von *Dragonball Z* bezeichnet werden.[95]

Ein weiteres markenrelevantes Merkmal der Serie zeigt sich in ihrer Komplexität. Die Episodenabenteuer erzählen eine sich fortsetzende Geschichte, wodurch regelmäßige Rezeption unabdingbar ist. Die sich im Laufe der Staffeln steigernde Anzahl an Handlungsträgern erschwert den jungen Zuschauern das Verstehen der Geschichte zusätzlich. Doch gerade diese komplexe Handlungsstruktur, die *Dragonball Z* von anderen Zeichentrickserien abhebt, schürt das

---

92 Das Doppelgängermotiv, die Verwandlung von einer eher alltäglichen Person in einen Helden mit übernatürlichen Fähigkeiten, erleichtert Kindern die Identifikation. Sie bietet sich an für Wunschphantasien und hält Projektionsmöglichkeiten des ängstlichen Ichs auf den furchtlosen Helden bereit; siehe dazu Paus-Haase (1994, 237), vgl. dazu auch Bergmann (1992).

93 Weitaus die meisten Rezipienten dieser Serie sind denn auch männlich; Mädchen lehnen, wie die Auswertung der Klassengespräche sowie der Einzelinterviews zeigt, *DBZ* zumeist explizit ab; siehe dazu die Ergebnisse der Rezeptionsanalyse.

94 Siehe dazu auch die Ergebnisse der Einzelinterviews im Detail in Paus-Hasebrink u.a. (2004).

95 Diese Elemente sind aus normativer Sicht als problematisch zu bewerten; siehe dazu Paus-Haase/Lampert (2002) sowie Paus-Hasebrink/Lampert (2003).

Interesse des jungen Publikums und kann somit als ein weiterer markenrelevanter Aspekt genannt werden, wie die Auswertung der Klassengespräche deutlich zeigt.[96] Die vielen unterschiedlichen Helden mit unterschiedlichen Eigenschaften, Fähigkeiten und Verhaltensweisen bieten den Kindern die Möglichkeit, aus einem Pool an Identifikationsfiguren auszuwählen. Damit ist, wie die häufige Nennung von *DBZ*-Protagonisten bei den unterschiedlichsten Kindern zeigt, die Chance groß, dass für jeden Geschmack etwas bzw. jemand dabei ist. Außerdem sind die Anime-Charaktere vielschichtiger und realistischer konzipiert, da auch ihre Schwächen und Fehler dargestellt werden und ihre Beziehungen untereinander mitunter sehr kompliziert und komplex erscheinen. Die Helden in *Dragonball Z* sind keine perfekten Helden, sie erreichen vielmehr mit Disziplin, hartem Training und festem Glauben an sich selbst ihr Ziel; diese Helden entwickeln sich, sie werden älter.[97] Dieser Form der Realitätsnähe ist ein starkes Bindungspotenzial inhärent, das mehr zu fesseln vermag als es Helden gelingen kann, die immer gleich bleiben. Kinder können sich damit leichter mit ihrem Bildschirmhelden identifizieren; sie können mit den Serienfiguren mitwachsen.

Zusätzlich zur serieneigenen Markenprofilierung gewinnt die umfassende Palette an zum Teil sehr teuren, damit auch exklusiv erscheinenden Merchandisingprodukten, die den Bekanntheitsgrad der Serie stärkt, auch für ihre Rezipienten, insbesondere ihre Fans, markenrelevante Bedeutung; sie können sich auf allen sinnlichen Ebenen mit ihren Favoriten beschäftigen. Denn neben unzähligen Artikeln wie Schulmappen, Tassen, Rucksäcken, Stickern, Postern etc. können einzelne Episoden auf Hörspielkassetten, Videos oder CD-ROMs und die zur Serie äquivalenten Comichefte (Manga) erworben werden. *Son-Goku* und seine Freunde sind somit nicht nur am Bildschirm zu sehen, sie sind geradezu allgegenwärtig präsent.

---

96 Siehe dazu etwa die Auswertung des Klassengesprächs in den siebten Klassen in Paus-Hasebrink u.a. (2004).

97 Das Moment der Entwicklung zeigt sich auch bei der ebenfalls sehr erfolgreichen und multimedial vermarkteten Fernsehserie *Pokémon* als Erfolgsgarant; siehe dazu Paus-Haase/Wagner (2002) sowie Paus-Hasebrink (2003). Damit ist es keinesfalls als zufällig zu werten, dass für viele Kinder, so auch für die *DBZ*-Fans in diesem Kapitel, *Pokémon* als „Vorläufer-Serie“ zu *DBZ* gilt. Diese Serie ist darüber hinaus so angelegt, dass sie auch formal verschiedene Angebote unterbreitet. So folgt auf *Dragonball* die gewalthaltigere, actionreichere Serie *Dragonball Z*, in der der Held nunmehr erwachsen ist. Auf *DBZ* folgt *Dragonball GT*, eine zum Zeitpunkt der Untersuchung bislang noch nicht ausgestrahlte Fortsetzung, in der die Suche nach den magischen Dragonballs auf das gesamte Universum ausgedehnt werden soll. Nach *Dragonball* wird in der RTL II-Nachmittagsschiene *Yu-Gi-Oh* ausgestrahlt, eine Anime-Serie, die in ihrer formalen und inhaltlichen Gestaltung wiederum an *Pokémon* erinnert, dies jedoch in einer moderneren, weil dynamischeren und mit dem Musikgeschmack älterer Zielgruppen ausgestatteten Version. Diese Vorgehensweise nimmt Rücksicht auf die von Klaus Neumann-Braun diskutierte „Verjüngung“.

2.5.3 Vom Kämpfen und Gewinnen, vor allem aber vom Wünschen: Medienmarken als Bausteine für Beziehungskonstruktionen – Dragonball Z und seine Fans

Daniel (9, C), Mathias (9, B), Stefano (13, A), Theo (13, A) und Elfi (14, C): Sie alle sind explizite Fans von *Dragonball Z*. Jeder von ihnen bezeichnet sich im Einzelinterview selbst so; Daniel sieht zwar klar, dass es sich bei *DBZ* „nur um eine Sendung handelt (...), aber ich kann irgendwie nicht aufhören, der Fan davon zu sein; (...) erst wenn ich alle Folgen kenne, dann hör ich dann auf langsam zu gucken". Auch Elfi lässt ein außergewöhnlich hohes Involvement erkennen, wenn es um ihre Lieblingsserie geht. Sie selbst nennt ihr Verhalten gar „Sucht". *DBZ* beherrscht ihren Alltag; um die Zeit des Wartens auf die Serie zu überbrücken, beschäftigt sie sich mit deren multimedialen Ablegern, mit den Sites im Internet, mit Chatten zum Thema *DBZ,* oder sie wendet sich ihren zahlreichen Merchandisingartikeln zu. Stefano schränkt für sich ein: „Also, ich bin zwar nicht süchtig und so, aber ich bin schon ´n Fan, aber net so ganz, also, ich steh auch auf ´was andere Sachen". Für Theo gehört die Serie *DBZ* ebenfalls fest zum Alltagsritual: „Doch manchmal verpass ich sie, aber meistens guck ich sie mir an". Mathias verpasst die Serie auch nur, wenn seine Mutter ihm „Fernsehverbot" erteilt hat; sonst gehört sie fest zu seinem Alltag dazu.

2.5.3.1 Thomas – *DBZ* als Mittel zum Zweck: Die eigene Lesart verhindert die ersehnte Integration

Auch Thomas' (11, C) Welt dreht sich um *Dragonball Z.* Anders jedoch als bei Daniel, Elfi, Stefano, Theo und Mathias, die Fans, verfolgt Thomas mit seiner regelmäßigen Rezeption eine Strategie. Damit unterscheidet sich Thomas von den eigentlichen Fans der Serie; diese sind, wie es Göttlich und Krischke-Ramaswamy definieren (2002, 171), „Fans *von* etwas". Ihnen geht es nicht darum, mit dem Bekenntnis zum Fan-Sein „etwas zu erreichen" (ebd.). Bei Thomas dreht sich sein „Fan-Sein" von *DBZ* im Wesentlichen darum, über *DBZ* in seiner Peer-Group akzeptiert zu werden. Thomas möchte so viel wie eben möglich von der Serie mitbekommen, um in seiner Klasse – er besucht eine Gesamtschule – mitreden zu können; seine Eltern, mit denen sich Thomas nicht gut versteht, machen ihm dieses Unterfangen schwer. Thomas Vater arbeitet in mittlerer Position in einem großen deutschen Unternehmen, seine Mutter ist Krankenschwester; sie stehen dem *Dragonball Z*-Konsum ihres Sohnes sehr skeptisch gegenüber. So darf er nur jeden zweiten Tag die Serie im Fernsehen sehen. Dieser Kompromiss ist zustande gekommen, weil immerhin seine Mutter für seinen *DBZ*-Konsum Verständnis hat: „Meine Mutter (seufzt), die wie ... die weiß, dass ich das jeden zweiten Tag gucke. Mein Vater natürlich auch. Aber meine Mutter, da geht's so, denn die hat auch früher was geguckt, was ... was ihre Eltern (...) ja, was ihre Eltern auch nicht mochten. Ja, und deswegen versteht sie meinen Grund. (...) Mein Vater nicht." Zu ihm gestaltet sich Thomas Verhältnis sowieso als schwierig; er würde gern mit dem Vater reden, dies gelingt ihm aber nicht, so bleibt es bei dem Kompromiss, dass er nur alle zwei Tage *DBZ* sehen darf. Er bedauert jedoch sehr, dass er nicht immer auf dem Laufenden ist: „Also, da rede ich nicht so viel mit, denn meistens ha ... bekomme ich nicht so viel mit wie die anderen, und dann kommt es zu einer Eskalation, also dass die sagen: ‚Ja, weißt du ja nicht, was in der Folge passiert ist' und so. Und das bringt nichts."

Thomas fokussiert denn auch aus dem Symbolangebot, das *DBZ* seinen jungen Rezipienten darbietet, vor allem zwei ihm besonders wichtige Aspekte, die andere *DBZ*-Begeisterte nur selten interessieren. Auf diese Weise gelingt es ihm auch nur bedingt, sich über *DBZ* in die Gruppe seiner Peers zu integrieren: Ihn faszinieren weniger die bei den anderen Jungen besonders akzeptierten Charaktere und deren Kampffähigkeit, sondern vielmehr das Sozialverhalten, das Verständnis für andere sowie der spezielle Zeichentrickstil: „Ich finde einfach nur die Zeichnung, also den Zeichentrick daran gut, und wie sie es machen. Einfach der Charakter da dran (...). Also die Eigenschaften daran, zum Beispiel *Videl* ‚oh, Gott wie stark sind die!', und dann ein anderes Mal zeichnet er sie so, als ob ihr gleich die Augen raus fallen. Das finde ich voll so witzig. Und sie versucht, also sie liebt *Son-Gohan*, das ist eine andere Figur, aber versucht, es nicht zu zeigen. Also dass sie es innerlich behält." Thomas versucht, sich zu präzisieren: „Also wie das aussieht, sieht eigentlich gut au ... gezeichnet aus". So zeichnet er die Figuren aus *DBZ* selbst nach, worin ihn seine Eltern ermutigen (ihnen wäre es lieb, wenn sich Thomas Kontakt mit *DBZ* auf das Zeichnen beschränken würde). Darüber hinaus schätzt Thomas an *DBZ* vor allem die Figur des *Son-Goku* wegen seiner „Unparteiischkeit (...), ähm, ja, und er ist eigentlich ganz nett zu den anderen, zum Beispiel *Vegeta*, der ... *Vegeta* mag *Son-Goku* eigentlich nicht, aber *Son-Goku* hilft ihm meistens. Ja, auch wenn er ihn nicht so ganz mag." An anderer Stelle kommt er wiederum auf *Son-Goku* zu sprechen und hebt erneut hervor, dass der einfach nett sei „und zum Beispiel nicht sagt: ‚So, das war jetzt schlimm.' Oder klatscht dem jetzt eine rein, oder gibt ihm Strafen. Das macht er zum Beispiel. Der redet nur mit demjenigen, dass ... dass er das nicht so toll findet." Thomas achtet selbst auch auf Umgangsformen und Nuancen. So hebt Thomas, der erklärter Fußballfan ist, hervor, dass er so laute Töne, wie: „Zieht den Bayern die Lederhosen aus", gar nicht schätzt. „Das ist doch eigentlich eine Beleidigung!"

Im Hinblick auf *DBZ* spielt neben der speziellen Anime-Zeichenart und der Gestaltung des Charakters von *Son-Goku* auch der Ausdruck von Gefühlen eine zentrale Rolle. In der Zeichenart der *Videl* erkennt er ihre Liebe zu *Son-Gohan*:

„Das sieht man einfach, denn, ähm, sie sagt auch das eine Mal: ‚*Son-Goku*, stirb bitte nicht, äh, *Son-Gohan*'. Ja, und daran sieht, äh, sieht man schon, wie sie es sagt. Ganz schmeichlerisch. Also so, dass sie ihn wirklich liebt."

Gefühle sind Thomas wichtig, Sexdarstellungen aber lehnt er explizit ab, so auch die Vorliebe seines Freundes für „MTV oder so? Oder irgendwas mit MT. (...) Zum Beispiel wie ähm (zögert) (...) wo man Ding... sieht, ja, die Brüste sieht und so was; das guckt sich zum Beispiel mein Freund an, und das hab ich mal gesehen (...). Aber da hab ich gesagt, da hab ich gesagt: ‚René, schalt das bitte mal ab.' Ich hab da kein Bock, das zu sehen!" Thomas erweist sich auch in dieser Beziehung als sozial kompetent: Er interpretiert entschuldigend das Verhalten seines Freundes: „Denn der hat ja auch keinen Vater mehr. Der ist mit drei abgehau ... also der Vater, das hat mir mein Freund erzählt, René, dass er mit ... als er drei war, also abgehauen ist, und jetzt ist seine Mutter nur noch abends da oder so da (...) weil sie arbeiten muss".

Bevor Thomas sich für *DBZ* begeistert hat, stand *Pokémon* auf seinem täglichen Fernsehmenüplan; er erzählt, damals *Pokémon*-Fan gewesen zu sein, er habe auch Sticker gesammelt und ein Stickerheft gehabt und eine Reihe Poster. Mittlerweile sei *Pokémon* jedoch „out", für Thomas ein fließender Prozess, der vor allem von bestimmten Meinungsführern in der Klasse gesteuert worden ist: „Ja, wahrscheinlich weil jetzt eine neue Serie gekommen ist und die anderen gucken ‚Oh, das ist doch viel besser. Da ist mehr Gekämpfe drin und so was drinnen.' Wahrscheinlich ist es darüber gelaufen". An der Spielleidenschaft der anderen *DBZ*-Begeisterten beteiligt sich der medien- und werbekompetente Thomas nun jedoch nicht; er schätzt die Spiele als zu teuer ein: „Na, klar! Die kosten meistens über 50 Euro, und das will ich nicht ausgeben (...) Denn nach einem ... nach einem halben Jahr oder Jahr, (...) dann erfinden sie jetzt eine neue Serie, und dann ist das wieder out. Und das nächste wieder in ...". ein solcher Trendsetter ist nach Thomas Meinung in seiner Klasse Maximilian, „der bekommt so viel Geld, wie er mir erzählt hat, von seinen Eltern (...)."

Dieses Glück hat Thomas nicht; da er sich dem Druck seiner Klassenkameraden dennoch nicht ganz entziehen kann, muss er die Sticker und Poster zu *DBZ*, um in seiner Peer-Group „dabei" zu sein, vom eigenen Taschengeld bezahlen: „Denn ich weiß, wenn ich das mal mag, dann würde ich es sowieso nicht bekommen, weil das nächste ist ja noch (zögert) dööfer für die, also für meine Eltern und so, dass die das noch bescheuerter finden und dann ... das kommt überhaupt nicht hin."

So bemüht sich Thomas über die Serie *DBZ*, wenn auch auf seine Weise, um Integration in die Peer-Group. Seine Wissensdefizite und den Mangel an Merchandisingartikeln versucht Thomas über seine Kreativität im Hinblick auf *DBZ* zu kompensieren. Seine Bemühungen um die ersehnte Integration in die Peer-Group sind daher nicht von Erfolg gekrönt, da es ihm nicht gelingt, die „dominante Lesart“, die für seine Klassenkameraden gilt, zu übernehmen.

2.5.3.2 Mathias – *DBZ*-Produkte als Einlasskarte in die Peer-Group

Mathias (9 aus B) besucht eine Grundschule; er lebt mit seiner alleinerziehenden Mutter, die sich als Teilzeitangestellte wenig um ihren Sohn kümmern kann und auch seinen hohen, zumeist aus Zeichentrickserien privater Sender bestehenden Fernsehkonsum kaum reguliert, seiner elfjährigen Schwester und seinem dreijährigen Bruder in schwierigen und äußerst beengten Wohnverhältnissen. Seine Mutter schläft im Wohnzimmer, die Jungen bewohnen ein Zimmer gemeinsam. So ist Mathias größter Wunsch, ein eigenes Zimmer zu bekommen, in dem er seine *DBZ*-Artikel ausbreiten kann. Auch ihm ist *DBZ* als Einlasskarte in seine Peer-Group wichtig; dennoch lassen sich im Vergleich zu Thomas Unterschiede in seinem Fan-Sein feststellen. Zunächst war Mathias *DBZ* gegenüber sogar sehr kritisch: „Da hab ich die erste Folge geguckt, und da kam der *Son-Gohan*, und der Name war voll Kacke.“ Heute besitzt er bereits 170 Sticker und ist hoch daran interessiert, die noch fehlenden sechs zu erhalten. Auch seine sieben Freunde – Mathias fühlt sich in seiner Peer-Group recht gut integriert – sind Sammler und achten sehr darauf, dass in ihrem Kreis dieselben Sachen gesammelt werden; zuweilen spielen die Jungen *DBZ* auch nach. Für Mathias erfüllt das Ansehen der Serie und das Sammeln von *DBZ*-Karten sowie das Informiertsein über die Serie im Internet eine wichtige Funktion: „(...) weil sonst bin ... haben ... sa ... sagen die: ‚Du hast ja gar nicht so was wie wir, also bist du nicht mehr unser Freund“. Mathias hat bereits einmal die bittere Erfahrung gemacht, dass einer aus der Gruppe genau dies zu ihm gesagt hat. So hat er sich auch vehement als *Pokémon*-Sammler beteiligt. Die Höhe der Kosten ist für ihn jedoch zuweilen ein Problem, obwohl er immerhin 15 Euro Taschengeld im Monat bekommt. Seine Mutter findet es, wie er erzählt, „voll Kacke“, dass er sich *DBZ*-Karten kauft; die finanzielle Lage in der Familie ist angespannt. So kommt es denn hin und wieder auch zu Streitereien mit Schulkameraden, bei denen es darum geht, dass Mathias sich nicht „so gute Sachen“ kaufen kann. Er berichtet von einer Begegnung mit einem Klassenkameraden: „Na, hier, dass ich mir keine ordentlichen Sachen kaufen kann, sagt er dann immer.“ Gute Kleidung, gutes Aussehen und die Fähigkeit, sich zu behaupten, sind für Mathias sehr wichtig; so bewundert er denn auch die Protagonisten von *DBZ* und phantasiert sich in ihre Rolle: „Weil die eine gute Kleidung anhaben, ziemlich super so halt sind. Dass die gut aussehen und die ganzen Techniken, die die beherrschen.“ Anders als Thomas ist Mathias zu einem erklärten Fan der Serie geworden; er setzt sie nicht nur dazu ein, in seiner Peer-Group akzeptiert zu werden; die Helden der Serie bieten ihm vielmehr eine Projektionsfläche, auf der er seinen Prozess der Selbstauseinandersetzung, gekoppelt mit der Selbstpositionierung in seiner Gruppe verbinden kann. Mathias möchte etwa ebenso wie seine favorisierten Helden deren Kampfsporttechniken beherrschen; er träumt davon, zum Geburtstag einen Box-Sack mit Box-Handschuhen zu bekommen, „dass ich dann auch richtig trainieren kann; und das ist mein größer Traum." Er ringt um Anerkennung, um Selbstachtung, und, verbunden damit, um die Beachtung, wenn möglich sogar Bewunderung, in seiner Gruppe.

2.5.3.3 Daniel – *DBZ* als Anker in einem unsicheren Alltag

Auch Daniel, (9, C, Realschüler), der mit seiner Mutter, einer selbstständigen Unternehmerin im Dienstleistungsgewerbe mit gutem Einkommen, in einer modernen, großräumigen Wohnung lebt und die Realschule besucht, war wie die anderen Jungen zunächst *Pokémon*-Fan, bevor er auf *DBZ* gestoßen ist: „Also, da gibt's ja zum Beispiel *Pokémon* und so. Das gab´s ja noch ganz lange. Das waren aber noch die alten Folgen. Dann hab ich eine Sendung mal geguckt, und dann war da Werbung, und dann stand da eine neue Sendung, und dann hab ich mich auch gewundert. Da gab's ja bisher nur *Dragonball*, aber die neue Sendung ist *Dragonball Z.*" Von *Pokémon* besitzt er Merchandisingartikel aller Art, die er zumeist vom Lebensgefährten seiner Mutter geschenkt bekommen hat: Poster, Bettwäsche, Figuren, Sammelkarten und vieles mehr haben seine Sammelleidenschaft geweckt. Von *Dragonball Z* zeigt er sich noch mehr begeistert als seinerzeit von *Pokémon:* „Zuerst war ich ein *Pokémon*-Fan (...) und dann wurde ich langsam ein bisschen *Digimon*-Fan. Und dann, als *DBZ* kam, da bin ich sofort darauf gesprungen. Irgendwie, als ich die Sendung geguckt habe." Besonders faszinieren ihn die Mangas zur Serie und das Konstruktionsprinzip: „Es fängt ganz normal an mit eins, und das ist bei *Dragonball Z*, also bei *Dragonball*. Und dann rutscht das automatisch auf *Dragonball Z*. Von *Dragonball* auf *Dragonball Z*", wobei ihm gefällt, dass der Hauptprotagonist in *Dragonball* noch klein ist, „dann groß wird und dann groß bleibt". Seinen Konsum der Serie richtet Daniel nach der Action in der Serie aus. Er „find's langweilig, wenn da Frieden" (ist). Ihn faszinieren die Wunderkräfte der Figuren, dass sie „fliegen können", dass sie „übermenschliche Kräfte" haben; Daniel schätzt jedoch auch Intelligenz und bewundert deshalb vor allem einen „*Namikianer*". Kampfkraft und Intelligenz gehören für ihn zusammen: „Also, wenn er stark oder schlau oder dep ... äh, nicht stark (ist), nur schlau ... , aber wenn er stark ist, muss er auch ein bisschen schlau sein. Das ist ja auch gut so." Dabei wirft er der Serie dann Unlogik vor, „wenn, zum Beispiel, sie kämpfen und wenn jemand sich da verwandeln kann, neue Verwandlung in einen Affen, dann ... dann find ich das irgendwie unlogisch. Wenn man den Vollmond sieht, in einen Affen verwandelt. Das ist unlogisch. Deshalb find ich es auch manchmal dumm." Er schätzt es hingegen, wie nahezu alle *Dragonball Z*-Fans, dass die Protagonisten kämpfen und dabei dennoch Freunde sind, „Freunde für´s Leben". Vor allem *Son-Goku* ist Daniels Held, weil er Kampfsport trainiert. Daniels Faszination für seinen Helden geht sogar so weit, dass er davon träumt, selbst sein Begleiter zu sein, zuweilen ist auch sein Freund mit dabei; er kämpft dann nicht, ist „einfach dabei", wie in seiner Peer-Group auch: „Aber ich spiel auch nicht gerade da die Hauptrolle (...)".

Auffallend ist, dass er die weiblichen Charaktere in *DBZ* gänzlich ablehnt; er findet sie „meckrig, weil sie dann andere beschuldigen, weil die Bösen schnell sterben." Den weiblichen Figuren spricht er auch jegliche Kraft und Ausdauer ab.

Daniel nutzt auch das Merchandisingangebot rund um *DBZ*; ihm macht es Spaß, mit den Figuren zu spielen, auch im Netz wählt er über *www.google.de* *DBZ*-Sites. Zuweilen bekommt Daniel jedoch zu Hause mit seiner Mutter „Ärger", wie er es nennt; wenn er sich zuviel mit *Dragonball Z* beschäftigt, droht sie ihm, Teile des Spiels wegzunehmen. Zuweilen, wenn er sich ihren Anordnungen vehement widersetzt, schreit und „Türen knallt", schlägt sie ihn auch. Daniel entschuldigt dieses Verhalten der alleinerziehenden Mutter mit zu großem Stress: „Die macht das auch nur, wenn's sein muss. Sie macht das nicht extra, weil, sie will mich ja gar nicht schlagen (...)". Auf seine eigene Reaktion, heftig herumzuschreien, spielt Daniel wenig später im Interview an, indem er sich auf den *DBZ*-Protagonisten *Vegeta* bezieht, der dort „immer der Dumme" sei: „Da schreit er rum und nur Kr ... Kraftmessen. Wenn sie kämpfen, sie können ja ruhig rumschreien (...), aber dann so laut damit! (...) Guck mal: Sie schreien ja auch s ... sehr richtig. Das gehört ja auch dazu, aber als sie bei einer Sendung fünf Minuten schreien, das ist eben das Dumme. Dann hört man nur Geschrei und statt reden oder kämpfen. Da hört man nur Geschrei!" Auch in der Schule hat er Probleme; so erzählt er, dass es ihm zwar gelingt, sich alles über *Dragonball Z* zu merken, aber nicht die Englisch-Vokabeln. Er begründet dies mehrfach damit, ein so großer Fan von *DBZ* zu sein, „weil ich zu viel davon mache, von diesen Sendungen; und also weil ich ja auch Fan davon bin, oh, das sag ich ja jetzt zum fünften Mal!" Er versucht sein Verhalten selbst zu erklären und benutzt dabei den Begriff „Sucht": „(...) ich bin zwar nicht süchtig danach, aber (zögert) doch schon, schon süchtig, aber nicht sehr süchtig; ich will ja nicht den ganzen Tag vor der Glotze sitzen, aber ein paar Sendungen." Allein mit seinem Freund Robert kann er seine extreme Leidenschaft für *DBZ* teilen: „Also, der hat Bettwäsche und so, also, der ist ein richtiger Fan, das kann man von ihm erwarten (...)". Ein solch ausgeprägter Fan von Merchandisingartikeln ist Daniel auch selbst; er besitzt Produkte aller Art. Die meisten bekommt er vom Lebensgefährten seiner Mutter und von seinem leiblichen Vater geschenkt. Der Sammelcharakter scheint Daniel sehr wichtig zu sein. So macht er jeden Trend in der Klasse mit, um „dabei“ zu sein.

2.5.3.4 Stefano – *DBZ* als Folie zur selbstbewussten Bearbeitung emotionaler Befindlichkeiten

Auch Stefano (13, A, Schüler einer Hauptschule), der mit seiner italienischstämmigen Mutter – sie arbeitet als Reinigungskraft – und seiner 21 Jahre alten Schwester zusammen lebt (seine Eltern sind geschieden), war früher *Pokémon*-Fan; er ist von dieser Serie auf *DBZ* „umgestiegen“. Heute schätzt er *DBZ* mehr als *Pokémon*, wenn er davon auch hin und wieder noch Game Boy-Spiele spielt. Der in seiner Peer-Group beliebte Stefano, ihm kommt die Anführerrolle zu, erweist sich als ausgeprägter Fan von *Son-Gohan*. Er schätzt dessen Coolness ebenso wie einst die des Teamanführers in *Pokémon*, *Ash*, der „rettet immer *Pokémon* und so vor *Team Rocket*; das sind eigentlich schlechte Banden.“ Um seinem jüngeren Cousin einen Gefallen zu tun, spielt er jedoch noch heute mit ihm *Pokémon*. Wenn es um die Kräfte seiner *DBZ*-Helden geht, dann phantasiert sich Stefano geradezu in diese hinein: „Ich denk manchmal, ich kann so, wenn ich mich ganz doll konzentrier´, kann ich auch so etwas fliegen lassen oder so. Das denk ich aber nur im Spaß, weil, das gefällt mir so“. So träumt er auch davon, die speziellen Kampfattacken des *Kamehameha* zu beherrschen: „Mh, zum Beispiel, ich sehe jetzt irgendwo so was, was so aussieht wie ein Monster oder so. Stell ich mir halt vor, ich bin der Typ von da, und tu ich halt aus Spaß, und da denk ich halt, ich schieß halt ehrlich so ´nen Strahl raus. Ja, und da glaub ich halt so und da denk ich, ich beweg meine Hände voll schnell.“ Ihn fasziniert an *DBZ*, dass die Helden ihre Feinde daran hindern, die Welt zu erobern und zu vernichten. In Gedanken an sie setzt er sich von einigen Gleichaltrigen ab, die nichts anderes im Kopf haben als Schlagen; die „nur Ärger suchen“; er spricht dann lieber mit seinem Freund und denkt über andere Themen nach, wie etwa „wie soll sich sagen, Liebe oder so alles. Was für ein Mädchen er liebt, welche findet er süß und so alles. Aber Schlagen machen wir, tun wir nur im Notfall.“ In diesem Kontext beschäftigt ihn vor allem das Verhältnis von *Son-Gohan* zu *Son-Goku*, also das Verhältnis zwischen Vater und Sohn in *DBZ*. So räsoniert der ohne Vater lebende Junge,[98] wann der Sohn bereits allein agieren kann und wann er von seinem Vater Hilfe braucht: „Tja, wenn starke Gegner kommen, dann wird er schon besiegt, da muss der Vater rangehen, aber gegen normale Gegner, da hat er schon ´ne Chance“. Mit *Son-Gohan* würde er auch gern einmal ein Abenteuer bestehen. Stefano umgibt sich mit *DBZ* in allen Variationen; so kennt er nicht allein, wie er sagt, alle 529 Folgen der Serie, er sammelt auch Gogos dazu. Stefanos größter Wunsch ist, „dass ich mal ein zufrie-

---

98 Stefanos Vater lebt mehr als 200 Kilometer von seinem eigenen Wohnort entfernt.

denes Leben habe, und dass ich halt mal so ´ne Person werde von *DBZ*. Das ist eigentlich mein größter Wunsch".

2.5.3.5 Theo – Der *DBZ*-Außenseiter *Vegeta* als Stellvertreter in einer bedrohten Welt

Der Hauptschüler Theo (13), zu einem Viertel arabischer Herkunft wohnt mit seinen Eltern (seine Mutter, 37, arbeitet als Fachangestellte für Bürokommunikation, dazu hat sie eine Ausbildung auf dem zweiten Bildungsweg gemacht; sein Vater, 40, war früher in der Glashütte in A beschäftigt; seit diese geschlossen wurde, ist er arbeitslos und geht einem Aushilfsjob als Zeitungsausfahrer nach) und zwei jüngeren Schwestern zusammen in A. Auch Theo, der sich in seiner Freizeit vor allem mit Computer und Fernsehen beschäftigt und insbesondere die Animes auf RTL II favorisiert, war früher einmal – wie die meisten *DBZ*-Begeisterten – *Pokémon*-Fan. Mittlerweile haben *Pokémon*-Artikel für ihn jedoch keinen Wert mehr, „weil sie keiner mehr haben will." Theo identifiziert sich bei *DBZ* jedoch anders als die anderen Jungen mit der Figur des *Vegeta*, des Außenseiters, der erst durch Verwandlung zum kampfkräftigen Helden wird: „*Vegeta* sieht aus wie ein Mensch und hat einen Affenschwanz, das ist ein *Saiyajin*. Er kann sich fünfmal wandeln und hat dann noch spezielle Fähigkeiten." Faszinierend findet es Theo, dass *Vegeta* immer stärker wird. Auf die Frage, ob er sich vorstellen könne, einmal *Vegeta* zu sein, erzählt Theo von seinen Erfahrungen in der Klasse: „Wenn mich andere nicht in Ruhe lassen, wenn sie mich nie in Ruhe lassen können und mich wegen meiner Nationalität ärgern und so (...) die ganze Klasse weiß es (er meint seine Viertel-Abstammung als Araber, der Verf.), und die Italiener sagen immer zu mir, ich bin ein Scheiß-Palästinenser, wo nur Menschen umbringen würde." Auch wenn Theo es schafft, lange Zeit die Kontrolle über seine Emotionen zu behalten, passiert es dennoch hin und wieder, dass er die Ruhe verliert, wie er sagt: „Dann schlag ich auch manchmal zu." Aus seinen Aussagen wird deutlich, dass ihm dieses Verhalten zwar unangenehm ist, dass er darüber aber letztendlich keine Macht mehr zu haben scheint. „Ich denke mir, wieso hab ich das jetzt gemacht, er hat mich ja auch nicht geschlagen und ja dann weiß ich nicht, was ich sagen soll." So bewundert Theo vor allem Helden, die „cool" bleiben und ihre Gefühle unter Kontrolle haben. Er berichtet über einen Klassenkameraden, der ihn einmal hart attackiert hat: „Ich soll denen aus dem Wege gehen. Letztens hat mir auch einer gesagt, dass ich nie wieder in die Schule kommen soll, und dann hat mein Vater mir geraten, dann hat er gesagt: ‚Sei nicht faul, hau' ihm auf´s Maul.' Die anderen haben gesagt, ich darf nicht mehr in die Schule kommen, sonst schlagen sie mich kaputt." Theo hat diese Erfahrung bereits einmal gemacht, wenn er auch einschränkt: „Ja, also nicht richtig. In der 5. Klasse, da war ich im Krankenhaus, da hatte ich eine Mandeloperation, und dann durfte ich wieder in die Schule gehen, und da hat mich der Gregorio, also der neben dem Tino sitzt, immer geärgert, und der hat hier voll rein geschlagen, und dann hat es wieder angefangen zu bluten".

So bezieht sich Theo im Einzelinterview vor allem auf die Szenen in *DBZ*, in denen „die Leute versuchen, die Erde zu verteidigen und in denen sie ihr Leben auf's Spiel setzen. In seiner Phantasie würde er gern mit *Vegeta* einen Tag verbringen: „Erst würden wir uns ein paar Planeten ansehen, dann müssen wir ein paar Bösewichter platt machen, und danach würden wir mal im Jenseits vorbeischauen." Wie in *Dragonball Z* spielt in Theos Leben das Wünschen eine große Rolle. Er wünscht sich „dass ich auch mal Glück hab, nee, ich würde mir zuerst 1000 Wünsche wünschen".

2.5.3.6 Elfi – *DBZ* als Parallelrealität

Elfi (14), Schülerin der Realschule und der einzige weibliche *Dragonball Z*-Fan, lebt zusammen mit ihrer Mutter und ihrem 16 Jahre alten Bruder in einem kleinen Reihenhaus in C; der Vater ist vor zwei Jahren ausgezogen. Ihre Welt dreht sich um *Dragonball Z*; dies spiegelt sich auch in ihrem Zimmer wider, das geradezu einem *DBZ*-Fan-Shop gleicht. Elfi besitzt Poster, Mangas, Sticker und Sammelkarten. Selbst ihren engen Freund, den sie schon seit der Kindheit kennt, würde sie für diese große Vorliebe opfern; sie erklärt kategorisch ihn und alle Freunde betreffend: „Also, wenn ich Fan bin und Freunde hab´ oder einen Freund und der mein Zimmer sieht und sagt: ‚Oh, Gott, *Dragonball Z*', wenn er sich damit nicht abfinden kann, soll er weg gehen. Dann braucht er gar nicht mehr bei mir antanzen!" Elfi schaut nach eigenen Angaben vier bis fünf Stunden am Tag fern; *Dragonball Z* verpasst sie nie; sie rezipiert die Sendung zumeist allein, zuweilen jedoch auch mit ihrer Mutter, die sich jedoch dem Fernsehkonsum ihrer Tochter hilflos gegenüber sieht; so schickt sie Elfi mit dem Hund nach draußen, wenn sie meint, sie habe wieder zu viel ferngesehen.[99] Elfi ist oft und gern allein; wohl fühlt sie sich ansonsten nur in der Gegenwart von Jungen; mit Mädchen ihrer Klasse weiß sie nicht viel anzufangen. Sie meidet den Kontakt eher. So nutzt Elfi *DBZ* nicht wie die Jungen, um sich in eine Peer-Group zu integrieren, die Serie dient ihr eher dazu, sich von anderen abzugrenzen. Sie ist mit dieser extrem ausgeprägten Faszination von *Dragonball Z* in der Klasse nahezu allein; es gibt zwar einige Jungen und auch Mädchen, die sich auch für Animes und Mangas interessieren,[100] dennoch findet sie für ihre ausgeprägte

---

[99] Das Beispiel von Elfi und ihrer Mutter ist ein Indiz dafür, dass auch „Kindermarken" zu „Elternmarken" werden können. Nach anfänglicher Skepsis zeigt sich Elfis Mutter von der Serie nicht nur begeistert; sie unterstützt ihre Tochter in ihrer Leidenschaft für *DBZ* und ist stolz auf die Zeichnungen ihrer Tochter zur Serie.

[100] Siehe dazu die Ergebnisse der Klassengespräche (7. Klassen) in Paus-Hasebrink u.a. (2004).

Leidenschaft kaum Gleichgesinnte. Wenn sie im Internet chattet, benutzt sie immer die Nicknames „Dragonball 1“ oder „Anime 1“. So wünscht sie sich, Mitglied in einem *DBZ*-Fan-Club zu werden, um dort Gleichgesinnte zu finden, mit denen sie über die Serie sprechen kann. Schließlich fällt es Elfi überhaupt schwer, die Zeit ohne *DBZ* zu überstehen; dann greift sie zu anderen *Dragonball Z*-Artikeln, etwa ihre *DBZ*-Poster: „Die Poster sind mir im Moment sehr wichtig, weil ich ein sehr doller Fan bin, und wenn ich die Poster anseh´, dann krieg ich kein Verlangen, die Serie zu gucken. Weil wenn ich die Poster nicht sehe, möchte ich die Serie sehen, weil sonst (zögert) ist das ein bisschen komisch bei mir, dann kriege ich so ein Verlangen, und dann werde ich nervös. Und dann greife ich zu irgendwas. Dann mache ich die Schranktür auf und hole mir meine Bücher von *DBZ* raus, les´ die, obwohl ich die schon tausend Mal gelesen hab.“ So zeichnet sie selbst auch Bilder zu den *DBZ*-Helden, eine Aktivität, für die sie von ihrer Mutter gelobt wird.

Ihre Leidenschaft für *DBZ* gestaltet sich vor allem über die Vorliebe für den Helden *Son-Goku.* In ihm verkörpern sich ihre Themen ‚Kampf und Durchsetzungskraft‘, „indem er sein Leben für andere einsetzt“, aber auch ‚Liebe und Beziehung‘. „Der ist der Stärkste von allen, ist aber ähm, trotzdem tollpatschig ... , ähm, versteht einiges falsch.“ Sie phantasiert sich in die Rolle von *Chichi*, *Son-Gokus* Frau, hinein. Dann würde sie, so ihr Tagtraum, das Putzen übernehmen, Tische reparieren und die Hausaufgaben des Sohnes überwachen. Sie fabuliert in Gedanken weiter über das Eheleben und das Beziehungsmuster der beiden. So kritisiert sie, dass die beiden sich zwar lieben, aber *Son-Goku* dies aus männlichem Stolz nicht zugibt und *Chichi* somit seine Liebe nicht zeigt. Besonders gefällt ihr, wenn *Chichi* ihren Mann ermahnt, nun endlich zur Arbeit zu gehen: „Wir sind sonst ebbe!“. Das findet sie lustig, „weil die immer so sorghaft ist, mal ein bisschen zickig, dann ist sie mal traurig, wenn er tot ist (lacht). Aber wenn er da ist, sagt sie einfach: ‚Ja, du nervst.‘ Und wenn er tot ist, weint sie, sozusagen: Sie kann nicht zufrieden werden. Das ist lustig an ihr“. Noch eine weitere Rolle fasziniert Elfi in ihrer Phantasie: So würde sie auch gern *Pan*[101] sein: „Das ist so ein kleines Mädchen, auch sehr stark, *Saiyajins* Tochter. Ähm, die darf alles machen, was sie will, muss nicht auf die Hausaufgaben achten, kann mit vier Jahren so 30- bis 40-Jährige schlagen, fliegen. Einfach süß.“ In beiden Rollen findet sich Elfi derzeit wieder: Auf der einen Seite sehnt sie sich nach einem starken Vater, nach familiärer Geborgenheit, aber auch nach dem Recht auf Freiheit; auf der anderen Seite spielt Elfi bereits mit der Identität als (junge) Frau; so schwärmt sie für den starken *Son-Goku* wie viele Mädchen ihres Alters für Mitglieder berühmter Boy-Groups.

---

[101] *Pan* ist die sehr junge Tochter von *Son-Gohan* und *Videl*, die über enorme Kräfte verfügt.

2.5.3.7 Persönlichkeitsmerkmale und soziale Faktoren – Medienmarkenhelden als Garanten im Alltag

Betrachtet man die sechs Kinder, die sich in außergewöhnlicher Weise mit *Dragonball Z* beschäftigen und die emotional hoch involvierte Beziehungen zu ihrem Lieblingsmedienangebot zeigen, so fällt auf, dass sie alle einen hohen Medien- vor allem Fernsehkonsum aufweisen, der sich insbesondere aus einer Fülle von unterschiedlichen Zeichentrickprogrammen, bevorzugt aus der RTL II-Schiene, speist, und darüber hinaus zu ihren Favoriten die multimediale Angebotsfülle nutzen. Die meisten jüngeren *DBZ*-Fans wie auch der 13-jährige Stefano, der eine Klasse wiederholen musste und nun mit jüngeren Kindern in die Schule geht, sind noch *Pokémon*-Fans bzw. waren Anhänger dieser ebenfalls erfolgreichen und multimedial extrem präsenten Serie. Die Jungen identifizieren sich dabei mit Figuren der beiden Serien, insbesondere der Serie *DBZ*, die für sie körperliche Stärke und Kampfkraft repräsentieren, die, wie es Theo beschreibt, „spezielle Fähigkeiten“ besitzen und sich mit unerschrockenem Mut für „das Gute“ einsetzen. Lediglich Elfi hat noch eine andere Perspektive auf ihren Helden *Son-Goku*; als Mädchen schwärmt sie für den „tollpatschigen“ und dennoch starken *DBZ*-Protagonisten; sie phantasiert sich in die Rolle von *Son-Gokus* Frau *Chichi* und simuliert darin alltägliches Familienleben. Daneben begeistert sie die Figur der *Pan*, Tochter eines superstarken *Saiyajins.*

Die sechs Kinder nutzen das favorisierte Medienangebot, um mit sich selbst und anderen besser zurecht zu kommen.

Dabei zeigt sich, dass die Medienmarkenbeziehungen in enger Abhängigkeit zum Geschlecht und zum lebensweltlichen Hintergrund der Kinder stehen; diese bedienen sich – je nach Geschlecht und sozialem Zusammenhang, in dem sie sich bewegen – jeweils adäquater Strategien. Ihre Medienmarkenbeziehungen werden in den meisten Fällen von den Positionen bzw. Erwartungen der Peer-Group und in ihren Freundschaften geprägt, in denen sie Anerkennung suchen bzw. sich mit Hilfe der gemeinsam geteilten Vorliebe für *DBZ* etwa Integration erhoffen oder diese stärken und festigen möchten. Sie setzen z.B. *DBZ* ein, um Rang- und Rollenauseinandersetzungen zu bearbeiten. Sie inszenieren dabei, wie etwa Stefano, ihre überlegene Position in der Peer-Group oder möchten die Beziehung zu den Peers – so wie Mathias – festigen und stärken bzw. die von einer tendenziellen, durch die finanzielle Situation seiner Mutter drohende Außenseiterposition harmonisieren oder wie Thomas über *DBZ* in eine Peer-Group hineinkommen. Dazu nimmt er nicht nur weitere Konflikte mit seinen Eltern, insbesondere mit seinem Vater, in Kauf, er gestaltet die *DBZ*-Welt, die er sich auf seine eigene unverwechselbare Weise, motiviert insbesondere aus ästhetischem Interesse, aneignet, als *(s)eine* Welt, in der er unabhängig von seinen Eltern „leben" kann.

Als eine phantastische Fluchtwelt dient Elfi alles rund um *Dragonball Z*; das Mädchen zeigt dabei bereits ein suchtähnliches Beziehungsmuster, das über das Fan-Muster hinausgeht. Sie „braucht" den täglichen Kontakt zur „anderen Welt", in der das Kind einer alleinerziehenden Mutter ihre Rollen bearbeiten kann, einmal die des frechen, unabhängigen, starken Mädchens eines ebenso bedeutsamen Vaters, zum anderen die der liebenden Ehefrau eines starken Helden mit liebenswerten Schwächen; in der sie Alltagsleben phantasiert, gefärbt von erotischen Schwärmereien einer Dreizehnjährigen für ihren Helden, die sich in ähnlicher Weise bei Mädchen dieses Alters für Boy-Groups finden lässt. Elfi steht dabei jedoch in der Gefahr, anders etwa als Mathias, Stefano und Daniel, sich durch ihre intensive Beziehung zur Phantasiewelt *Dragonball Z* zu isolieren.[102] Für ihre spezifische Lesart auf *DBZ* findet sie bei den Jungen ihres Alters mit Kampf- und Stärke-Projektionen, aber auch bei den Mädchen, die sich zumeist von *DBZ* abgestoßen fühlen oder sich lediglich für ästhetische Aspekte der Mangazeichnungen begeistern können, kein Verständnis. Ähnlich geht es auch Thomas, der in seiner Zugangsweise nicht den „Ton" bzw. die dominante Lesart der Gleichaltrigen trifft und dem es trotz seiner Bemühungen nicht gelingt, sich über *DBZ* stärker bei Gleichaltrigen ins Gespräch zu bringen.

Theos Beziehung zu *Dragonball Z* weist besondere sozialpsychologische Züge auf; vor dem Hintergrund seiner lebensweltlichen Situation – er wird als „Viertel-Araber" von seinen Klassenkameraden abgelehnt und von einigen gar gequält – baut er sich mit *Dragonball Z* eine Phantasiewelt auf, die ihm hilft, seinen Alltag zu bestehen. In der Identifikation mit dem starken und zwielichtigen Außenseiter in *Dragonball Z*, *Vegeta*, bemüht er sich, die inneren und äußeren Spannungs- und Konfliktzustände zu bearbeiten und auszugleichen.

2.5.4 Fazit

Auch wenn sich die Kinder auf ein und dieselbe Serie, auf *Dragonball Z,* beziehen, so tun sie dies jeweils aus unterschiedlichen Motiven, mit unterschiedlichen Zielen, geprägt von ihrem Alter, ihrem Geschlecht und insbesondere von ihren sie unmittelbar fordernden bzw. überfordernden lebensweltlichen Bedingungen. In ihren Familien erhalten sie nur wenige Orientierungshilfen; dort überwiegt ein konzeptloses (Medien-)Erziehungsverhalten, geprägt von Widersprüchen und

---

[102] Elfi zählt damit zu den Fans, die keinen speziellen Wert auf die Beziehung zu anderen Fans legen; sie wünscht sich zwar Kontakte über das Internet, ihr liegt jedoch nicht an unmittelbaren Fan-Kontakten in ihrem Alltag, um ihr Fan-Sein gemeinsam mit anderen zu leben bzw. zu erleben, siehe dazu auch Winter (1995, 144ff.).

eigener Überforderung der Eltern bzw. Mütter.[103] Mit Hilfe der multimedial vermarkteten und von den Kindern entsprechend multimedial genutzten Symbolangebote – alle sechs weisen insgesamt einen hohen Medienkonsum auf – suchen sie zu einem stabilen Selbstkonzept zu gelangen, ob aus Mangel an attraktiven realen männlichen Vorbildern, den fehlenden Vätern (auffällig ist, dass fünf der sechs Kinder, vier Jungen und das Mädchen Elfi, mit alleinerziehenden Müttern leben), um sich den ersehnten Platz in einer Peer-Group zu erringen oder sich explizit von Gleichaltrigen abzugrenzen oder um in der Identifikation mit dem verehrten, omnipotenten Helden die quälende oder die mit bitteren persönlichen Kränkungen versehene Außenseiterposition zumindest virtuell zu kompensieren.

Alle diese Kinder zeigen ein explizites Fan-Verhalten; sie leben in ausgesprochen kommunikativen Problemlagen, in denen ihnen *ihre* Medienmarken Orientierungen und Hilfestellungen bieten. Allein durch die hohe Konzentration auf einen starken medialen Fokus in ihrem Leben, wie in diesem Fall auf *Dragonball Z,* sind sie vermeintlich in der Lage, ihren Alltag zu meistern. In der expliziten Fan-Beziehung leben sie eine ganz spezifische emotional-affektive Beziehung, die es ihnen gestattet, über die Verehrung ihrer Helden sich selbst nicht nur intensiv wahrzunehmen, sondern als stark und erfolgreich sehen zu können. Über ihre Helden phantasieren sie Beachtung und Bedeutung ihrer selbst. Sie kompensieren die tendenzielle Verwahrlosung in den wichtigen Kernbeziehungen, vor allem zu ihren Eltern bzw. den alleinerziehenden Müttern, die oft durch deren Überforderung im Alltag entsteht, mittels symbolischer Angebote. In diesem Sinne erweisen Kinder gar ein hohes Maß an vermeintlicher ‚Alltagskompetenz'. Sie strukturieren ihre Sozialisation selbst, indem sie die Defizite in ihren alltäglichen Beziehungen durch mediale Identifikationsmöglichkeiten auszugleichen versuchen und multimedial vermarktete, damit auch mächtig auftretende Symbolangebote zu den wichtigsten Bezugspunkten ihres Lebens stilisieren. Ihnen gelingt zwar in Ansätzen eine für das Fan-Sein charakteristische kreative Auseinandersetzung mit den verehrten populärkulturellen Angeboten. Da sich die Kinder jedoch noch mitten in der Entwicklung ihrer Identität befinden, bei der sie klare, unmittelbare sozial und emotional von Aufgehobensein und Vertrauen geprägte Beziehungen benötigen, scheint für sie und ihre Familien eine speziell auf ihre Bedürfnisse und Belange abgestimmte medienpädagogische Unterstützung im Sinne sozialpädagogischer Familienhilfe nötig.[104]

[103] Siehe dazu ausführlicher die Auswertung der Elterninterviews in Paus-Hasebrink u.a. (2004).

[104] Siehe dazu die Ausführungen von Aufenanger in diesem Band.

3 Resümee: Medienmarkenangebot – Kindermedienmarken

Kinder wachsen in einer von Konsum geprägten Alltagswelt auf, in der Medienmarkenangebote omnipräsent sind. So lassen sich etwa in den Kinderzimmern zahlreiche Spuren multimedial vermarkteter Angebote identifizieren. Viele von ihnen bleiben den Kindern aber eher „äußerlich", das heißt die Kinder messen ihnen kaum Bedeutung für ihre Ich-, Selbst- und Sozialauseinandersetzungsprozesse bei. Finden sich auch Medienmarkenzeichen in Form von Stickern und Stofftieren, auf Tellern, Tassen und Tornistern, Joghurts, Jacken und Jeans, Bildern, Bettwäsche und Bonbons, spielen sie dennoch für viele Kinder kaum eine Rolle in ihrem Alltag; die Produkte bleiben bunte Staffage. Betrachtet man das Phänomen Medienmarken, so zeigt sich also, dass man zwischen den als Marke offerierten Angeboten und den von den Kindern selbst konstruierten unterscheiden muss. Längst nicht allem, was Kindern als Medienmarkenangebot unterbreitet wird, weisen sie den Status einer für sie relevanten Marke zu.

Medienmarken werden erst dann für Kinder bedeutsam, wenn sie diese für ihre Anliegen nutzen können, sei es zur Orientierung in der Fülle der Medienangebote, sei es zur Positionierung (Integration bzw. Abgrenzung) oder als Symbolmaterial in ihrer Identitätsbildung. Medienangebote werden für Kinder jedoch nur dann zu einer Marke, wenn sie ihnen altersgemäßes Material anbieten, das sie als Junge bzw. Mädchen in der Auseinandersetzung in und mit ihren Peer-Groups nutzen können. Die Ergebnisse zeigen deutlich, dass derzeit der Markt vor allem für Jungen Medienangebote wie etwa die Produkte rund um die Erfolgsserie *Dragonball Z* bereithält, die sich diese als Marke konstruieren können. Die multimedial vermarkteten Produkte treffen die Interessen und Themen der Jungen, indem sie ihnen ein Angebot unterbreiten, über das sie sich deutlich nach außen positionieren können, das ihnen Material für Wettkampf und Konkurrenz anbietet. Mädchen hingegen werden mit einigen wenigen Ausnahmen wie z.B. *Sailor Moon* oder auch *Barbie* auf Angebote verwiesen, die nicht so wie die Produkte für Jungen in ein enges crossmedial gewobenes Netz eingebunden sind. Die Jüngeren greifen daher zumeist auf nicht-mediale, wenngleich stark umworbene Artikel wie *Diddl-Maus*, *Beanies*, *Baby Born-* und *Barbie*-Puppen zurück; die Älteren hingegen ziehen alltagsnahe Angebote, die ihren Themen ‚Mode', ‚Schönheit', ‚Beziehungen' entgegenkommen, den kommerzialisierten, crossmedial offerierten Fernsehangeboten vor. Ihre große Vorliebe für die Fernsehserie *Sabrina* oder auch nach wie vor für die Daily Soap *Gute Zeiten – Schlechte Zeiten* macht dies deutlich.

Neben den „Kindermarken" lassen sich, wie die qualitative Rezeptionsstudie zeigt, auch so genannte „Elternmarken" differenzieren. Hierbei handelt es sich um Medienangebote, die in der Gunst der Eltern stehen und von ihnen mit dem

Gütesiegel „erlaubt" bzw. „kindgerecht" mithin „qualitätsvoll" versehen werden, da sie in der Fülle von Medienprodukten am ehesten ihren gesellschaftlich geprägten, pädagogischen Intentionen nahe kommen. Als so genannte „Eltermarken" lassen sich vor allem auf der Senderebene KI.KA und auf der Sendungsebene Angebote wie z.B. *Bob der Baumeister, Löwenzahn, Die Sendung mit der Maus* und *Pettersson und Findus, Logo*, *Sesamstraße*, *Biene Maja*, *Tigerentenclub* bezeichnen. Zuweilen machen Kinder – je nach lebensweltlichem Umfeld, eigenen Interessen und besonderem Involvement – diese Elternmarken sogar zu *ihrem* Anliegen bzw. zu ihrer (Kinder-)Marke.

In diesem Kontext kommt dem Erziehungsverhalten der Eltern eine wichtige Rolle zu; je weniger direktiv Eltern die Mediennutzung ihrer Kinder regulieren, desto mehr ist es an den Kindern selbst, sich Orientierungsvorlagen zu verschaffen. So erscheint es plausibel, dass sie sich den auffällig multimedial vermarkteten Angeboten mit starken (zumeist männlichen) Vorbildfiguren zuwenden und diese – je nach eigenem Anliegen – zu *ihrer* Medienmarke konstruieren. Für Kinder gewinnen mit zunehmendem Alter neben ihren Eltern Gleichaltrige an Bedeutung; Peers werden zu „Entwicklungsgenossen" (Schmidt-Denter 1994). In den Inner-Circles ihrer Schulklassen, in Peer-Groups und Freundschaften werden Medienmarkenangebote zu einer Art „Währung", die über Zugehörigkeit, die Rangfolge und Status mitentscheidet; Medienmarkenangebote werden zu einem Symbol für „in" oder „out". Entscheidend dafür ist die Lesart, die den höchsten Grad an Übereinstimmung zwischen der den Markenprodukten inhärenten und der in der jeweiligen Gruppe dominanten Lesart erreicht.

Wie die qualitativen Studien erkennen lassen, unterliegen Medienmarkenprodukte in ihrer Funktion als „Währung" nur einer zeitlich begrenzten Tauglichkeit; sobald jüngere Kinder die von den älteren favorisierten Medienmarken für sich entdecken – in diesem Kontext spielen insbesondere ältere Geschwister und Freunde sowie ältere Schulkollegen eine wichtige Rolle – verlieren sie an Wert für die ursprüngliche Zielgruppe. Dieses Phänomen der „Verjüngung" lässt sich deutlich am Wechsel der Kinder von *Pokémon* zu *Dragonball Z* erkennen.[105] Findet sich bei älteren Kindern noch die Vorliebe für *Pokémon*, so zeigt sich doch in den meisten Fällen, dass bei ihnen dann ein Produktwechsel stattge-

---

105 Auch bei dem erfolgreich multimedial vermarkteten Sendungsangebot für Mädchen, *Sailor Moon*, lässt sich diese Verjüngung nachweisen. Die einstmals für ältere Mädchen produzierte und von ihnen auch als attraktiv empfundene Serie findet ihre Anhängerinnen derzeit fast nur noch bei jüngeren Mädchen; siehe dazu die Produktanalyse zu *Sailor Moon* in Bichler/ Pluschkowitz (2004), die Kindergartenteilstudie zur qualitativen Rezeptionsstudie im Anhang in Paus-Hasebrink u.a. (2004) sowie die Ergebnisse der repräsentativen Rezeptionsstudie von Hasebrink in diesem Band.

funden hat. Aus der Sammel- ist die Spielleidenschaft für Konsolen- und Game Boy-Spiele geworden.

Auch die Medienmarke *Harry Potter*, die als eine der wenigen eine Orientierungsvorlage für beide Geschlechter bereit hält, die sowohl die Jungen als auch die Mädchen geschlechtsspezifisch nutzen, unterliegt diesem Phänomen; ältere Kinder wenden sich bevorzugt *Herr der Ringe* zu.

Ein zentrales Ergebnis der Studie ist darin zu sehen, dass Medienmarkenbeziehungen keinesfalls immer gleich gelagert sind; vielmehr entscheidet der Grad des Involvements über die Qualität und Intensität, mithin die Relevanz, die Kinder den Angeboten im Alltag beimessen. In der Studie konnten in der Population von 36 Kindern, die in Einzelinterviews zu ihren Umgangsweisen mit Medien(marken)angeboten befragt wurden, sechs Fans identifiziert werden; obgleich diese sich auf ein und dasselbe Medienangebot, *Dragonball Z*, beziehen, lassen ihre Umgangsweisen große Unterschiede erkennen; sie werden geprägt vom Alter, dem Geschlecht und den lebensweltlichen Bedingungen der Kinder.

In den meisten dieser sechs Familien herrscht ein weitgehend konzeptloses (Medien-)Erziehungsverhalten, das von Widersprüchen und der Überforderung der Eltern bzw. der alleinerziehenden Mütter geprägt wird. In dieser komplexen, zuweilen auch sozial sehr komplizierten Situation nutzen die Kinder das crossmedial dargebotene Medienangebot als dringend benötigtes Orientierungsangebot; diese Medienprodukte werden für sie zum Markstein im bewegten Alltag.

Wirft man die Frage auf, ob nun Kinder den zahlreichen Fernseh- und Filmangeboten und insbesondere ihren multimedial vermarkteten Derivaten gegenüber hilflos ausgeliefert sind, so zeigt sich, dass zwar bereits jüngere Kinder Ansätze von Medienkompetenz erkennen lassen. Wird der Grad des Involvements der Kinder jedoch zu mächtig, ist medien- bzw. sozialpädagogisches Handeln gefordert.

Uwe Hasebrink

Marken als Orientierungspunkte in Mediennutzung und Konsumverhalten von Kindern

1 Zur standardisierten Befragung

1.1 Fragestellung und Einordnung in den Gesamtzusammenhang der Studie

Ausgangspunkt der Gesamtstudie war ein erweiterter Markenbegriff, der sich nicht von vornherein auf eine ökonomische Perspektive beschränkt: Was eine Marke ist und was nicht, hängt danach nicht allein von der entsprechenden Zielsetzung und Marketingstrategie eines Anbieters ab. Vielmehr spielen bei der Entstehung und Entwicklung von Marken*beziehungen* die Rezipienten und Konsumenten eine entscheidende Rolle. Für den in dieser Studie zu behandelnden Gegenstandsbereich hat dies eine Ausweitung zur Folge, da sich die Anbieter-Marken und die Rezipienten-Marken nur zum Teil überlappen: Nicht alles, was als Marke vermarktet wird, erfüllt auch tatsächlich die damit beabsichtigte Funktion; und nicht alles, was aus der Perspektive von Rezipienten als Marke fungiert, ist auch so gemeint und wird als solche ausgewertet.

Vor diesem Hintergrund kommt der hier vorzustellenden standardisierten Befragung im Rahmen der Gesamtuntersuchung die Aufgabe zu, ein Bindeglied zwischen den Marktstrategien, den Medienangeboten und dem individuellen medien- und marktbezogenen Handeln von Kindern und Jugendlichen und deren Bezugspersonen zu schaffen. Die Fragestellung dieses Untersuchungsteils orientiert sich also einerseits an den Markt- und Produktanalysen, indem die dort als marktrelevant und für Kinder attraktiv erachteten Angebote systematisch in Hinblick auf ihre Nutzung abgefragt werden. Die Fragestellung greift andererseits Ergebnisse aus der qualitativen Rezeptionsstudie auf und versucht, die dort beobachteten Phänomene bzw. Indikatoren für diese Phänomene auch daraufhin zu untersuchen, wie verbreitet diese in verschiedenen Bevölkerungsgruppen und sozialen Kontexten sind.

Der Kern der standardisierten Untersuchung gilt der Frage, welche Muster der Nutzung verschiedener Medien und Medienmarken bei Kindern zwischen 6 und 13 Jahren zu beobachten sind. Die Erfassung von „Mustern" der Mediennutzung erfordert die Abfrage verschiedener Medien, verschiedener Genres und anderer möglichst aussagekräftiger Indikatoren für Mediennutzung. Zusammengenommen bilden diese Indikatoren das Medienrepertoire der Kinder ab. Die Berücksichtigung eines möglichst breiten Medienspektrums ist erforderlich, um der medienübergreifenden Perspektive des Gesamtprojekts gerecht zu werden, die ja insbesondere an der Analyse *multimedialer* Vermarktungsstrategien interessiert ist. Daher sind die Medienrepertoires auch darauf hin zu untersuchen, ob sich bestimmte Marken durch das gesamte Repertoire hindurchziehen oder aber auf ein bestimmtes Medium beschränkt bleiben.

Eine solche Befragung kann sich an zahlreichen vorliegenden Studien orientieren. Zum Medienverhalten von Kindern, insbesondere zur Fernsehnutzung, liegen einige, zum Teil auch regelmäßig wiederholte Untersuchungen vor (z.B. Feierabend/Klingler 2003). Konzentrieren sich diese vornehmlich auf die Erfassung der Mediennutzung selbst, so liegen auch mehrere Studien vor, die die Mediennutzung von Kindern systematisch mit den jeweiligen lebensweltlichen Kontexten und/oder individuellen Dispositionen verbinden und auch das Konsumverhalten von Kindern und Jugendlichen erfassen. Besonders einschlägig sind aufgrund ihrer Aktualität und aufgrund der auch im vorliegenden Projekt interessierenden Altersgruppe von 6 bis 13 Jahren vor allem zwei Studien: „Kinderwelten 2002“ von Super RTL und die „KidsVerbraucherAnalyse 2002“.

„Kinderwelten 2002“ ist eine Folgestudie zu „Kinderwelten 2000“. Befragt wurden 963 Kinder und Eltern. Schwerpunkt im Jahr 2002 war das Erziehungsverhalten der Eltern, bei denen sieben Erziehungsstile identifiziert wurden. Außerdem wurden sechs „kindliche Erlebniswelten“ herausgearbeitet. Der Tenor des Fazits dieser Studie ist vor allem von der Besorgnis über die zum Teil große Gleichgültigkeit der Eltern gegenüber ihren Kindern geprägt.

Herausgeber der jährlich erscheinenden „KidsVerbraucherAnalyse“ sind die Egmont Ehapa Verlag GmbH, die Axel Springer Verlag AG sowie die Verlagsgruppe Bauer. Die KidsVA 2002 definiert als Grundgesamtheit deutschsprachige Kinder und Jugendliche von 6 bis 13 Jahren, in der Bundesrepublik waren dies 2002 6,37 Millionen. Es wurden 1.957 Kinder und Jugendliche (mündlich) und je ein Elternteil (schriftlich) interviewt. Hauptzweck dieser Studie ist, dass sie Angaben sowohl zur Nutzung konkreter Medien als auch zu verschiedenen Aspekten des Konsumverhaltens und der Markenorientierung erfasst, um so der Wirtschaft eine Grundlage für die Planung ihrer Werbe- und Mediastrategien zu bieten. Erfasst werden Indikatoren zum Freizeitverhalten, zum Leseverhalten, zur Internetnutzung sowie zu Taschengeldverwendung, Sparzielen, Konsumverhalten, Markenbewusstsein, Markenverwendung und Markenbesitz. Die online auswertbare Version der KidsVA würde bereits die Beantwortung einiger deskriptiver Fragestellungen auch des vorliegenden Projekts ermöglichen. Grenzen sind den Auswertungen allerdings insofern gesetzt, als einfache Korrelationen zwischen Merkmalen nur recht mühsam, multivariate Zusammenhänge und darauf aufbauende Typenbildungen aber gar nicht möglich sind.

Ebenfalls nicht online verfügbar sind die in dieser Studie erfassten konkreten Kontakte mit konkreten Medienangeboten.

Vor diesem Hintergrund wurde im Rahmen des vorliegenden Projekts eine eigene standardisierte Befragung konzipiert und durchgeführt, mit der insbesondere Aufschluss über folgende Fragestellungen gewonnen werden sollte:

- Verbreitung aktueller Medienmarken in den Medienrepertoires von Kindern zwischen 6 und 13 Jahren;
- Konsequenzen multimedialer Vermarktungsstrategien für Mediennutzung und Markenbeziehungen;
- Zusammenhänge zwischen Medien- und Konsumverhalten;
- Beziehungen zwischen dem elterlichen Erziehungsverhalten und dem Umgang mit Medienmarken;
- Unterschiede im Umgang mit Medienmarken zwischen den Geschlechtern und verschiedenen Altersgruppen.

1.2 Methodisches Vorgehen

1.2.1 Fragebogen

Um die oben genannten Fragestellungen beantworten zu können, wurden Interviews mit Kindern selbst sowie mit jeweils einem Elternteil vorgesehen. Die Entscheidung für zusätzliche Eltern-Interviews ergab sich zum einen aus der Fülle der zu behandelnden Fragen, die die Kinder-Interviews zu lang hätten werden lassen. Zum anderen sollte so aber auch ein Vergleich von Kinder- und Elternperspektive ermöglicht werden, weshalb die beiden Fragebogenversionen in großen Teilen parallel angelegt waren.[106] Die Fragebögen deckten folgende Bereiche ab: Soziodemographische Merkmale der Befragten, Haushaltsmerkmale, Medienausstattung, Freizeitaktivitäten der Kinder, Lieblings-Medienfiguren der Kinder, Mediennutzung, insbesondere Fernseh- und Internetnutzung, Lieblingssendungen, Kenntnis und Bewertung verschiedener Medienmarken für Kinder, Konsumverhalten, medien- und konsumbezogenes Erziehungsverhalten der Eltern, Verhältnis zu den Eltern, zu Freunden und zu Schulkameraden.

Eine besondere Herausforderung ergab sich bei der Entwicklung eines standardisierten Erhebungsinstruments aus der Zielsetzung, bei der Ermittlung von Markenbeziehungen tatsächlich die Perspektive der Kinder zu berücksichtigen. Typische standardisierte Befragungen, wie sie in der Markt- und Mediaforschung üblich sind, geben in der Regel bestimmte Optionen vor, definieren also

[106] Der vollständige Fragebogen ist im Anhang zu Hasebrink/Mously (2004) dokumentiert.

vorab, was als potenzielle Marke in den Blick kommt; dieses Vorgehen birgt die Gefahr, dass Markenbeziehungen unterstellt werden, wie sie aus der Sicht der Kinder eigentlich gar nicht bestehen, und dass vor allem andere Objekte, die die Kinder für sich als Marke konstruieren, vernachlässigt werden. Da die Befragung zwischen der marktorientierten Perspektive einerseits und der rezipientenorientierten Perspektive andererseits vermitteln sollte, wurde diese Problematik im Fragebogen so gelöst, dass zahlreiche offene Fragen formuliert wurden. Diese geben den Befragten nichts vor und lassen ihnen somit den Freiraum, auf die betreffende Frage ganz aus ihrer eigenen Perspektive, auf der Basis ihres Verständnisses der Frageformulierung zu reagieren. Dieses Vorgehen führt zu einer erheblichen Erhöhung der Antwortvarianz; dies entsprach der Zielsetzung dieser Befragung, die ja unter anderem klären sollte, inwieweit multimediale Vermarktungsstrategien dazu führen, dass sich die Aufmerksamkeit der jeweiligen Zielgruppen auf einige wenige Angebote konzentriert. Ein anderer Vorteil offener Fragen ergibt sich aus der Besonderheit des Markenbegriffs, der, wie die anderen Teilprojekte gezeigt haben, keineswegs einheitlich gebraucht wird und sich auf ganz unterschiedliche Angebotsebenen beziehen kann (Kanäle, Programmflächen, Sendungen, Figuren). Durch die Antworten auf offene Fragen kann nun empirisch erfasst werden, auf welcher Ebene den Befragten selbst bestimmte Markenbeziehungen wichtig sind.

1.2.2 Durchführung der Befragung und Stichprobe

Mit der Rekrutierung der Stichprobe und der Durchführung der Befragung wurde das Institut at random international, Hamburg beauftragt. Die Erhebungsphase lag im März 2003, also neun bis zehn Monate später als die Erhebungen im Rahmen der qualitativen Rezeptionsstudie. Die Grundgesamtheit stellten die Kinder in der Bundesrepublik im Alter zwischen 6 und 13 Jahren dar. Die Stichprobe wurde anhand einer Zufallsauswahl von 302 Samplepoints nach Bundesland und Gemeindegrößeklasse gezogen. Zielkriterium für die Stichprobengröße war eine Zahl von mindestens 70 Befragten pro Geschlechts- und Altersgruppe (6/7, 8/9, 10/11 und 12/13 Jahre), insgesamt also 560 Befragte. Die Stichprobe umfasste letztlich n=591 Befragte; Tabelle 1.1 gibt einen Überblick über die Zusammensetzung nach Alter und Geschlecht.

Tabelle 1.1: Anzahl der befragten Kinder nach Alter und Geschlecht

	Gesamt	**6-7 J.**	**8-9 J.**	**10-11 J.**	**12-13 J.**
Gesamt	591	144	141	141	165
Mädchen	280	66	61	67	86
Jungen	311	78	80	74	79

Neben dem betreffenden Kind wurde jeweils ein Elternteil befragt; Vorgabe war, dass die Person ausgewählt werden sollte, bei der der Hauptanteil der Erziehung und Betreuung des jeweiligen Kindes liegt. Wie Tabelle 1.2 zeigt, sind vier Fünftel der Befragten Mütter. Es deutet sich zwar an, dass dann, wenn die befragten Kinder Jungen oder bereits 12 bis 13 Jahre alt sind, eher Väter das Interview führten; dieser Unterschied ist aber minimal und nicht signifikant, so dass bei den weiteren Auswertungen kein Grund zu der Annahme besteht, dass Unterschiede zwischen den Gruppen schon dadurch entstehen, dass der Anteil der männlichen und weiblichen Elternteile variiert.

Tabelle 1.2: Anteil der befragten Mütter und Väter nach Alter und Geschlecht des befragten Kindes (in %)

	Gesamt	**Jungen**	**Mädchen**	**6-7 J.**	**8-9 J.**	**10-11 J.**	**12-13 J.**
Mütter	79,7	78,1	81,4	80,6	83,0	80,1	75,8
Väter	20,3	21,9	18,6	19,4	17,0	19,9	24,2

Die folgende Ergebnisdarstellung erfolgt in verdichteter Form an den Leitfragen des Gesamtprojekts entlang. Eine ausführliche Dokumentation der vollständigen Befragungsergebnisse findet sich in Hasebrink/Mously (2004).

2 Kontexte für das Medien- und Konsumverhalten von Kindern

Bevor Ergebnisse zu den konkreten Markenbeziehungen dargestellt werden, sollen in einem vorbereitenden Schritt verschiedene Anhaltspunkte für die sozialen und kulturellen Kontexte herausgearbeitet werden, in denen sich diese Markenbeziehungen entwickeln und vor deren Hintergrund diese Beziehungen entsprechend zu interpretieren sind. Als entscheidende Gruppierungsvariablen, die als Markierungspunkte für die spezifische Position im Sozialisationsprozess gelten können, werden bei den Auswertungen das Geschlecht und das Alter des befragten Kindes verwendet; für die ab 10-Jährigen kann überdies die Information über den Typ der besuchten Schule als Anhaltspunkt für den Bildungskontext dienen. Darüber hinaus ist von mehreren anderen relevanten Kontextfaktoren auszugehen, die den Umgang der Kinder mit multimedial vermarkteten Marken beeinflussen.

2.1 Soziodemographische Merkmale des Haushalts

Als wesentliche Indikatoren für den sozialen Kontext, in dem die Kinder heranwachsen, werden herangezogen: der formale Bildungsabschluss der Eltern, die Frage, ob das Kind bei Alleinerziehenden aufwächst, die Zahl der älteren und jüngeren Geschwister sowie der Schwestern und Brüder, die Berufstätigkeit der Eltern und das Haushaltsnettoeinkommen.[107]

2.2 Erziehungsverhalten der Eltern

Wie die qualitative Rezeptionsstudie gezeigt hat, spielt das medienbezogene Erziehungsverhalten für die Entwicklung von Markenbeziehungen eine große Rolle. Um auch diese Facette in die Gesamtbetrachtung der vorliegenden standardisierten Befragung einbeziehen zu können, enthielt der Fragebogen insgesamt 14 Fragen, die sich auf die Regulierung der Nutzung verschiedener Medien, auf gemeinsame Nutzungssituationen und medienbezogene Gespräche sowie auf die Haltung gegenüber der Mediennutzung des Kindes bezogen. Diese Indikatoren ließen sich auf insgesamt vier Dimensionen verdichten:[108]

1. Interesse an der Computer-, Internet- und Spielenutzung des Kindes;
2. Gemeinsame Fernsehnutzung;
3. Regulierung der Fernsehnutzung;
4. Konflikthafte Beziehung.

Auf der Basis dieser vier Dimensionen wurden per Clusteranalyse vier Gruppen von Eltern unterschieden, die sich in ihrem medienbezogenen Erziehungsverhalten deutlich unterscheiden:

- „Desinteressierte“ (n=151, 25,5 % der Stichprobe) sind insbesondere dadurch gekennzeichnet, dass sie so gut wie keine medienbezogenen Erziehungsmaßnahmen zeigen, selten mit ihren Kindern fernsehen oder mit ihnen über das Fernsehen sprechen. Die Beziehung zu den Kindern ist wenig konflikthaft. Insgesamt entsteht der Eindruck, dass Eltern und Kinder in medienbezogener Hinsicht aneinander vorbei leben. Diese Haltung ist insbesondere, aber bei weitem nicht ausschließlich bei den Eltern der 12- bis 13-Jährigen zu beobachten (siehe Tabelle 2.1).
- „Medieninteressierte“ (n=121, 20,5 % der Stichprobe) setzen sich mit dem ganzen Spektrum der Mediennnutzung ihrer Kinder auseinander, insbesondere auch mit Computer, Internet und PC- bzw. Videospielen. Sie sehen häufiger mit ihren Kindern fern und sprechen auch über die Inhalte; ein gewisses Maß an Regulierung der Fernsehnutzung ist zu beobachten. Konflikte über die Mediennutzung scheinen selten zu sein. Dieses Erziehungsverhalten ist bei Mädchen und bei den jüngeren Altersgruppen geringfügig

---

[107] Die Grundauszählungen dieser Merkmale sind in Hasebrink/Mously (2004) dokumentiert.

[108] Eine Faktoranalyse (Hauptkomponentenanalyse mit Varimax-Rotation) führte nach dem Eigenwertkriterium (>1.0) zu einer Lösung mit vier Faktoren, die insgesamt 64,4 Prozent der Varianz aufklärt (siehe zu Details Hasebrink/Mously 2004).

häufiger anzutreffen, zieht sich aber in nennenswertem Ausmaß durch alle hier unterschiedenen Gruppen.

- „Regulierer" (n=198, 33,5 % der Stichprobe) sind dadurch gekennzeichnet, dass sie Regeln insbesondere für die Fernsehnutzung aufstellen, die auch explizite Verbote umfassen. Anders als die „Medieninteressierten" setzen sie sich aber seltener direkt mit der Mediennutzung ihrer Kinder auseinander, insbesondere die neueren Medien finden in der Beziehung zwischen Eltern und Kindern nicht statt. Dieses Muster stellt im Hinblick auf die Verbreitung in den Alters- und Geschlechtsgruppen ein Gegenbild zur Gruppe der „Desinteressierten" dar: Es ist besonders oft in der jüngsten Altersgruppe anzutreffen.
- „Konfliktbelastete" (n=121, 20,5 % der Stichprobe) sind dadurch gekennzeichnet, dass es ihren Angaben zufolge oft Streit über die Mediennutzung des Kindes gibt; diese Eltern sind auch oft davon überzeugt, dass ihr Kind zuviel fernsieht. Zugleich kommen Regulierungsmaßnahmen oder auch gemeinsame Fernsehnutzung oder Gespräche über Medien allenfalls in durchschnittlichem Maße vor, so dass sich insgesamt das Bild ergibt, dass Medien für diese Eltern ein unbewältigtes Problem darstellen, für das keine Rezepte verfügbar sind. Auch dieses Muster ist in allen Gruppen vertreten, leicht überrepräsentiert ist es bei den Eltern von Jungen und von Kindern zwischen zehn und elf Jahren.

Tabelle 2.1: Typen des elterlichen medienbezogenen Erziehungsverhaltens (in %)

	Gesamt	**Jungen**	**Mädchen**	**6-7 J.**	**8-9 J.**	**10-11 J.**	**12-13 J.**
Zahl der Befragten	*591*	*311*	*280*	*144*	*141*	*141*	*165*
„Desinteressierte"	25,5	23,8	27,5	9,0	22,0	23,4	44,8
„Medieninteressierte"	20,5	18,0	23,2	22,9	24,8	14,2	20,0
„Regulierer"	33,5	34,1	32,9	52,1	38,3	32,6	13,6
„Konfliktbelastete"	20,5	24,1	16,4	16,0	14,9	29,8	21,1

2.3 Der schulische Kontext

Im Hinblick auf den schulischen Kontext unterscheiden sich die älteren Befragten (ab 10 Jahren) im Typ der Schule, die sie besuchen. Darüber hinaus liefern die Auswertungen Anhaltspunkte für folgende Merkmale der Integration in den schulischen Alltag:

- Sowohl Kinder („Wie gern gehst Du zur Zeit zur Schule?") als auch Eltern („Wie kommt Ihr Kind zur Zeit in der Schule zurecht?") wurden zunächst nach ihren allgemeinen Einschätzungen gefragt, wie wohl sich das Kind in der Schule fühlt. Die beiden Einschätzungen führen im Durchschnitt zu einem guten bis mittleren Urteil und sind deutlich miteinander korreliert (r=.55). Sowohl im Urteil der Eltern als auch im Urteil der Kinder selbst gehen Mädchen und jüngere Kinder lieber zur Schule als Jungen bzw. ältere Kinder.

- Die allgemeine Einschätzung hängt auch mit der Tatsache zusammen, ob und wie viele Freunde das Kind in der Klasse hat: Je mehr Freunde angegeben werden, desto höher die Zufriedenheit.

Tabelle 2.2: Einschätzung der sozialen Position des Kindes im Klassenverband aus der Sicht der Eltern

	Gesamt	**Jungen**	**Mädchen**	**6-7 J.**	**8-9 J.**	**10-11 J.**	**12-13 J.**
Zahl der Befragten	*591*	*311*	*280*	*144*	*141*	*141*	*165*
Kind ist in der Klasse ...							
... Wortführer	22,5	24,8	20,0	9,7	13,5	31,2	33,9
... gut angepasst	61,6	57,6	66,1	74,3	64,5	53,9	54,4
... zurückhaltend	15,9	17,7	13,9	16,0	22,0	14,9	11,5

- Die Eltern wurden schließlich um eine Einschätzung gebeten, welche Rolle ihr Kind im Klassenverband spielt. Die drei vorgegebenen Antwortalternativen[109] zielten darauf ab, Indikatoren für die potenzielle Multiplikatorfunktion des Kindes in der Peer-Group zu erhalten; so ist davon auszugehen, dass Kinder, die als „Wortführer" bezeichnet werden können, auch im Hinblick auf die Verbreitung von Markenbeziehungen eine andere Rolle spielen als die eher angepassten oder zurückhaltenden Kinder. Die Mehrheit der Eltern sieht ihre Kinder als „gut angepasst" (siehe Tabelle 2.2). Bemerkenswert ist die Tatsache, dass diese Zuordnung mit zunehmendem Alter des Kindes seltener vorgenommen wird: So müsste aus der Sicht der Eltern der 10- bis 13-Jährigen ein Drittel der Klassen aus „Wortführern" bestehen – möglicherweise ein Indikator dafür, wie die Eltern die Rolle der älter gewordenen Kinder innerhalb der Familie wahrnehmen.

[109] 1 = „Mein Kind gehört eher zu den Wortführer(inne)n in der Klasse"; 2 = „Mein Kind passt sich in der Klasse gut an"; 3 = „Mein Kind hält sich in der Klasse eher zurück und beschäftigt sich lieber mit eigenen Dingen".

2.4 Der Kontext des Freundeskreises

Zur Vervollständigung der Peer-Group-Perspektive wurde auch nach den Freundinnen und Freunden außerhalb der Schule gefragt. 90 Prozent bejahen die Frage, ob sie solche Freunde haben. Diese werden in den meisten Fällen (57,7 %) als „gleich alt" bezeichnet, in immerhin 15,5 Prozent als „eher älter" und in nur 3,7 Prozent als „eher jünger"; knapp ein Viertel (23,0 %) meint, dies sei unterschiedlich. Für die weiteren Auswertungen ergibt sich aus dem logisch nicht nachvollziehbaren Befund, dass mehr Kinder ältere als jüngere Freunde haben, ein Anknüpfungspunkt für die Analyse der auch über Markenbeziehungen gestützten Selbstverortung gegenüber den nächstälteren Kindern und Jugendlichen. Diese Diskrepanz ist besonders groß bei den älteren Kindern, von denen 26,7 Prozent „ältere" und nur 3,3 Prozent „jüngere" Freunde haben. Die Eltern, mit derselben Frage konfrontiert, teilen diese Einschätzung.

Auch für den Freundeskreis wurden die Eltern nach der Rolle ihres Kindes gefragt. Die Antworten ähneln denen für die Schule; anders als dort schätzen jedoch weitaus weniger Eltern ihre Kinder als „zurückhaltend" ein (4,7 %). Auch hier bestätigt sich der Trend, dass mit zunehmendem Alter der Anteil der „Wortführer" steigt.

3 Freizeit- und Medienverhalten

3.1 Freizeitbeschäftigungen

Beziehungen zu Medienmarken entwickeln sich im Rahmen allgemeiner Muster des Freizeit- und Medienverhaltens. In diesen Mustern kommen generelle kulturelle und soziale Orientierungen zum Ausdruck, die ihrerseits von den zuvor behandelten Kontextfaktoren mit beeinflusst werden.

Als entscheidender Indikator für die Ausrichtung der Freizeitgestaltung wurde eine Gruppierung der Befragten nach der Art der Freizeitbeschäftigung vorgenommen, die werktags und am Wochenende im Vordergrund steht. Die entsprechenden Angaben basieren auf ungestützten Antworten auf die Frage, welchen Beschäftigungen man werktags bzw. an Wochenenden am liebsten nachgehe. Die am häufigsten genannten werktäglichen Lieblingsbeschäftigungen sind „Sport" (51,5 %), „Mit Freunden unterwegs sein" (47,8 %), „Spielen" (35,2 %) sowie mit deutlichem Abstand als erste medienbezogene Aktivität „Fernsehen/Video" (23,8 %). An Wochenenden ist die Gruppe der meistgenannten Tätigkeiten etwas breiter und ausgeglichener: „Mit Freunden unterwegs sein" (36,8 %), „Sport" (31,7 %), „Fernsehen/Video" (30,3 %), „Spielen" (26,4 %) und „Mit der Familie etwas unternehmen" (23,7 %).

Die genannten Beschäftigungen wurden nachträglich in fünf Gruppen zusammengefasst: a) Beschäftigungen für sich allein, etwa Ausruhen, Zeichnen, Tagebuch schreiben; b) sportliche Aktivitäten aller Art; c) spielerische Aktivitäten, allerdings keine Computer- und Videospiele; d) Aktivitäten, bei denen die soziale Dimension im Vordergrund steht, also etwas mit Freunden, Eltern, Geschwistern etc. unternehmen; e) medienbezogene Aktivitäten. In einem weiteren Auswertungsschritt wurden die Befragten dann in fünf Gruppen unterteilt, in denen jeweils eine dieser Aktivitäten klar im Vordergrund steht. Tabelle 3.1 dokumentiert, wie häufig diese Muster in den verschiedenen Gruppen zu beobachten sind.

Eng an das Alter gebunden ist das von Spielen geprägte Muster, das in den beiden älteren Gruppen kaum noch vorkommt; dafür nehmen die sozialen Aktivitäten stark zu. Jungen weisen eher die von Sport und Medien geprägten Muster auf, bei Mädchen stehen eher die sozialen Aktivitäten im Vordergrund, oder sie beschäftigen sich allein.

Tabelle 3.1: Muster von Lieblingsfreizeitaktivitäten (in %)

	Gesamt	**Jungen**	**Mädchen**	**6-7 J.**	**8-9 J.**	**10-11 J.**	**12-13 J.**
Zahl der Befragten	*591*	*311*	*280*	*144*	*141*	*141*	*165*
„Spiele“	18,5	17,4	18,6	38,9	25,5	8,5	3,0
„Allein“	10,8	7,7	14,3	13,9	9,9	12,8	7,3
„Sport“	23,2	30,0	15,7	21,5	19,9	23,4	27,4
„Soziales“	23,1	18,4	28,2	18,1	18,4	22,0	32,2
„Medien“	24,4	26,5	22,1	7,6	26,2	33,3	29,9

Ein oft diskutiertes Merkmal der Freizeitgestaltung von Kindern ist der zunehmende Organisationsgrad der Freizeit, die durch zahlreiche feste Termine geprägt sei. Daraus kann auch eine Form der subjektiven Überforderung oder Anstrengung folgen – Erscheinungen, die im Rahmen dieses Projekts auch im Hinblick auf den von multimedialen Vermarktungsstrategien ausgehenden Druck von Bedeutung sind. Die direkte Frage, ob das Kind „genug Zeit (habe), in der es machen kann, was es will“, bejahen sowohl Kinder als auch Eltern überwiegend. Im Durchschnitt schätzen die Eltern, dass ihr Kind pro Woche gut zwei Termine außerhalb der Schule hat. Der Zusammenhang zwischen dieser Schätzung und dem Eindruck, genug Zeit zu haben, ist zwar hoch signifikant, aber im Betrag doch recht gering (r=.25), so dass die Zahl geplanter Termine nicht allein den Eindruck von Zeitmangel erklären kann.

3.2 Medienausstattung und -verfügbarkeit

Eine Grundvoraussetzung dafür, dass multimediale Vermarktungsstrategien Kinder erreichen, besteht in der Verfügbarkeit der dazu erforderlichen Medientechnik. Tabelle 3.2 zeigt für verschiedene Geräte, welcher Anteil der Kinder diese selbst besitzen; für die im Rahmen dieser Studie wichtigsten Geräte – Fernsehen und Computer – ist zusätzlich aufgeschlüsselt, inwieweit die Kinder diese allein nutzen können, auch wenn sie selbst kein eigenes Gerät besitzen.

Tabelle 3.2: Für die Kinder verfügbare Medien

	Gesamt	Jungen	Mädchen	6-7 J.	8-9 J.	10-11 J.	12-13 J.
Zahl der Befragten	*591*	*311*	*280*	*144*	*141*	*141*	*165*
Fernsehgerät:							
Eigenes Gerät	37,2	38,3	36,1	11,1	20,6	53,9	60,0
Verfügbar, allein nutzbar	23,5	23,1	23,9	34,0	26,2	17,7	17,0
Im HH verfügbar	39,1	38,3	40,0	54,9	53,2	27,7	23,0
Kein TV im HH	0,2	0,3	0,0	0,0	0,0	0,7	0,0
Computer:							
Eigenes Gerät	12,5	14,1	10,7	1,4	8,5	15,6	23,0
Verfügbar, allein nutzbar	17,6	16,4	18,9	13,9	15,6	19,9	20,6
Im HH verfügbar	33,0	31,5	34,6	43,1	35,5	29,8	24,8
Kein PC im HH	36,9	37,9	35,7	41,7	40,4	34,8	31,5
Wenn eigener bzw. allein nutzbarer PC: Internet nutzbar?	56,7	56,8	56,6	36,4	58,8	56,0	62,5
Audiorecorder	70,4	68,5	72,5	87,5	70,2	75,2	59,4
Walk-/Discman	53,6	58,2	48,6	37,5	48,4	59,6	69,7
Game Boy	45,7	54,7	35,7	49,3	46,1	52,5	36,4
CD-Player	38,2	40,8	35,4	20,8	34,8	50,4	46,1
Stereoanlage	29,3	28,3	30,4	15,3	14,9	36,2	47,9
Spielkonsole	25,2	34,4	15,0	6,3	27,7	36,2	30,3
Videorecorder	7,3	9,6	4,6	2,1	4,3	5,7	15,8
MP3-Player	3,2	5,1	1,1	0,7	2,8	3,5	5,5
DVD-Player	2,9	4,5	1,1	0,7	3,5	1,4	5,5

Wie aus anderen Studien bekannt, sind Haushalte mit Kindern besonders reichhaltig mit Mediengeräten ausgestattet. Mittlerweile haben 37 Prozent der 6- bis 13-Jährigen einen eigenen Fernseher, in der ältesten Gruppe sind dies schon 60 Prozent (siehe Tabelle 3.2). Computer sind noch bei weitem nicht so verbreitet, 12,5 Prozent haben einen solchen im eigenen Zimmer, immerhin 30 Prozent können ein Gerät allein für sich nutzen. Gut ein Drittel der Kinder lebt in Haushalten ohne Computer. Diejenigen, die einen eigenen Computer haben oder doch zumindest allein für sich ein Gerät nutzen können, haben zu gut der Hälfte auch die Möglichkeit, das Internet zu nutzen; diese Option für die multimediale Verbreitung von Medienmarken steht vorerst also noch nur für insgesamt 17 Prozent der Kinder offen.

Die höchste Präsenz in Kinderzimmern haben die verschiedenen Audiomedien, allen voran der Kassettenrecorder, der insbesondere bei den Jüngsten fast überall präsent ist. Audiovisuelle Geräte wie Videorecorder oder gar DVD-Player gehören nicht zur normalen Medienausstattung der Kinder.

Tabelle 3.3: Handy-Besitz, -Nutzung und -Kosten

	Gesamt	**Jungen**	**Mädchen**	**6-7 J.**	**8-9 J.**	**10-11 J.**	**12-13 J.**
Zahl der Befragten	*591*	*311*	*280*	*144*	*141*	*141*	*165*
Eigenes Handy?	29,8	29,3	30,4	1,4	9,9	38,3	64,2
Zahl der Befragten mit Handy:	*176*	*91*	*85*	*2*	*14*	*54*	*106*
Wie oft telefonierst Du damit?[110]	1,0	1,0	1,0	0,8	0,9	0,9	1,1
Wie oft SMS?[111]	1,2	1,2	1,2	0,5	1,0	1,1	1,3
Wie oft MMS?	0,2	0,2	0,2	0,3	0,2	0,3	0,1
Wie oft Download von Klingeltönen etc.?	0,3	0,3	0,3	0,3	0,3	0,3	0,3
Abrechnung der Kosten (Angabe der Eltern):							
Prepaid	78,2	77,8	78,6	75,0	69,2	82,0	77,6
Fester Vertrag	14,4	15,6	13,1	25,0	15,4	8,0	16,8
Festes Budget	7,5	6,7	8,3	0,0	15,4	10,0	5,6
Kosten pro Monat (€)	15,92	16,64	15,16	13,00	15,38	13,78	17,09

Seit einigen Jahren stellt das Handy eine wesentliche Innovation im Alltag von Kindern dar, die dazu beiträgt, dass die Grenzen zwischen Individual- und Massenkommunikation fließend werden. Zum Erhebungszeitraum hatten 30 Prozent der Kinder ein eigenes Handy (siehe Tabelle 3.3). Weite Verbreitung erfährt es ab dem elften Lebensjahr, von den 12- bis 13-Jährigen verfügen bereits fast zwei Drittel über ein Handy. Im Durchschnitt wird damit einmal täglich telefoniert, SMS werden deutlich häufiger versandt. Demgegenüber sind aufwändigere Anwendungen wie der Versand oder Empfang von MMS oder der Download von Klingeltönen oder anderen Dateien, noch selten. Die Handy-Kosten der Kinder werden nach Angabe der Eltern meist über Pre-paid-Karten abgerechnet.

110 Angegeben sind Mittelwerte; Variablenwerte und -labels: 1,5 = „mehrmals am Tag", 1 = „etwa einmal täglich", 0,5 = „seltener".

111 Angegeben sind Mittelwerte; Variablenwerte und -labels: 1,5 = „mehrmals am Tag", 1 = „etwa einmal täglich", 0,5 = „seltener", 0 = „nie".

3.3 Mediennutzung

Zur Charakterisierung der allgemeinen Mediennutzung wurde zunächst ein Indikator für die Breite der Medienrepertoires der Kinder bestimmt. Berechnet wurde die Zahl der Medien, die werktags mindestens einmal pro Woche genutzt werden; einbezogen wurden in diesem Sinne insgesamt elf Medien: Videos/DVDs ansehen, Musik hören, Computer- bzw. Videospiele spielen, Bücher lesen, Comics lesen, Mangas lesen, mit dem Computer schreiben oder zeichnen, das Internet nutzen, Hörkassetten/Hörbücher hören, Zeitschriften lesen sowie fernsehen. Zusätzlich wurde berücksichtigt, ob zumindest ab und zu, ganz gleich, ob werktags oder an Wochenenden, das Kino oder ein Konzert besucht wird. Der Indikator für die Breite des Medienrepertoires kann somit Werte zwischen 0 und 13 einnehmen. Über die gesamte Stichprobe hinweg ergibt sich eine Repertoirebreite von 5,9 verschiedenen Medien, die von den Jüngeren (5,0) zu den 10- bis 13-Jährigen (6,4) ansteigt.

Als weiterer wesentlicher Indikator für die Mediennutzung ist der jeweils unterschiedliche Akzent anzusehen, den verschiedene Kinder beim Umgang mit den Medien setzen. Auf der Basis der Angaben zur Häufigkeit der Nutzung der einzelnen Medien wurden fünf Medienrepertoires bestimmt.[112] Tabelle 3.4 zeigt im Einzelnen, wie häufig die Kinder, die den verschiedenen Repertoires zugeordnet wurden, die einzelnen Medien nutzen und wie sich die so gebildeten Repertoiregruppen nach Geschlecht und Alter zusammensetzen.

Die Medienrepertoires lassen sich wie folgt charakterisieren:

- *Repertoire I* versammelt Kinder, die häufig Musik hören, Zeitschriften lesen und fernsehen; auch Bücher und Comics spielen hier noch eine vergleichsweise große Rolle. Die Breite des Medienrepertoires liegt leicht über dem Durchschnitt. Dieses Repertoire weisen insbesondere ältere Kinder auf, Mädchen überwiegen gegenüber Jungen. Es ergibt sich der Eindruck eines engen Verbundes aus Fernsehen, Musik und Jugendzeitschriften, die ihrerseits der Musik und beliebten TV-Serienfiguren viel Aufmerksamkeit widmen. Dies wird später noch zu prüfen sein.
- *Repertoire II* fällt ausschließlich dadurch auf, dass es das mit Abstand schmalste ist – nur knapp vier Medien werden pro Woche genutzt. Nur das Fernsehen erreicht annähernd eine durchschnittliche Nutzungshäufigkeit

---

112 Die Häufigkeitsangaben zu den einzelnen Medien wurden zunächst per Faktoranalyse auf vier Dimensionen verdichtet; auf dieser Grundlage wurden dann per Clusteranalyse Gruppen identifiziert, die sich hinsichtlich ihres Medienrepertoires deutlich voneinander unterscheiden. Die Entscheidung für die ausgewählte Clusterlösung erfolgte nach den beiden Kriterien a) Einfachheit/Übersichtlichkeit und b) Interpretierbarkeit.

und -dauer, alle anderen Medien werden deutlich seltener genutzt als in den anderen Repertoires. Bei Kindern mit einem solchen Medienrepertoire sind die Voraussetzungen für multimediale Vermarktungsstrategien nur bedingt gegeben; Medien scheinen generell nicht im Vordergrund zu stehen. Dieses Muster ist besonders oft in der jüngsten Altersgruppe anzutreffen sowie geringfügig häufiger bei Jungen als bei Mädchen.

Tabelle 3.4: Häufigkeit der Nutzung verschiedener Medien in verschiedenen Repertoires und Zusammensetzung der Repertoiregruppen nach Geschlecht und Alter

	Gesamt	**Repertoire I**	**Repertoire II**	**Repertoire III**	**Repertoire IV**	**Repertoire V**
Zahl der Befragten	*591*	*93*	*192*	*128*	*97*	*81*
Anteil an der Gesamtstichprobe	-	15,7	32,5	21,7	16,4	13,7
Häufigkeit der Nutzung der einzelnen Medien an Werktagen (Mittelwerte): [113]						
Video/DVD	2,5	2,8	2,0	1,9	3,0	3,2
Musik	4,5	5,3	3,8	5,0	5,1	4,2
PC-/Video-Spiele	2,6	2,4	2,1	1,8	4,2	3,5
Bücher	2,7	3,4	1,5	3,9	2,4	3,2
Comics	2,5	3,0	2,0	2,4	2,0	4,0
Mangas	1,6	1,4	1,1	1,2	1,6	3,2
PC-Nutzung	1,8	1,3	1,2	1,5	3,3	2,2
Internet	1,6	1,4	1,1	1,2	2,9	2,0
Hörkassetten	2,8	2,4	2,9	3,5	1,7	3,6
Zeitschriften	2,4	3,4	1,4	2,8	2,5	2,5
Fernsehen[114]	3,9	4,5	3,7	3,2	4,2	4,0
TV-Dauer/Tag[115]	2,0	3,1	1,7	1,3	2,6	2,1
Breite des Medienrepertoires	5,9	6,5	3,9	5,6	7,3	8,9
Zusammensetzung der Repertoiregruppen nach Alter und Geschlecht (in %):						
Jungen	52,6	40,9	59,9	27,3	61,9	77,8
Mädchen	47,7	59,1	40,1	72,7	38,1	22,2
6 - 7 Jahre	24,4	8,6	40,1	27,3	9,3	18,5
8 - 9 Jahre	23,9	11,8	26,6	26,6	16,5	35,8
10 - 11 Jahre	23,9	32,3	16,7	22,7	28,9	27,2
12 - 13 Jahre	27,9	47,3	16,7	23,4	45,4	18,5

113 Variablenwerte und -labels: 6 = „mehrmals am Tag“, 5 = „fast jeden Tag“, 4 = „mehrmals pro Woche“, 3 = „einmal pro Woche“, 2 = „weniger als einmal pro Woche“, 1 = „nie“.

114 Für das Fernsehen wichen die Variablenwerte und -labels leicht ab: 5 = „mehrmals am Tag“, 4 = „fast jeden Tag“, 3 = „mehrmals pro Woche“, 2 = „seltener“, 1 = „nie“; die absoluten Werte sind also nicht mit denen der anderen Medien vergleichbar.

115 Angaben der Eltern, die um eine direkte zeitliche Schätzung gebeten wurden. Diese hängt mit den Angaben der Kinder zur Nutzungs*häufigkeit* zusammen (r=.49); da letztere Angaben für die Fernsehnutzung zu wenig differenzieren, wurden hier die Angaben der Eltern zur Dauer herangezogen.

- In *Repertoire III* stehen die Musik, Bücher und Hörkassetten im Vordergrund, während das Fernsehen hier die geringste Rolle spielt. Im Vergleich zu Repertoire I ist hier interessant, dass sich das in beiden Repertoires vorhandene Interesse für Musik hier mit anderen Medien, eben mit Büchern und Hörkassetten, verbindet, während in Repertoire I das Fernsehen im Vordergrund steht. Dieses Repertoire ist zu drei Vierteln bei Mädchen zu beobachten; anders als die anderen Repertoires ist es offenbar nicht an ein bestimmtes Alter gebunden, sondern zieht sich relativ gleichmäßig durch die gesamte hier untersuchte Altersstufe.
- *Repertoire IV* ist durch die neueren Medientechniken geprägt: Video/DVD, Computer- und Videospiele sowie die Computer- und Internet-Nutzung sind hier stärker ausgeprägt als in den anderen Repertoires, auch das Fernsehen wird häufig und lang genutzt. Ein solches Repertoire bietet die relativ besten Voraussetzungen für die im Zusammenhang mit der technischen Konvergenz realisierbaren multimedialen Strategien. Es ist häufiger bei Jungen und in der ältesten Gruppe anzutreffen.
- *Repertoire V* weist die größte Breite unter den hier identifizierten Repertoires auf, fast alle abgefragten Medien werden überdurchschnittlich genutzt, besonders ausgeprägt Video/DVD, Comics und Mangas sowie Hörkassetten. Die entsprechenden Kinder werden also regelmäßig von der ganzen Bandbreite alter und neuer Medien erreicht und sind deshalb im Hinblick auf multimediale Strategien besonders interessant. Anzutreffen ist dieses Muster ganz überwiegend bei Jungen sowie in den beiden mittleren Altersgruppen.

Nach diesen Vorarbeiten über die verschiedenen Voraussetzungen, die die Kinder aufgrund der familialen Kontexte, in denen sie heranwachsen, sowie der eigenen Orientierungen, die in ihren Freizeitbeschäftigungen und Medienrepertoires zum Ausdruck kommen, mitbringen, sollen in den folgenden Abschnitten konkrete Markenbeziehungen in den Blick genommen werden.

4 Lieblingsfiguren als Markierungen für Markenbeziehungen

In der Dramaturgie des Fragebogens erfolgte die Annäherung an Medien und die in ihnen zum Ausdruck kommenden Vermarktungsstrategien schrittweise. Um einen ersten Anhaltspunkt für möglicherweise besonders hervorgehobene Markenbeziehungen zu erhalten, wurden die Kinder zunächst danach gefragt, ob sie derzeit eine ganz bestimmte „Lieblingsfigur“ haben, die sie „aus den Medien“ kennen.[116] Damit sollte eine Voraussetzung für vertiefende Nachfragen

[116] Wortlaut der Frage: „Es gibt ja viele Figuren, die man aus dem Fernsehen, dem Kino, Büchern, Zeitschriften, Comics, aus dem Radio, von Kassetten und von Spielen kennt. Hast Du im Moment eine Lieblingsfigur, die Du ganz toll findest?“

danach geschaffen werden, woher diese Figuren bekannt sind und welche Merchandising-Artikel die Kinder besitzen. Die Hälfte der Befragten nannte eine solche Lieblingsfigur; allerdings nimmt die Häufigkeit ab 10 Jahren stark ab, von den 12- und 13-Jährigen sagt nur noch ein Drittel von sich, eine Lieblingsfigur zu haben (Tabelle 4.1).

Tabelle 4.1: Anteil der Kinder, die angeben, eine Lieblingsfigur zu haben (in %)

	Gesamt	**Jungen**	**Mädchen**	**6-7 J.**	**8-9 J.**	**10-11 J.**	**12-13 J.**
Zahl der Befragten	*591*	*311*	*280*	*144*	*141*	*141*	*165*
Ja, Lieblingsfigur	49,4	49,3	49,5	61,8	61,7	44,0	32,7

Die offene Frageformulierung zielte darauf ab, einen Eindruck davon zu bekommen, inwieweit Kinder in ihren Vorlieben auf einige wenige Figuren konzentriert sind. Das Ergebnis ist eindeutig: Mit insgesamt 106 verschiedenen Figuren, die mindestens einmal genannt wurden, zeigt sich eine große Vielfalt, die unterstreicht, dass Kinder die verfügbaren Angebote in sehr individueller Weise auswählen. Nur einige wenige Figuren erreichen eine größere Zahl von Nennungen, allen voran *Harry Potter* mit 36 Nennungen (siehe Tabelle 4.2).

Tabelle 4.2: Die am häufigsten genannten Lieblingsfiguren (Häufigkeiten, Basis: alle Befragte)[117]

Harry Potter	36	Pokémon	7
Barbie	17	Bibi Blocksberg	6
Diddl	12	Sabrina	6
Spiderman	11	Shin Chan	6
Son-Goku	10	Benjamin Blümchen	5
Angela Anaconda	9	Detektiv Conan	5
Bob der Baumeister	8	Maus	5
Bart Simpson	8	Pimboli	5

Selbstverständlich unterscheiden sich die Alters- und Geschlechtsgruppen deutlich hinsichtlich ihrer Lieblingsfiguren (siehe Tabelle 4.3); erhalten bleibt aber auch in den Teilgruppen der Befund sehr breit gestreuter Vorlieben.

117 Nur Figuren mit mindestens 5 Nennungen.

Tabelle 4.3: Am häufigsten genannte Figuren in den Teilgruppen (Figuren, die mindestens dreimal genannt wurden)

	6-7 Jahre	8-9 Jahre	10-11 Jahre	12-13 Jahre
Jungen	Bob der Baumeister; Harry Potter	Harry Potter, Spiderman, Detektiv Conan, Son-Goku, Dragonball Z	Harry Potter, Pokémon, Bart Simpson, Son-Goku, Spiderman	Bart Simpson, Stefan Raab
Mädchen	Diddl, Harry Potter, Barbie, Maus, Polly Pocket	Barbie, Angela A., Bibi Blocksberg, Harry Potter, Pimboli, Sailor Moon	Harry Potter, Diddl, Barbie	Angela A., Barbie, Jeannette Biedermann, Sabrina

Die Frageformulierung hatte nahe gelegt, dass das Interesse insbesondere Medienfiguren gelten solle, die Antworten zeigen aber, dass auch andere Figuren von besonderer Bedeutung sind. So werden nach *Harry Potter* mit *Barbie* und der *Diddl*-Maus zwei Spielfiguren am zweit- und dritthäufigsten genannt, erst dann folgen Figuren, die aus aktuell laufenden Fernsehprogrammen stammen. Insgesamt dominieren die dem Fernsehen zuzuordnenden Figuren deutlich (siehe Tabelle 4.4): 61 Prozent der Figuren stammen aus Fernsehsendungen. Dabei ist zu betonen, dass diese Zuordnung insofern einen fernsehorientierten Bias aufweist, als diejenigen Figuren, die neben dem Fernsehen auch in anderen Medien vertreten sind, dem Fernsehen zugeordnet wurden, da dieses das Ausgangsmedium für die hier zugrunde liegende Fragestellung darstellt. Inwieweit dies der Wahrnehmung der Kinder selbst entspricht, wird weiter unten geprüft.

Tabelle 4.4: Herkunft der genannten Lieblingsfiguren; Zuordnung durch das Forschungsteam (in %)

	Gesamt	Jungen	Mädchen	6-7 J.	8-9 J.	10-11 J.	12-13 J.
Zahl der Befragten mit Lieblingsfigur	*292*	*154*	*138*	*89*	*87*	*62*	*54*
TV: Zeichentrick	46,4	63,3	26,9	50,0	50,6	43,1	37,3
TV: Puppen	4,6	4,7	4,6	12,5	1,2	-	2,0
TV: Realfilm	5,7	2,7	9,2	1,1	4,8	6,9	13,7
TV: Show	2,5	2,7	2,3	-	1,2	-	11,8
TV: Schauspieler	1,8	0,7	3,1	-	-	3,4	5,9
Andere Medien	19,3	19,3	19,2	11,4	24,1	27,6	15,7
Spielfiguren	12,5	1,3	25,4	17,0	10,8	13,8	5,9
Sonstige	7,1	5,3	9,2	2,4	7,2	5,2	7,8

Die Herkunft der Lieblingsfiguren dokumentiert deutliche Alters- und Geschlechtsunterschiede: Zeichentrick-Figuren sind eher für jüngere Kinder und insbesondere für Jungen attraktiv; Figuren aus Puppen-Serien bleiben gänzlich auf die jüngste Altersgruppe beschränkt; Figuren aus Realfilm-Serien, Show-Stars und Schauspieler(innen) spielen nur bei den Ältesten eine Rolle und eher bei Mädchen. Ein Fünftel der angegebenen Lieblingsfiguren entstammen nicht dem Fernsehen; die entsprechenden Werte kommen insbesondere durch die herausragende Rolle der insbesondere aus Buch und Kino bekannten Figur *Harry Potter* zustande – bei den 10- bis 11-Jährigen nannten knapp 10 Prozent diese als Lieblingsfigur. Spielfiguren sind die Domäne von *Barbie* und *Diddl*, welche bei den Mädchen im Vordergrund stehen. Zu den unter „Sonstigen" zusammengefassten Figuren gehören insbesondere Sportler (z.B. André Agassi, Oliver Kahn, Ronaldo und Fredi Bobic) und Musiker (z.B. Elmar Brandt, Jennifer Lopez, Sascha und Britney Spears).

Tabelle 4.5: Woher kennen die Kinder ihre Lieblingsfiguren? (in %, offene Frage, Mehrfachnennungen)

	Gesamt
Zahl der Befragten mit Lieblingsfigur	*292*
Anzahl insgesamt genannter Quellen	*3,1*
Anzahl genannter Medienquellen	*2,0*
Fernsehen	72,6
Kino	18,2
Buch	14,4
Hörkassette	20,9
Zeitschrift	16,1
Comic	18,8
Internet	3,4
PC-/Videospiel	4,8
Werbung	14,4
Merchandising	11,0
Eltern	11,0
Geschwister	11,3
Freunde	45,9
Mitschüler	37,3
Sonstige	6,8

Die Befragten gaben weiter an, woher sie die von ihnen genannte Lieblingsfigur kennen. Dazu konnten bis zu 15 Optionen genannt werden. Im Mittel wurden 3,1 Quellen genannt (siehe Tabelle 4.5); berücksichtigt man nur die medienbezogenen Quellen, so gibt im Durchschnitt jedes Kind zwei Medien an, aus denen es seine Lieblingsfigur kennt.[118] Damit liegt ein erster Anhaltspunkt für die multimediale Präsenz der den Kindern wichtigen Figuren vor.

118 Bei der Berechnung wurden die in Tabelle 4.5 aufgeführten Medien sowie Merchandising-Artikel berücksichtigt, nicht jedoch die personalen Quellen; der Indikator konnte also maximal einen Wert von 10 erreichen.

Aufgrund der Tatsache, dass die meisten der genannten Figuren zumindest auch aus dem Fernsehen bekannt sind, verwundert es nicht, dass das Fernsehen weitaus am häufigsten als Quelle genannt wird. Aber auch die Print- und Audiomedien tragen substanziell zur Präsenz der Lieblingsfiguren bei; das Internet hingegen tritt an dieser Stelle derzeit noch marginal in Erscheinung. Die Ergebnisse führen darüber hinaus die große Rolle der Peer-Group bei der Verbreitung von Medienmarken vor Augen: Sowohl Freunde und Freundinnen als auch die Mitschülerinnen und Mitschüler werden von vielen Kindern als Quelle für Informationen über ihre Lieblingsfiguren genannt.

Zu den Lieblingsfiguren sind in den Haushalten zahlreiche Produkte vorhanden. Auf die Frage nach zehn möglichen Produkten, die mit einer Figur verbunden sein können, nannten die Befragten im Durchschnitt 2,7 (siehe Tabelle 4.6);[119] im Vordergrund stehen Merchandising-Artikel, Poster und Spielfiguren.

Tabelle 4.6: Welche Dinge mit der Lieblingsfigur haben die Kinder zu Hause? (in %, geschlossene Frage, Mehrfachnennungen)

	Gesamt
Zahl der Befragten mit Lieblingsfigur	*292*
Summe der vorhandenen Dinge	2,7
Hörkassette	25,7
Videokassette	26,7
DVD	4,5
PC-/Videospiel	10,3
Sammelkarten	21,9
Spielfiguren	43,2
Gogos	2,1
Sticker	39,0
Poster	45,5
Merchandising-Artikel	54,5

Es sind insbesondere die Eltern, die den Kindern die Accessoires mit ihren Lieblingsfiguren schenken (siehe Tabelle 4.7). Vom 10. Lebensjahr an steigt zwar sprunghaft der Anteil der Kinder, die angeben, dass sie sich die betreffenden Produkte selbst kaufen; aber auch bei den Ältesten spielen die Eltern noch eine maßgebliche Rolle. Der gegen den ansonsten beobachtbaren Trend gehende sehr hohe Wert für die Eltern bei den 10- bis 11-Jährigen mag daher rüh-

[119] Der Indikator gibt an, wie viele der in Tabelle 4.6 aufgeführten Produkte mit der genannten Lieblingsfigur das Kind zu Hause hat; er kann maximal einen Wert von 10 erreichen.

ren, dass gerade in dieser Gruppe besonders häufig *Harry Potter* als Lieblingsfigur genannt wurde, bei der aufgrund der in der Regel hohen Kosten und der hohen Akzeptanz bei Eltern eine besonders hohe Bereitschaft zu entsprechenden Geschenken plausibel erscheint (siehe dazu näher Kapitel 7.2.1). Neben den Eltern tragen aber auch Geschenke sonstiger Verwandter sowie von Freunden dazu bei, dass die Kinder über zahlreiche Dinge mit ihrer Lieblingsfigur verfügen.

Tabelle 4.7: Woher haben die Kinder die Dinge mit ihrer Lieblingsfigur bekommen? (in %, ungestützte Frage, Mehrfachantworten)

	Gesamt	**Jungen**	**Mädchen**	**6-7 J.**	**8-9 J.**	**10-11 J.**	**12-13 J.**
Zahl der Befragten mit Lieblingsfigur	*292*	*154*	*138*	*89*	*87*	*62*	*54*
Selbst gekauft	27,4	33,8	20,3	10,1	19,5	51,6	40,7
Von den Eltern	70,5	71,4	69,6	80,9	70,1	80,6	42,6
Von Verwandten	44,2	39,0	55,0	52,8	41,4	46,8	31,5
Von Freunden	21,2	22,1	20,3	15,7	19,5	32,3	20,4

5 Fernsehsendungen als Marken

5.1 Lieblingssendungen

Die Gesamtstudie richtet unter den verschiedenen Medien ein Hauptaugenmerk auf das Fernsehen, die Ausgangsfrage nach den Konsequenzen multimedialer Vermarktungsstrategien bezieht sich insbesondere auf solche Marken, die zumindest auch im Fernsehen angeboten werden. Für die Orientierung im Fernsehprogramm spielen nach wie vor einzelne Sendungen bzw. Sendungsformate eine herausragende Rolle.[120] Analog zu der Frage nach der Lieblingsfigur wurde daher in erster Annäherung an die Wahrnehmung des Fernsehangebots nach der Lieblingssendung gefragt. Dahinter steht die Annahme, dass eine Sendung, die als die eigene Lieblingssendung bezeichnet wird, den besten Zugang zu den Angeboten darstellt, bei denen sich sinnvoll von einer engeren Markenbeziehung sprechen lässt. Umgekehrt lässt sich folgern, dass diejenigen Kinder, die auf diese Frage keine Sendung nennen, auf dieser Strukturebene zumindest keine ausgeprägten Markenbeziehungen entwickelt haben.

[120] Dies ist etwa im Bereich des Hörfunks anders, wo es entweder die Gesamtprogramme oder aber einzelne Moderatoren sind, die maßgeblich die Profilbildung bestimmen, während die Kategorie der „Sendung“ in heutigen Fließprogrammen kaum noch eine Rolle spielt.

Die entsprechende Frage wurde insgesamt von 71,4 Prozent der Kinder bejaht, wesentliche Unterschiede nach Alter und Geschlecht traten nicht auf. Im Vergleich zu der zuvor behandelten Frage nach Lieblingsfiguren, die insgesamt nur von knapp 50 Prozent bejaht wurde, zeigt sich also, dass sich besonders enge Beziehungen eher auf der Sendungsebene entwickeln als auf der Ebene von konkreten Figuren. Diese Kluft nimmt mit dem Alter deutlich zu, bei den 12- und 13-Jährigen nennen fast drei Viertel eine Lieblingssendung, aber nur ein Drittel eine Lieblingsfigur.

Tabelle 5.1: Lieblingssendungen der Kinder (in %) [121]

	Gesamt	**Jungen**	**Mädchen**	**6-7 J.**	**8-9 J.**	**10-11 J.**	**12-13 J.**
Basis: Befragte mit Lieblingssendung	*422*	*219*	*203*	*105*	*103*	*93*	*121*
GZSZ	11,8	5,0	19,2	0,0	4,9	18,3	23,1
DSDS	4,3	0,9	7,9	1,0	1,9	5,4	8,3
Die Simpsons	4,3	6,4	2,0	1,0	5,8	7,5	3,3
TV total	4,0	7,3	0,5	0,0	1,9	1,1	11,6
Sabrina, total verhext	3,6	0,0	7,4	2,9	3,9	6,5	1,7
Unter uns	3,1	0,9	5,4	0,0	1,0	3,2	7,4
Pokémon	2,8	4,6	1,0	4,8	2,9	3,2	0,8
ran	2,8	5,5	0,0	1,9	1,0	3,2	5,0
Disneys große Pause	2,6	3,2	2,0	1,0	5,8	3,2	0,8
Dragonball Z	2,6	5,0	0,5	1,9	2,9	6,5	0,8
Sesamstraße	2,6	2,7	2,5	10,5	0,0	0,0	0,0
Bravo TV	2,1	1,4	3,0	1,0	1,0	1,3	3,3
Dragonball	2,1	4,1	0,0	1,9	2,9	2,2	1,7
Shin Chan	2,1	3,2	1,0	1,0	2,9	1,1	3,3
Angela Anaconda	1,9	0,5	3,4	0,0	5,8	1,1	0,8
Detektiv Conan	1,9	3,4	0,0	1,9	3,9	1,1	0,8
Tigerentenclub	1,9	1,4	2,5	6,7	0,0	1,1	0,0
Käpt'n Balu	1,7	2,7	0,5	4,8	1,0	1,1	0,0
Bob der Baumeister	1,4	2,3	0,5	5,7	0,0	0,0	0,0
Die Sendung mit der Maus	1,4	1,4	1,5	5,7	0,0	0,0	0,0
Marienhof	1,4	0,5	2,5	0,0	0,0	2,2	3,3
Sailor Moon	1,4	0,5	2,5	2,9	1,0	2,2	0,0

121 Gefragt war nach der EINEN Lieblingssendung. Insgesamt wurden mehr als 100 verschiedene Sendungen genannt. In dieser Tabelle aufgeführt sind nur diejenigen, die insgesamt oder in einer der Geschlechtergruppen mindestens 2,5 Prozent oder in einer der Altersgruppen mindestens 5 Prozent der Nennungen erreichen.

Tabelle 5.1 zeigt die am häufigsten genannten Lieblingssendungen im Überblick. Wie schon bei den Lieblingsfiguren ist an den Ergebnissen zunächst bemerkenswert, welche Fülle an verschiedenen Sendungen die Kinder als ihre „Lieblingssendung“ bezeichnen: Insgesamt wurden von den 422 Befragten mit Lieblingssendung mehr als 100 verschiedene Sendungen genannt. Es kann also festgehalten werden, dass die aktuellen Vermarktungsstrategien jedenfalls nicht zur Folge haben, dass die Aufmerksamkeit der Kinder auf einige wenige Fernsehangebote konzentriert würde.

Tabelle 5.1 macht zugleich deutlich, wie trennscharf die Vorlieben für bestimmte Sendungen zwischen den Geschlechts- und Altersgruppen unterscheiden. Neben der mit Abstand meistgenannten Daily Soap *Gute Zeiten, schlechte Zeiten*, die abgesehen von der jüngsten Gruppe überall beliebt ist, aber ihre Spitzenwerte eindeutig bei den ältesten Mädchen erzielt, lassen auch die folgenden Sendungen jeweils sehr klar umrissene Zielgruppen erkennen: die spezifischen Jungensendungen *Simpsons*, *TV total* und *ran*; die Mädchensendungen *Deutschland sucht den Superstar*, *Sabrina, total verhext* und *Unter uns*; *TV total* für die Ältesten, *Disney* und *Dragonball* für die Mittleren und *Sesamstraße* für die Jüngsten.

Angesichts der Tatsache, dass aus einer Beobachterperspektive leicht der Eindruck entsteht, angesichts der sehr eng zugeschnittenen Alterszielgruppen und der rasch wechselnden Angebotskonstellationen könne kaum Zeit für die Entwicklung längerfristiger Bindungen an ein bestimmtes Format bestehen – Langläufer wie *GZSZ* einmal ausgenommen –, muss überraschen, dass drei Viertel der Befragten (74,4 %, ohne Tabelle) angeben, die genannte Sendung sei „schon lange“ ihre Lieblingssendung; diese Aussage kann als Hinweis darauf interpretiert werden, dass die Kinder durchaus nicht den Eindruck haben, häufig die Lieblingssendung zu wechseln, sondern dass es sich hier schon um stabile Beziehungen zu einer bestimmten Sendung handelt. Diese Stabilität ist besonders ausgeprägt in der ältesten Gruppe (83,5 %), in der eben auch *GZSZ* die größte Bedeutung hat. Am relativ kürzesten scheinen die Beziehungen zur jeweiligen Lieblingssendung bei den 8- bis 9-Jährigen zu sein („nur“ 60 % bejahten die Frage, ob die Sendung schon lange ihre Lieblingssendung sei). Dies wird bei dem Blick auf Tabelle 5.1 plausibel: Die Kinder dieser Altersgruppe haben offenbar erst kürzlich den Wechsel von den für Jüngere konzipierten klassischen Kindersendungen wie *Sesamstraße*, *Die Sendung mit der Maus*, *Tigerentenclub* und *Käpt'n Balu* hinter sich gebracht; alle diese Sendungen zeigen einen abrupten Rückgang der Nennungen in dieser Gruppe gegenüber der jüngeren Altersgruppe. Dies entspricht der Beobachtung aus der qualitativen Teilstudie (siehe Paus-Hasebrink u.a. 2004), dass ab der 3. Klasse ein besonders tiefgreifender Wandel in der Orientierung gegenüber Medienangeboten erfolgt.

Der Beschreibung dieses Wandels diente auch die Frage nach der früheren Lieblingssendung,[122] die darauf abzielte, genauere Anhaltspunkte darüber zu erhalten, anhand welcher Sendungsmarken sich die Kinder symbolisch von den jeweils Jüngeren absetzen. 60 Prozent gaben eine solche Sendung an, am häufigsten (66 Prozent) die Gruppe der 8- bis 9-Jährigen; damit liegt ein weiterer Hinweis darauf vor, dass diese Gruppe erst kürzlich einen Wechsel der Lieblingssendung hinter sich gebracht hat. Bei den Angaben dominieren die klassischen Kindersendungen von ARD und ZDF bzw. KI.KA, insbesondere die *Sesamstraße* nimmt hier eine herausragende Stellung ein: Ein Viertel der Kinder, die eine frühere Lieblingssendung nannten, gaben diese Sendung an (siehe Tabelle 5.2). In der Differenzierung nach Geschlechts- und Altersgruppen (in Tabelle 5.2 nicht aufgeführt) deutet sich an, dass im Bereich der Sendungen für jüngere Kinder das Angebot noch wenig ausdifferenziert ist: So unterscheiden sich Jungen und Mädchen – im Gegensatz zur oben dokumentierten aktuellen Situation – kaum hinsichtlich der früheren Lieblingssendungen; und auch bei den 6- und 7-Jährigen besteht noch vergleichsweise große Einigkeit in dieser Frage, während die Antworten in den älteren Gruppen zunehmend streuen.

Tabelle 5.2: Frühere Lieblingssendungen (in %)

Zahl der Befragten mit früherer Lieblingssendung	*359*
Sesamstraße	24,2
Die Sendung mit der Maus	14,8
Löwenzahn	5,3
Pokémon	5,3
Biene Maja	5,0
Sandmännchen	2,8
Teletubbies	2,8
Pumuckl	2,2
Sailor Moon	2,2
Bugs Bunny	1,9
Dragonball	1,9
Heidi	1,7

In der Liste in Tabelle 5.2 fällt auf, dass neben den deutlich überwiegenden „Klassikern" des Kinderfernsehens nur wenige neue Formate auftreten, es handelt sich lediglich um *Pokémon, Sailor Moon* und *Dragonball* – Sendungen, die besonders von den mittleren und älteren Gruppen genannt werden. Hier bestätigt sich eine Beobachtung der qualitativen Studie wie auch der Angebotsanalysen (siehe Paus-Hasebrink u.a. 2004, Bichler/Pluschkowitz 2004), dass sich gerade im Bereich der japanischen Anime-Sendungen eine systematische Folge von aufeinander aufbauenden Formaten beobachten lässt, die den Wechsel von „in" und „out" beschleunigt. Aufgrund der breiten Streuung der Antworten lassen

122 Wortlaut der Frage: „Und früher, als Du noch jünger warst, hattest Du da eine Lieblingssendung? [Wenn ja:] Welche war das?"

sich allenfalls explorative und auf sehr wenige Fälle gestützte „Wanderungsanalysen“ von früheren zu heutigen Lieblingssendungen anstellen. So lässt sich für die vier Befragten, die *Dragonball* als frühere Lieblingssendung nannten, beobachten, dass sie sich nach wie vor überwiegend für Anime interessieren: Als heutige Lieblingssendung bezeichnen sie jeweils einmal *Dragonball Z*, *Shin Chan* und *Yu-Gi-Oh* sowie *Detektiv Conan*. Von *Pokémon*, was immerhin von 13 Befragten als frühere Lieblingssendung genannt worden war, trennen sich die Wege in deutlich unterschiedliche Richtungen: Von den Jungen sind aktuell drei bei den *Simpsons*, sowie jeweils einer bei *Dragonball Z*, *Shin Chan* und *Headnut TV*; die Mädchen bevorzugen dagegen mittlerweile *GZSZ*, *Sailor Moon* und *Sex and the City*.

Beim Vergleich mit den Ergebnissen der qualitativen Studie, bei der die Sendungen *Dragonball* und *Dragonball Z* aus der Sicht vieler Kinder, insbesondere der Jungen, *Pokémon* als Lieblingssendung abgelöst haben – ein Befund, der sich in den obigen Resultaten nur ansatzweise abzeichnet –, ist zu berücksichtigen, dass die standardisierte Befragung rund neun Monate später stattfand, zu einem Zeitpunkt, als *Dragonball* und *Dragonball Z* bereits aus dem Programm verschwunden waren und der Höhepunkt der Begeisterung für diese Sendungen längst vorüber war. Dieser rasche Wechsel zwischen den im Mittelpunkt der Aufmerksamkeit stehenden Marken unterstreicht die besondere Aufgabe für multiperspektivisch angelegte Studien, die wie die vorliegende ihre Beobachtungen weniger an einzelnen Sendungen als an den Strukturen und Strategien festmachen. Der sich unabhängig vom Erhebungszeitraum und den jeweils gerade im Vordergrund stehenden Sendungen ergebende Befund dieser Analysen ist, dass die bei einigen Anbietern zu beobachtende Strategie, in gezielter Folge neue Sendungen zu starten, die das Publikum der letzten Erfolgssendung, das nach einer gewissen Zeit aus dieser „herauswächst“, übernehmen (siehe auch Dreier, in diesem Band, sowie Bichler/ Pluschkowitz 2004, Kap. 3), durchaus ihren Niederschlag im Nutzungsverhalten und den Markenbeziehungen der Kinder findet.

Im Hinblick auf die aktuellen Lieblingssendungen wird deutlich, dass diese nicht nur aus dem Fernsehen selbst bekannt sind. Auf die offene Frage, ob zu der genannten Lieblingssendung auch noch andere Medien oder Produkte bekannt sind, wurden im Durchschnitt 2,1 Angaben gemacht; am häufigsten genannt wurden Poster (36,7 %), Merchandising-Artikel (31,9 %), Zeitschriften (29 %), Sticker (22,9 %), Spielfiguren (18,6 %), Comics (16,5 %) und Hörkassetten (13,6 %). Diese Zusatzangebote werden auch genutzt, im Durchschnitt sagten die Befragten, dass sie 1,6 andere Medien oder Produktarten zu ihrer Lieblingssendung besitzen.

Als Folge unterschiedlicher Vermarktungsstrategien unterscheiden sich die Angaben selbstverständlich stark in Abhängigkeit von der jeweiligen Lieblingssendung. Besonders viele Zusatzangebote nannten die Kinder, die *Pokémon* (im Durchschnitt 4,8 bekannte Zusatzprodukte), *Dragonball Z* (4,3), *Digimon* (4,0), *Benjamin Blümchen* (4,0) und *Die Simpsons* (3,7) als ihre Lieblingssendung bezeichnet hatten. Bei diesen Sendungen kann also unterstellt werden, dass die Markenbeziehungen durch die multimediale Präsenz des Angebots geprägt sind, die über die Sendung selbst hinaus geht. Im Gegensatz dazu bleiben die Markenbeziehungen zu anderen, ebenfalls oft als Lieblingssendung genannten Angeboten, weitgehend auf die Sendung selbst konzentriert; dies gilt etwa für *Sabrina, total verhext*, wozu kaum Zusatzangebote bekannt waren (0,9).

Als ein letzter Aspekt, der im Hinblick auf die Lieblingssendungen der Kinder aufgegriffen wurde, ist die Unterscheidung zwischen Kinder- und Elternmarken anzusprechen.[123] Die Kinder wurden im Hinblick auf die von ihnen angegebene Lieblingssendung gefragt, wie gut ihre Freundinnen und Freunde sowie ihre Eltern diese finden. Aufgrund der zahlreichen unterschiedlichen Sendungen sind die betreffenden Antworten nur schwer aufeinander zu beziehen, da die Fallzahlen sehr gering werden. Zumindest aber für die 26 Sendungen, die von mindestens zehn Prozent der Kinder als Lieblingssendung oder als eine von drei weiteren Lieblingssendungen bezeichnet wurden, reicht die Basis aus, um in dieser Hinsicht Anhaltspunkte zu bekommen.

Im Durchschnitt finden die Freundinnen und Freunde die Lieblingssendungen der Kinder deutlich besser als die Eltern;[124] dieser Unterschied wächst, wie bereits bei den Lieblingsfiguren gesehen, mit zunehmendem Alter an. Als Elternmarken können vor diesem Hintergrund diejenigen Sendungen bezeichnet werden, bei denen die Kinder entgegen der genannten Tendenz angeben, dass ihre Eltern sie besser finden als ihre Freundinnen und Freunde. Dieses Kriterium trifft im Wesentlichen auf die klassischen Kindersendungen zu, die in der Liste der populärsten Sendungen auftraten (siehe der obere Teil von Tabelle 5.3); daneben gilt dies noch für ein relativ neues Format auf Super RTL, *Bob der Baumeister*, das sich ebenfalls eher an die noch jüngeren Kinder wendet, sowie für *ran*, die SAT.1-Fußballsendung, von der die Jungen, die diese Sendung als Lieblingssendung nannten, wissen, dass ihre Väter sie auch sehr zu schätzen wissen. Am unteren Ende der Skala sind die Unterschiede zwischen den Bewertungen der Kinder und Eltern beträchtlich; an Sendungen wie *TV total*, *Dragonball* oder auch *Die Simpsons* scheiden sich offenbar die Geister. Ange-

[123] Siehe dazu die entsprechenden Ausführungen in den Beiträgen von Dreier sowie von Paus-Hasebrink u.a. in diesem Band.

[124] Der Mittelwert auf einer Skala von 1 = „sehr gut“ bis 5 = „sehr schlecht“ beträgt für die Freunde 1,7 und für die Eltern 2,4.

sichts der Fallzahlen ist bei der Interpretation Vorsicht angebracht; die Tatsache aber, dass das Ergebnismuster sehr konsistent ausfällt, lässt darauf schließen, dass es sich um zuverlässige Befunde handelt.

Tabelle 5.3: Bewertung der Lieblingssendungen der Kinder durch Freunde und Eltern (Einschätzungen der Kinder, Mittelwerte)

Bewertung durch ...	Freunde	Eltern
Alle Sendungen (n=422)	1,7	2,4
Löwenzahn (n=3)	2,0	1,3
Tabaluga tivi (n=4)	1,8	1,3
Bob der Baumeister (n=6)	1,5	1,4
Sendung mit der Maus (n=6)	1,8	1,5
Sesamstraße (n=9)	1,9	1,5
ran (n=11)	2,0	1,8
Disneys große Pause (n=8)	2,0	2,0
Tigerentenclub (n=7)	2,1	2,0
DSDS (n=48)	1,2	2,1
Tom und Jerry (n=5)	1,8	2,2
Sabrina, total verhext (n=14)	1,7	2,3
Käpt'n Balu (n=7)	1,7	2,4
Bravo TV (n=9)	1,8	2,6
Marienhof (n=6)	1,3	2,6
Pokémon (n=12)	1,7	2,6
Sailor Moon (n=6)	2,3	2,6
Die Simpsons (n=18)	1,3	2,7
Angela Anaconda (n=8)	2,0	2,8
Detektiv Conan (n=8)	1,6	2,8
GZSZ (n=48)	1,6	2,8
Top of the Pops (n=4)	1,3	2,8
Unter uns (n=13)	1,5	2,8
Dragonball Z (n=12)	1,3	2,9
Dragonball (n=9)	1,7	3,2
TV total (n=17)	1,2	3,2
Shin Chan (n=9)	2,0	3,7

Diese Befunde führen deutlich vor Augen, welche unterschiedlichen Funktionen die Beziehungen zu Medienmarken für die Kinder haben können. Das Wissen darum, dass die favorisierte Sendung von den Freundinnen und Freunden sehr geschätzt wird, während sie von den Eltern mehr oder weniger stark abgelehnt wird, macht diese Markenbeziehung zu einem Symbol der Loslösung von den Eltern und zunehmender Eigenständigkeit. Es tritt aber auch der gegenteilige Fall auf, dass Kinder den Eindruck haben, dass ihre eigene Lieblingssendung von den Eltern mehr geschätzt wird als von den Freunden; hier wäre eher zu vermuten, dass die Markenbeziehung eine stabilisierende Funktion für die Familie und die Beziehung zu den Eltern erfüllen soll, so dass sie auch trotz der möglicherweise abwertenden Reaktionen in der Peer-Group aufrecht erhalten wird.

5.2 Nutzung anderer Fernsehsendungen

Im Hinblick auf die Lieblingssendungen wurden den Befragten durch die offene Frageformulierung keine Vorgaben gemacht; dies hat den Vorteil, dass so am ehesten die Perspektive der Kinder erfasst wird, und es führt, wie gesehen, zu dem Befund, dass sich die Vorlieben der Kinder sehr breit über das Gesamtangebot des Fernsehens verteilen. Dieses Vorgehen hat aber auch den Nachteil, dass es nur zu sehr bedingt vergleichbaren Aussagen führt, da diese sich auf zum Teil völlig unterschiedliche Formate beziehen. Um dies auszugleichen und auch einen auf der Basis aller Befragten ermittelten Überblick über die Nutzung einiger ausgewählter Sendungsformate zu gewinnen, wurde den Kindern wie den Eltern eine Liste mit 58 Fernsehsendungen vorgegeben mit der Frage, wie oft sie diese schon gesehen haben. Die Auswahl dieser Sendungen erfolgte danach, dass sie ein breites Spektrum an Kinder- und Jugendsendungen, aber auch an bei Kindern populären an ein breiteres Publikum gerichteten Sendungen bestand. Angesichts der kinderorientierten Auswahl ist es nicht verwunderlich, dass die Kinder von diesen Sendungen deutlich mehr kannten (46,8) und bereits gesehen hatten (31,4) als die Eltern (37,6 bekannt, 20,3 gesehen).

Anhand von vier Kriterien – a) Wie viele Kinder nutzen die Sendung oft? b) Welches Geschlecht überwiegt? c) Wie alt sind die häufigen Zuschauer? d) Wie viele Eltern nutzen die Sendung? – ließen sich auf statistisch-explorativem Wege fünf Gruppen von Sendungen bilden. Diese Gruppen können als Markierungen für die Strukturierung der Fernsehangebote interpretiert werden, die im Nutzungsverhalten der Kinder und ihrer Eltern zum Ausdruck kommen. Markenbeziehungen zu Sendungen dieser Gruppen sind mit den betreffenden Merkmalen verbunden, also etwa, dass es sich um eine bei Kindern populäre Sendung oder um etwas „für Ältere“ bzw. für „Jüngere“ oder eher für Jungen oder für Mädchen handelt und schließlich, ob auch die Eltern etwas damit anfangen können. Die folgende Abbildung führt die fünf Gruppen im Überblick auf; sie sind grob nach den Dimensionen Alter und Geschlecht angeordnet.

Die größte Gruppe von Sendungen erzielt vergleichsweise geringe Reichweiten bei den Kindern; am stärksten werden sie von jüngeren Kindern genutzt, insbesondere von Mädchen. In der großen Vielfalt von Sendungen, um die es hier geht, haben die Eltern offenbar den Überblick verloren, jedenfalls nutzen sie selbst diese Sendungen selten.

Die zweite Gruppe von Sendungen, die für Jüngere attraktiv ist, spricht überwiegend Jungen an; kennzeichnend ist hier, dass die Reichweiten bei Kindern sehr hoch ist und dass auch Eltern diese Sendungen nutzen. Es handelt sich um traditionsreiche Kinderprogramme, die den Eltern daher vertraut sein dürften.

Die dritte Gruppe von Sendungen liegt altersmäßig in der Mitte und ist für Jungen deutlich attraktiver als für Mädchen. Die Eltern scheinen einen Bogen um diese Sendungen zu machen. In dieser Gruppe stark vertreten sind die japanischen Anime-Serien. Das Markenprofil beinhaltet also recht klar, dass diese Sendungen nicht für Mädchen und Eltern gedacht sind.

Abbildung 5.1: Sendungsgruppen nach Alter, Geschlecht und Elternbezug

1) „Geringe Reichweite, eher Jüngere und Mädchen, wenige Eltern"

Beispielsendungen (von 24): Angela Anaconda, Gingers Welt, Kikania, Kim Possible, Powerpuff Girls, Sailor Moon, Schloss Einstein, Siebenstein, Sponge Bob – Schwammkopf, Tabaluga Tivi, Tigerentenclub

2) „Sehr hohe Popularität bei jüngeren Jungen, z.T. auch bei Eltern"

5 Sendungen: Bugs Bunny, Löwenzahn, Sendung mit der Maus, Sesamstraße, Tom & Jerry

3) „Weit überwiegend Jungen jeden Alters, sehr wenige Eltern"

11 Sendungen: Detektiv Conan, Digimon, Disneys Aladdin, Disneys große Pause, Dragonball, Dragonball Z, Käpt'n Balu, Oggi und die Kakerlaken, Pokémon, Shin Chan, Simpsons

4) „Geringe Reichweite, überwiegend Ältere, sehr viele Eltern"

12 Sendungen: Giga TV, Headnut TV (Erkan und Stefan), Jackass, NULL-ACHT-13, Ranma ½, South Park, The Tribe, TV total, Typisch Andy!, Wer wird Millionär?, Wetten, dass...?, Yu-Gi-Oh

5) „Hohe Reichweite, weit überwiegend Mädchen, viele Eltern"

6 Sendungen: Bravo TV, Deutschland sucht den Superstar, Gute Zeiten, schlechte Zeiten, Marienhof, Sabrina – total verhext, Top of the Pops

In der vierten Gruppe sind Sendungen versammelt, die nicht speziell an ein Kinderpublikum gerichtet sind und zum Teil auch erst spät abends laufen. Sie erzielen geringe Reichweiten bei den Kindern, am höchsten sind diese bei den

Ältesten. Anders als bei den vorgenannten Gruppen erzielen diese Sendungen unter den Eltern mindestens ebensolche Reichweiten wie unter den Kindern.

Die Sendungen der fünften Gruppe erzielen bei Kindern wie bei Eltern sehr hohe Reichweiten, es sind weit überwiegend ältere Mädchen, die sich diese Sendungen ansehen. Dazu zählen die Soaps sowie Musiksendungen.

Dieser Auswertungsschritt, der die Zielgruppenstrategien der Anbieter von den Zuschauern aus zurückverfolgt hat, macht anhand der Kinder und Eltern, die die jeweiligen Sendungen nutzen, erkennbar, wie das Feld der Fernsehmarken aus der Zuschauerperspektive strukturiert ist. Durch die klaren Zuordnungen kommt jeder einzelnen Sendung ein bestimmter symbolischer Ort im Markt zu, dem sich Kinder nähern können, um sich entsprechend zu positionieren, oder von dem sie sich abgrenzen können. Analoge Anhaltspunkte für unterschiedliche Ausrichtungen der Fernsehnutzung sollen im Folgenden auch auf anderen Angebotsebenen herausgearbeitet werden.

6 Programmflächen, Programme und Programmfamilien als Fernsehmarken

Markenstrategien im Fernsehbereich beziehen sich zwar zu einem Teil auf die bisher behandelte Sendungsebene; als mindestens ebenso bedeutsam sind aber Angebotsebenen oberhalb der Sendung anzusehen, auf denen die Anbieter versuchen, stabilere, weniger von kurzfristigen Moden und Vorlieben abhängige Markenbeziehungen aufzubauen und zu pflegen. Es geht um Programmflächen, also um längere Strecken im Programm, die einen bestimmten Angebotstypus für eine bestimmte Zielgruppe umfassen; es geht um ganze Programme, und es geht um Programmfamilien, die versuchen, für mehrere Programme und möglicherweise auch andere Medien eine Dachmarke zu etablieren, die den Rezipienten und Konsumenten die Orientierung erleichtert und den Aufbau stabiler Markenbeziehungen fördert.

Aus der Sicht der Kinder gibt es gegenüber den verschiedenen Fernsehprogrammen klare Vorlieben, die aus anderen Studien bekannt sind. In der Gesamtstichprobe erhalten RTL und Super RTL die besten Noten (jeweils 2,1)[125], es folgen dichtauf KI.KA und ProSieben (2,2) vor RTL II (2,3). Ganz am Ende der abgefragten Programme finden sich ARD und ZDF (jeweils 3,0). Jungen und Mädchen unterscheiden sich in dieser Hinsicht kaum, sieht man von einer etwas besseren Bewertung der Musiksender VIVA und MTV durch die Mädchen ab. Im Hinblick auf die Altersgruppen erweist sich insbesondere KI.KA als sehr ziel-

125 Variablenwerte und -labels: 1 = „sehr gut", 2 = „gut", 3 = „mittel", 4 = „schlecht", 5 = „sehr schlecht".

gruppenspezifisch: Dieses Programm erreicht bei den 6- bis 9-Jährigen die besten Noten, die überhaupt von einem Programm in irgendeiner Gruppe erzielt werden (1,7), während die beiden älteren Gruppen sich offensichtlich von diesem Programm abwenden (2,4 und 3,0). Ähnliches, wenn auch nicht so ausgeprägt, ist bei Super RTL zu beobachten. Bei den 12- bis 13-Jährigen ist die Präferenzfolge nicht mehr von den Kinderprogrammen geprägt, an der Spitze stehen RTL (1,8), ProSieben (1,9), MTV (2,0) und VIVA (2,1).

Um Anhaltspunkte für spezifische Kinder- und Jugendmarken im Fernsehen zu erhalten, wurden Kinder und Eltern danach gefragt, ob ihnen besondere Kinder- und Jugendprogramme bekannt sind. Die ungestützten Antworten auf eine solche offene Frage sollten Rückschlüsse darüber geben, welche Angebote als profilierte Kinder- und Jugendmarken wahrgenommen werden. Offenkundig ist KI.KA die Kinderfernsehmarke schlechthin; in allen Gruppen nennen mindestens drei Viertel der Befragten ungestützt dieses Programm (siehe Tabelle 6.1); gut die Hälfte nennt Super RTL. Es folgen mehrere Programme und Programmflächen, die von rund einem Viertel bis einem Drittel spontan als Kinder- oder Jugendangebote genannt werden. Dabei zeichnen sich für die einzelnen Angebote durchaus unterschiedliche altersbezogene Markenprofile ab. KI.KA, Super RTL und Disney erreichen die höchste Werte bei den 8- bis 9-Jährigen, Tivi und Ravensburger bei den Jüngsten, K-RTL, die RTL II-Anime-Schiene und Junior sowie RTL und ProSieben bei den 10- bis 11-Jährigen, VIVA und MTV bei den 12- bis 13-Jährigen. Daraus wird deutlich, dass sich die Kinder bei ihren Antworten auf ihre eigene Perspektive bezogen und bevorzugt die Angebote nannten, bei denen sie sich selbst am besten bedient fühlen (siehe dazu unten).

Bei denjenigen Fernsehprogrammen, die spezielle Kindermarken entwickelt haben, die sich auf bestimmte Programmflächen beziehen, lassen sich unterschiedliche Verhältnisse zwischen Programmmarke und Kindermarke feststellen. Bei ZDF bzw. Tivi sowie bei RTL bzw. K-RTL werden die Kindermarken häufiger genannt als die Programme; bei RTL kehrt sich dieses Verhältnis allerdings bei den Älteren um. Auch im Vergleich von SAT.1 und Junior wird Letztere häufiger als Kindermarke genannt; allerdings ist dieser Vergleich problematisch, da sich die Marke Junior mittlerweile im Wesentlichen an dem gleichnamigen Kinderprogramm auf der Premiere World-Plattform festmachen dürfte. Hingegen wird Super RTL deutlich häufiger als Kindermarke assoziiert als die noch spezieller als solche konzipierten Untermarken Toggo und Toggolino.

Tabelle 6.1: Programme, die die Kinder als „besondere Kinder- und Jugendprogramme" kennen (in %)[126]

	Gesamt	Jungen	Mädchen	6-7 J.	8-9 J.	10-11 J.	12-13 J.
Zahl der Befragten	*591*	*311*	*280*	*144*	*141*	*141*	*165*
KI.KA	83,8	81,8	86,0	86,6	89,2	83,0	77,4
gestützt	*97,0*	*96,8*	*97,1*	*96,5*	*97,9*	*97,9*	*95,8*
Tivi	27,0	25,1	29,0	35,9	28,1	23,4	21,3
gestützt	*76,8*	*74,9*	*78,9*	*74,3*	*80,1*	*83,0*	*70,9*
Toggo	20,8	19,2	22,6	19,7	21,6	19,9	22,0
gestützt	*65,8*	*67,5*	*63,9*	*63,9*	*68,8*	*75,2*	*57,0*
Toggolino	13,8	13,4	14,3	11,3	15,8	15,6	12,8
gestützt	*55,0*	*53,7*	*56,4*	*52,1*	*56,7*	*66,7*	*46,1*
K-RTL	29,7	31,3	28,0	27,5	28,1	39,7	24,4
gestützt	*70,6*	*71,1*	*70,0*	*63,9*	*69,5*	*80,1*	*69,1*
RTL II Anime	15,0	17,3	12,5	4,9	13,7	20,6	20,1
gestützt	*54,7*	*58,8*	*50,0*	*35,4*	*56,7*	*67,4*	*58,8*
Junior	20,6	23,1	17,9	17,6	22,3	27,7	15,9
gestützt	*62,4*	*66,2*	*58,2*	*50,7*	*67,4*	*71,6*	*60,6*
Disney	25,9	28,3	23,2	22,5	30,2	24,8	26,2
gestützt	*71,9*	*72,7*	*71,1*	*62,5*	*75,9*	*77,3*	*72,1*
Ravensburger	6,0	6,2	5,7	8,5	5,0	5,7	4,9
gestützt	*45,9*	*44,1*	*47,9*	*45,1*	*44,7*	*50,4*	*43,6*
Super RTL	54,6	56,7	52,3	47,2	64,0	57,4	50,6
RTL II	32,9	34,9	30,8	25,4	30,2	40,4	35,4
ProSieben	25,1	26,7	23,3	9,9	25,9	33,3	30,5
RTL	22,7	19,2	26,5	9,2	21,6	31,9	27,4
VIVA	19,6	17,6	21,9	5,6	12,9	22,7	34,8
MTV	17,9	14,7	21,5	2,1	9,4	24,1	33,5
SAT.1	16,7	14,3	19,4	7,7	18,7	19,9	20,1
ARD	14,0	11,4	16,8	13,4	11,5	17,0	14,0
ZDF	13,3	13,0	13,6	14,1	12,2	15,6	11,6
Sonstiges	3,8	2,9	4,7	2,8	5,8	2,1	4,3

Die in Tabelle 6.1 aufgeführten Werte für die gestützte Nachfrage zeigen, dass die von der Intention her auf Kinder ausgerichteten Angebote in aller Regel mindestens der Hälfte der Kinder bekannt sind, lediglich Ravensburger TV bleibt unter diesem Wert.[127] Die Differenz zwischen ungestützten und gestützten Antworten beträgt in den meisten Fällen zwischen 40 und 50 Prozent, so dass sich hier keine weiteren Schlussfolgerungen über unterschiedliche Markenbeziehungen ziehen lassen. Auf die weitere Frage danach, woran die Kinder die speziellen Kinderprogramme erkennen, verweisen 50 Prozent auf die Programmlogos in der Ecke des Bildschirms. Aber auch die Bekanntheit der konkreten Sen-

126 Ungestützte Frage, beliebig viele Antworten; bei den speziellen Kinderangeboten ist zusätzlich angegeben, wie viele Befragte diese ungestützt oder auf Nachfrage (gestützt) kennen.

127 Eine Klärung der Frage, inwieweit sich der Bekanntheitswert für Ravensburger TV lediglich als Transfereffekt von den breit bekannten Spielen verstehen lässt, kann im Rahmen dieser Befragung nicht geklärt werden. Doch auch wenn dieser Effekt sehr stark wäre, stellte doch die hier dokumentierte Tatsache, dass fast die Hälfte der Kinder mit diesem Namen ein Kinderprogramm verbindet, eine wichtige Grundlage für entsprechende Markenstrategien dar.

dungen (46,9 %) und Sendeplätze (41,2 %) spielen eine große Rolle und bestätigen die obige These, dass für die Orientierung im Gesamtangebot des Fernsehens die konkreten Sendungsmarken nach wie vor maßgeblich sind.

Abschließend soll der „Markt" der Fernsehangebote für Kinder aus der Perspektive der Kinder und Eltern noch insofern differenzierter erfasst werden, als nicht nur die Bekanntheit, sondern auch spezifische Qualitäten berücksichtigt werden. Zu den oben aufgeführten Programmen wurden die Kinder gefragt, welches ihnen selbst am liebsten ist, welches am besten für jüngere oder ältere Kinder geeignet ist und welches sie am liebsten mit den Eltern gemeinsam anschauen. Analog wurden die Eltern gefragt, welches Programm ihr Kind am liebsten sieht, welches Programm am besten für jüngere und ältere Kinder geeignet ist und welches sie selbst am liebsten sehen. In allen Fällen konnten bis zu drei Programme genannt werden.

Tabelle 6.2: Welche der Programme und Programmflächen sind am besten für jüngere und ältere Kinder sowie für die gemeinsame Nutzung mit Eltern geeignet? (in %; jeweils bis zu drei Nennungen)

	Angaben der Kinder				Angaben der Eltern			
Welches der genannten Programme ist am besten für ...	mich selbst	jüngere Kinder	ältere Kinder	Nutzung mit Eltern	mein Kind	jüngere Kinder	ältere Kinder	mich selbst
KI.KA	48,3	63,8	19,2	32,4	51,9	65,1	22,1	28,5
Super RTL	25,5	18,4	10,7	17,3	22,1	14,9	7,9	13,4
Tivi	18,5	23,7	10,5	12,8	15,0	22,3	8,6	11,6
Disney	18,2	19,6	13,5	18,9	21,4	21,7	13,5	21,0
K-RTL	18,2	12,5	17,7	9,8	25,0	12,8	21,2	12,7
RTL II	16,8	4,9	17,9	6,5	11,6	5,0	16,6	6,5
Junior	13,6	14,9	11,4	8,4	14,7	14,9	10,7	9,0
RTL	13,1	1,7	19,0	16,5	10,2	2,7	18,7	20,6
Toggo	12,2	13,7	9,0	8,2	10,9	11,8	9,3	7,3
ProSieben	11,4	0,7	17,5	10,9	8,6	0,7	15,6	15,4
Anime RTL II	9,3	1,0	13,1	2,6	5,7	1,5	9,3	2,9
ARD	8,4	4,5	8,4	7,9	6,9	6,8	6,1	9,7
SAT.1	5,9	1,0	9,0	7,4	4,7	1,0	9,6	12,4
VIVA	5,8	0,0	12,0	1,8	4,7	0,7	11,0	2,9
Toggolino	4,9	17,2	1,5	3,3	4,1	11,6	1,9	1,8
ZDF	4,2	3,3	3,8	5,3	3,6	5,0	6,7	7,2
MTV	3,7	0,2	10,7	1,6	2,8	0,0	8,8	2,3
Ravensburger	1,9	4,0	3,2	1,6	3,1	5,1	3,5	3,0

Tabelle 6.2 zeigt, dass sich Kinder und Eltern recht einig sind, welches Programm das Kind am liebsten sieht; klar vorn liegt KI.KA, die Eltern überschätzen etwas Disney und K-RTL, während sie Super RTL, Tivi und RTL II unterschät-

zen. Das Markenprofil, speziell für jüngere Kinder geeignet zu sein, nehmen sowohl Kinder als auch Erwachsene insbesondere bei KI.KA, Tivi und Toggolino wahr, die auf diese Frage deutlich häufiger genannt werden als auf die Frage nach dem Lieblingsprogramm der Kinder. Demgegenüber führen die Ergebnisse zu den Programmen für ältere Kinder vor Augen, dass in dieser Hinsicht kein Programm ein klares Markenprofil innehat. Die Angaben streuen breit über alle Programme, kaum ein Programm wird von mehr als einem Fünftel der Befragten genannt. Die Einschätzung, welche Programme für die gemeinsame Nutzung mit den Eltern geeignet sind bzw. welche Programme die Eltern selbst gern sehen, dokumentiert zum einen die generationsübergreifende Attraktivität der Marke Disney. Demgegenüber halten die Kinder einige Programme, auch wenn sie diese selbst durchaus gern nutzen, für wenig geeignet, um sie mit den Eltern zu schauen; entsprechende Differenzen sind besonders groß bei K-RTL, RTL II und der in diesem Programm enthaltenen Anime-Schiene.

Diese Befunde weisen insgesamt darauf hin, dass das Angebotsumfeld, das von den für Kinder relevanten Programmen und Programmflächen aufgespannt wird, sowohl aus der Sicht der Kinder als auch aus der Sicht der Eltern recht klar strukturiert ist. Die verschiedenen Angebote weisen Markencharakteristika auf, die sie für spezifische Funktionen geeignet erscheinen lassen – unabhängig davon, ob man selbst diese Funktionen erfüllt haben möchte. In dieser allgemein wahrgenommenen Strukturierung des Angebotsumfelds haben die einzelnen Programme ihren spezifischen Platz, der durch das wahrgenommene Markenprofil definiert wird. Aus diesem Platz ergibt sich der symbolische Wert der einzelnen Marke, an dem sich festmacht, ob ein Programm etwas für Jüngere oder für Ältere, für die Nähe zu den Eltern oder für Abgrenzung von ihnen bietet. Im weiter unübersichtlicher werdenden Fernsehangebot wird daher die strukturierende und damit orientierende Funktion der Marken auf Programm- oder Programmflächenebene noch zunehmen.

7 Markierungspunkte in anderen Medien und die Rolle des Internet

Stand bisher das Fernsehen im Mittelpunkt der Überlegungen, so soll der Blick auch noch auf andere Medien ausgeweitet werden. Das soll hier in zwei Schritten geschehen: mit der Untersuchung der Lieblingsangebote von Kindern in anderen Medien sowie mit einem Exkurs zur momentanen Bedeutung des noch relativ jungen Mediums Internet, von dessen Entwicklung in den nächsten Jahren aller Voraussicht nach die wichtigsten Umwälzungen der Medienumgebungen von Kindern ausgehen werden.

7.1 Lieblingsangebote in anderen Medien

Die oben behandelten Lieblingsfiguren und Lieblingssendungen wurden als Markierungspunkte für die Markenbeziehungen von Kindern betrachtet. Um diese Markierungen für das gesamte Medienspektrum erfassen zu können, wurden die Kinder auch nach den Lieblingsangeboten in anderen Medienbereichen gefragt. Dabei interessieren im Folgenden vor allem drei Aspekte:

- Wie viele Kinder geben bei den einzelnen Medienangeboten überhaupt ein Lieblingsangebot an, geben also einen Anhaltspunkt für eine ausgeprägte Markenbeziehung im Bereich des betreffenden Mediums?
- Wie viele verschiedene Angebote werden genannt? Ist das Spektrum auf einige wenige Angebote konzentriert, oder zeigt sich eher eine breite Vielfalt von unterschiedlichen Angeboten?

- Welche konkreten Angebote stehen bei einzelnen Medien im Vordergrund?

In der Zusammenschau über alle berücksichtigten Medien hinweg ist dann zu fragen, welche Bedeutung in dieser Hinsicht die multimediale Vermarktung einzelner Angebote für die Medienrepertoires der Kinder bekommt. Tabelle 7.1 zeigt für jedes Medium die Zahl der Kinder, die dazu ein Lieblingsangebot angaben, sowie die von mindestens 10 Prozent dieser Kinder genannten Einzelangebote.

Zunächst ist festzuhalten, dass bei den hier berücksichtigten Medien jeweils nur weniger als die Hälfte der Kinder ein Lieblingsangebot nennen kann; lediglich bei Musik fällt eine Angabe leichter, was besonders auf die älteren Kinder und die Mädchen zurückgeht. Alle diese Medien liegen damit aber deutlich hinter dem Fernsehen, bei dem wie oben gesehen mehr als 70 Prozent (mindestens) eine Lieblingssendung nennen können. Dies spricht dafür, dass das Fernsehen nach wie vor das Medium ist, das eine besondere Faszination ausübt und dessen Angebote besonders eng mit der eigenen Person verbunden werden. Dafür mag sicher auch die Serialität der bei Kindern populären Angebote beitragen, die den längerfristigen Aufbau von Markenbeziehung ermöglicht. Diese Entwicklung von engeren Markenbeziehungen scheint bei den anderen Medien schwerer möglich zu sein; Bücher oder Kinofilme als Einzelwerke mögen kurzfristig faszinieren, können aber kaum diese nachhaltige Präsenz entfalten, wie dies beim Fernsehen möglich ist. Wie im Rahmen dieses Projekts herausgearbeitet wurde,[128] kann dieses Manko aber auf verschiedenen Wegen zumindest zum Teil ausgeglichen werden: Zum einen können auch Filme oder Bücher als

---

128 Siehe den Beitrag von Dreier in diesem Band.

Serie angelegt werden – *Harry Potter* ist das derzeit prominenteste Beispiel (siehe dazu unten). Zum anderen sind es genau die hier interessierenden multimedialen Strategien, die bestimmten Medienmarken durch die Staffelung verschiedener Vertriebswege zu einer kontinuierlichen Präsenz verhelfen.

Tabelle 7.1: Lieblingsangebote der Kinder in verschiedenen Medien (in Klammern: Zahl der insgesamt genannten verschiedenen Angebote)

	Gesamt	**Jungen**	**Mädchen**	**6-7 J.**	**8-9 J.**	**10-11 J.**	**12-13 J.**
Zahl der Befragten	*591*	*311*	*280*	*144*	*141*	*141*	*165*
Hörkassetten (58)	46,2	44,1	48,6	72,9	59,6	36,2	20,0
Zahl der Befragten	*273*	*137*	*136*	*105*	*84*	*51*	*33*
Bibi Blocksberg	14,3	4,4	24,3	17,1	19,0	9,8	0,0
Benjamin Blümchen	13,2	15,3	11,0	19,0	15,5	5,9	0,0
Die drei Fragezeichen	12,1	16,8	7,4	2,9	11,9	21,6	27,3
TKKG	9,5	15,3	3,7	7,6	11,9	11,8	6,1
Harry Potter	7,3	8,0	6,6	7,6	3,6	9,8	12,1
Bibi und Tina	5,9	0,7	11,3	10,5	2,4	3,9	3,0
Video/DVD (88)	42,6	42,1	43,2	43,8	38,3	42,6	45,5
Zahl der Befragten	*252*	*131*	*121*	*63*	*54*	*60*	*75*
Harry Potter	12,3	11,5	13,2	12,7	14,8	15,0	8,0
Herr der Ringe	9,9	13,7	5,8	1,6	3,7	10,0	21,3
Lieblingsbuch (65)	26,9	19,0	35,7	18,8	19,1	36,9	32,1
Zahl der Befragten	*159*	*59*	*100*	*27*	*27*	*52*	*53*
Harry Potter	28,9	32,2	27,0	14,8	14,8	46,2	26,4
Hanni und Nanni	5,7	0,0	9,0	7,4	3,7	3,8	7,5
PC/Video-Spiel (68)	33,3	43,7	21,8	15,3	31,2	41,8	43,6
Zahl der Befragten	*197*	*136*	*61*	*22*	*44*	*59*	*72*
Harry Potter	11,7	9,6	16,4	22,7	2,3	18,6	8,3
FIFA Fußball	11,2	15,2	1,6	4,5	11,4	16,9	8,3
Die Sims	10,2	8,8	13,1	4,5	4,5	8,5	16,7
Zeitschrift (44)	40,6	27,7	55,0	16,7	24,8	52,5	64,8
Zahl der Befragten	*240*	*86*	*154*	*24*	*35*	*74*	*107*
Bravo	32,9	27,9	35,7	12,5	25,7	29,7	42,1
Wendy	7,9	0,0	12,3	12,5	20,0	9,5	1,9
GZSZ Magazin	7,1	5,8	7,8	4,2	5,7	6,8	8,4
Bravo Girl	6,7	0,0	10,4	4,2	0,0	9,5	7,5
Bravo Sport	6,3	15,1	1,3	0,0	2,9	12,2	4,7
Kicker	4,2	11,6	0,0	8,3	8,6	2,7	2,8

(Fortsetzung)

Sieht man sich nun die Kinder an, die Lieblingsangebote nennen, ist der erste Eindruck erneut von großer Vielfalt geprägt: Wenn Kinder 58 verschiedene Kassetten, 88 Videos, 65 Bücher, 68 PC- und Videospiele, 44 Zeitschriften, 40 Comics, 45 Kinofilme und eine große Zahl von Musikstilen und einzelnen Interpreten als ihre *Lieblings*angebote bezeichnen, dann spiegelt sich darin auf den ersten Blick eine sehr starke Ausdifferenzierung der Medienmärkte mit Medienmarken für ganz individuelle Bedürfnisse und Lebenslagen.

Tabelle 7.1 (Forts.): Lieblingsangebote der Kinder in verschiedenen Medien (in Klammern: Zahl der insgesamt genannten verschiedenen Angebote)

	Gesamt	Jungen	Mädchen	6-7 J.	8-9 J.	10-11 J.	12-13 J.
Zahl der Befragten	*591*	*311*	*280*	*144*	*141*	*141*	*165*
Comic (40)	32,0	42,8	20,0	32,6	42,6	33,3	21,2
Zahl der Befragten	*189*	*133*	*56*	*47*	*60*	*47*	*35*
Mickey Mouse	28,2	25,8	33,9	40,4	31,7	19,1	17,6
Donald Duck	9,0	10,6	5,4	14,9	10,0	6,4	2,9
Dragonball/DBZ	8,0	11,4	0,0	2,1	5,0	14,9	11,3
Spider Man	6,4	9,1	0,0	0,0	10,0	6,4	8,8
Die Simpsons	5,1	6,1	3,6	4,3	3,3	6,4	8,8
Kinofilm (45)	44,8	41,2	48,9	38,2	44,7	44,0	51,5
Zahl der Befragten	*265*	*128*	*137*	*55*	*63*	*62*	*85*
Harry Potter	32,5	34,4	30,7	36,4	50,8	37,1	12,9
Herr der Ringe	12,1	15,6	8,8	1,8	1,6	12,9	25,9
Das fliegende Klassenzimmer	6,0	3,9	8,0	7,3	7,9	8,1	2,4
Spy Kids 1+2	5,7	7,0	4,4	5,5	3,2	12,9	2,4
Musik[129]	64,5	59,2	70,4	41,7	58,2	71,6	83,6
Zahl der Befragten	*381*	*184*	*197*	*60*	*82*	*101*	*138*
No Angels	10,2	2,2	17,8	16,7	13,4	11,9	4,3
DSDS	9,7	5,4	13,7	8,3	9,8	8,9	10,9
Eminem	7,1	12,5	2,0	3,3	1,2	7,9	11,6

Der zweite Blick auf die Ergebnisse relativiert diesen Eindruck: In der Vielfalt der insgesamt verfügbaren Angebote sind es einige wenige Medienmarken, die auf sehr viel Aufmerksamkeit stoßen. Hervorzuheben ist hier sicherlich das Beispiel *Harry Potter*. Diese Marke gehört zu den meistgenannten Videos bzw. DVDs, Büchern, Computerspielen, Hörkassetten und Kinofilmen; ein Drittel der Kinder, die überhaupt einen Lieblingsfilm angaben, nannten den entsprechenden Film, für knapp 30 Prozent ist einer der *Harry Potter*-Bände das Lieblingsbuch. Auch Produkte rund um die Filmtrilogie *Der Herr der Ringe* tauchen als Lieblingsangebote bei verschiedenen Medien auf. Neben diesen beiden Erfolgsmarken fal-

129 Zum Bereich Musik wird keine Angabe zur Zahl der verschiedenen Antworten gemacht, da ein Großteil der Antworten auf abstrakte Musikstile verweist, nicht jedoch auf konkrete Marken.

len vor allem *Bibi Blocksberg* und *Benjamin Blümchen* als multimedial geschätzte Marken auf.

Im Hinblick auf die genannten Lieblingsangebote sei abschließend hervorgehoben, welche scharfen Zielgruppenunterschiede die Ergebnisse in Tabelle 7.1 dokumentieren: In vielen Fällen kommen die genannten Lieblingsangebote nur bei Jungen oder nur bei Mädchen oder nur in einer der vier Altersgruppen vor – eine weitere Veranschaulichung, wie weit fortgeschritten die Ausdifferenzierung des Medienmarktes für Kinder ist bzw. wie spezifisch auf ihre eigenen Bedürfnisse zugeschnitten die Kinder von den verfügbaren Angeboten Gebrauch machen.

7.2 Exkurs zu zwei multimedialen Erfolgsmarken: *Harry Potter* und *Der Herr der Ringe*

Aufgrund der hervorgehobenen Rolle, die insbesondere *Harry Potter*, aber auch *Der Herr der Ringe* im Frühjahr 2003 bei den Kindern spielte, wurde die Gelegenheit der Befragung auch dazu genutzt, diesen beiden Marken gesondert nachzugehen und zu erkunden, wie Kinder und Eltern mit ihnen umgehen.

7.2.1 Harry Potter

Der Bekanntheitsgrad von *Harry Potter* ist immens: Gut 90 Prozent aller Kinder und Eltern kennen ihn.[130] Dabei stehen die Filme offenbar im Vordergrund: Zwei Drittel der Kinder geben an, ihn von den Filmen zu kennen, nur 38 Prozent von den Büchern – unter den Mädchen sind dies immerhin 48 Prozent. Die zahlreichen anderen Medien und Merchandising-Artikel zu dieser Marke stehen im Vergleich dazu zurück. Immerhin haben schon zwölf Prozent der Kinder, die *Harry Potter* kennen, auch schon die zugehörige Website besucht; dieser Anteil ist bei Mädchen sogar noch etwas höher.

Mindestens ein Buch haben 35,5 Prozent der Kinder gelesen, 47 Prozent der Mädchen und 25 Prozent der Jungen. Von den ab 10-Jährigen hat mehr als die Hälfte bereits mindestens eines der Bücher gelesen. Diese Leserinnen und Leser haben im Schnitt 2,3 Bände gelesen – zum Zeitpunkt der Befragung war der fünfte Band noch nicht erschienen. Das Wissen, dass es weitere Bände geben wird, ist weit verbreitet, und die Freude auf diese ist sehr groß, insbesondere bei Mädchen.

---

130 Die folgenden Prozentangaben beziehen sich auf die Basis derer, die *Harry Potter* kennen, insgesamt also auf 533 Befragte.

Sage und schreibe 70 Prozent der Kinder, die die Marke kennen, also 63 Prozent aller Kinder, haben bereits einen *Harry Potter*-Film gesehen, im Durchschnitt waren diese Kinder zweimal im Kino.

Die Präsenz der Marke erstreckt sich auch auf andere Medien: 30 Prozent haben Merchandising-Artikel mit ihr zu Hause, 17 Prozent Spiel- und Sammelfiguren, 32 Prozent haben bereits ein PC-Spiel gespielt.

Auch die Eltern geben häufiger an, die Marke von Filmen zu kennen (52 %) als von Büchern (29 %). In den ungestützten Antworten der Eltern wird der hohe Werbedruck sichtbar, der sich im Jahr 2003 insbesondere auf den zu Beginn des Jahres gestarteten zweiten Film bezog. Denn immerhin 18 Prozent geben an, ihn vom Fernsehen zu kennen; weiter nennen sie „Werbung und Plakate“ (16 %) oder allgemein „die Medien“ (13 %). Immerhin 10 Prozent sagen, dass sie *Harry Potter* von ihren Kindern kennen.

Ein Drittel der befragten Eltern, die *Harry Potter* kennen, hat bereits mindestens ein Buch gelesen, im Durchschnitt 2,8. Mehr als die Hälfte aller Eltern (52 %) haben bereits einen *Harry Potter*-Film gesehen. Nach Angaben der Eltern sind neben den bereits von den Kindern genannten Gegenständen Videos (16 %) und DVDs (13 %) verfügbar; zusätzlich wurden Videos oder DVDs ausgeliehen (15 %).

Im Vergleich zu den meisten bisher behandelten Marken hat *Harry Potter* also eine überragende Präsenz erreicht. Mehr als 63 Prozent aller Kinder und mehr als 50 Prozent aller Eltern mit Kindern haben bereits mindestens einen der Filme gesehen. Erstaunlich ist, dass die Begeisterung sich sowohl bei Jungen als auch bei Mädchen niederschlägt, wenngleich sich Mädchen offenbar tiefer auf die Angebote einlassen und vor allem häufiger die Bücher lesen. *Harry Potter* ist zudem in allen hier untersuchten Altersgruppen präsent, allerdings mit bereits deutlich nachlassendem Interesse bei den 12- bis 13-Jährigen.

7.2.2 Der Herr der Ringe

Die Produkte rund um den *Herrn der Ringe* sind insgesamt nicht so weit verbreitet wie die zu *Harry Potter*, sie sprechen aber auch eine andere Zielgruppe an: *Der Herr der Ringe* stößt auf größeres Interesse bei Jungen und bei der ältesten Gruppe, die wie gesehen an *Harry Potter* bereits weniger Interesse hat. Ein wesentlicher Unterschied besteht auch darin, dass *Der Herr der Ringe* unter den Eltern deutlich bekannter ist (72 %) als unter den Kindern (53 %); die sehr hohe Bekanntheit unter den 12- bis 13-Jährigen (79 %) weist darauf hin, dass diese Altersgruppe den unteren Rand der Zielgruppe dieses Angebots markiert.

Der Zugang zu dieser Markenwelt erfolgt meist über die Filme (58 % bei den Kindern, 46 % bei den Eltern). Die Muster des Zugangs fallen wieder sehr geschlechtsspezifisch aus, bei Mädchen eher per Buch, bei Jungen eher über die Filme und über das Internet – immerhin 13 Prozent der Jungen geben an, die Marke unter anderem aus dem Internet zu kennen.

Die tatsächliche Nutzung der entsprechenden Produkte verteilt sich breit über verschiedene Medien. *Der Herr der Ringe* wird von den Kindern als Film genutzt – 46 Prozent haben den ersten, 35 Prozent den zweiten gesehen; außerdem als PC- oder Videospiel (19 % insgesamt, 26 % der Jungen), in Form von Spiel- und Sammelfiguren (17 %, 24 % der Jungen), im Internet (13 %), als Buch (11 %), und als Hörbuch (6 %). Außerdem ist nach Angaben der Eltern in zahlreichen Haushalten der Film als Video (7 %) oder als DVD (12 %) verfügbar oder ist bereits ausgeliehen worden (7 %).

Bei den Eltern selbst ist der Zugang zu *Der Herr der Ringe* sowohl über den Film (50 % beim ersten, 41 % beim zweiten) als auch über das Buch (23 %) verbreiteter als bei den Kindern.

7.3 Zur Rolle des Internet

Nach der vertiefenden Darstellung zweier konkreter Marken soll nun eines der Medien genauer untersucht werden, die zusammen mit dem Fernsehen Bestandteil multimedialer Vermarktungsstrategien sein können. Es geht um das Internet, dessen vielfältige Potenziale für die Medien- und Kommunikationslandschaft viel diskutiert wurden und werden. Dabei steht insbesondere das Schlagwort von der technischen Konvergenz von zuvor klar getrennten Medien der Individual- und Massenkommunikation im Vordergrund, im Zuge derer die bekannten Vermarktungsstrategien über das Breitband-Medium Fernsehen um gezielte interaktive Elemente erweitert werden können, was neue Möglichkeiten für die Vermarktung von Kinderprodukten eröffnet. Im Rahmen dieser Untersuchung war es das Ziel, zum einen eine Bestandsaufnahme des Status quo der Internet-Nutzung von Kindern zu bieten und zum anderen anhand der näheren Untersuchung derjenigen Kinder, die das Internet bereits nutzen, Anhaltspunkte für die weitere Entwicklung zu erhalten.

Mehr als die Hälfte der Kinder hat das Internet noch nie genutzt, bei den Ältesten ist dies nur noch ein Drittel (siehe Tabelle 7.2). Genutzt wird das Internet am häufigsten zu Hause (71 %), es folgen Nutzungssituationen bei Freunden (54 %) und schließlich die Schule (35 %).

Bei der offenen Frage nach besonders gern besuchten Internet-Seiten überwiegt zunächst wieder der Eindruck der Vielfalt der Angebote; der Großteil der insgesamt genannten 91 Seiten wird nur jeweils einmal genannt. Unter den mehrfach Genannten stehen die Angebote von Fernsehanbietern, allen voran *Gute Zeiten, schlechte Zeiten* sowie RTL und MTV, im Vordergrund. Damit bestätigt sich einer der Ausgangspunkte für dieses Projekt, dass nämlich die neuen Medienoptionen insbesondere vielfältige Möglichkeiten für crossmediale Strategien der Anbieter alter Medien eröffnen.

Neben den Sites von Fernsehanbietern entfallen Mehrfachnennungen auf Sammelkategorien wie Sport, Spiele und Musik. Immerhin findet sich auch ein originäres Internet-Angebot, das sich gezielt an Kinder wendet: die Kindersuchmaschine „Blinde Kuh“. Die übrigen, hier nicht aufgeführten Seiten dokumentieren die große Fülle der potenziellen Angebote; sie reicht von möglicherweise provokant gemeinten Antworten (rotten.com, saufen.de) über die Anbieter von Süßigkeiten (haribo.de oder kinder-ueberraschung.de), zahlreichen Fernsehsendungen bis zu den Online-Angeboten von Spiele- und Technikherstellern (Nintendo, Nokia) sowie E-Commerce-Angeboten (eBay). Auch beim Umgang mit Internet-Angeboten zeigen sich deutliche Geschlechter- und Altersunterschiede; diese liegen nicht etwa darin, dass generell weniger Mädchen das Internet nutzen – dies ist nicht der Fall –, sondern darin, dass das vielfältige, zielgruppenspezifisch ausgefächerte Angebot im Web konsequent entsprechend den individuellen Bedürfnissen und Interessen genutzt wird.

Auf die geschlossene Abfrage der Nutzung der Websites der Fernsehveranstalter, die in Kapitel 6 behandelt wurden, ergab sich, dass die Web-Angebote von RTL (39 % der Internetnutzer, also 16 % aller befragten Kinder), VIVA (36 %) und MTV (31 %) am häufigsten genutzt werden; hier handelt es sich also um die Fernsehmarken der älteren Kinder, die ja auch den größten Teil der Internet-Nutzer stellen. Die Reichweiten der Websites der Kinderprogramme KI.KA (21 %) und Super RTL (18 %) sind vor dem Hintergrund der Tatsache, dass ihre Kernzielgruppen das Internet noch nicht so oft nutzen wie die Älteren, als beachtlich hoch einzuschätzen.

Einige der nicht fernsehbezogenen Websites, die bei der Befragung berücksichtigt wurden, erreichen ebenfalls substanzielle Reichweiten bei den Kindern, so etwa *Was-ist-was?* (21 %), *Internet-ABC* (18 %) und *Geolino* (13 %).

Dass dem Internet im crossmedialen Verbund eine wichtige Rolle zuwachsen wird, ist neben dem obigen Befund, dass überwiegend die Websites von Fernsehanbietern besucht werden, auch den Antworten auf die direkte Frage zu entnehmen, ob im Internet Informationen über die Lieblingssendungen (44 %), die

Lieblingsmusik (41 %) oder über neue Filme (24 %) gesucht werden. Dass dabei bald auch kommerzielle Aspekte eine größere Rolle spielen werden, kommt in dem Befund zum Ausdruck, dass 35 % der Kinder schon mindestens einmal etwas im Internet bestellen wollten.

Tabelle 7.2: Häufigkeit der Internet-Nutzung und Lieblings-Internet-Angebote (in %)

	Gesamt	**Jungen**	**Mädchen**	**6-7 J.**	**8-9 J.**	**10-11 J.**	**12-13 J.**
Zahl der Befragten	*591*	*311*	*280*	*144*	*141*	*141*	*165*
Warst Du schon mal im Internet?							
Nein, noch nie	55,8	56,6	55,0	83,3	67,4	44,7	31,5
Ja, ein paar Mal	29,6	25,4	34,3	14,6	24,8	38,3	39,4
Ja, schon oft	14,6	18,0	10,7	2,1	7,8	17,0	29,1
Zahl der Internet-Nutzer	*261*	*135*	*126*	*24*	*46*	*78*	*113*
Welche Internet-Seite besuchst Du besonders gern?[131]							
Basis	*170*	*89*	*81*	*15*	*29*	*51*	*75*
Gute Zeiten, schlechte Zeiten	7,1	1,1	13,6	0,0	6,9	7,8	8,0
Musik	7,1	9,0	4,9	0,0	0,0	3,9	13,3
RTL	6,5	1,1	12,3	0,0	3,4	7,8	8,0
MTV	6,5	4,5	8,6	0,0	0,0	5,9	10,7
KI.KA	5,3	5,6	4,9	6,7	17,2	3,9	1,3
SAT.1	5,3	2,2	8,6	0,0	0,0	7,8	6,7
Blinde Kuh	5,3	5,6	4,9	20,0	3,4	9,8	0,0
ran	4,1	7,9	0,0	0,0	0,0	0,0	7,3
Sport, Fußball	4,1	7,9	0,0	0,0	3,4	5,9	4,0
Spiele	4,1	6,7	1,2	6,7	10,3	2,0	2,7
TV total	2,9	5,6	0,0	0,0	3,4	0,0	5,3

Vergleicht man die Antworten der Kinder mit denen der Eltern, so fällt auf, dass die Eltern die Internet-Nutzung ihrer Kinder nicht immer wahrnehmen: In 10 Prozent der Fälle ist zu beobachten, dass das Kind angibt, das Internet schon genutzt zu haben, während die Eltern dies verneinen. Die Bewertung der Internet-Nutzung ihrer Kinder durch die Eltern fällt zurückhaltend aus.[132] Als Vorteil wird insbesondere angeführt, dass das Kind Wichtiges für die Zukunft lerne und dass die Internet-Nutzung gut für die Schule sei; als Nachteile werden insbesondere gewalthaltige und pornographische Angebote angesehen, die schwer

131 Von den 261 Internet-Nutzern haben 170 auf diese offene Frage mindestens eine konkrete Internet-Seite oder zumindest eine Art von Internet-Angebot genannt, im Durchschnitt 1,5 pro Person; insgesamt wurden 91 verschiedene Angebote erwähnt. Die Tabelle zeigt nur solche Angebote, die von mindestens 5 Prozent einer Geschlechtergruppe genannt wurden. Insbesondere bei den jüngeren Gruppen ist auf die sehr geringe Fallzahl zu verweisen.

132 Mittelwert 2,3 auf einer 5-stufigen Skala von 1 = „sehr gut“ bis 5 = „sehr schlecht“.

zu kontrollieren seien. Immerhin 63 Prozent der Eltern haben von Filtersoftware gehört, die als Kindersicherung genutzt werden kann; zwei Drittel von ihnen halten dies auch für eine sinnvolle Maßnahme, 39 Prozent haben entsprechende Software installiert.

Insgesamt ergibt sich aus den bisher erfassbaren Umgangsweisen mit dem Internet ein noch unklares Bild. Die Zahl der Nutzer, insbesondere unter den jüngeren Kindern ist noch nicht so hoch, dass man von einem normalen Bestandteil des Alltags der Kinder sprechen könnte; dies ist allenfalls bei den 12- bis 13-Jährigen der Fall. Auf der Basis dieser kleinen Gruppe kann aber in jedem Fall bereits festgehalten werden, dass die Internet-Angebote der Fernsehveranstalter eine herausragende Rolle spielen. Damit eröffnen sich zahlreiche Möglichkeiten für eine Zusammenarbeit für die multimediale Vermarktung von Markenzeichen. Es ist aber zu berücksichtigen, dass diese Beobachtung aus einer quantitativen Perspektive erfolgt, die die Kriterien der Massenkommunikation auf das Internet überträgt und nach Reichweiten und Publika fragt. Wenn man so vorgeht, scheint es plausibel, dass insbesondere die Angebote von Massenmedien in den Blick kommen. Demgegenüber besteht die Besonderheit des Netzes aber gerade darin, dass sehr spezifische individuelle Bedürfnisse und verschiedenste Formen der Interaktivität realisiert werden können – Nutzungsweisen, die mit den klassischen Mitteln der Reichweitenforschung nicht angemessen zu untersuchen sind.

8 Medienmarken und Konsumverhalten

Im Mittelpunkt des Gesamtprojekts steht die Beziehung zwischen Mediennutzung und Konsumverhalten. In den bisherigen Ausführungen stand jeweils das Medienverhalten im Vordergrund; dieses wurde daraufhin untersucht, inwieweit es von multimedialen Vermarktungsstrategien mit geprägt wird. Die folgenden Auswertungen setzen den Ausgangspunkt bei verschiedenen Formen des Konsumverhaltens und analysieren von hier aus, inwieweit dieses in den Bereich der Mediennutzung hineinreicht.

8.1 Sammeln als besondere Form der Markenbeziehung

Als empirischer Anknüpfungspunkt für die Untersuchung des Konsumverhaltens diente eine Beschäftigung, die für viele Kinder von besonderer Bedeutung ist und in die sie viel Zeit und auch Geld investieren – gemeint ist das Sammeln unterschiedlichster Gegenstände. Auf die entsprechende Frage gaben 44 Prozent der Kinder an, dass sie derzeit etwas sammeln (siehe Tabelle 8.1); die Sammelleidenschaft ist bei Jungen und bei den 6- bis 9-Jährigen stärker ausgeprägt, aber auch unter den 12- bis 13-Jährigen geben noch 30 Prozent an, dass sie derzeit etwas sammeln.

Bei der offenen Frage danach, was derzeit am liebsten gesammelt wird, ergibt sich abermals eine Fülle höchst unterschiedlicher Antworten. Tabelle 8.1 zeigt, dass die zum Themenbereich Fußball zusammengefassten Antworten den größten Anteil erreichen; dieser setzt sich ausschließlich aus Jungen zusammen. Mädchen sammeln am häufigsten *Barbie*-Puppen und -Zubehör und Produkte rund um die *Diddl-Maus*. In dieser Liste der meistgenannten Sammelgegenstände sind mit *Harry Potter* und *Pokémon* nur zwei konkrete Medienmarken enthalten, insgesamt halten sich als Sammelgegenstände die (medien)markenbezogenen Gegenstände die Waage mit thematisch (Fußball, Pferde, Autos) oder funktional (Poster, Sticker) definierten Gegenständen, die ohne Bezug auf konkrete Marken genannt werden.

Tabelle 8.1: Zahl der Kinder, die sammeln, und häufigste Sammelgegenstände (in %)

	Gesamt	**Jungen**	**Mädchen**	**6-7 J.**	**8-9 J.**	**10-11 J.**	**12-13 J.**
Zahl der Befragten	*591*	*311*	*280*	*144*	*141*	*141*	*165*
Sammelst Du etwas?	44,0	48,6	38,9	53,5	51,1	42,6	30,9
Zahl der Befragten, die sammeln Wenn ja: Was am liebsten?	*260*	*151*	*109*	*77*	*72*	*60*	*51*
Thema Fußball	8,5	14,6	0,0	3,9	6,9	13,3	11,8
Harry Potter	6,5	7,3	5,5	5,2	4,2	13,3	3,9
Barbie	6,5	0,0	15,6	3,9	11,1	6,7	3,9
Sticker	6,2	5,3	7,3	9,1	6,9	5,0	2,0
Diddl	5,4	2,0	10,1	6,5	2,8	10,0	2,0
Pokémon	4,2	6,6	0,9	3,9	2,8	6,7	3,9
Steine, Muscheln	4,2	2,6	6,4	10,4	0,0	1,7	3,9
Modellautos	3,8	6,6	0,0	5,2	4,2	1,7	3,9
Poster	3,5	0,0	8,3	3,9	1,4	0,0	9,8
Thema Pferde	3,1	0,0	7,3	0,0	4,2	3,3	5,9

Die Kinder, die etwas sammeln, bestätigen weitestgehend die wesentlichen Momente dieser Beschäftigung: Sie wollen möglichst alles haben, was es zu dem Sammelgegenstand gibt; sie wollen davon möglichst auch mehr haben als alle anderen; und sie möchten darüber möglichst viel wissen – jeweils mehr als 80 Prozent stimmen diesen Aussagen zu. Der Aufwand, der in diesem Sinne mit beliebten Sammelgegenständen verbunden ist, erhöht sich noch dadurch, dass den Kindern in vielen Produktbereichen in rascher Folge neue Angebote gemacht werden, die potenzielle Sammelobjekte werden könnten oder zumindest im Kontext der Peer-Group symbolische Bedeutung erlangen. Die Haltung der Kinder gegenüber dieser immer neuen Herausforderung fällt unterschiedlich aus: Die Bewertung der Tatsache, dass es immer wieder neue Sachen gibt, die man sammeln kann, wird mittelmäßig bewertet – d.h. manche freuen sich darüber, manchen wird es eher zuviel. Nur ein Drittel (34 %) meint, sich immer gut auszukennen mit den neuen Sammelgegenständen, immerhin die Hälfte (53 %) bestätigt, dass „man sich manchmal gar nicht mehr richtig auskennt"; und ebenfalls fast die Hälfte der Kinder (46 %) empfindet die immer wieder neuen Angebote „manchmal als richtig anstrengend".

8.2 Kaufverhalten und Umgang mit Geld

Insbesondere aus einer ökonomischen Perspektive ist die Frage danach, wofür Kinder ihr eigenes Geld ausgeben, von besonderer Bedeutung. Darüber hinaus ist der Umgang mit Geld aber auch ein wichtiger Bestandteil des zunehmenden Autonomiegewinns der Kinder gegenüber ihren Eltern; die Produkte und Marken, für die die Kinder ihr eigenes Geld ausgeben, erhalten in diesem Sinne eine hervorgehobene symbolische Bedeutung.

Die Erfassung des Geldbetrags, den Kinder zur Verfügung haben, birgt erhebliche methodische Probleme, die sich insbesondere aus der Kombination von regelmäßigen Geldbeträgen („Taschengeld") und verschiedenen Formen punktueller Zahlungen oder Geschenke ergeben, etwa aus Anlass des Geburtstags oder guter Schulleistungen (siehe dazu etwa Feil 2002). In dieser Studie ging es weniger um eine möglichst exakte und objektive Messung des tatsächlich verfügbaren Geldbetrags, als um plausible Anhaltspunkte für Unterschiede in der finanziellen Eigenständigkeit der befragten Kinder. Dazu wurden die Eltern nach dem wöchentlichen Taschengeld gefragt, das ihr Kind von ihnen erhält. Tabelle 8.2 zeigt die erwartbare Steigerung des Taschengelds mit zunehmendem Alter, insbesondere im Übergang von den 10- bis 11-Jährigen zu den 12- bis 13-Jährigen.

Tabelle 8.2: Wöchentliches Taschengeld (Angaben der Eltern, in €)

	Gesamt	**Jungen**	**Mädchen**	**6-7 J.**	**8-9 J.**	**10-11 J.**	**12-13 J.**
Zahl der Befragten	*591*	*311*	*280*	*144*	*141*	*141*	*165*
Taschengeld pro Woche (in €)	5,55	5,67	5,42	2,73	4,18	5,48	9,24

Die offene Frage an die Kinder, wofür sie am meisten von ihrem eigenen Geld ausgeben, führte zu den in Tabelle 8.3 aufgeführten Resultaten.

Für Essen und Getränke geben die meisten Kinder Geld aus; wie eine gestützte Nachfrage zeigte, ergibt sich dieser hohe Wert weitgehend aus dem häufigen Kauf von Süßigkeiten und Eis. An zweiter Stelle folgen die diversen Printmedien, die in allen Gruppen stark vertreten sind, aber bei Mädchen und den älteren Kindern besonders hervorstechen. Die weiteren Angaben demonstrieren, wie eng das Konsum- und Kaufverhalten von Kindern auf Medien bzw. auf Medienmarken bezogen ist. Neben Spielzeug und Fan- bzw. Sammelartikeln, die wie gesehen eng mit verschiedenen Medienmarken verbunden sind, stehen die anderen nicht-medienbezogenen Ausgaben für Schmuck und Kosmetik, für Kleidung, für Hobbys und für Schulbedarf deutlich hinter den Ausgaben für die verschiedenen medienbezogenen Produkte zurück.

Tabelle 8.3: Wofür geben Kinder am meisten von ihrem eigenen Geld aus? (in %) [133]

	Gesamt	**Jungen**	**Mädchen**	**6-7 J.**	**8-9 J.**	**10-11 J.**	**12-13 J.**
Zahl der Befragten	*591*	*311*	*280*	*144*	*141*	*141*	*165*
Essen, Trinken	73,5	78,4	68,2	84,4	87,1	76,9	51,5
Printmedien	27,8	23,0	33,0	17,2	18,9	38,1	34,4
Spielzeug	14,9	11,5	18,6	28,7	20,5	11,9	2,5
Musik	12,5	8,4	17,0	6,6	4,5	10,4	25,2
Fan-/Sammelartikel	11,4	16,4	6,1	12,3	15,9	9,7	8,6
Kino	7,3	6,6	8,0	0,0	4,5	6,7	15,3
PC-/Videospiele	6,9	11,5	1,5	2,5	3,8	10,4	9,8
Medientechnik, Handy	6,9	7,7	6,1	0,0	1,5	6,7	16,6
Schmuck, Kosmetik	6,9	0,3	14,0	0,0	2,3	7,5	15,3
Konkrete Medienmarken	6,0	7,0	4,9	6,6	6,8	9,7	1,8
Kleidung	5,4	6,3	4,5	0,8	0,8	3,7	14,1
Hobby, Freizeit	2,7	3,1	2,3	0,8	2,3	3,7	3,7
Schule	1,1	1,7	0,4	3,3	0,0	0,7	0,6

Auf die offene Frage, woher die Kinder etwas über neue Sachen erfahren, die sie gern haben möchten,[134] gaben die meisten ihre Freunde an. Tabelle 8.4 zeigt alle überhaupt genannten Kategorien, um vor Augen zu führen, wie groß der Unterschied zwischen den häufig und den selten genannten Medien ist.

Neben den Freunden werden oft auch die Mitschüler genannt, was die große Rolle der Peer-Group unterstreicht. Unter den Medien wird weitaus am häufigsten das Fernsehen als Quelle genannt; bei der ebenfalls häufig genannten Werbung kann unterstellt werden, dass es sich dabei meist auch um Fernsehwer-

133 Offene Frage, bis zu drei Nennungen.

134 Offene Frage, bis zu drei Nennungen.

bung handeln dürfte. Bemerkenswert ist weiter, dass das Internet bereits eine größere Rolle spielt als die Eltern und andere Erwachsene; an der Dominanz des Fernsehens und zum Teil auch der Printmedien ändert dies jedoch vorerst nichts.

Tabelle 8.4: Woher erfahren die Kinder etwas über neue Sachen?

Zahl Befragte	*591*
Freunde	72,9
Fernsehen	39,5
Werbung	24,8
Mitschüler	23,3
Zeitschriften, Zeitungen	13,3
Geschäfte, Schaufenster	8,5
Geschwister	6,6
Internet	5,5
Eltern	4,9
Kataloge	3,4
Andere Verwandte	1,2
Comics, Mangas	1,0
Radio	0,7
Film/Kino	0,2
Bücher	0,2

Ein weiterer Aspekt des Kaufverhaltens ist die Frage, inwieweit die Kinder beim Kauf verschiedener Produkte, sei es allein oder mit den Eltern, auf die Marke achten. Auch in unserer Befragung bestätigt sich der Befund aus vorliegenden Marktuntersuchungen, dass sich ein Markenbewusstsein insbesondere in Bezug auf unter Kindern und Jugendlichen hoch besetzte Produkte wie Sportschuhe, Taschen bzw. Rucksäcke und Jeans beobachten lässt; bei diesen Kategorien gaben deutlich mehr als die Hälfte an, dass ihnen beim Kauf die Marke wichtig sei. Entscheidend ist der Befund, dass das Markenbewusstsein in der Regel mit steigendem Alter wächst: Den 12- bis 13-Jährigen ist es mit Ausnahme der Kategorie Spielzeug, die für diese Gruppe generell nicht mehr so interessant ist, in allen Produktkategorien mit Abstand am wenigsten gleichgültig, welche Marke sie kaufen. Die Produktgruppe, bei der sich dieses zunehmende Markenbewusstsein besonders stark niederschlägt, sind Handys: Deren Marke ist für die jüngste Gruppe weitgehend irrelevant (14,6 % achten auf die Marke), während die 12- bis 13-Jährigen zu 63 Prozent angeben, beim Handykauf auf die Marke zu achten.

Dass dieses mit dem Alter steigende Markenbewusstsein auch für konkrete Kaufentscheidungen in der Familie relevant wird, zeigt sich an den Antworten der Eltern auf die Frage, wer bei Einkäufen für das Kind bei welchen Produktgruppen die Entscheidung trifft (ohne Tabelle). Der generelle Trend der mit dem Alter zunehmenden Entscheidungskompetenz ist besonders ausgeprägt bei den

Produktgruppen, an die die Kinder ein besonders hohes Markenbewusstsein herantragen, also Sportschuhe und Jeans: Bei den 12- bis 13-Jährigen liegt die Entscheidung über diese Produkte überwiegend bei den Kindern. Hingegen behalten die Eltern aus eigener Sicht klar die Entscheidungshoheit über den Kauf von Handys.

Neben der Relevanz der Marke interessiert im Zusammenhang dieses Projekts auch besonders die Frage, inwieweit Merchandising-Artikel, die mit bekannten Medienfiguren versehen sind, bevorzugt gekauft werden. Jeweils knapp 45 Prozent der Befragten geben an, ihnen seien solche Medienfiguren egal bzw. sie würden Produkte mit Medienfiguren gern kaufen (siehe Tabelle 8.5). Für die verbleibenden Kinder (11 %) sind die Figuren auf den Produkten eher ein Grund, diese nicht zu kaufen. Zwischen Jungen und Mädchen zeigen sich hier nur geringe Unterschiede; sehr deutlich sind aber die Veränderungen mit dem Alter: Während für die 6- bis 9-Jährigen Produkte mit Medienfiguren besonders attraktiv sind, ist dies den meisten 12- bis 13-Jährigen gleichgültig; in dieser Gruppe scheinen sich die Medienfiguren überdies ebenso häufig negativ wie positiv auszuwirken. Hier wird klar sichtbar, dass die Verknüpfung von Medienmarken mit den verschiedensten anderen Produkten lediglich für jüngere Zielgruppen Erfolg versprechend ist – eben jene, die wie oben gesehen auch häufiger angeben, eine „Lieblingsfigur" aus den Medien zu haben. Ältere Kinder machen – wie sich auch im qualitativen Rezeptionsteil deutlich gezeigt hat – ihre Markenbeziehungen weniger an konkreten Figuren als an Formaten, Themen und Stilen fest, die sich nur schwer über Merchandising-Produkte symbolisieren lassen.

Tabelle 8.5: Ist es den Kindern egal, ob auf Produkten Medienfiguren sind? (in %)[135]

	Gesamt	**Jungen**	**Mädchen**	**6-7 J.**	**8-9 J.**	**10-11 J.**	**12-13 J.**
Zahl der Befragten	*591*	*311*	*280*	*144*	*141*	*141*	*165*
Ja, egal	44,2	42,4	46,1	37,5	36,2	44,0	57,0
Nein, kaufe ich gern	44,2	46,0	42,1	60,4	57,4	40,4	21,8
Nein, kaufe ich ungern	11,7	11,6	11,8	2,1	6,4	15,6	21,2

135 Wortlaut: „Ist es Dir egal, ob auf den Produkten Figuren sind, die Du vom Fernsehen, von Kassetten, Büchern oder Filmen kennst und gerne magst?" Antwortoptionen: 1 = „ja, das ist mir egal", 2 = „nein, ich kaufe gern Dinge mit diesen Figuren", 3 = „nein, ich kaufe eher ungern Dinge mit diesen Figuren".

In den Angaben der Eltern zu diesem Punkt spiegelt sich dieser Befund (ohne Tabelle): Bejahen von den Eltern der 6- bis 7-Jährigen noch mehr als drei Viertel die Frage, ob sie in Situationen, in denen sie die Wahl zwischen ähnlichen Produkten haben, eher zugunsten der Produkte entscheiden, die mit Medienfiguren versehen sind, sagen die Eltern der 12- bis 13-Jährigen zu über der Hälfte, dass dies bei ihnen nicht der Fall ist.

8.3 Haltungen der Eltern gegenüber Marken und Konsum

Neben dem Erziehungsverhalten ist für die Fragestellung dieser Studie relevant, welche Orientierung die Eltern im Hinblick auf Markenwelt und Konsumverhalten zeigen; diese stellt einen weiteren wesentlichen Kontextaspekt für die Entwicklung von Markenbeziehungen und Konsumverhalten der Kinder dar. Um verschiedene Orientierungen der Eltern zu erfassen, erhielten die Eltern eine Liste mit 16 Aussagen, die sich auf ihre Einschätzung des markenbezogenen Verhaltens sowie auf eine Bewertung von Marken und ihren Konsequenzen bezogen. Diese Informationen wurden per Faktoranalyse auf die folgenden fünf Dimensionen reduziert:

- „Markenorientierung“: Die für diese Dimension maßgeblichen Items erfassen, inwieweit die Eltern ihr Kind für markenbewusst halten und inwieweit sie es dabei unterstützen, immer die neuesten Sachen zu haben. Diese Dimension ist stark altersabhängig: Mit zunehmendem Alter nimmt die Markenorientierung zu.
- „Medienfiguren“: Die hier zugeordneten Aussagen beziehen sich auf die Rolle von Medienfiguren auf Produkten und inwieweit sich das Kind über entsprechende Produkte freut. Diese Dimension ist in umgekehrter Richtung altersabhängig, d.h. bei den jüngsten Kindern besonders stark ausgeprägt.
- „Außenseiterrolle/finanziell angespannte Situation“: Kennzeichnend für diese Dimension ist der Hinweis darauf, dass das Kind aus Sicht der Eltern manchmal darunter leidet, dass es nicht die neuesten Sachen hat, und dass entsprechend die Eltern besorgt sind, dass ihr Kind in der Schule eine Außenseiterrolle spielen muss. In diese Dimension spielt auch die Einschätzung hinein, dass man sich nicht leisten könne, die vielen Kinderprodukte zu kaufen. Diese Dimension ist weitgehend unabhängig vom Alter und Geschlecht der Kinder, leicht überdurchschnittlich ausgeprägt ist sie bei Jungen und bei 8- bis 9-Jährigen.
- „Werbekritik“: Hier sind die werbekritischen Aussagen zusammengefasst, so die Einschätzung, dass Kinder von der Werbung in allen Medien stark unter Druck gesetzt werden und dass Kinder im Fernsehen viel zu viele unnötige Produkte kennen lernen, die sie sich dann wünschen. Dieses Merkmal ist

bei den Eltern von Mädchen und von jüngeren Kindern etwas deutlicher ausgeprägt, die Unterschiede sind aber nur gering.

- „Angebotsstress“: Mit diesem Titel werden die Aussagen zusammengefasst, die die Anstrengung hervorheben, die sich daraus ergibt, dass in rascher Folge neue Produkte für Kinder herauskommen. Dieses Merkmal ist bei den Eltern von 8- bis 9-Jährigen am stärksten ausgeprägt, allerdings sind auch hier die Unterschiede gering.

Auf der Basis dieser Dimensionen wurden per Clusteranalyse fünf Muster identifiziert, die als Haltungen der Eltern gegenüber Marken und Konsum interpretiert werden können. Tabelle 8.6 stellt die fünf Haltungen anhand der sie kennzeichnenden Merkmale dar und gibt an, wie sich die betreffenden Gruppen nach Alter und Geschlecht der Kinder sowie nach Bildung und Erziehungsstil der Eltern zusammensetzen.

Tabelle 8.6: Haltungen der Eltern gegenüber Marken und Konsum: Kennzeichnende Merkmale und Zusammensetzung der Gruppen nach Geschlecht und Alter

	Gesamt	**Haltung I**	**Haltung II**	**Haltung III**	**Haltung IV**	**Haltung V**
Zahl der Befragten	*591*	*85*	*141*	*125*	*100*	*140*
Anteil an der Gesamtstichprobe	-	14,4	23,9	21,2	16,9	23,7
Zustimmung zu Dimensionen der Einstellung zu Marken und Konsum (Mittelwerte):						
Markenorientierung	0,0	0,67	0,93	-0,11	-0,94	-0,57
Medienfiguren	0,0	0,60	-0,18	-0,07	-0,20	0,03
Außenseiterrolle	0,0	0,46	-0,71	1,20	-0,43	-0,32
Werbekritik	0,0	-1,08	0,35	0,42	-0,97	0,62
Angebotsstress	0,0	0,70	-0,45	-0,40	-0,67	0,87
Zusammensetzung der Gruppen nach Alter und Geschlecht der Kinder (in %):						
Jungen	52,6	58,8	51,8	55,2	55,0	45,7
Mädchen	47,7	51,2	48,2	44,8	45,0	54,3
6 - 7 Jahre	24,4	21,2	11,3	25,6	33,0	32,1
8 - 9 Jahre	23,9	34,1	16,3	26,4	21,0	25,0
10 - 11 Jahre	23,9	23,5	30,5	24,8	19,0	20,0
12 - 13 Jahre	27,9	21,2	41,8	23,2	27,0	22,9
Zusammensetzung der Gruppen nach Bildung und Erziehungsstil der Eltern (in %):						
Hauptschule	33,0	22,4	21,3	49,6	31,0	37,9
Höhere Schule	45,5	50,6	45,4	40,8	43,0	48,6
Hochschulreife	21,5	27,1	33,3	9,6	26,0	13,6
„Desinteressierte“	25,5	31,8	31,9	29,6	17,0	17,9
„Medieninteressierte“	20,5	14,1	24,1	9,6	29,0	24,3
„Regulierer“	33,5	28,2	21,3	34,4	45,0	40,0
„Konfliktbelastete“	20,5	25,9	22,7	26,4	9,0	17,9

Mit dieser Unterscheidung zwischen verschiedenen Haltungen gegenüber Marken und Konsum liegt eine weitere wesentliche Rahmenbedingung für das Medien- und Konsumverhalten von Kindern vor. Dass diese mit entsprechenden Unterschieden einhergehen, lässt sich auf der Basis verschiedener Indikatoren für das Medien- und Markenverhalten der Kinder beobachten; dies soll bei den folgenden Porträts der verschiedenen Haltungen gleich mit dargestellt werden.

- Haltung I ist geprägt durch ein gewisses Maß an Überforderung durch die Fülle der Angebote; diese ist kombiniert mit überdurchschnittlich ausgeprägter Markenorientierung und ebenso großem Interesse an Produkten mit Medienfiguren sowie, und dies mag der Kombination einen belastenden Akzent geben, mit der Sorge, bei nicht hinreichender Beteiligung am Karussell der immer neuen Angebote in eine Außenseiterrolle zu geraten. Im Vergleich zur Gesamtstichprobe besteht aber der stärkste Akzent dieser Haltung darin, dass sie keinerlei Kritik an den Medien oder der Werbung erkennen lässt. Eine solche Haltung ist am ehesten bei den Eltern von Jungen und von 8- bis 9-Jährigen anzutreffen; sie verfügen über eine mittlere formale Bildung, die besonders stark vertretenen medienbezogenen Erziehungsstile sind die der „Desinteressierten" und der „Konfliktbelasteten". Zusammenfassend könnten diese Eltern im Hinblick auf ihre Haltung zu Marken und Konsum als „Überforderte" bezeichnet werden. Die Kinder dieser Eltern stellen sich selbst eher so dar, dass sie gut über neue Angebote Bescheid wissen und manchmal auch schon stolz darauf waren, dass sie neue Produkte als Erste besessen haben. Die Breite des Medienrepertoires ist sehr hoch, ebenso die Zahl der Produktgruppen, bei denen den Kindern die Marke wichtig ist. Die Überforderung der Eltern hat demnach damit zu tun, dass sie mit Kindern zu tun haben, die sich der Medien- und Markenwelt besonders intensiv zuwenden.
- Haltung II ist durch starke Markenorientierung gekennzeichnet, die mit einer gewissen Werbekritik kombiniert wird. Anzeichen der Überforderung durch die Angebotsfülle oder der Sorge, möglicherweise in eine Außenseiterrolle zu geraten, sind nicht erkennbar, so dass sich insgesamt der Eindruck einer gelassen-kompetenten Konsumorientierung ergibt. Diese tritt besonders oft bei den Eltern der ältesten Kinder auf sowie bei den formal höher Gebildeten, welche ein eher desinteressiertes Medienerziehungsverhalten an den Tag legen. Als zusammenfassende Beschreibung dieser Haltung bietet sich „Kompetente Konsumenten" an. Die Kinder dieser Eltern weisen das höchste Markenbewusstsein auf, sie geben an, sich mit neuen Produkten sehr gut auszukennen und nennen die meisten Lieblingsmedien. Da sie sich von der vorgenannten Gruppe insbesondere in ihrem deutlich höheren Alter unterscheiden, kann hier vermutetet werden, dass die beschriebenen Haltungen zwei aufeinander folgende Phasen darstellen. Sind die Eltern dann, wenn sich die Kinder von den Elternmarken lösen und sich der ganzen Breite des Medienmarkts zuwenden, überfordert, so entwickelt sich daraus

mit der Zeit, wenn die Kinder älter werden, eher eine gelassene markenzugewandte Haltung.

- Haltung III ist fast ausschließlich geprägt durch die erhebliche Sorge, angesichts der zahlreichen Konsumangebote für Kinder finanziell nicht mithalten zu können und in eine Außenseiterrolle zu geraten. Dies wird lediglich gepaart mit einer gewissen Kritik daran, dass Medien und Werbung so viel Druck auf die Kinder ausüben. Demgegenüber ist die subjektive Belastung durch die Überfülle des Angebots unterdurchschnittlich ausgeprägt. Diese Haltung ist völlig unabhängig von Alter und Geschlecht der Kinder. Die betreffenden Eltern verfügen aber meist über eine niedrige formale Bildung, im Hinblick auf ihr Erziehungsverhalten wurden überdurchschnittlich viele von ihnen den Konfliktbelasteten zugeordnet, bei denen es oft Streit um Medien und Konsum gibt. Als Kurzcharakterisierung wird „Finanziell Belastete" gewählt. Bei den Kindern dieser Gruppe ist vergleichsweise häufig Neid auf Mitschüler und Freunde anzutreffen, die mehr neue Produkte besitzen. Das Medienrepertoire ist vergleichsweise schmal, insbesondere neue digitale Medien sowie Bücher und Musik sind darin seltener vertreten.
- Haltung IV ist dadurch gekennzeichnet, dass alle hier berücksichtigten Dimensionen unterdurchschnittlich ausgeprägt sind. Neben der möglichen methodischen Erklärung, hier könne es sich schlicht um „Nein-Sager" handeln, erscheint doch eine inhaltliche Erklärung plausibel. Denn diese Haltung ist besonders häufig bei Eltern der jüngsten Kinder und bei einem stark regulierenden Medienerziehungsverhalten, zugleich aber auch bei denen, die sich in ihrer Erziehung stark mit den Medien auseinander setzen. Marken und Fragen des Konsumverhaltens spielen hier offenbar kaum eine Rolle, daher kann sich auch keine Überforderung ergeben, und daher erübrigt sich auch Werbekritik. In der Kurzbezeichnung lässt sich diese Haltung als „Markenferne" bezeichnen. Anders als bei der vorgenannten Gruppe scheint Neid auf Mitschüler oder Freunde unbekannt zu sein. Das Medienrepertoire ist sehr schmal, nur für wenige Medien werden Lieblingsangebote genannt. Die Markenorientierung ist deutlich geringer als in allen anderen Gruppen.
- Haltung V kombiniert die Überforderung durch die Angebotsfülle mit niedriger Markenorientierung und deutlicher Werbekritik, ist also als Abwehrhaltung gegenüber der Marken- und Konsumwelt zu interpretieren. Eltern von Mädchen und von jüngeren Kindern sind überrepräsentiert, außerdem die regulierenden und medieninteressierten Erziehungsstile. Als Kurzcharakterisierung dieser Gruppe wird „Konsumkritiker" gewählt. Das Medienrepertoire der Kinder dieser Eltern ist schmal, neue digitale Medien sowie Fernsehen und Video werden unterdurchschnittlich genutzt, Hörkassetten, Bücher und Musik überdurchschnittlich. Die Kinder attestieren sich eher geringe Kenntnisse der Markenwelt, sind in ihrem Spektrum an Lieblingsangeboten allerdings nicht so schmal wie die vorgenannte Gruppe.

Die so dargestellten Kontexte elterlicher Haltungen und Orientierungen und die in ihnen zu beobachtenden spezifischen Formen der Mediennutzung und Markenorientierung der Kinder führen vor Augen, wie eng diese verschiedenen Faktoren miteinander verwoben sind. Was Kinder mit den für sie produzierten Markenangeboten tun, mit welchen Angeboten sie mehr oder weniger intensive, mehr oder weniger langfristige Markenbeziehung aufbauen, ergibt im Kontext dieser sozialen Rahmenbedingungen und individuellen Voraussetzungen seinen Sinn.

9 Fazit

Mit der vorgestellten standardisierten Befragung sollten einige wesentliche theoretische Einsichten der Kindheitsforschung[136] sowie die auf individueller Ebene vertiefenden empirischen Beobachtungen der qualitativen Rezeptionsstudie[137] ergänzt werden um den repräsentativen Blick: Es war das Ziel, möglichst eng an den vorliegenden Ergebnissen entlang eine Befragung zu konzipieren, die es erlaubt, die auf theoretischem oder qualitativ-empirischem Wege identifizierten Muster des markenbezogenen Verhaltens von Kindern auch in ihrer Verbreitung in der Gesamtbevölkerung zu untersuchen. Wie die Ergebnisse zeigen, ist die angestrebte Korrespondenz zwischen den methodischen Zugängen in eindrucksvoller Weise gelungen. In vielen Punkten ergeben sich Übereinstimmungen, in anderen ergeben sich aus der Kombination der spezifischen Stärken der beiden Zugangsweisen vertiefende Einblicke in den interessierenden Zusammenhang.

Ein besonders hervorstechendes Ergebnis der standardisierten Befragung ist sicherlich die große Vielfalt der Markenbeziehungen, die Kinder zwischen 6 und 13 Jahren im Hinblick auf die verschiedenen Medien entwickeln. Bei allen untersuchten Medien weisen die als solche bezeichneten Lieblingsangebote eine breite Varianz auf, fast unüberschaubar erscheint das Spektrum an Fernsehsendungen, Hörkassetten, Büchern, Kinofilmen, Computerspielen, Zeitschriften und Comics, die auf das besondere Interesse einzelner Kinder stoßen. Im Zusammenhang mit einer Diskussion um die potenziellen Folgen einer Kommerzialisierung der Lebenswelten von Kindern und einer zunehmend multimedialen Vermarktung von Markenzeichen bedeutet dieser Befund, dass zumindest eine mögliche These als widerlegt gelten muss – die These von einer zunehmenden Konzentration der Aufmerksamkeit der Kinder auf einige wenige Angebote; eine solche ist nicht zu beobachten, im Gegenteil, viele Anzeichen sprechen dafür, dass die Ausdifferenzierung des Medienangebots in Richtung auf immer spezi-

---

136 Siehe dazu den einführenden Beitrag von Neumann-Braun u.a. in diesem Band.

137 Siehe dazu den Beitrag von Paus-Hasebrink u.a. in diesem Band.

fischere Zielgruppen und Zielinteressen weiter anhält, insbesondere die neuen interaktiven Dienste der Online- und Mobilkommunikation werden in dieser Hinsicht für weitere Dynamik sorgen.

Dieser Befund hat allerdings, wie die Befragung ebenfalls gezeigt hat, auch seine Kehrseiten, zumindest zwei sollen hier angesprochen werden. Zum Ersten: Die genannte Vielfalt besteht auf der Ebene der konkreten Angebote, etwa einzelner Fernsehsendungen. Betrachtet man die Ebene der Anbieter, so reduziert sich die Vielfalt der Lieblingsangebote gleich erheblich, so stellt man etwa fest, dass es sich bei zahlreichen der genannten Lieblingssendungen um Bestandteile der japanischen Anime-Schiene im Programm von RTL II handelt. Auch auf der Ebene der Programme oder bestimmter Programmflächen bestehen bestimmte Vorstellungen, in denen den einzelnen Programmen spezifische Markenqualitäten zugeordnet werden. Danach gelten dann bestimmte Programme als „alt" oder als „gut mit Eltern gemeinsam anzusehen" – Wahrnehmungen, die die Nutzung der in diesem Umfeld laufenden Sendungen beeinflussen. Zieht man diese strukturierende Wirkung von Dachmarken mit in Betracht, ist der Befund von der Vielfalt zu relativieren. In dem Maße, wie die Medienunternehmen ihre Teilangebote zwar zunehmend ausdifferenzieren, diese aber zugleich auch systematisch aufeinander abstimmen und sich gegenseitig stützen lassen, ergibt sich auf der Ebene der Anbietervielfalt eher eine Einschränkung der Vielfalt.

Zum Zweiten: Trotz oder gerade wegen der beeindruckenden Fülle von Einzelangeboten, die zumindest einigen Kindern wichtig sind, gelingt es in einigen Fällen, eine Medienmarke so multimedial zu platzieren und mit ihr so viele Menschen zu erreichen, dass sie annähernd omnipräsent erscheint und kaum mehr gemieden werden kann. *Harry Potter* war in diesem Sinne das herausragende Angebot zum Zeitpunkt der standardisierten Befragung, im Jahr zuvor spielte die Fernsehserie *Dragonball Z* eine besondere Rolle, in den Jahren davor *Pokémon*. Alle diese Beispiele haben eine massive multimediale Präsenz erzeugt, durch die sie zum Thema auch für die wurden, die sie selbst gar nicht genutzt haben. Im Sinne einer kulturellen Markierung, eines gemeinsamen Bezugspunkts für Kinder und Eltern ganz unterschiedlicher Herkunft spielen diese Marken eine gewichtige Rolle, über sie laufen maßgebliche Prozesse der Selbstverortung in der Gesellschaft. Die genannten Beispiele haben demonstriert, dass die neuen technischen Möglichkeiten bei hinreichender organisatorischer und strategischer Vorbereitung einen sehr starken Vermarktungsdruck entwickeln können.

Trotz aller Multimedialität und technischen Konvergenz, dies ist in der Repräsentativ-Befragung auch deutlich geworden, unterscheiden sich die einzelnen

Medien doch weiterhin in ihren wichtigsten Funktionen und Profilmerkmalen. Im intermediären Vergleich erweist sich das Fernsehen nach wie vor als das Leitmedium. Hinsichtlich der Nutzungsdauer und der Faszination seiner Angebote kommt diesem Medium die zentrale Position bei der multimedialen Vermarktung von Markenzeichen zu. Viele Indikatoren sprechen in dieser Hinsicht eine Sprache: So stammt der allergrößte Teil der von den Kindern genannten Lieblingsfiguren aus dem Fernsehen; auf die Frage, wo man etwas über neue Produkte erfahren könne, wird meist das Fernsehen genannt. *Harry Potter* und *Der Herr der Ringe* sind in diesem Zusammenhang als Ausnahmen zu betrachten, die die Regel bestätigen: Für die Einzelwerke Buch und Film kann punktuell massiv geworben werden, so dass dann auch beachtliche Aufmerksamkeitswerte erzielt werden können. Richtig in Schwung kommt der Vermarktungsmechanismus aber letztlich erst dann, wenn das Fernsehen das Thema aufgreift und damit zur weiteren Verbreitung der Marke beiträgt.

Um den Dreh- und Angelpunkt des Fernsehens herum spielen die anderen Medien zielgruppen- und themenspezifische ergänzende Rollen. So ist aus früheren Studien bekannt, dass einige Medien eng an ein bestimmtes Alter gebunden sind, etwa Hörkassetten und Comics an die jüngsten Kinder, oder an ein Geschlecht, etwa Bücher an die Mädchen und Computerspiele an die Jungen. Diese Bindungen sind auch in dieser Befragung wieder zutage getreten; in ihnen dokumentieren sich die spezifischen Markenqualitäten der einzelnen Medien. Die Auswertung ging aber darüber hinaus, in dem ein besonderes Augenmerk auf die Kombination der verschiedenen Medien gerichtet war, auf die so genannten Medienrepertoires, in denen die einzelnen Medien eine je spezifische Funktion erfüllen. Da wird dann sichtbar, dass das Interesse an Printmedien eine ganz unterschiedliche Bedeutung haben kann, je nach dem, ob die Lektüre mit der intensiven Nutzung von Daily Soaps und Musikfernsehen kombiniert wird, sich also zu einem guten Teil auf Musikzeitschriften und die Begleitmedien zu Daily Soaps bezieht, oder mit einem bildungsbürgerlichen Hintergrund eher auf die Lektüre von Büchern bei gleichzeitig mäßiger Fernsehnutzung. Die aufgezeigten Medienrepertoires setzen für die jeweiligen Gruppen von Kindern einen ganz bestimmten Rahmen für multimediale Vermarktungsstrategien, Multimedialität bedeutet für jede Gruppe etwas anderes.

Im Konzert der verschiedenen Medien spielt insbesondere die Innovation der 90er Jahre, das Internet, eine wichtige Rolle, wenn es darum geht, über die Perspektiven des Medien- und Konsumverhaltens von Kindern zu reflektieren. Der in dieser Studie abgebildete Status quo lässt verschiedene Schlussfolgerungen zu. Zunächst ist festzuhalten, dass es sich bei der Internet-Nutzung nach wie vor nicht um den Normalfall handelt. Nur unter den ältesten Kindern nutzen mehr als die Hälfte regelmäßig das Internet, wirklich präsent ist das Netz im Alltag der Kinder noch nicht. Es ist allerdings klar, dass die Entwicklung eindeutig in die Richtung geht, dass sich die Internet-Nutzung ausweiten wird. Insofern sind die Anhaltspunkte für die Umgangsweisen von Interesse, die die bisherigen Internet-Nutzer an den Tag legen. Diese beinhalten, dass das Internet in besonderer Weise ein Komplementärmedium ist, das zur Ergänzung der anderen Medien genutzt wird. Die Medienrepertoires der Internet-Nutzer sind nicht etwa um andere Medien reduziert; das Internet tritt zum Repertoire hinzu, es verdrängt die anderen Medien in der Regel nicht. Sehr auffällig ist etwa die Beobachtung, dass es sich bei den meisten Websites, die als Lieblingsangebote bezeichnet werden, um die Angebote von Fernsehveranstaltern handelt. Dies unterstreicht aber auch, dass das Internet als zusätzliche Plattform für die Vermarktung von Markenzeichen eine zunehmende Rolle spielen wird.

Durch die verschiedenen Einzelbefunde der Repräsentativbefragung hindurch zieht sich schließlich die allgemeine Beobachtung, dass Medienmarken im Sinne der Bezichungen, die die Mediennutzer und Konsumenten zu den betreffenden Angeboten entwickeln, ein fein austariertes soziales Konstrukt darstellen, dessen Gebrauchs- und Symbolwert kontinuierlich Gegenstand von Aushandlungs- und Vergleichsprozessen in der Peer-Group, mit den Eltern und im Verhältnis zu massenmedial präsentiertem Anderen ist. Dies bedeutet gerade nicht, dass sich an Markenbeziehungen kein Streit entzünden würde. Im Gegenteil: Wo das Thema Abgrenzung von den Eltern auf der Tagesordnung steht, da werden auch Markenbeziehungen dazu genutzt, diese weiter zu betreiben. Die Ausdifferenzierung von Vermarktungsstrategien und die Ausweitung ihrer Einflussmöglichkeiten durch multimediale Präsenz von bestimmten Marken werfen vor diesem Hintergrund dort Probleme auf, wo die Marktstrategien so passgenau auf die individuellen Bedürfnisse bestimmter Teilgruppen ausgerichtet werden können, dass die Zielgruppen und ihre sozialen Bezugspersonen die Basis für die Auseinandersetzung verlieren. In dieser Hinsicht stellen die veränderten Beziehungen zu Medienmarken, wie sie hier dokumentiert wurden, einen gewichtigen Anlass für gesellschaftliche Diskussionen und medienpädagogische Konzepte dar.

Stefan Aufenanger

Soziometrische Fallstudien zur Rolle der Gleichaltrigengruppe bei der Setzung von Medienthemen

1 Fragestellung

Eine spezifische Untersuchung im Rahmen des Rezeptionsteils des Projekts hat sich mit der auf Markenzeichen bezogenen Kommunikation in der Gleichaltrigengruppe (Peer-Group) befasst. Dazu wurden Fallstudien in zwei Schulklassen über mehrere Monate hinweg (1. und 3. Klasse einer Grundschule) durchgeführt. In ausgewählten Teilgruppen bzw. Cliquen wurde mit Hilfe von Soziogrammen sowie der Rekonstruktion von Kommunikationsstrukturen verfolgt, a) wie markenbezogene Themen gesetzt und aufgegriffen werden, b) wie diese Themen die Struktur der Kommunikation bestimmen bzw. welche Rollen dabei entscheidend sind, und c) wie und warum diese Themen auch wieder verschwinden bzw. von anderen abgelöst werden. Methodisch orientiert sich die Studie an den vorliegenden Untersuchungen von Krappmann und Oswald (Krappmann 1991; Krappmann/Oswald 1995), die empirische Forschungen in Schulklassen zu Interaktionen in der Gleichaltrigengruppe durchführten.

2 Bedeutung der Peer-Group in der Sozialisation von Kindern bzw. in der Werbesozialisation

Als eine grundlegende deutschsprachige Arbeit zur Bedeutung der Gruppe der Gleichaltrigen muss der Beitrag von Krappmann (1991) im ‚Handbuch der Sozialisationsforschung' angesehen werden. In ihm werden der Stand der Forschung sowie wesentliche systematische Fragen präsentiert, die für die Betrachtung der Peer-Group unter dem Werbe- und Markenzeichenaspekt von Bedeutung sind. Aufgrund seiner Bedeutung soll im Folgenden dieser Artikel etwas ausführlicher referiert werden. In Bezug auf die soziale Lebenswelt von Kindern betont Krappmann die zunehmende Wichtigkeit von Gleichaltrigen als Interaktionspartner in der Entwicklung. Die Peer-Group geriet in der Entwicklungspsychologie und in der Sozialisationsforschung immer mehr in den Fokus. Im Unterschied zu dem Verhältnis von Kindern zu Erwachsenen, welches von konformem Verhalten, zugestandener Belohnung und Verständnis seitens der Erwachsenen geprägt ist, geht es unter Kindern vielmehr um gemeinsames Spiel, um Teilen und gegenseitige Unterstützung und Verständnis. Das Verhältnis von Kindern zu Erwachsenen nennt Youniss (1980) symmetrisch reziprok und das der Gleichaltrigenbeziehungen kooperativ. In der natürlichen Interaktion untereinander entfalten sich die Kompetenzen interpersonaler Verständigung und sozialer Kooperation. Der notwendige Prozess dieser Ko-Konstruktion kann durch erwachsenes Eingreifen gestört werden und das Bewältigen einer wichtigen Entwicklungsstufe verhindern. Ebenso belastet sind nachgewiesenermaßen Kinder, die aus der Interaktion mit Gleichaltrigen ausgeschlossen werden (Parker/Asher 1987).

Bei jüngeren Kindern (Vorschulalter) stehen die Beziehungen zu Gleichaltrigen noch im Schatten familialer Entwicklungsprozesse, denn das Kind meidet noch die Situation der Gleichberechtigung und verlässt sich nach Möglichkeit noch lieber auf den erwachsenen Beschützer. Die Wirksamkeit der Erfahrung mit Gleichaltrigen wird nach dem Konzept des Sozialen Lernens folgendermaßen erklärt: Kinder benutzen Gleichaltrige als Modelle, sie bekräftigen sich gegenseitig in ihrem Verhalten (Charlesworth/Hartup 1967). Die Rolle der Gleichaltrigen wandelt sich bezüglich ihrer Relevanz im Entwicklungsprozess.

Weiterhin geht Krappmann auf die Sozialstruktur der Kinderwelt ein, die bislang, wenn sie überhaupt erforscht wurde, durch soziometrische Messungen bestimmt worden ist. Er beschreibt die Eigenschaften von Peer-Beziehungen und Gruppen, wobei es für den Begriff „Peer“ keine adäquate Übersetzung gibt, denn er ist nicht nur der „gleichaltrige Gefährte“, sondern ein „als Interaktionspartner akzeptierter Gleichaltriger, mit dem das Kind sich in Anerkennung der jeweiligen Interessen prinzipiell zu einigen bereit ist“ (364). Es existieren auch geschlechtsspezifische Unterschiede, denn Jungen schließen sich eher mit Jungen und Mädchen mit Mädchen zusammen. Dabei knüpfen Jungen „verzweigtere“ und Mädchen „intensivere“ Beziehungen (364). Peers, die nicht zu verwechseln sind mit Freunden, schließen sich in Gruppen zusammen, deren Mitgliedschaft zumeist mit Schulvariablen in Verbindung gebracht wird. Laut Hallinan (1980) „(...) betreiben Kinder Tätigkeiten und sprechen über Themen, die ihnen vergnüglich und wichtig sind und die Erwachsene nicht ernst nehmen, meiden oder sogar untersagen (Streiche, Humor, Hänseleien, Austausch über tabuierte Themen); sie entwickeln auch gruppenspezifische Werte und Verhaltensregeln.“ Innerhalb der Peer-Group gibt es laut Krappmann und Oswald (1983) verschiedene Beziehungsgeflechte, die aber zu unterscheiden sind von Freundschaften. Einige Forscher sehen die Peer-Group auch eher kritisch und betrachten sie als ein Resultat elterlicher Vernachlässigung (Condry/Siman 1974), doch es zeigt sich, dass die Peer-Group ebenso positive Einflussnahme auf ein Kind haben kann, wie ein Freund oder eine Freundin. Hartup (1989) fand überdies heraus, das Freundschaften in der Regel offener und abwechslungsreicher gestaltet sind als Interaktionen unter nichtbefreundeten Kindern. Das Bedürfnis der Kinder nach Vertrauen in der Freundschaft wächst mit zunehmendem Alter und somit wächst auch das Bemühen aufeinander zuzugehen (Berndt 1982). Generell ist zu vermerken, dass Peer-Beziehungen nicht gleichzusetzen sind mit qualifizierten Freundschaften; sie entwickeln sich vielmehr zu kollegialen, interessenorientierten Beziehungen Erwachsener. Aber auch schon Achtklässler betrachten Bekanntschaften konfliktfreier als Freundschaften (Berndt/Perry 1986), denn Streitereien gehören bereits ab dem Kindesalter zu einer Freundschaft dazu und können sogar dazu verhelfen, diese zu intensivieren (Selman 1984), wobei akzeptierte, gut integrierte Kinder eher in der Lage sind, die Initiative zu ergreifen und Lösungsvorschläge zu bieten (Kurdek/Lillie 1985, Cantrell/Prinz 1985). Coie und Kupersmith (1983) fanden heraus, dass Kinder in neuen Gruppen ihren vormaligen soziometrischen Status oftmals wieder erlangen, was sich besonders für ausgeschlossene Kinder fatal auswirkt.

Die Erfahrungen der Kinder in der Interaktion haben nämlich auch Folgen für die kognitive Entwicklung (Doise 1978), denn Kinder, die fähig sind, gemeinsam Lösungsvorschläge zu erarbeiten, können leichter dauerhafte, kognitive Fortschritte erzielen. Sie lernen hier in der Hauptsache zu argumentieren und somit kollektiv zu lernen und sich autonome Moralvorstellungen anzueignen, wie Miller (1986) gezeigt hat. Eine weitere wichtige Funktion von Kinderfreundschaften ist es zudem, Selbstbilder auf die Probe zu stellen (Fine 1981), weshalb man den Einfluss von Freundschaften auf das Selbstwertgefühl untersuchte, denn die Mitgliedschaft in einer Clique ist entscheidend für die Selbstdefinition oder das „social self". Schließlich kritisiert Krappmann die bisherigen, empirischen Studien in der Sozialisationsforschung, die den wichtigen Aspekt der Ko-Konstruktion und somit die qualitative Beobachtung außer Acht ließen.

In vielen Arbeiten zum Thema ‚Kinder und Werbung' wird die These aufgestellt, dass der Einfluss der Gleichaltrigengruppe (Peers) immer mehr an Bedeutung gewinnt und in immer früheren Altersgruppen zur Wirkung kommt. Faktisch liegt aber keine empirisch einwandfreie Studie vor, die diesem Phänomen nachgegangen ist. Vielmehr werden aus allgemeinen Daten zur Werbesozialisation solche Thesen geschlussfolgert, oder es wird auf die aus der Sozialisationsforschung stammende Erkenntnis Bezug genommen, dass die Gleichaltrigen mit der beginnenden Grundschulzeit an Bedeutung gewinnen, während die Eltern diese verlieren (Krappmann 1991). In der Medienforschung hat Paus-Haase (1998) einer der wenigen Studien vorgelegt, die explizit der Frage nachgehen, welche Bedeutung Medienangebote in der Gestaltung von Peer-Group-Kontakten bzw. der Freundschaftsgruppe haben. Für das Werbethema kann vor allem die Theorie der Konsumentensozialisation von Kroeber-Riel (1990) herangezogen werden, nach der neben der Familie vor allem der Freundeskreis von Kindern einen Einfluss auf deren Konsumentenverhalten hat. In den neueren Arbeiten haben vor allem Kommer (1996) und Vollbrecht (1996) auf die Rolle der Peers in der Werberezeption hingewiesen, selbst aber keine ausführliche Studie dazu durchgeführt. Meister und Sander (1997) fassen die Annahmen über diesen Einfluss wie folgt zusammen:

„Kinder untereinander können ihre Vorlieben für Medien(-figuren) oder für bestimmte Werbungen und Produkte direkt austauschen. Die Gleichaltrigensozialisation im Medien- und Werbebereich findet demnach nicht auf einer Metaebene statt: Was darf man als Kind sehen?, Was kaufen einem die Eltern? Und: Werden wir durch Werbung beeinflusst? Vielmehr sozialisieren sich Kinder untereinander direkt über ihre Vorlieben und Rezeptionsmuster. Im Spiel der Kinder und während gemeinsamer Mediennutzung entwickeln sich so Geschmacksvorlieben und Nutzungsprofile, und deren Vielfältigkeit und Anregungspotenzial hängen davon ab, auf welche Gleichaltrigenbeziehungen Kinder zurückgreifen können." (58)

In der Studie von Baacke u.a. (1999) wurde Kindern die Frage gestellt, mit wem sie über Werbung sprechen. 41 Prozent gaben an, mit niemandem über Werbung zu sprechen, 29 Prozent mit Freunden[138] und 28 Prozent mit ihren Eltern. Außerdem wurde gefragt, warum Markenartikel wie etwa Jeans oder Turnschuhe angeschafft werden. Während Werbung nur für ein Drittel der Befragten zwischen fünf und 13 Jahren eine dabei relevante Rolle spielte, antworteten über die Hälfte der Kinder, „weil die Freunde die auch wollen". Die Autoren interpretieren dies als eine schon im Grundschulalter beginnende Orientierung an ihren Freunden. Kommer (1996, 187) hat dies als den ‚me-too'-Effekt bezeichnet. Die Studie von Baacke u.a. (1999) kommt aufgrund ihrer Daten zum Schluss,

„daß die gleichaltrigen Peers Werbung entschieden positiver bewerten als die Eltern (und auch beim Thema ‚Markenbewußtsein' gerade hier hohe Übereinstimmungen erzielen). Hier wird sehr schön deutlich, dass gerade bei den älteren Kindern (etwa um 10 Jahre) der bisherige familiäre Erziehungsdiskurs zum Themenbereich Werbung in einen neuen Diskurskontext überführt wird, der maßgeblich von den Peers bestimmt wird. Diese Verlagerung des Urteils verdankt sich zum einen ganz offensichtlich der größeren Souveränität älterer Kinder, zum anderen aber auch, damit zusammen zu sehen, einer Neuorientierung in wichtigen Sozialisationsfeldern, die Medien (und Werbung), Konsum, Mode, Freizeit betreffen. Ganz offensichtlich werden nun die Eltern – immer noch, abgesehen von der Schule, in vielen Punkten wichtigste Sozialisationsinstanz – als Urteilsgeber zum Thema Werbung marginalisiert." (328)

Nun wäre natürlich zu fragen, ob diese Verallgemeinerung aufgrund der wenigen Aussagen der Kinder zulässig ist. Studien zur konkreten Kommunikation in Peer-Groups liegen bisher zur Thematik Werbung noch nicht vor. Die vorliegende Teilstudie möchte sich aus diesem Grund dem Phänomen etwas annähern und setzt an den Gruppenstrukturen an.

---

[138] In dieser Studie wird nicht konsequent zwischen Freunden und Gleichaltrigen unterschieden, was aber soziologisch relevant ist, wie Krappmann (1991) deutlich gemacht hat.

3 Forschungsdesign und Methoden

In der Teilstudie sollte es darum gehen, etwas Genaueres über die Kommunikationsstrukturen in Peer-Groups zu erfahren, um die eingangs aufgeführten Forschungsfragen beantworten zu können. Zu diesem Zweck wurden Grundschulklassen ausgewählt, da zum einen die Altersgruppe der Grundschulkinder für die Werbekommunikation interessant ist, zum anderen durch die altershomogene Gestaltung von Schulklassen Peer-Gruppen dort am besten erreichbar sind. Methodisch wurden zwei Vorgehensweisen gewählt: Für die Bestimmung der Gruppenstruktur wurde die soziometrische Methode bzw. das Soziogramm gewählt, für die Bestimmung der Themen der Gruppe das mündliche Interview.

Die Soziometrie wurde von Moreno (1976) entwickelt und dient zur einfachen und ökonomischen Erfassung sozialpsychologischer Faktoren, die das menschliche Verhalten stark beeinflussen. Es ist ein Verfahren, mit dem das soziale Kräftefeld und die Position der Individuen in diesem Kräftefeld erfasst und die Ergebnisse grafisch dargestellt werden. Letzteres nennt man Soziogramm. Die Soziometrie wird nicht nur in der Forschung zur Sichtbarmachung von Gruppenstrukturen verwendet, sondern auch in der psychologischen Diagnostik, um etwa Konflikte in Gruppen besser erkennen zu können. Als Forschungsmethode wurde das Soziogramm vor allem in Schulklassen eingesetzt (Elbing 1975). Die Probanden bei einer soziometrischen Erhebung werden hinsichtlich ihrer Bevorzugung bzw. Ablehnung anderer Gruppenmitglieder befragt. Die Wahlen werden in einer Matrix eingetragen, können aber auch sehr gut grafisch sichtbar gemacht werden (vgl. Höhn/Seidel 1976). Die Darstellung solcher Wahlen lässt dann eine Struktur einer Gruppe erkennen, die entweder durch bestimmte Cliquen, also kleine, aufeinander bezogene Gruppen mit gleichen thematischen Interessen, oder etwa eine Igelstellung als Außenseiter, also ohne Wahlen, bestimmt sein kann.

Je nach Alter der Befragten werden unterschiedliche Themen für die Bestimmung dieser Wahlen gewählt. In Schulklassen wird häufig die Frage nach jenem Sitzpartner gestellt, neben dem man am liebsten sitzen möchte; bei noch jüngeren Kinder hat sich die Frage nach jenen, die man zu seinem Geburtstag einladen würde, auch als geeignet erwiesen. Bei Kindern allgemein muss jedoch kritisch gesehen werden, dass solche Wahlen vorsichtig interpretiert werden sollten, da Beziehungen zu anderen Kindern häufig von emotionalen Eindrücken oder Ad-hoc-Situationen bestimmt sind und nicht stabile, überdauernde Beziehungsstrukturen repräsentieren müssen.

In der vorliegenden Studie wurde dieses Verfahren angewandt, um innerhalb der Schulklassen Cliquenstrukturen erfassen zu können. Die dabei zu Grunde liegende These ist, dass innerhalb von Cliquen Themensetzungen als auch Medienpräferenzen besser erfasst werden können als in größeren Gebilden wie etwa einer Schulklasse. Die Bestimmung der Beziehungsstruktur wurde über die Frage vorgenommen, neben wem man gern sitzen würde; es wurde also nur eine positive Wahl angeboten. Die Ergebnisse dieser Befragung wurden grafisch aufbereitet und als Folie für die weiteren Befragungen gewählt. Mit Hilfe des damit entstandenen Soziogramms konnte dann sowohl die horizontale Struktur der Beziehung verschiedener Medienthemen besser aufgezeigt werden als auch die vertikalen Verschiebungen. Mit horizontaler Struktur sind die Verbindungen zu einem bestimmten Zeitpunkt zwischen Cliquenmitgliedern einerseits und zwischen den Cliquen andererseits gemeint. Vertikal bezieht sich auf die Veränderungen und Verschiebungen von Medienthemen in zeitlichen Verläufen, also über die untersuchten Wochen hinweg.

Die mündliche Befragung der Grundschulkinder bezog sich auf ihre Vorlieben für Medienthemen und -figuren. Den Kindern wurde die Frage gestellt, was ihnen in Bezug auf Medien (spezifiziert auf Kino, Zeitschriften, Fernsehen und Sammelkarten) besonders gefallen würde sowie woher sie das kennen bzw. wüssten. Ihre Antworten wurden protokolliert und anschließend in die vorliegende Soziogrammfolie eingetragen. So konnte nachvollzogen werden, welche Kinder gleiche oder ähnliche Themen hatten und ob sich diese Kinder in der soziometrischen Struktur nahe standen oder nicht. Weiterhin konnten Themen auch auf ihre Herkunft hin untersucht und bezogen werden.

Es soll noch deutlich gemacht werden, dass mit der allgemeinen Frage nach Medienthemen nicht gezielt auf Markenzeichen hin gefragt wurde. Eine solche Verfolgung von thematischen Setzungen von und Beeinflussung zu Markenzeichen würde einen erheblich längeren Beobachtungszeitraum verlangen. Denn ein Paar Schuhe, bestimmte Videospiele oder andere Markenartikel werden nicht so häufig angeschafft, dass man sie in einem mehrwöchigen Zeitraum einbeziehen könnte. Die hier gewählte Vorgehensweise mag aus diesem Grund nur als eine erste, auf allgemeine Medienthemen bezogene Methodik verstanden werden.

Die Daten wurden in zwei Phasen erhoben[139]. Die erste Phase bezog sich auf den Zeitraum von Februar bis Juni 2002. Wöchentlich, wobei dies aufgrund von Ferien, Schulfahrten etc. nicht regelmäßig eingehalten werden konnte, wurden Kinder von drei Schulklassen aus zwei verschiedenen Schulen befragt. Es handelte sich um eine 1. und 4. Klasse in der A-Schule und um eine 2. Klasse in der

[139] An der Erhebung und Auswertung der Daten waren Silke Knabenschuh und Mascha Kohlhase beteiligt.

B-Schule.[140] In der Woche der ersten Befragung war der Zeichentrickfilm *Monster AG* gestartet, der durch einen hohen Werbeaufwand in unterschiedlichen Medien unterstützt wurde. Gleichzeitig gab es bei *McDonald's* Juniortüten mit Figuren aus diesem Film. Diese Filmpremiere von *Disney Productions* wurde extra gewählt, da vermutet werden konnte, dass dieses Ereignis nicht unbemerkt an den Grundschulkindern vorbei gehen würde, sondern auch die multimediale Verwertung in Form etwa von Figuren oder Sammelbildern eine gewisse Attraktivität bei den Kindern finden würde.

In der zweiten Phase von September bis November 2002 waren nur noch zwei Klassen beteiligt: die 4. Klasse der A-Schule hatte inzwischen die Schule verlassen, so dass nun in Fortführung der ersten Erhebung eine 2. Klasse in der A-Schule und eine 3. Klasse in der B-Schule beteiligt waren. Hier war der Zeitraum so gewählt worden, dass noch die Premiere des zweiten *Harry Potter*-Films erfasst werden konnte. Auch wurden die gleichen Fragen wie in der ersten Phase gestellt und wiederum diente ein Soziogramm, das zur Beginn dieser Erhebungsrunde erstellt wurde, als Folie für die Auswertung der mit der mündlichen Befragung erhobenen Daten.

4 Ergebnisse

Die Ergebnisdarstellung erfolgt für die beiden Erhebungsphasen getrennt und mit unterschiedlicher Zielsetzung: Die Daten der ersten Phase sollen das Verfahren des Soziogramms verdeutlichen, die soziometrischen Strukturen der drei Klassen darstellen, die Rezeption der Filmpremiere *Monster AG* verfolgen sowie einige Aspekte der Themensetzung über Beziehungsstrukturen in und zwischen Cliquen veranschaulichen.

Soziometrische Struktur der untersuchten Grundschulklassen

Bevor in eine genauere Analyse der einzelnen Gruppen- und Cliquenstrukturen eingetreten wird, sollen die zu analysierenden Schulklassen in ihrer Grundstruktur im Folgenden präsentiert werden[141]. Exemplarisch soll dies an dem Soziogramm der 4. Klasse aus der ersten Erhebungsphase geschehen. Wie Abbildung 1 deutlich zeigt, gibt es in dieser Klasse zum einem eine klar unterteilte geschlechtsspezifische Gruppen- und Cliquenstruktur, die auf der linken

[140] Die Schul- und Schülernamen wurden aus Datenschutzgründen anonymisiert.

[141] Da in den ausgewählten Klassen ein hoher Anteil ausländischer Schülerinnen und Schüler war und die Vornamen derselben nicht immer sofort auf das Geschlecht schließen lassen, sind in den dargestellten Soziogrammen die Mädchen durch Kästen mit abgerundeten Ecken dargestellt, die Jungen in normalen Rechtecken. Die fetten beidseitigen Pfeile verdeutlichen gegenseitige Wahlen, die schwächeren einseitigen Pfeile entsprechend einseitige Wahlen.

Seite durch die Mädchen und auf der rechten Seite durch die Jungen präsentiert wird.[142] Zum anderen wird deutlich, dass es klare Beziehungsstrukturen innerhalb der Cliquen gibt, aber relativ wenige Beziehungen zwischen den Cliquen. Diese wenigen Beziehungen beschränken sich meist auch auf Cliquen gleichen Geschlechts. Nur wenige Beziehungen bestehen zwischen Jungen- und Mädchencliquen, und diese sind meist nur auf einige Mitglieder der Cliquen beschränkt.

Abbildung 1: Soziogramm der 4. Klasse (1. Phase)

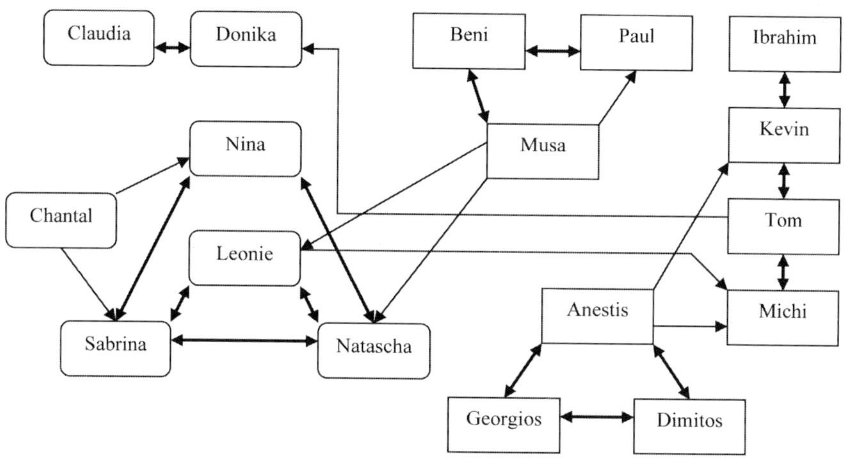

In dem Soziogramm der Abbildung 1 können wir die beiden Mädchencliquen Nina, Sabrina, Natascha und Leonie einerseits sowie Claudia und Donika andererseits erkennen. Chantal spielt anscheinend eine Außenseiterrolle, da sie selbst nicht gewählt wurde, aber zwei Mädchen der gleichen Clique gewählt hat. Bei den Jungen sind drei Cliquen erkennbar: zum einem Benni, Paul und Musa, zum anderen Anestis, Georgios und Dimitos sowie Ibrahim, Kevin, Tom und Michi. Bei Letzterer wird es schon schwierig von einer richtigen Clique zu sprechen, da nur paarweise Wahlen erkennbar waren, die eine Serie ergeben, aber keine reziproke Struktur der gesamten Clique. Auf der Ebene der Beziehungsstruktur zwischen den Cliquen lässt sich erkennen, dass außer der Wahl von Tom zu Donika/Claudia nur noch Musa Leonie und Natascha aus einer Mäd-

[142] Die Konzeption eines Soziogramms versucht natürlich in der grafischen Präsentation spezifische Perspektiven deutlich zu machen, ist also mit einer Voreinstellung belastet. Gleichzeitig muss natürlich auch eine grundlegende Struktur deutlich gemacht werden. Aus diesem Grund ist die grafische Gestaltung von Soziogrammen sehr aufwändig und schwierig.

chenclique gewählt hat. Umgekehrt ist nur eine Wahl eines Jungen durch ein Mädchen erkennbar, nämlich Michi durch Leonie. Bei den Mädchen erscheinen Leonie, Sabrina, Nina und Natascha am beliebtesten, bei den Jungen nur Michi.

Die Analyse des Soziogramms stimmt im Großen und Ganzen mit den Ergebnissen der anderen vier Klassen überein. Bei den jüngeren Klassen – bei unserer Studie also die erste und zweite Grundschulklasse – kommt es aber auch schon vor, dass Jungen bzw. Mädchen in eine andere geschlechtshomogene Clique eingebunden sind. In diesem Alter scheinen also die geschlechterbezogenen Strukturen noch nicht so stark verfestigt zu sein. Als allgemeines Ergebnis lässt sich festhalten, dass die Methode des Soziogramms sehr gut Gruppenstrukturen verdeutlichen kann. Diese Gruppenstrukturen sind sehr stark durch geschlechterbezogene Cliquen bestimmt, bei denen relativ wenige gegenseitige Beziehungen erkennbar sind.

Mit diesem ersten Ergebnis und einer deutlichen Gruppenstruktur soll nun im Folgenden den zwei weiteren eingangs gestellten Fragen nachgegangen werden, nämlich wie und welche medienbezogenen Themen in diesen Gruppenstrukturen kommuniziert werden. Wir können so besser nachvollziehen, welches Cliquenmitglied ein Thema einbringt und wie dieses dann weitergegeben wird.

Themensetzung über Beziehungsstrukturen

Das erste Beispiel bezieht sich auf die von den Schülern und Schülerinnen genannten Lieblingsthemen in der 4. Klasse, deren Soziogramm oben vorgestellt wurde. Wir greifen dieses Soziogramm auf und wollen aufzeigen, welche Themen in den einzelnen Cliquen bedeutsam sind. Dazu wurden die Kinder wie schon erwähnt über Wochen hinweg wöchentlich mit der Frage konfrontiert, was sie momentan in den Medien besonders interessiert. Welche Veränderungen über einen längeren Zeitraum erfolgen, soll später gezeigt werden. In dem folgenden Beispiel soll erst einmal deutlich gemacht werden, wie aktuelle Themen und Gruppenstruktur zusammenhängen. Wegen der Anschaulichkeit wurde das Soziogramm in die Mädchen- bzw. Jungencliquen aufgeteilt, wobei die einzelnen Querverbindungen aber noch deutlich gemacht wurden.

Abbildung 2 macht dies für die Mädchencliquen der 4. Klasse deutlich. Es lässt sich erkennen, dass bei den Mädchen die Vorabendserie *Gute Zeiten, schlechte Zeiten* (GZSZ) dominiert. Weiterhin hat die *Diddl-Maus* – ein Kuscheltier – eine gewisse Attraktivität, während *Schloss Einstein* – eine Fernsehserie – und *Harry Potter* nur von einigen genannt werden. Die beiden einzigen Jungen (Tom und Musa), die Mädchen aus den anderen Cliquen gewählt hatten, bevorzugen zwar die Serie *Dragonball* Z, aber dies ist genau die Sendung, die die von ihnen gewählten Mädchen ebenfalls nennen. Somit wird hier schon erkennbar, dass Cliquen anscheinend gemeinsame Medienvorlieben haben und dass die Beziehungen zwischen den Cliquen möglicherweise auch durch gleiche Medienpräferenzen bestimmt sind. Um diese Hypothese zu stärken, soll nun die Jungenclique in gleicher Weise analysiert werden.

Abbildung 2: Mädchencliquen und Medienthemen (4. Klasse, 1. Phase)

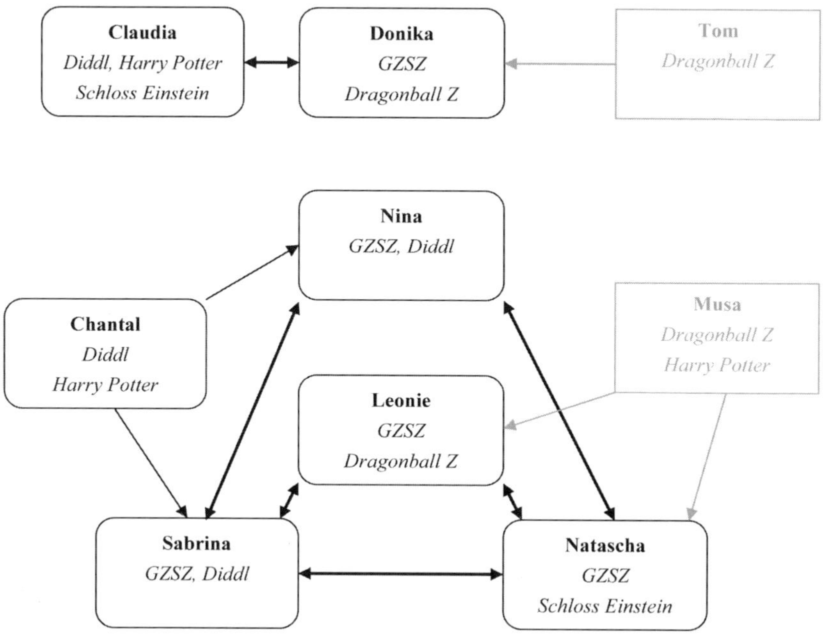

Bei den Jungen – vgl. Abbildung 3 – ist eine ähnliche Struktur zu erkennen, nur mit anderen Themen. Hier dominiert die Vorabendserie *Dragonball Z*, die mit einer Ausnahme von allen Jungen als Favorit genannt wird. Mit weitem Abstand folgen *Pokémon*, *Digimon* sowie *Harry Potter*. Auch an diesem Beispiel wird wieder deutlich, dass in den zentralen Cliquen die gleichen Medienthemen aktuell sind. Damit könnte die These, dass Cliquenstrukturen mit gemeinsamen Medienthemen in Verbindung stehen, gestützt werden. Ob sich jedoch Cliquen über gemeinsame Medienthemen konstituieren oder umgekehrt, Cliquen quasi einen Zwang bilden, ein gleiches Medienthema zu bevorzugen, ist noch nicht entschieden. Wir werden diese Frage später aufgreifen.

Abbildung 3: Jungencliquen und Medienthemen

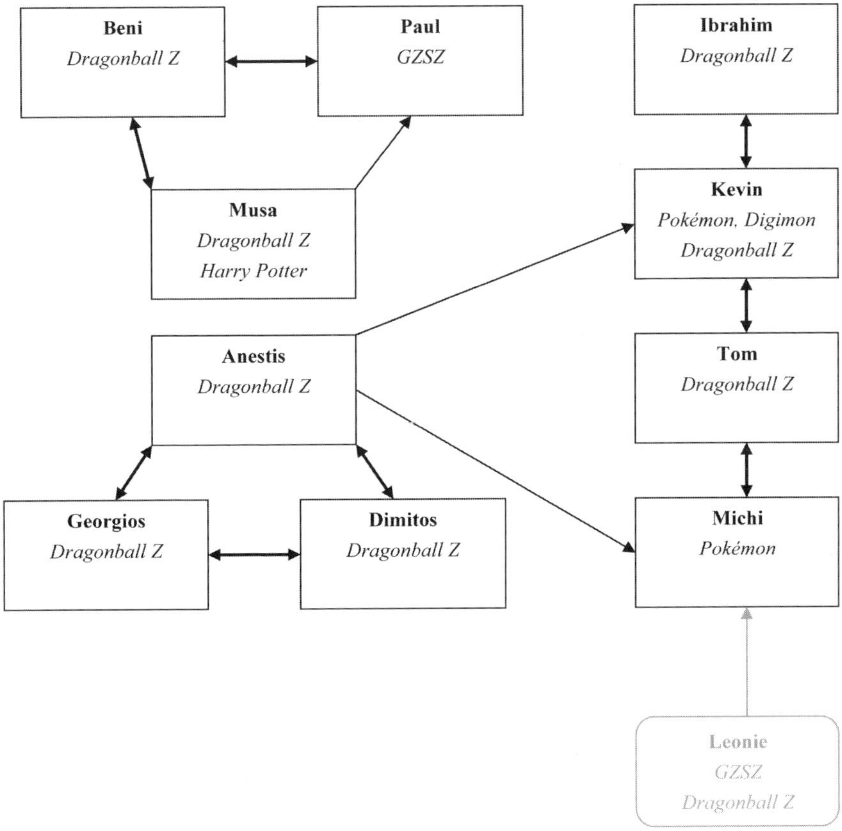

Rezeption des Films Monster AG durch Grundschulkinder

Eine besondere Konstellation für die Analyse der Peer-Group für die Bedeutung der Setzung von Medienthemen ergab sich gleich zu Beginn der ersten Phase. Direkt in der ersten Woche startete der *Disney*-Zeichentrickfilm *Monster AG* in den Kinos. Dieser Termin wurde zum Anlass genommen, neben den bisher erwähnten Fragen auch auf dieses Ereignis Bezug zu nehmen. Es sei jedoch erwähnt, dass dieser Kinofilm heftig beworben wurde und dass ein Kinofilm einen anderen Ereignischarakter hat als eine Fernsehserie.

Abbildung 4: Einfluss auf die Rezeption der *Monster AG*[143]

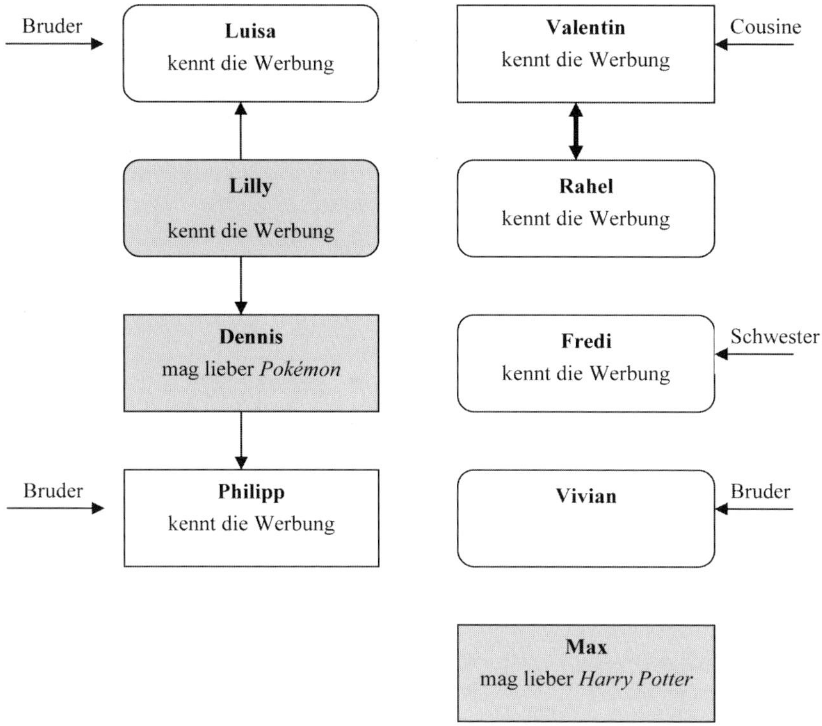

Die Fragen bezogen sich zum einen darauf, ob die Werbung zu diesem Film wahrgenommen wurde und zum anderen, ob und wenn ja, mit wem bzw. auf wessen Initiative hin der Film besucht wurde. Abbildung 4 gibt den Stand nach zwei Wochen in ausgewählten Cliquen der zweiten Schulklasse wieder. Die Auswahl der Kinder bezieht sich auf neun von zwölf Kindern. Da der Film kein großartiger Erfolg war, verschwand das Interesse an diesem Film recht schnell wieder, so dass nur ein kurzes Blitzlicht der Kommunikationsstruktur wiedergegeben werden kann.

[143] Graue Kästen bedeuten, dass diese Kinder den Film nicht angeschaut haben bzw. auch nicht ansehen wollen; die anderen Kinder haben den Film schon gesehen. Die Pfeile machen die Personen deutlich, die den Kinobesuch initiiert hatten oder dabei waren.

Zum einem wird deutlich, dass die Werbung für den Film bei den Kindern angekommen ist; dies bestätigen auch die Befragungen in den anderen Schulklassen. Auch haben relativ viele Kinder den Film gesehen. Zum anderen wird aber auch deutlich, dass der Besuch dieses Films häufig über Geschwister oder Verwandte erfolgt. Aber es gibt auch Kinder, die in eine Cliquenstruktur eingebunden sind und eine ablehnende Haltung gegenüber dem Film zeigen.

Was lässt sich daraus schlussfolgern? Es scheint, dass zwar einerseits Medienthemen recht schnell in die Peer-Gruppe aufgenommen werden, wie dies an dem Medienereignis der deutschen Premiere des *Disney*-Films *Monster AG* deutlich wurde. Die Werbung dafür wurde massiv von *McDonald's* unterstützt. Andererseits scheint der Einfluss aber nicht durchschlagend in dem Sinne gewesen zu sein, dass dieser Film ein ausreichendes Gesprächsthema für einen längeren Zeitraum lieferte. Er wurde relativ schnell von anderen Themen abgelöst. Aber die Analyse zeigt auch, dass Geschwister eine Bedeutung beim Aufgreifen und Setzen von Medienthemen haben können. Dieser Aspekt soll im Folgenden vertieft werden.

Äußere Einflüsse auf die Setzung von Medienthemen

Die zweite Untersuchungsphase sollte verstärkt der Frage nachgehen, woher die aktuellen Themen in Cliquen kommen und wie sich Themen in Cliquen über einen gewissen Zeitraum verändern. Die erste Frage wurde durch die Interviews zu beantworten versucht. Die Kinder wurden ja nicht nur regelmäßig gefragt, welche Themen sie momentan interessieren, sondern auch, wie sie zu diesen Präferenzen kommen. Die Auswertung der Daten der zweiten Phase lassen dazu interessante Muster erkennen.

Tabelle 1: Häufigkeiten der Themensetzung in der zweiten Phase (Bezogen auf 13 Kinder)

Themenauslöser[144]	**Erhebungswoche**						**Zeilensumme**	**Gesamtprozent**
	1.	**2.**	**3.**	**4.**	**5.**	**6.**		
Peers	4	0	1	4	1	4	14	10%
Geschwister	6	7	2	4	3	3	25	18%
Eltern/Verwandte	5	6	10	8	10	7	46	34%
Freunde	4	3	6	4	1	1	19	14%
Werbung, TV etc.	2	4	1	3	3	2	15	11%
Sonstiges	1	4	3	2	3	5	18	13%

144 Unter ‚Peers' werden die Personen verstanden, die im Soziogramm gewählt wurden bzw. der Schulklasse angehören. ‚Freunde' sind außerschulische Freunde. Unter ‚Sonstiges' wurde z.B. eine Geburtstagsfeier oder ein Kiosk gezählt.

Am Beispiel der 3. Klasse aus Schule B wird dies veranschaulicht. In der Auswertung wurden alle dreizehn Kinder des am Beginn angefertigten Soziogramms berücksichtigt. Tabelle 1 spiegelt die Ergebnisse wider, wobei als Themenauslöser jene Personen genannt wurden, von denen die befragten Kinder bestimmte Themen oder Dinge aufgegriffen und zum ersten Mal gehört haben. Die Ergebnisse zeigen recht deutlich, dass in einem Drittel der Fälle die Mutter, der Vater oder andere Verwandte die befragten Kinder zu dem Thema gebracht oder darauf aufmerksam gemacht haben.

Die Gleichaltrigen in der Schule spielen dagegen nur eine geringere Rolle, ebenso wie die Werbung selbst. Dagegen nehmen die Geschwister einen wichtigen Raum ein. Dies wurde ja schon zuvor im Abschnitt über die Rezeption des *Disney*-Films angedeutet, dass Geschwister anscheinend einen sehr bedeutsamen Einfluss auf die aktuellen medienbezogenen Themen von Kindern haben. Jedenfalls kann dies für die in der Studie in Frage kommende Altersgruppe ausgesagt werden. Man kann nun auch die verschiedenen Gruppen einander gegenüberstellen. Vergleicht man etwa den Einfluss familialer Gruppen wie Eltern/Verwandte sowie Geschwister im Verhältnis zu außerfamilialen Gruppen wie Peers und Freunde, dann überwiegt der Einfluss familialer Personen. Reduziert man diesen Vergleich jedoch auf die etwa gleichaltrigen Gruppen wie Geschwister einerseits und Peers und Freunde andererseits, dann spielen Letztere eine bedeutendere Rolle, also familienfremde Personen.

Zeitliche Rezeptionsmuster

In einem weiteren Schritt soll nun der Frage nachgegangen werden, wie Themen sich in den untersuchten Gruppen in einem überschaubaren zeitlichen Horizont verteilen. Dazu werden wir an ausgesuchten Beispielen aus den Cliquen den Verlauf von bestimmten Themen beispielhaft über mehrere Wochen verfolgen. Ausgewählt wurde dazu die Jungen-Clique aus der 2. Klasse der A-Schule in der 2. Phase. Diese Auswahl dient nur der Übersichtlichkeit in der Darstellung. Die dort beschriebenen Phänomene ließen sich in allen anderen Cliquen der anderen Schulklassen in ähnlicher Weise beobachten. Mehrere Probleme bei der Erhebung der Daten sollen noch erwähnt werden. Zum einem ergibt sich über einen längeren Zeitraum – hier sechs Wochen – das Problem der Kontinuität der Teilnahme. Nicht nur, dass man Klassenfahrten und Ferien berücksichtigen muss, Kinder werden auch gelegentlich krank oder fehlen aus anderen Gründen. Zum anderen ist die Frage, welche Medienthemen bei ihnen momentan ‚in' sind, sehr allgemein formuliert, um nicht bestimmte Themen zu suggerieren. Zudem geben Kinder oft Antworten, die über den gewünschten Rahmen hinausragen und nicht exakt auf die Frage fokussieren. Diese Antworten wurden hier ausgeblendet. Aus diesem Grund bleiben in den folgenden Soziogrammen manche Kästchen leer; hier haben Kinder entweder keine adäquate Antwort gegeben, oder sie fehlten ganz einfach zu diesem Termin. Bei einigen Kindern aus nicht-deutschen Familien ergab sich zusätzlich das Problem, dass die Kinder die Interviewsituation als auch die Fragen in sprachlicher Hinsicht nicht verstanden.

Die folgende Analyse orientiert sich an den Aussagen der Kinder in den verschiedenen Wochen. Ausgangspunkt ist das Soziogramm der Klasse, aus dem die Clique der Jungen gewählt wurde. Für jede Woche wird in den folgenden Abbildungen jenes Thema aufgeführt, dass die Kinder zum Befragungszeitpunkt als besonders relevant einschätzten. Ergänzend wird im Text auf die dazu gehörigen Interviews Bezug genommen, um die genaueren Details der Themen und ihrer Herkunft zu erfahren.

Abbildung 5: Themenbezogene Beziehungsmuster 1. Woche (2. Phase; 2. Klasse)

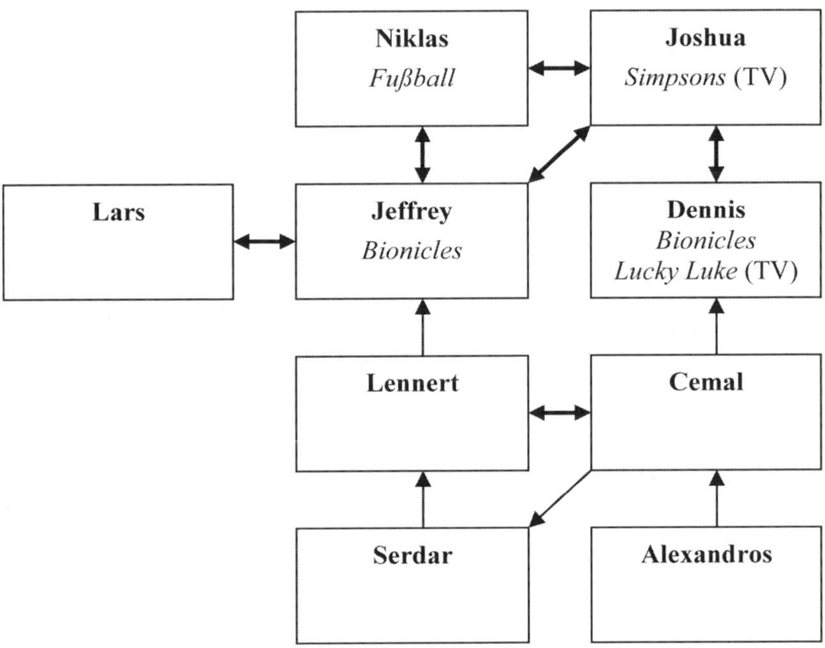

In der ersten Befragungswoche (September 2002) konnten nur Daten von vier Jungen ausgewertet werden, die aber eine sehr enge Beziehung als Clique besitzen, wie Abbildung 5 deutlich macht. Niklas, Joshua, Jeffrey und Dennis bilden über die gesamten Wochen hinweg eine sehr stabile Struktur ab, in der Themen aber trotzdem kommen und gehen. Joshua schaut gern *Die Simpsons* im Fernsehen und ist durch ein gleichnamiges Comicheft darauf aufmerksam geworden. Dennis und Jeffrey sprechen die *Bionicles* an, von der Firma *Lego* auf den Markt gebrachte Roboterfiguren[145]. Jeffrey ist durch einen außerschulischen Freund auf diese Figuren aufmerksam geworden und interessiert sich nun dafür. Er hat bei seinem Freund auch damit gespielt. Interessanterweise kennt er *Die Simpsons* nicht, die Joshua aus der Clique mag. Dennis nennt ebenfalls die *Bionicles*, wobei auch er auf einen Freund außerhalb der Schule verweist (es bleibt unklar, ob es sich um den gleichen Freund wie bei Jeffrey handelt). Die Zeichenrickserie *Lucky Luke* kennt er durch einen Freund, und auf *Donald Duck*-Filme ist er durch Comichefte aufmerksam geworden. Die Zeichentrickfilme im Fernsehen schaut er meistens mit seinem Vater und seiner Mutter, wenn diese Zeit hat. Auch er schaut *Die Simpsons*.

Niklas, der eine enge Beziehung zu Dennis und Joshua pflegt, hat von Jeffrey und Lennart *Bionicle*-Figuren zum Geburtstag geschenkt bekommen, aber er mag sie nicht; deswegen werden sie von ihm auch nicht explizit genannt. Er spielt lieber Fußball und schaut dies auch im Fernsehen.

Insgesamt werden in dieser Phase schon zwei Dinge deutlich: Zum einem pflegen Kinder in engen Cliquenbeziehungen anscheinend die gleichen Präferenzen für Medienthemen bzw. -figuren; zum anderen gibt es aber auch Kinder, dies zwar zur Clique gehören, diese Präferenzen aber nicht teilen und sich sogar davon absetzen, wie etwa Niklas mit den *Bionicle*-Figuren.

Eine Woche später hat sich das Bild schon geändert (vgl. Abbildung 6). Joshua kann an diesem Termin trotz mehrmaliger Nachfrage nichts Bestimmtes nennen. Er betont nur, dass er *Die Simpsons* nicht mehr schaut. Niklas bevorzugt immer noch Fußball, schaut aber, wenn er bei seiner Oma ist, die ganze Zeit Zeichentrickfilme im Fernsehen, vor allem *Pokémon* und *Digimon*. Ebenfalls bei Oma und Opa schaut Jeffrey gern fern, besonders Tiersendungen. Die Hörkassette *Die drei Fragezeichen* hat er von seiner älteren Schwester. Auch bei ihm spielen die *Bionicle*s noch eine Rolle, genau wie bei Dennis. Anfang der Woche hatte er sich die neuen Figuren gekauft, die er zuvor in einem Kaufhaus gesehen und dann geprüft hatte, was er sich für sein Taschengeld kaufen kann.

---

[145] Die *Bionicle*-Figuren gehören zu Geschichten, die im Film oder in Computerspielen erzählt werden. Es sind kleine, aus Legosteinen zusammengesetzte roboterähnliche Figuren. Das Ganze ist eingebunden in ein umfassendes Merchandisingkonzept mit u.a. auch Sammelkarten.

Abbildung 6: Themenbezogene Beziehungsmuster 2. Woche (2. Phase; 2. Klasse)

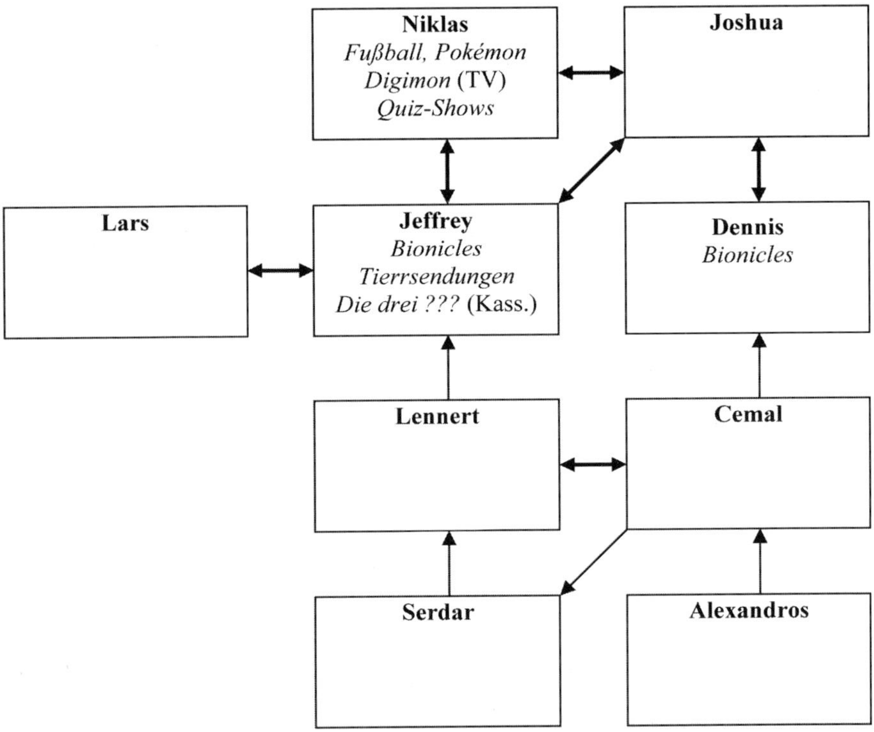

Wiederum eine Woche später haben sich – wie Abbildung 7 zeigt – die *Bionicle*s fast in der gesamten Clique durchgesetzt. Erstmals interessiert sich Lennert dafür, der sie wiederum von Cemal kennt. Dieser war auf Jeffreys Geburtstag und hat sie dort kennen gelernt. Joshua war am Tag vor der Befragung bei einem großen Spielzeugmarkt und hat sich dort *Bionicle*-Karten gekauft. Auch er war auf Jeffreys Geburtstag. Alle Geburtstagsgäste hatten dort *Bionicle*-Karten bekommen.

Niklas hat die Videokassette *Asterix & Obelix* von seiner Mutter aus der Videothek mitgebracht bekommen, als er krank war. Und Lars interessiert sich nur für Modelleisenbahnen. Dies ist auch das Hobby seines Vaters. Er ist auch in den *Märklin*-Club eingetreten, für den in einem Buch Werbung gemacht wurde.

Zwei Phänomene lassen sich in der Analyse dieser Woche herausstellen: Geburtstage als wichtige Ereignisse im Leben von Kindern können anscheinend mit den dort mitgebrachten oder dort verteilten Geschenken Trends setzten und die Präferenzen von Cliquen beeinflussen. Dies ist gut an den *Bionicle*-Karten und -figuren deutlich geworden. Am Beispiel von Lars kann man gut verfolgen, welche Bedeutung die Eltern in diesem Alter (7-8 Jahre) noch haben.

Abbildung 7: Themenbezogene Beziehungsmuster 3. Woche (2. Phase; 2. Klasse)

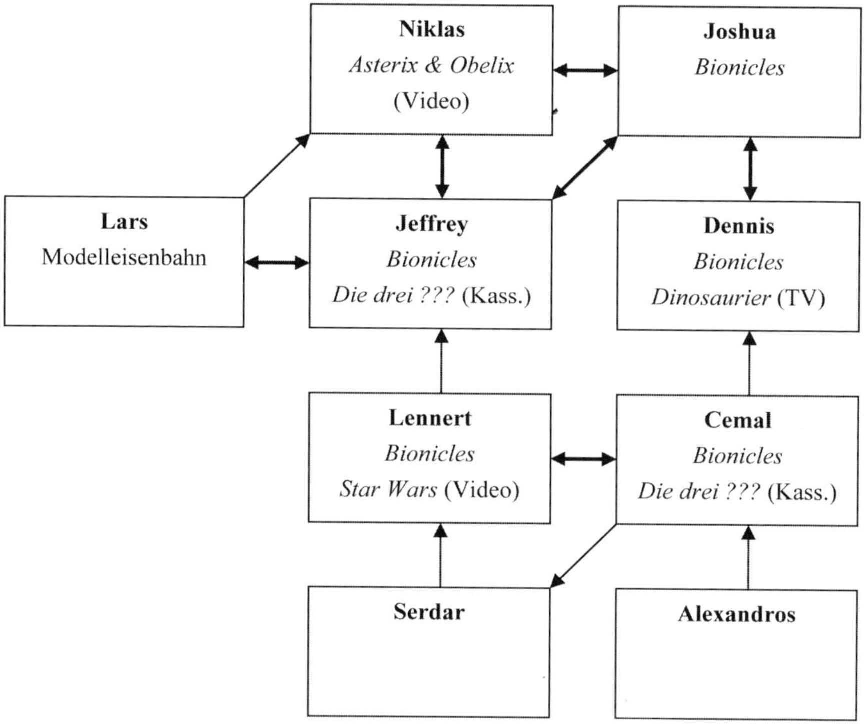

In der vierten Woche der Befragung hat sich das Blatt gewendet, was auch daran lag, dass dazwischen Herbstferien waren. Es sieht so aus, als wären die zuvor so beliebten *Bionicles* nun ‚out'. Keiner der Jungen erwähnt sie noch! Joshua interessiert sich nun für Modellflugzeuge. Er war in den Ferien mit seiner Mutter auf Djerba. Auf dem Rückflug hat ihm die Mutter im Flugzeug ein kleines Jumbojet-Modell gekauft. Auf die TV-Serie *Urmel* ist er durch Werbung aufmerksam geworden. Jeffrey mag nun Tiersendungen besonders gern. Auch die Kassette mit den *Drei Fragezeichen,* die er durch Niklas kennen gelernt hat, hört er sich momentan gern an. Von Oma und Opa hat er außerdem die Videokassette *In einem Land vor unserer Zeit* geschenkt bekommen.

Abbildung 8: Themenbezogene Beziehungsmuster 4. Woche (2. Phase; 2. Klasse)

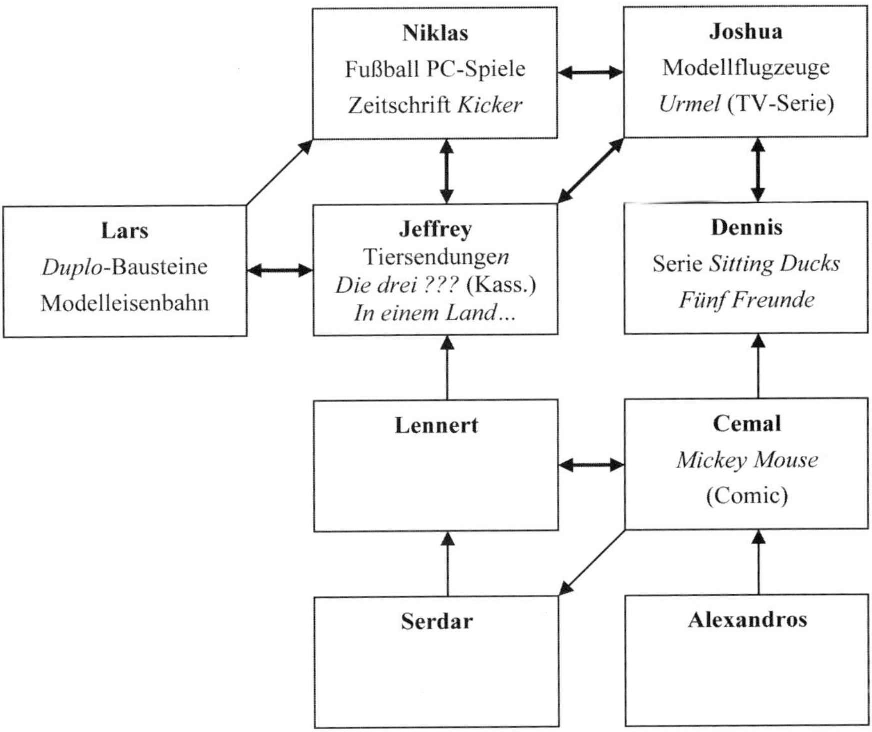

Niklas bekam das Fußball PC-Spiel von einem Freund geschenkt. Den *Kicker* hat er im Urlaub kennen gelernt, wo ein anderer Junge ihn gelesen hatte. Dennis steht nun auf die Serie *Sitting Ducks*[146], die er sehr lustig findet. Seine Mutter hatte sie gesehen und ihn darauf aufmerksam gemacht. Cemal nennt die Comics *Mickey Mouse* und *Donald Duck*; außerdem hat er sich von seinem Taschengeld das Buch zu den *Fünf Freunden* gekauft, nachdem er zuvor die Kas-

---

146 *Sitting Ducks – Enten wie du und ich* ist eine 3-D-Zeichentrickserie.

sette gehört hatte. Lars spielt noch gern mit *Duplo*-Bausteinen von *Lego*. Außerdem steht seine Modelleisenbahn immer noch im Mittelpunkt seiner Interessen.

Nachdem in den Wochen zuvor die Cliquenmitglieder ähnliche Themen pflegten, scheinen in dieser Befragungswoche die Präferenzen sehr individuell ausgeprägt. Vermutlich hat die dazwischen liegende Ferienzeit die Kommunikation der Gruppe so unterbrochen, dass jeder seine Themen außerhalb derselben suchen musste. Die Analyse dieser Woche macht aber auch deutlich, wie vielfältig die Medienthemen der Kinder sind. Kommen wir nun zu den letzten beiden Wochen.

In der fünften Woche (Abbildung 9) setzen sich die individuellen Präferenzen größtenteils fort. Ein Trend ist jedoch verstärkt erkennbar: Immer mehr der Jungen stehen auf PC-Spiele.

Abbildung 9: Themenbezogene Beziehungsmuster 5. Woche (2. Phase; 2. Klasse)

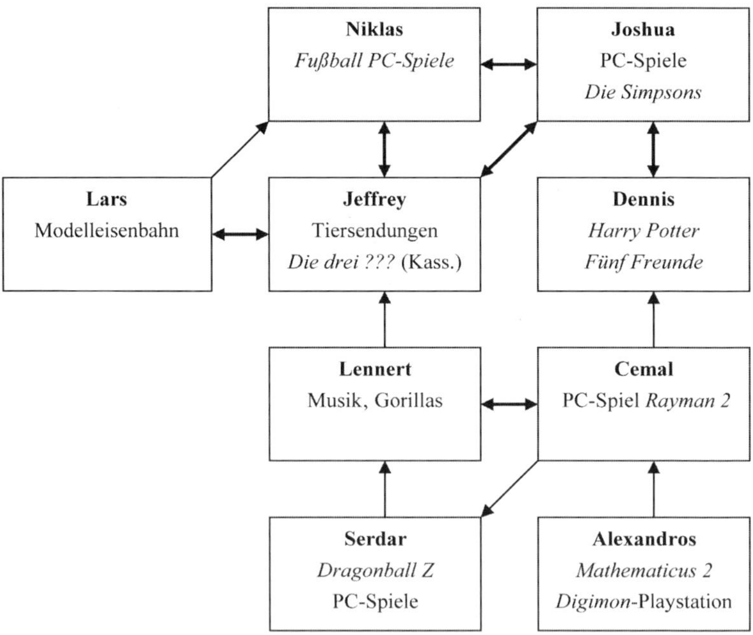

Niklas mag Fußballspiele, Joshua bevorzugt Autorennen, Cemal das „Ballerspiel“ *Rayman 2*, und Serdar Kartenspiele. Lars mag immer noch seine Modelleisenbahn und Jeffrey seine Hörkassetten und Tiersendungen. Neu hinzugekommen sind jedoch auch weitere Aspekte. Zum ersten Mal geben Serdar und Alexandros im Interview an, was sie in den Medien mögen. Serdar gibt den Cartoon *Dragonball Z* an, der bei den Viertklässlern die beliebteste Fernsehserie darstellte. Serdar wurde durch einen Freund auf diese Serie aufmerksam. Alexandros nennt die CD-ROM *Mathematicus 2*, eine für sein Alter eigentlich recht schwierige Lernsoftware. Er hat sie in der Schule kennen gelernt. Außerdem spielt er auf seiner Playstation gern das Spiel zur gleichnamigen Serie *Digimons*. Und zum ersten Mal taucht *Harry Potter* auf. Der zweite Film ist angelaufen und es erscheint interessant, wie sich dieses Thema in der Gruppe durchsetzt. Dazu schauen wir uns die sechste Woche an (vgl. Abbildung 10).

Abbildung 10: Themenbezogene Beziehungsmuster 6. Woche (2. Phase; 2. Klasse)

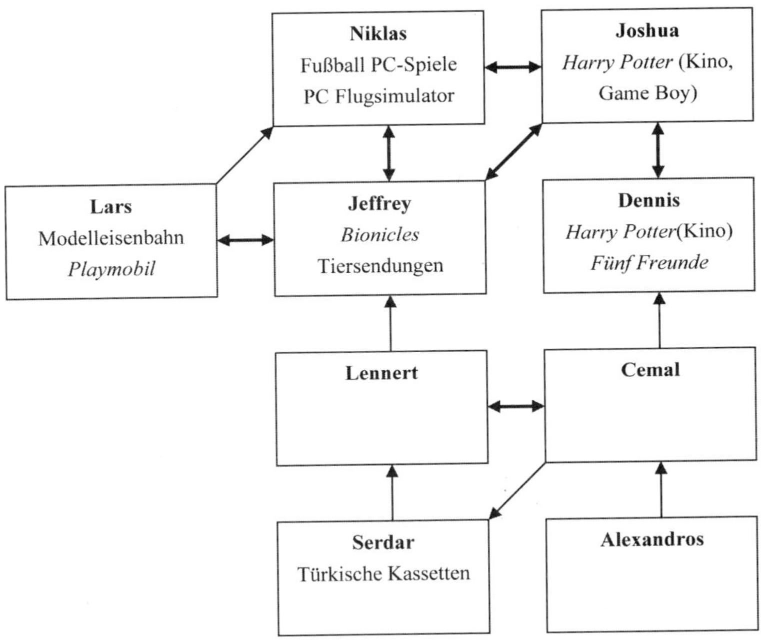

Jeffrey erwähnt zwar noch einmal die *Bionicles* und seine Tiersendungen, aber bei einem der anderen Jungen setzt sich *Harry Potter* durch. Joshua und Dennis haben den Film im Kino gesehen. Joshua hat sich daraufhin sofort das dazugehörige *Harry Potter*-Spiel für seinen *Game Boy* gekauft. Dennis hatte zuvor schon alle Bücher von *Harry Potter* gelesen. Serdar hat türkische Kassetten (Thema unbekannt) von seinen Eltern geschenkt bekommen. Niklas baut sein Interesse an PC-Spielen mit dem Flugsimulator aus. Diesen hat er von dem Freund seiner Mutter geschenkt bekommen. Und Lars pflegt weiterhin sein Hobby Modelleisenbahn. Nachdem er zuvor schon die *Duplo*-Bausteine (*Lego*) genannt hatte, die eigentlich eher für Kindergartenkinder sind, nennt er nun *Playmobil* als sein Lieblingsspielzeug. Hier wird bestätigt, dass eine Cliquenbindung nicht zwangsläufig zur Übernahme der Gruppenthemen führen muss. Lars hat sich mit seinem Eisenbahnthema sowie seiner Vorliebe für Kinderspielzeug – trotz der im Soziogramm deutlich werdenden Bindung zu Jeffrey und seiner Wahl von Niklas – nicht von deren Medienpräferenzen beeinflussen lassen. Aufgrund seiner Spielzeugwahl ist zu vermuten, dass er der Jüngste in der Clique ist.

Insgesamt hat diese Analyse über mehrere Wochen hinweg sehr gut verschiedene Phänomene gezeigt, die sich zum Teil in den vorherigen Analysen schon angekündigt haben, die zum Teil aber auch einen neuen und interessanten Einblick in das Gruppengeschehen gaben. Da ist zum einem die Vielzahl der Medienthemen, die in der Jungenclique über mehrere Wochen kursieren, mal aufscheinen, dann verschwinden und dann unvermutet wieder auftauchen. Aber es gibt auch Medienthemen, die sich durchsetzen, von einigen Jungen von außen aufgegriffen werden, in der Clique Verbreitung finden, letztendlich aber auch wieder relativ schnell verschwinden. Die Karriere der *Bionicle*-Figuren hat dieses Phänomen sehr schön deutlich gemacht. Gut zu beobachten war auch das Aufkommen des *Harry Potter*-Themas gleichzeitig mit der Premiere des Films. Die Analyse der Cliquen und Gruppen der anderen Schulklassen kann dieses Phänomen sehr gut bestätigen. *Harry Potter* war gegen Ende des Befragungszeitraums in allen Schulklassen das relevante Thema. Weiterhin konnten die Interviews mit den Kindern auch die schon zuvor aufgestellte Hypothese bestätigen, dass weniger die Peer-Group, sondern vielmehr die Geschwister und Eltern bzw. Verwandten eine bedeutende Rolle für der Rezeption und Aufnahme von Medienthemen in dieser Altersgruppe spielen. Auch scheinen besondere Ereignisse wie etwa Kindergeburtstage einen wichtigen Einfluss auf Medienpräferenzen spielen. Die Analyse konnte ebenfalls zeigen, dass es trotz aller Cliquenbeziehungen und den darin kursierenden Themen Kinder gibt, die widerständig diese nicht aufgreifen und anscheinend trotzdem akzeptiert werden.

5 Fazit und Schlussfolgerungen

Die vorliegende Studie wollte der in der Literatur vorfindbaren These nachgehen, nach der die Peer-Group für die Setzung von Medienthemen und Markenzeichen eine besondere Relevanz hat. Da dazu kaum entscheidende empirische Studien vorliegen, wurde dazu ein erster Schritt gewagt und mit der Methode des Soziogramms ein Forschungsdesign gewählt, welches versucht, die Beziehungsstrukturen von Kindern als Folie für die Analyse der Rezeption von Medienthemen zu verwenden. Über mehrere Wochen hinweg wurden Kinder in verschiedenen Klassen zweier Grundschulen in zwei Phasen nach ihren Medienpräferenzen und deren Herkunft befragt. Zuvor wurde ein Soziogramm jeder Klasse angefertigt, um die Beziehungsstrukturen zu visualisieren. Anschließend wurden die Ergebnisse der Befragung in dieses Soziogramm eingetragen, um herauszufinden, auf welche Art und Weise sich Medienpräferenzen sowohl horizontal, also zwischen den verschiedenen Cliquen bzw. deren Mitgliedern einer Klasse, als auch vertikal, also über die Zeiträume hinweg, verteilen. Da mit dieser Vorgehensweise eine Vielfalt von sehr differenzierten Ergebnissen gewonnen wurde, konnten in diesem Rahmen nur ausgewählte Ergebnisse vorgestellt werden, die aber den Trend der Gesamtergebnisse präsentieren. Insgesamt sollten diese aber nicht als repräsentativ, sondern eher als tentativ gewertet werden. Diese Trends lassen sich wie folgt zusammenfassen:

- Die durch das Soziogramm visualisierten Beziehungsstrukturen lassen in den untersuchten Grundschulklassen klare geschlechtsbezogene Cliquenstrukturen erkennen; es gibt kaum geschlechtergemischte Präferenzen in der Wahl der Kinder, wobei diese Struktur in den ersten Grundschulklassen weniger extrem ausgeprägt ist als in den späteren Alterstufen.
- In diesen geschlechterhomogenen Cliquen gibt es vor allem in den höheren Grundschulklassen klar dominierende Medienpräferenzen, die sich bei den Mädchencliquen in der Vorliebe für die Fernsehvorabendserie *Gute Zeiten – schlechte Zeiten* und in der Jungenclique in der japanischen Zeichentrickserie *Dragonball Z* äußern. Diese beiden Themen waren über mehrere Wochen hinweg in der ersten Phase für die vierte Grundschulklasse sehr dominant. Bei den 1., 2. und 3. Grundschulklassen konnten dagegen keine so stabilen Trends ausfindig gemacht werden, obwohl sich doch manche Trends über einige Wochen hinweg hielten, wie die Analyse des zeitlichen Rezeptionsmusters für die *Bionicle*-Figuren veranschaulicht hat.
- Die Grundschulkinder bevorzugen eine Vielzahl von Medienthemen und -figuren, die sich oftmals relativ schnell auch abwechseln. Klare Muster waren dabei nicht zu erkennen.
- Durch Werbung und Merchandising geförderte Medienereignisse müssen nicht zwangsläufig zu einem wichtigen Thema in den Cliquen der Peer-

Group werden. Die Analyse der Kampagne zu dem Disney-Film *Monster AG* hat dies deutlich gemacht. Der Film war nur kurz und nicht bei allen Kindern ein zentrales Thema.

- Einflüsse auf das Setzen von Medienthemen kommen vor allem von außen in die Peer-Group. Ganz besonders bedeutsam sind für die gewählte Altersgruppe die Eltern, die älteren Geschwister sowie andere Verwandte wie Oma, Opa sowie Onkel und Tante. Auch nicht-schulische Freunde können als Auslöser für Medienpräferenzen fungieren. An einem Beispiel – den *Bionicle*-Figuren – konnte auch gezeigt werden, dass Geschenke auf einem Kindergeburtstag Auslöser für eine, über mehrere Wochen andauernde Vorliebe einer Clique für diese Figuren waren.
- Aber es wurde auch deutlich, dass nicht alle Kinder einer Clique diesem Trend folgen, sondern im Gegenteil sehr konsequent ihre von außerhalb bestimmten Interessen weiter verfolgen, ohne die Themen der Clique aufzugreifen.

Aus diesen Ergebnissen wird deutlich, dass sich die eingangs formulierte und die Literatur widerspiegelnde These von der besonderen Bedeutung der Peer-Group in der Wahl der Medienthemen in dieser einseitigen Konsequenz nicht aufrechterhalten lässt. Vielmehr laufen diese Prozesse der Aufnahme und Verbreitung von Themen differenzierter und komplexer ab als gedacht und vor allem: Der Einfluss älterer Geschwister und der Eltern ist in dieser Altersgruppe der Grundschulkinder noch bedeutsamer als der der Peer-Group. Dies macht weitere Forschungsprojekte notwendig, die nicht nur den aufgeworfenen Fragen verstärkt nachgehen, sondern auch ältere Altersgruppen einbeziehen.

Da die vorliegende Studie sich eher als explorativ verstanden hat, sollen abschließend einige Hinweise gegeben werden, wie das Thema zukünftig methodisch besser angegangen werden könnte und sollte.

Zum einem sollte das soziometrische Verfahren weiter erprobt und bezüglich seiner Validität und Reliabilität überprüft werden. Auf den ersten Blick erscheint es aber für die Bearbeitung der hier anstehenden Forschungsfragen ein interessantes Instrument zu sein. Zum anderen müssen die Fragen an die Kinder stärker auf Markenzeichen konzentriert werden, ohne dabei zugleich suggerierend zu wirken. Nicht zuletzt ist es wichtig, Daten zu erheben, die über eine Exploration hinausgehen und einem Verallgemeinerungsanspruch genügen. Dies gilt für die Strukturbeschreibungen bzw. Typenbildung ebenso wie für die Repräsentativität der Ergebnisse. Insgesamt wurde jedoch mit dieser Vorstudie ein Weg gewiesen, der eine andere Perspektive in die Frage nach der Rolle sozialer Beziehungen bei dem Medieneinfluss auf Kinder aufzeigt.

Stefan Aufenanger

Konzeptionelle Überlegungen zu medienpädagogischen Handreichungen für Eltern, Erzieherinnen und Grundschullehrerinnen

1 Problemstellung

Als eine handlungsorientierte Wissenschaft steht die Medienpädagogik immer wieder der Herausforderung gegenüber, einerseits Grundlagenwissen und -erkenntnisse über den Zusammenhang von Menschen und Medien hervorzubringen, andererseits dieses Wissen auch für die Praxis fruchtbar zu machen. Beide Seiten – Wissenschaft und Praxis – haben jedoch recht unterschiedliche Interessen, Vorgehensweisen, Problemsichten, Bedürfnisse und natürlich auch Sprachen. Medienpädagogische Projekte, die beide Seiten miteinander verbinden wollen, müssen sich deshalb genaue Gedanken darüber machen, wie ihre Forschungsergebnisse so für die Praxis umgesetzt werden können, damit diese sie zum einen versteht, zum anderen sie auch sinnvoll nutzen kann. Aus diesem Grund ist es zusätzlich wichtig, wenn medienpädagogische Erkenntnisse für die in der Praxis Tätigen fruchtbar gemacht werden sollen, über deren Problemhorizont, Rezeptionsweisen sowie Informationsbedürfnisse etwas zu wissen. In der Medienpädagogik wurde zu diesen Themen bisher viel zu wenig geforscht.

Die traditionelle Art und Weise, medienpädagogische Forschungen für die Praxis umzusetzen, ist typisiert in zwei Wegen zu sehen: 1) Fort- und Weiterbildung für die im medienpädagogischen Feld Tätigen als auch für die Betroffenen (z.B. medienpädagogische Familienbildung); 2) Informations- und Beratungsmaterial für ausgewählte Zielgruppen. Beide Wege haben sich auf den ersten Blick als sehr fruchtbar erwiesen und werden häufig praktiziert. Jedoch gibt es zu beiden Wegen fast gar keine wissenschaftliche Begleitforschung, die die Erfolge systematisch kontrolliert. Auch wenn viele Veranstalter von medienpädagogischen Fortbildungen zum Schluss des Programms Fragebögen verteilen, ist dies keine gute Erkenntnisgrundlage, etwas über Zielerreichung, methodische Angemessenheit und Veränderungspotenziale aussagen zu können.

Ähnliches gilt auch für die vielfältigen und zum Teil mit hohen Auflagen verbreiteten medienpädagogischen Materialien. Zwar kann die Medienpädagogik auf ein umfangreiches Angebot zurückgreifen, wie die Übersicht bei Burkhardt (2001) deutlich macht, aber auch hierzu muss angemerkt werden, dass es keine umfassende Begleitforschung dazu gibt, wie diese Materialien akzeptiert, ob sie rezipiert werden, und welches Innovationspotenzial sie mit sich tragen. Denn allein die Auflage bei etwa Informationsbroschüren sagt noch nichts darüber aus, wie häufig und von wem sie gelesen werden.

Das Projekt „Medienmarken – Markenkindheit" stand und steht vor ähnlichen Problemen wie die eben beschriebenen. Es brachte eine Vielzahl von wichtigen und interessanten Forschungsergebnissen hervor, wie die Beiträge des vorliegenden Bandes zeigen. Gleichzeitig sollen diese Ergebnisse aber auch für die medienpädagogische Praxis fruchtbar gemacht werden. Dazu, wie Letzteres am besten geschieht, liegen zwar viele subjektive Erfahrungen und traditionelle Wege vor, aber kaum genaue Konzepte, wie dies gut begründet gemacht werden kann. Aus diesem Grund war es auch eine der Aufgaben dieses Projekts, sich dazu gezielter Gedanken zu machen. Die Aufgabe besteht darin, medienpädagogische Handreichungen für Eltern, Erzieherinnen und Grundschullehrerinnen zu entwickeln, um die Projektergebnisse für diese Zielgruppe fruchtbar zu machen. Außerdem sollte ein spezifischer Fokus auf jene Familien gelegt werden, die traditionell als mit Medien problembelastet angesehen werden können, und die gleichzeitig die medienpädagogischen Angebote kaum wahrnehmen. Dies erscheint insofern bedeutsam, da die bisher vorliegenden medienpädagogischen Konzepte und Ansätze solche Zielgruppen selten angemessen berücksichtigen.

Folgende Fragen sollten für die Entwicklung des medienpädagogischen Materials leitend sein: 1) Wie könnten Eltern angesprochen werden, um sensibel für Medienprobleme in ihrer Familie zu werden? 2) Wie müssten Materialien/Medien gestaltet sein, damit sie die Aufmerksamkeit dieser Familien erregen und von ihnen auch als sinnvoll akzeptiert werden? 3) Wie sollten Handreichungen für Erzieherinnen bzw. Grundschullehrerinnen gestaltet werden, damit sie diese in ihrer pädagogischen Praxis so einsetzen können, dass bei den ihnen anvertrauten Kindern ein Problembewusstsein für das Markenthema hervorgerufen werden kann?

2 Konzepte medienpädagogischer Materialien

Eine erste Recherche galt den vorliegenden medienpädagogischen Materialien und den ihnen zu Grunde liegenden Konzepten sowie der Frage, ob es wissenschaftliche Studien zu medienpädagogischen Handreichungen gibt. Beide Fragen müssen verneint bzw. können nur unzureichend beantwortet werden. Eine der wenigen Arbeiten, die sich mit diesen Fragen überhaupt beschäftigt, ist die im Auftrag der „Landesanstalt für Rundfunk NRW"[147] durchgeführte Studie „Förderung kindlicher Medienkompetenz durch die Eltern" von Burkhardt (2001), an der der Autor dieses Beitrags beratend mitgewirkt hat. Diese Studie kommt im Hinblick auf die angeschnittenen Fragen zu dem Schluss, dass die „Evaluationen medienpädagogischer Maßnahmen als systematische und (selbst-)kritische

[147] Seit 2002 „Landesanstalt für Medien Nordrhein-Westfalen (LfM)"

Auswertung theoriegeleiteter, pädagogischer Praxisprojekte bisher eher eine Ausnahme darstellen; die durchgeführten Evaluationen können in der Regel den Erfolg der Maßnahmen und Initiativen nachweisen“ (252). Verwiesen wird bei diesem Urteil auf ganz wenige und nur eingeschränkt gültige Begleitstudien zu Elternbriefen und medienpädagogischem Informationsmaterial. Jedoch beantworten diese nicht die Frage, wie Materialien erfolgreich aufgebaut sein sollten. Somit ist aus dieser Richtung kaum etwas für die Konzeption medienpädagogischer Handreichungen zu verwerten. Dagegen gibt es einige Erfahrungsberichte, die dazu Hilfestellungen geben könnten. Auch Burkhardt (2001) hat eine Vielzahl der medienpädagogischen Materialien analysiert und daraus Empfehlungen erarbeitet. Er schlägt folgende Richtung bei der Konzeption medienpädagogischer Materialien vor: „Während die Fachliteratur für Medienpädagoginnen, Erzieherinnen, Lehrkräfte etc. einen Bildungs- und Professionalisierungsgrad voraussetzen kann, der die wissenschaftliche Literatur ohne Einschränkungen rezipierbar macht, gelten für Angebote an Eltern andere Kriterien. Sie müssen einerseits grundsätzlich dem Qualifizierungsniveau (‚Basiswissen') von Nicht-Experten Rechnung tragen und andererseits – soll nicht einfach der Distributionsregel gefolgt werden ‚Bücher für Höhergebildete, Comics für bildungsmäßig Benachteiligte' – Angebote auf allgemein verständlichem Anspruchsniveau machen. Konzepte, Modelle und Handreichungen sind deshalb auch unter dem Gesichtspunkt zu sichten und zu dokumentieren, ob sie den Rezeptionsfähigkeiten ihrer Zielgruppe gerecht werden. Erwähnenswert ist in diesem Zusammenhang, dass die Eltern selten die einzige Zielgruppe einer Publikation sind; Erzieherinnen oder Lehrkräfte werden häufig gleichzeitig angesprochen“ (148).

Weiterhin gibt es in dieser Studie Gedanken über die grundsätzliche Struktur solcher Materialien, hier jedoch besonders bezogen auf die Zielgruppe Eltern bzw. Familien. Danach lassen sich zwei Modelltypen beruht (Burkhardt 2001, 336):

1. Bei den sog. „Pull“-Modellen müssen sich die Eltern Information und Beratung selbst abholen. Der Zugriff auf die vorgehaltenen Angebote setzt elterliche Motivation sowie Sensibilität für innerfamiliäre, auf Medien bezogene Konfliktsituationen voraus.

2. „Push“-Modelle führen ihre informierenden oder beratenden Angebote an die Eltern heran. Das Ausmaß des Beratungsbedarfes unterliegt häufig auf Expertenwissen basierenden Schätzungen.

Weiterhin wird zwischen informationsorientierten und beratungsorientierten Modelltypen unterschieden, die mit den zuvor genannten Modelltypen kombiniert werden. Diese Typen werden damit gerechtfertigt, dass sie „eine Skala der

Problembelastung intendieren, deren Pole einerseits von der Beschränkung auf präventive Information, andererseits von der nachdrücklichen Beratung oder Intervention gebildet werden" (Burkhardt 2001, 336). Sie werden wie folgt konkret typisiert (336/337):

- „Informationsorientierte Modelle haben in der Regel alle Eltern als Zielgruppe. Sie verfolgen die Absicht, durch Information medienpädagogische Qualifikation zu vermitteln. Zielgruppenspezifische Information für ausgewählte Elterngruppen schließt das nicht aus. Die (mediale) Vermittlung dieser Modelle unterliegt fast keinen Beschränkungen.
- Beratungs- bzw. problemorientierte Modelle bieten mehr als Informations- vor allem Beratungsleistungen an. Ihre Zielgruppen sind Eltern bzw. Kinder mit problematischem Fernsehkonsum, Schwierigkeiten bei der Alltagsbewältigung oder Medienerziehung, medienbezogenen Auffälligkeiten der Kinder. Der gezielten Ansprache dieser Gruppen, insbesondere durch persönliche Kontaktaufnahme und Beratung, kommt größere Bedeutung zu als ihrer Versorgung mit Veröffentlichungen oder Materialien."

Auf der Grundlage dieser prinzipiellen Orientierung von medienpädagogischen Materialien wurden in der Studie von Burkhardt (2001) gezielt konkrete Modelle für spezifische Zielgruppen entwickelt, zu denen jeweils Vorschläge bezüglich der Begründung gemacht werden, ausgehend von einer Problembeschreibung, den Themen und der Zielstellung der Maßnahmen, ihrer personellen und materiellen Voraussetzungen sowie über Vermittlungswege bzw. mediale Verbreitung. Als Zielgruppe werden folgende Familienkonstellationen aufgeführt (338-349):

Modell 1:	Eltern mit Vorschulkindern (Gesamtheit)
Modell 2:	Eltern mit Grundschulkindern (Gesamtheit)
Modell 3:	Ein-Eltern-Familien (ohne größere medienbezogene Probleme)
Modell 4:	Ein-Eltern-Familien (mit medienbezogenen Problemen)
Modell 5:	Familien mit zwei und mehr Kindern (ohne ausgeprägte medienbezogene Probleme)
Modell 6:	Familien mit zwei und mehr Kindern (mit medienbezogenen Problemen)
Modell 7:	Sozial/ökonomisch benachteiligte Familien
Modell 8:	Bildungsmäßig benachteiligte Familien
Modell 9:	Schwer erreichbare Familien
Modell 10:	Familien, deren Kinder medienbezogene Verhaltensauffälligkeiten zeigen

Modell 11: Familien mit finanziellen Problemen (Arbeitslosigkeit) und extensiver Mediennutzung; die Kinder zeigen medienbezogene und andere Verhaltensauffälligkeiten

Modell 12: Familien mit hoher Diskrepanz zwischen elterlicher und kindlicher Medienaffinität und Mediennutzung

Damit ist ein wichtiger Rahmen abgesteckt, in dem die geplanten medienpädagogischen Handreichungen sich platzieren müssen. Konkrete Ausführungen über Aufbau, Layout, Sprachstil, Umfang oder Gliederung sind in diesen Vorschlägen jedoch nicht zu finden. Hierbei dürften jedoch Erfahrungen nützlich sein, die der Autor mit der Gestaltung und Entwicklung unterschiedlicher medienpädagogischer Materialien für die vorgesehenen Zielgruppen gemacht hat.

Da die Thematik des Projektes „Medienmarken – Markenkindheit“ relativ unspezifisch eine große Zahl von Familien betreffen dürfte, erscheint zum einen ein informationsorientiertes Modell als angemessen. Die Frage, ob ein Pull- oder ein Push-Modell angemessen ist, kann nicht so einfach beantwortet werden. Push-Modelle erscheinen nur dann sinnvoll, wenn ein spezifisches Angebot auf die Rezeptionsweisen der Zielgruppen zugeschnitten ist. Da außer in den folgenden Familienfallstudien dies keine zentrale Frage in dem Projekt gewesen ist, sollte das Pull-Modell gewählt werden. Das Push-Modell unterstellt im Übrigen der Zielgruppe weniger Autonomie und sollte deshalb wohlbegründet gewählt werden. Letzteres lässt sich damit begründen, dass die Projektergebnisse keine konkreten Beratungsperspektiven eröffnen, die ein Push-Modell rechtfertigen würden. Weiterhin lassen sich die in Frage kommenden Zielgruppen nach dem von Burkhardt vorgeschlagenen Modell wie folgt zusammenfassen: Die zu entwickelnden medienpädagogischen Handreichungen sollten sich zum einen an eine relativ große Gruppe von Eltern bzw. Familien richten, die entweder nur ein Informationsbedürfnis bezüglich der Thematik verfolgen oder aus den Informationen Ratschläge für ihre eigene Problemsituation benötigen könnten; hier werden die Modelle 1 bis 6 zusammengefasst. Zum anderen lassen sich die Zielgruppen der Modelle 7 bis 12 ebenfalls zu einer Zielgruppe zusammenfassen, von denen ausgegangen werden kann, dass wahrscheinlich erst eine Problemsensibilität geweckt werden muss und die Inanspruchnahme von Informationen und Hilfen kommunikativ nicht einfach ist. Sie sollen in einem späteren Abschnitt gesondert betrachtet werden, da sich möglicherweise hier andere Strategien anbieten.

Das Projekt hat eine Vielzahl von empirischen Daten und Marktanalysen hervorgebracht, die dem Informationsbedarf der gedachten Zielgruppen – Eltern, Erzieherinnen und Grundschullehrerinnen – entgegenkommt. Aus diesem Grund sollten die geplanten medienpädagogischen Handreichungen in erster

Linie diese Ergebnisse auf eine, der jeweiligen Zielgruppe angepassten Art und Weise vermittelt werden. Die Gliederung der Darstellung kann sich problemlos der Gliederung des Forschungsberichts anschließen und entsprechend die Themen präsentieren.

3 Konzeption für die Zielgruppe Eltern

Wie schon angemerkt, wird für die Zielgruppe Eltern ein informationsorientiertes Modell vorgeschlagen. Die in dem Forschungsprojekt hervorgebrachten Ergebnisse sollen so dargestellt werden, dass interessierte Eltern Hintergrundinformationen zur Mediennutzung, zum Umfang der multimedialen Verwertung von Markenzeichen, zur Bedeutung von Medien und Medienfiguren im Leben von Kindern bekommen. Gleichzeitig sollen aber noch Hinweise gegeben werden, wie diese Informationen bei der Bewältigung von thematisch ähnlichen Problemen benutzt werden können. Insgesamt bietet sich an, zwischen einem informativen, auf die Projektergebnisse bezogenen und einem medienerzieherischen Teil zu unterscheiden. Der medienerzieherische Teil kann und sollte auch als Information in jenem Sinne gesehen werden, dass dort Anregungen zur familialen Medienerziehung gegeben werden, falls bestimmte medienbezogene Probleme in der Familie auftauchen. Die meisten medienpädagogischen Materialien arbeiten hier mit konkreten Ratschlägen an die Lesenden, in dem sie zu bestimmten erzieherischen Handlungen auffordern (z.B. „Sagen Sie Ihrem Kind ...“ oder „Schränken Sie Ihr Kind in Bezug auf ... ein“). Diese direkte Ansprache hat einen sehr instruktiven Charakter, ohne dabei jedoch die Reflexion und Autonomie von Eltern zu stärken. Diese direkten Aufforderungen unterstellen eine gewisse Handlungsunfähigkeit.

Es wird daher empfohlen, in Bezug auf die Konzeption medienpädagogischer Handreichungen für Eltern einen anderen, indirekten Weg zu gehen. In der Pädagogik hat sich eine fallorientierte Vorgehensweise für viele Handlungsfelder als fruchtbar erwiesen. Fallgeschichten und Fallanalysen haben sich u.a. in der Ausbildung von Sozialarbeitern bzw. Sozialpädagogen, von Erwachsenenbildnern, von Psychologen als auch von Lehrern etabliert (vgl. Combe/Helsper 1996). Adaptiert auf medienpädagogische Materialien kann eine Vorgehensweise gewählt werden, in dem typisierte Fälle präsentiert werden, die typische Probleme zur multimedialen Vermarktung und den daraus resultierenden Problemen in Familien beschreiben. Dies müssen keine realen Familiengeschichten sein, sondern sie können zwecks Darstellung des Problems konstruiert werden. Wichtig ist, dass sich Eltern, die die medienpädagogischen Handreichungen lesen und in der eigenen Familie ähnliche Probleme vermuten, mit den Fällen identifizieren oder mindestens Ähnlichkeiten erkennen können.

Nach der Präsentation eines solchen Falles sollten sich zwei Aspekte anschließen: Zum Ersten ist eine genaue Problembeschreibung notwendig, die aus einer Außenperspektive die Bedingungen des Falles analysiert und mögliche theoretische Erklärungen liefert. Sie soll den Lesenden der medienpädagogischen Handreichungen helfen, auch ihren eigenen Fall unter einer solchen distanzierten Perspektive zu betrachten. Dies hilft, einen rationalen Zugang zum Problemkern zu bekommen. Zum Zweiten muss eine Handlungsalternative aufgezeigt werden. Auch diese sollte wieder auf den Fall und nicht auf die betroffene Familie der Lesenden bezogen werden. Damit entsteht ein Freiraum in der Interpretation, der ermöglicht, die eigene Fallgeschichte in den Kontext der konstruierten Fallgeschichte einzubetten. Diese Vorgehensweise ist in dem Sinne pädagogisch, dass sie das zu beratende Subjekt – in unserem Fall also die Eltern – nicht bevormundet oder besserwisserische Ratschläge erteilt, sondern nur einen Spiegel anbietet, der erlaubt, hineinzuschauen und sich wiederzuerkennen oder ihn zu ignorieren. Damit ist die Autonomie der Lebenswelt von Familie respektiert, nämlich selbst entscheiden zu können, wie man mit seinen Problemen umgeht. Die zu entwickelnden medienpädagogischen Handreichungen für Eltern sollten dieses Prinzip zur Grundlage haben.

4 Konzeption für die Zielgruppe Erzieherinnen und Grundschullehrerinnen

Ähnliches wie für die Zielgruppe der Eltern sollte auch für die Zielgruppe von Erzieherinnen sowie Grundschullehrerinnen zu Grunde gelegt werden. Ihre Aufgabe in der medienpädagogischen Praxis ist jedoch eine andere. Zwar werden auch sie mit vergleichbaren Problemen in der Arbeit mit den ihnen anvertrauten Kindern konfrontiert, aber sie sind nicht die direkten Handlungspartner der Kinder. Erzieherinnen wie auch Lehrpersonen müssen in ihre pädagogischen Handlungsstrategien immer das Elternhaus explizit sowie auch implizit einbeziehen. In diesem Sinne können sie außer in außergewöhnlichen Problemfällen weniger intervenierend als präventiv tätig werden. Ihre Aufgabe besteht darin, Kinder kompetent zu machen, mit den auf sie in einer Medienwelt zukommenden Problemen selbstbestimmt und qualifiziert umgehen zu können. Dies bedeutet, Kinder in ihrer Medienkompetenz zu stärken. Das Programm der medienpädagogischen Handreichungen für die Zielgruppe Erzieherinnen und Grundschullehrerinnen sollte deshalb auf dem Informationsteil – wie schon bei der Zielgruppe Eltern beschrieben – aufbauen. Gleichzeitig sollte aber auf die spezifischen Situationen in den beiden Bildungseinrichtungen aufmerksam gemacht werden. Dazu gehört eine typische Beschreibung der möglichen Probleme, die sich im Zusammenhang mit der multimedialen Verwertung von Markenzeichen bei Kindern ergeben.

Der zu wählende Ansatz sollte projektorientiert sein, eine in der medienpädagogischen Praxis als auch aus schulpädagogischer Sicht sinnvolle Vorgehensweise, die die Eigenaktivität der Kinder fördert und eine eigene Problemsicht hervorrufen kann. Die Gliederung solcher Projekte sollte nach folgendem Muster geschehen:

- Zielstellung: Beschreibung der zu verfolgenden Ziele des Projekts mit genauem Bezug zur Thematik;
- Thema: Skizzierung des Themas des Projekts und den damit verbundenen Aufgaben;
- Material: Medien und Ähnliches, die zur Durchführung notwendig sind;
- Durchführung: Beschreibung und Anregung, wie methodisch vorgegangen werden sollte;
- Reflexion: Sie soll eine rückblickende Stellungnahme ermöglichen, inwiefern die verfolgten Ziele und Themen oder auch die Durchführung nicht angemessen waren;
- Probleme/Tipps: auf Erfahrung beruhende Hinweise, worauf bei der Umsetzung des Projekts besonders zu achten ist.

Die zu wählenden Themen der medienpädagogischen Handreichungen müssen anschlussfähig zu den Themen des Forschungsprojekts sein. Ihre Auswahl sollte unter dem Aspekt geschehen, dass die Kinder, möglicherweise aber auch ihre Eltern, für die Thematik der multimedialen Verwertung von Markenzeichen sensibilisiert und in ihrer Medienkompetenz gestärkt werden.

5 Problemsituation von Familien in kommunikativen Problemlagen und schwer erreichbare Familien

Ein besonderer Schwerpunkt sollte jenen Eltern bzw. Familien gewidmet werden, die traditionellerweise als Familien in kommunikativen Problemlagen (Baacke 1997) bezeichnet werden und deren Ansprache mit medienpädagogischen Materialien schwer fällt.

Da das Wissen über die spezifischen Problemlagen von schwer erreichbaren Familien noch sehr gering ist, wurde intensiv der Frage nachgegangen, welche kommunikativen Problemlagen solche Familien auszeichnen und welche Beratungsperspektiven sich aus dieser Analyse ergeben können. Ausgangspunkt dieses Teils sind zwei für die Thematik relevante Studien. Zum einem konnte in der von der Landesanstalt für Rundfunk NRW (LfR, seit 2002 LfM) geförderten Studie von Bettina Hurrelmann u.a. (1996) „Familienmitglied Fernsehen" gezeigt werden, dass in den verschiedenen Familienformen auch recht unterschiedliche Medienprobleme zu beobachten sind.

Am unproblematischsten erscheint demnach der Fernsehkonsum von Kindern in den kleineren Zwei-Eltern-Familien, in denen die Eltern oftmals die Fernsehnutzung ihrer Kinder kontrollieren und auch versuchen, sie vor problematischen Einflüssen zu bewahren. Vor allem in Familien mit nur einem Kind besteht für Eltern die beste Möglichkeit, sich mit dem Fernsehen ihrer Kinder zu beschäftigen und mit ihnen auch über ihre Fernseherfahrungen zu sprechen. Familien mit zwei Kindern zeichnen sich ebenfalls durch einen kritischen und distanzierten Umgangsstil mit dem Fernsehen aus, während Eltern mit mehr als zwei Kindern größere Probleme in der Kontrolle der Fernsehnutzung ihrer Kinder haben. Trotzdem muss bedacht werden, dass auch in den genannten Familienformen medienerzieherische Probleme in Bezug auf das Thema Markenzeichen aufkommen können, und zwar besonders dann, wenn etwa beide Elternteile berufstätig sind und die so genannten „Schlüsselkinder“ durch die häufige Abwesenheit ihrer Eltern stark auf sich gestellt sind.

Als eher problematisch gelten jene Familien mit mehr als zwei Kindern sowie Ein-Eltern-Familien. In diesen Familien – die häufig auch durch schwierige materielle und finanzielle Probleme gekennzeichnet sind – sind nicht selten niedriger Bildungsstand der Eltern und hoher Fernsehkonsum der Kinder miteinander verbunden. Letzterer ist aber der Studie zufolge vor dem Hintergrund der sozialen Lage der Familie zu interpretieren. Typisch für diese Eltern ist, dass sie aufgrund der Unübersichtlichkeit des Programmangebots sowie auch eines gewissen Desinteresses relativ wenig darüber Bescheid wissen, was ihre Kinder alles ansehen. Fernsehregeln werden kaum aufgestellt, und das Fernsehverhalten wird stark durch die ältesten Kinder bestimmt. Die Erziehungsaufgaben lasten in diesen Familien fast ganz auf den Schultern der Mütter, die oft Ohnmachtsgefühle bezüglich der Erziehungsmöglichkeiten entwickeln. In der Zusammenfassung der Studie heißt es, „daß die kinderreichen Familien den modernen Optionen der Erwachsenen auf erweiterte Handlungsspielräume und Rollendefinitionen für sich selbst, den erhöhten pädagogischen Ansprüchen auf die Förderung des je einzelnen Kindes und auch den gesteigerten Anforderungen im Bereich der Fernsehsozialisation am wenigsten entsprechen“ (Hurrelmann u.a. 1996, 263).

Bei den allein erziehenden Müttern kommt als weitere starke Belastung hinzu, dass sie die Erziehungsaufgaben allein tragen müssen. Außerdem spielt das Fernsehen eine wichtige Rolle in der Beziehungsdefinition zwischen Müttern und Kindern. Trotzdem scheinen diese Mütter ein erhöhtes Problembewusstsein gegenüber dem Fernsehkonsum ihrer Kinder zu besitzen. Als entscheidend für die konkrete Ausgestaltung der mütterlichen Medienerziehung erweist sich jedoch die ökonomische Situation der Ein-Eltern-Familie sowie der Bildungsstand der Mütter. Sind hier Benachteiligungen festzustellen, so wird die Fernsehsituation als stark belastend angesehen.

Zum Abschluss dieser umfangreichen und differenzierten Studie werden einige medienpädagogische bzw. pädagogische Interventionen vorgeschlagen. Als erster wichtiger Aspekt wird die „Maßlosigkeit durch Orientierungslosigkeit im Umgang mit dem Fernsehen" (266) genannt, dem mit „rationalen, interessengeleiteten Nutzungsmustern für den Umgang mit Fernsehen" begegnet werden könnte. Dazu gehören Informationen über allgemeine Nutzungsdaten, um sich selbst einordnen zu können sowie das Aufzeigen von konkreten Handlungsstrategien. Eltern sollten zur „kritischen Reflexion ihrer eigenen Fernsehgewohnheiten angeregt werden" (267). Weiterhin erscheint es notwendig, Eltern anzuregen, ihre Kinder bei der Verarbeitung von Fernsehsendungen zu beobachten.

Ein weiterer Aspekt stellt die „Überfunktionalisierung des Fernsehens für das Familiensystem" (268) dar, welche durch eine Problematisierung des ‚Familienmitglieds Fernsehen' angegangen werden könnte. Fernsehen wird häufig in dem Sinne funktionalisiert, dass einzelne Familienmitglieder es zur Abgrenzung, zur Schaffung von Nähe und Distanz sowie zur Machtbehauptung gebrauchen. Hilfestellungen müssen jedoch sehr fallbezogen vorgenommen werden, um nicht in Verallgemeinerung zu verfallen und damit niemandem dienen zu können. Wichtig erscheint hierbei auch, die häufig vorzufindende familiale Rollenteilung, wonach Mütter sich um die Fernseherziehung zu kümmern haben, aufzubrechen und die Väter stärker mit einzubeziehen.

Ein dritter Aspekt bezieht sich auf den „problematischen Umgang mit Freizeit in der Familie überhaupt" (269). Zum einem scheinen Kinder mit einer starken Verplanung ihrer Freizeit zu einem höheren Fernsehkonsum zu neigen, zum anderen mangelt es aber auch in vielen Familien an Alternativen. Ein wichtiger medienpädagogischer Ansatz müsste es sein, den Familien Hilfestellungen bei ihrer Freizeitplanung zu geben. Dabei sollten jedoch die unterschiedlichen Familienformen Berücksichtigung finden.

Insgesamt gesehen sollten der Studie zufolge medienpädagogische Ratgeber Anleitungen zur Reflexion der Eltern geben, Wissen vermitteln, praktische Handlungsmöglichkeiten aufzeigen sowie Selbsterfahrung ermöglichen (vgl. Hurrelmann u.a. 1996, 273). Eine besondere Aufgabe wird darin gesehen, „daß Erwachsenenbildung, Familienhilfe, Erziehungsberatung, Familienberatung etc. die Medienberatung in ihre Aktivitäten einschließen" (274).

Aber auch die qualitative Rezeptionsstudie des vorliegenden Projekts hat deutlich gemacht, dass Kinder aus Familien mit kommunikativen Problemlagen besonders dazu neigen, sich dem Angebot der kommerziellen Medienwelt zuzuwenden (vgl. Paus-Hasebrink u.a. in diesem Band). Diese Kinder, die als Fans von ausgewählten Zeichentrickserien verstanden werden können, wenden sich aufgrund einer mangelnden Zuwendung und Kommunikation in der Familie den Mediengeschichten zu, in denen sie für die Bewältigung ihrer Situation symbolisches Material erhalten. Hier dürfte reines Informationsmaterial für die Eltern nicht ausreichend sein, um bei ihnen ein Problembewusstsein hervorzurufen.

6 Fallstudien in Familien aus sozialen Brennpunkten und Folgerungen

Diese zitierten Studien wurden als Ausgangspunkt für weitere Überlegungen genommen, wie vor allem Familien in kommunikativen Problemlagen angesprochen werden können. Wie eingangs schon erwähnt, sollten dazu in besonderen Fallstudien die Bedingungen von Medienproblemen in solchen Familien und mögliche Wege der Information bzw. Beratung identifiziert werden. Für die Bearbeitung dieser Fragestellung wurden acht Familien aus sozialen Brennpunkten in diese Fallstudien einbezogen, indem zum einen die medienbezogenen Problemlagen dieser Familien rekonstruiert, zum anderen die spezifischen Deutungsmuster und Weltbilder der Eltern erforscht werden sollten, die auf medienpädagogisches Informationsmaterial und Hilfsangebote ausgerichtet sind. Zwei Forschungsfragen standen in diesem Teil des Projekts im Vordergrund:

1) Aufgrund welcher Umstände entstehen Medienprobleme und was hindert die Familien, diese selbst zu bewältigen?
2) Warum sind diese Eltern für Informationen und Beratung von außen schwer ansprechbar?

Methodisch wurde wie folgt vorgegangen: In ausgewählten Familien wurde jeweils eine Stunde Familieninteraktion auf Video aufgenommen und verschriftet. Ebenfalls wurden mit dem Vater und/oder der Mutter Interviews geführt, die auf Erziehungs- und Medienerziehungsfragen zielten. Bei der Auswertung der Daten wurde auf das klassische Verfahren der Fallrekonstruktion (Kraimer 2000) zurückgegriffen. Diese Vorgehensweise ist an der Methode der objektiven Hermeneutik von Oevermann orientiert und schon in vielen empirischen Studien erfolgreich erprobt. Danach geht es nicht um eine repräsentative Beschreibung von familialen Phänomenen, sondern um die Rekonstruktion von Struktureigenschaften der familialen Interaktion. Konkret werden dazu Interaktionen auf Video aufgezeichnet, verschriftet und anschließend interpretiert. Der Interpretation wird nicht der gesamte Text zu Grunde gelegt, sondern nur ausgewählte Szenen, da unterstellt werden kann, dass die generellen Struktureigenschaften an jeder Stelle eines Falles gefunden werden können. Diese Interpretation wird meist in einer Gruppe vorgenommen, um so am besten die Struktureigenschaften rekonstruieren zu können. In einer ersten Hypothese wird versucht, die Struktureigenschaft zu beschreiben, die dann an einer anderen Szene überprüft wird. Im Sinne einer Strukturgeneralisierung wird dann der einzelne Fall typisiert und diese Struktur dann an anderen Fällen verallgemeinert.

Über Einrichtungen der sozialpädagogischen Familienhilfe wurde in zwei südwestdeutschen Städten bei Familien aus sozialen Brennpunkten angefragt, ob sie zu einer Mitarbeit in dem Projekt bereit wären. Diese Zugangsweise sollte sicherstellen, dass in den ausgewählten Fällen mit medienproblematischen Szenen zu rechnen ist. Acht Familien hatten für das Projekt zugesagt. Die erhobenen Daten wurden wie schon erwähnt verschriftet und anschließend interpretiert[148]. Im Folgenden sollen nur zusammenfassend die Ergebnisse vorgestellt werden, da eine ausführliche Darstellung der Interpretationen und Fallrekonstruktionen zu umfangreich werden würde.

Was hat die Analyse der ausgewählten Familien gebracht? Das Problem der familialen Erziehung liegt vor allem in der Unfähigkeit der Eltern, eine Grenzziehung zwischen sich und den Kindern vorzunehmen. Überhaupt erfolgen Grenzsetzungen oftmals sehr willkürlich und unvermittelt oder in Bereichen, die Außenstehenden nicht plausibel erscheinen. Auch fehlt es häufig an einer Empathie für die Entwicklungs- und sozialen Probleme der Kinder. Die Eltern sind sehr auf sich selbst und ihre Probleme konzentriert und nehmen kaum die Perspektive der Kinder ein. Die Kommunikation ist häufig minimal.

Die meisten Familien haben in institutionellen Kontexten (z.B. Ämter, Beratung) Ohnmachtserfahrungen hinter sich, d.h. versprochene Unterstützung oder Hilfe nicht in dem erwarteten Rahmen erhalten, wobei die Erwartung auch nicht immer angemessen war. Die Familien fühlen sich in ihrer Situation oftmals ausgeschlossenen von der Gesellschaft (z.B. aufgrund von Arbeitslosigkeit, chronischer Krankheit). Die Schule wird in diesem Zusammenhang nicht als besonders hilfreich gesehen. Zum einem deshalb, weil die Problemfälle im ‚normalen' Schulsystem nicht integriert, sondern durch ‚outsourcing' (Sonderschule) gelöst werden. Zum anderen findet von Seiten der Schule keine angemessene Beratung statt, die der Familie und den Kindern einen machbaren Weg für die schulische Karriere aufzeigen würde. Sehr schnell finden auch Stigmatisierungen

[148] Die Datenerhebung sowie ein Teil der Verschriftung und Auswertung wurden vom ‚Institut für sozialpädagogische Forschung Mainz' (ISM) vorgenommen. Hier ist vor allem Stefan Wink und Elisabeth Schmutz zu danken.

von Kindern statt, zum Beispiel als ‚hyperaktiv', ohne dass eine genauere medizinisch-psychologische Diagnostik vorgenommen wurde. Diese werden dann auf medizinischem Weg mit Medikamenten bearbeitet, da dies anscheinend die einfachere Lösung ist.

Was lässt sich aus den vorliegenden Ergebnissen der Familienrekonstruktion für die medienpädagogische Arbeit mit solchen Familien folgern? Zum einem dürfte deutlich geworden sein, dass der Problemdruck in den ausgewählten Familien extrem hoch ist, bei gleichzeitig geringem Problembewusstsein und kaum vorhanden Ressourcen zur autonomen Bearbeitung der vorhandenen Probleme. Der in der Medienerziehung gewählte klassische Zugang über Informationsmaterialien dürfte hier kaum Erfolg zeigen, da dieser Weg einen hohen kognitiven Aufwand für das Verstehen der darin enthaltenen Erziehungsvorschläge sowie deren Umsetzung verlangt. Geeigneter erscheinen Unterstützungen im konkreten medienerzieherischen Handeln, indem Verhaltensstrategien für unterschiedliche Problemsituationen aufgezeigt werden. Damit zusammenhängend muss auch gesehen werden, dass klassische Erziehungsratgeber immer ein normatives Modell von ‚richtigem' Erziehungshandeln anbieten und somit einen erhöhten Druck auf Problemfamilien ausüben, diesen Normalitätsvorstellungen zu entsprechen. Da dies im normalen Alltag dieser Familien schon nicht gelingt, dürfte das Scheitern beim Aufgreifen der darin enthaltenen Vorschläge zu hohen Frustrationen führen. Die Folge dürfte sein, dass jegliche Versuche zur Veränderung des eigenen (Medien-)Erziehungskonzepts gar nicht erst angegangen werden, um solche Frustrationserfahrungen zu vermeiden.

Zum anderen verweist die Analyse der acht ausgewählten Familien auf die besondere Rolle von außerfamilialen Unterstützungssystemen, wie sie die Sozialarbeit bzw. Familienhilfe anbietet. In allen untersuchten Familien spielt die sozialpädagogische Familienhilfe eine bedeutsame Rolle. Ohne ihre Unterstützung bzw. die dort tätigen Sozialarbeiterinnen würde manche der Familien nicht zurecht kommen. Schaut man sich die Qualifikation der dort Tätigen an, dann werden Medienthemen oder auch medienpädagogische Ansätze kaum in der Aus- und Fortbildung angeboten. Auch Burkhardt hat in seiner schon oben zitierten Studie einige Vorschläge erarbeitet, wie diese Familien unterstützt werden können. Demnach müssen Konzepte medienpädagogischer Materialien auf diese Zielgruppe besonders zugeschnitten werden, wobei auch Wege gewählt werden sollten, die sozialpädagogisch orientiert sind. Die Studie schlägt zu diesem Aspekt für die genannten Familien mehrere Modelle bzw. Ansätze vor:

- *Monitoring* in Kindergarten, Schule und sonstigen Erziehungs- und Bildungseinrichtungen; Erzieherinnen und Lehrpersonen werden dazu ausgebildet, Eltern mit Medienerziehungsproblemen angemessen anzusprechen und ihnen

Beratungsangebote zu unterbreiten sowie sie bei der Lösung dieser Probleme zu unterstützen.

- *Sozialpädagogische Familienhilfe* als Zugangs- und Beratungsform für schwer erreichbare Familien. Hier ist der Ausgangspunkt eine sozialpädagogische Strategie. „Bisher gibt es keine empirischen Ergebnisse bzgl. der Relevanz medienpädagogischer Problematik und Beratung im Rahmen der sozialpädagogischen Familienhilfe" (Burkhardt 2001, 220).

- *Familien Selbsthilfe Training/Families and Schools Together (FAST):* Modelle zur Stärkung der familialen Ressourcen.

Es wird also auch hier deutlich, dass eher eine sozialpädagogische als eine medienpädagogische Zugangsweise sinnvoll und angemessen erscheint.

Folgende Vorschläge können auf der Grundlagen der Fallrekonstruktionen und den daraus gezogenen Schlussfolgerungen unterbreitet werden:

- Informationen: Traditionelles Informationsmaterial zur familialen Medienerziehung verfehlt sein Anliegen in der Zielgruppe; wenn Materialien angeboten werden, dann sollte es auf spezifische Problemsituationen und darauf bezogene verhaltenstheoretische geleitete Lösungsansätze zielen. Reines Informationsmaterial würde den Druck auf die Familie bzw. die Eltern bezüglich einer Angleichung ihres Erziehungsmodells an das durch die Informationen vermittelte Normalitätsmodell stark erhöhen, aber gleichzeitig wegen der Nichterfüllbarkeit zum Scheitern bringen. Die Frustrationserfahrungen würden nur verstärkt werden.

- Sozialpädagogische Angebote: Insgesamt erscheint es wichtiger, die Familie in ihren Erziehungsaufgaben zu entlasten. Modellversuche zeigen, dass hier vor allem Spiel-/Lernstuben eine wichtige Aufgabe übernehmen können, indem die Mütter nicht unter dem Dauerstress der Erziehung stehen müssen und gleichzeitig die Kinder eine entwicklungsangemessene Förderung bekommen. Diese Spiel-/Lernstuben könnten auch eine wichtige Rolle als Mittler zwischen Familie und Schule spielen, indem sie zum einen die Kinder angemessen auf die Schule vorbereiten, andererseits die Schule aber auch sensibel für die besondere Situation der Kinder solcher Familien macht.

- Aus-/Fortbildung: Dieses Ziel lässt sich aber nur realisieren, wenn medienpädagogische Themen in die Ausbildung von Sozialarbeitern/ Sozialpädagogen einfließen und sie mit der besonderen Thematik thematischer Voreingenommenheit in der individuellen als auch familialen Rezeptionssituation vertraut machen. Medienpädagogisches Handeln müsste ein Teil der Professionalität von Sozialpädagogen werden. Hierzu müssen Konzepte erarbeitet werden, die sich in ihrer Struktur und Thematik an die gleichen Aufgaben in der Erzieherinnenausbildung orientieren.

- Sozial-/medienpädagogisches Handeln: Für professionelles Handeln erscheint eine fallorientierte Vorgehensweise, die einen ressourcenorientierten Ansatz verfolgt, die einzig Erfolg versprechenden Vorgehensweise zu sein. Dazu müssen die in der Praxis Tätigen stärker in ihrer Aus- und Fortbildung vorbereitet werden.

Im Ganzen gesehen verweist die vorliegende Analyse darauf, dass in den hier im Fokus der Teilstudie stehenden Familien aus schwierigen sozialen und kommunikativen Problemlagen medienpädagogische Ansätze wenig erfolgreich sein dürften. Vielmehr sind verschiedene Unterstützungssysteme angebracht, die unterschiedliche Bereiche der familialen Probleme abdecken bzw. zu kompensieren versuchen. Natürlich kann Medienerziehung hierbei eine Rolle spielen, aber nur in Kooperation mit den anderen Disziplinen. Dazu gibt es aber kaum Konzepte bzw. wissenschaftliche Studien, wie dies auszusehen hätte und welche Ansätze erfolgreich sein könnten.

7 Zusammenfassung

Die Aufgabe eines medienpädagogischen Forschungsprojekts besteht auch darin, seine Ergebnisse der medienpädagogischen Praxis zugänglich zu machen. Dies geschieht – wenn überhaupt – traditionell entweder auf dem Weg von Fort- und Weiterbildungen oder durch medienpädagogische Materialien. Für beide Vorgehensweisen liegen viele Praxismodelle vor, die aber fast gar nicht bezüglich ihres Erfolges evaluiert werden. Aus diesem Manko heraus entsteht die Notwendigkeit, eher systematisch zu überlegen, welche Wege gewählt und wie sie gestaltet werden sollten. Es wird vorgeschlagen, sich im Hinblick auf die Thematik der multimedialen Verwertung von Markenzeichen auf Informationen für Eltern zu beschränken, jedoch ergänzt um medienerzieherische Anregungen. Letztere sollten fallbasiert gestaltet sein, um betroffenen Eltern einen Spielraum zur Identifizierung des Problemkerns zu lassen. Weiterhin wurden Überlegungen angestellt, was die Problemlagen von Familien in besonders schwierigen Situationen kennzeichnet und wie sie mit medienpädagogischen Materialien erreicht werden könnten. Eine genauere Analyse ergab jedoch, dass das Erkennen von Problemkonstellation zum einen und die Bereitschaft zur Rezeption von medienpädagogischen Informationen zum anderen in diesen Familien kaum gegeben sind. Aus diesem Grund wird für sozialpädagogische Maßnahmen plädiert bzw. für eine medienpädagogische Sensibilisierung durch Fortbildung des sozialpädagogischen Personals. Für die Zielgruppe der Erzieherinnen und Grundschullehrerinnen scheint eine projektorientierte Vorgehensweise angemessen. Auch hier wurden entsprechende Vorschläge zur Strukturierung von Materialien unterbreitet. Insgesamt sollte deutlich werden, dass der Transfer von wissenschaftlichen Erkenntnissen in die pädagogische Praxis eine wichtige Aufgabe ist, die bisher aber viel zu wenig systematisch und empirisch angegangen worden ist. Die zu entwickelnden medienpädagogischen Handreichungen sollten eine mögliche Basis dafür bieten.

Uwe Hasebrink, Klaus Neumann-Braun, Ingrid Paus-Hasebrink und Stefan Aufenanger

Medienkindheit – Markenkindheit: Fazit und Konsequenzen aus einem interdisziplinären Projekt

Die in diesem Band präsentierte, umfassend angelegte Studie über multimediale Vermarktungsstrategien von Produkten für Kinder und über die Art und Weise, wie sich Kinder, Eltern und Lehrer mit den entsprechenden Angeboten auseinander setzen und daraus ihre persönlichen Markenbeziehungen entwickeln, hat eine Fülle von Material hervorgebracht. Die im Zuge der einzelnen Forschungsschritte gewonnenen Einsichten wurden in den betreffenden Kapiteln dargestellt und diskutiert, Einzelheiten der methodischen Anlage sowie Detailergebnisse sind in zusätzlichen Forschungsberichten für Interessierte verfügbar gemacht worden. Über all diese Bestandteile einer solchen Untersuchung hinaus soll an dieser Stelle weitergedacht werden: Es soll um Fragen gehen, die sich im Zuge der Forschungsarbeit als besonders relevant herausgestellt haben, und es soll um mögliche Konsequenzen gehen, die aus einer solchen Untersuchung gezogen werden können.

1 Marktforschung und Markenforschung

Medien- und Konsumverhalten stellen einen ökonomisch höchst relevanten Ausschnitt des sozialen Lebens dar. Entsprechend werden laufend neue Studien durchgeführt, die dieses Verhalten so exakt wie möglich zu vermessen und zu prognostizieren versuchen, um dieses Wissen dann in ökonomische Strategien einfließen lassen zu können – die meisten vorliegenden Studien zum Thema „Kinder, Markt und Medien“ sind marktorientiert angelegt. Ihre Leistung besteht darin, den Produzenten von Kinderprodukten, der Werbewirtschaft und den Medien Informationen zur Verfügung zu stellen, auf deren Grundlage sich der jeweilige Markterfolg steigern lässt. Auch wenn natürlich nicht ausgeschlossen werden kann und soll, dass die Ergebnisse der vorliegenden Studie auch in dieser Hinsicht nützlich sein können, so lag darin doch definitiv nicht der Hauptzweck. Vielmehr ging es um unabhängige Grundlagenforschung, die einen unvoreingenommenen Einblick in die Lebenssituationen von Kindern geben soll, wie sie „wirklich“ sind. Die praktische Relevanz solcher Grundlagenforschung liegt darin, dass sie theoretische Konzepte und differenzierte empirische Aussagen bereitstellt, auf deren Basis sich auch über kurzfristige Moden hinaus eine fundierte gesellschaftliche Auseinandersetzung über die Prozesse und Strukturen im Verhältnis von Kindern, Markt und Medien führen lässt. Darin, eine solche Auseinandersetzung zu fördern und ihr tragfähige Argumente an die Hand zu geben, lag eine wesentliche Zielsetzung dieses Projekts.

Die Abgrenzung von der Marktforschung ist keinesfalls als Abwertung zu verstehen. Die Studien aus diesem Bereich sind oft in vielerlei Hinsicht aufwändiger, methodisch differenzierter und professioneller sowie auf breiterer empirischer Basis angelegt. Und es lässt sich – soweit die Ergebnisse überhaupt öffentlich bekannt gemacht werden – auch für die Grundlagenforschung viel daraus lernen. Im Sinne eines möglichst großen Erkenntnisgewinns sollte vielmehr die Zusammenarbeit zwischen den beiden Forschungsparadigmen verstärkt werden, um die jeweiligen Stärken miteinander zu verbinden.

2 Medienmarken aus interdisziplinärer Perspektive

Der inhaltliche Kern des Projekts berücksichtigt die Beziehungen zwischen den Marktstrategien von Medienanbietern einerseits und den Mediennutzungs- und -rezeptionsstrategien sowie dem Konsumverhalten von Kindern andererseits. Um diese Frage nicht von vornherein auf eine wirtschaftliche Perspektive zu beschränken und damit womöglich relevante Phänomene zu vernachlässigen, wurde das Projekt interdisziplinär angelegt und mit Hilfe eines gemeinsamen konzeptionellen Rahmens zusammengehalten. Dieser soll im Folgenden noch einmal zusammenfassend bilanziert werden.

Wie im ökonomischen Teil der vorliegenden Publikation ausgeführt wurde, stammt der Markenbegriff aus der wirtschaftswissenschaftlichen Diskussion; er wird dort als ein Element der Marktkommunikation behandelt. Daraus folgt, dass die entsprechenden Definitionen aus der Perspektive der Wirtschaft argumentieren: die Wirtschaft „schafft" und „pflegt" Marken. Zwar gestehen auch diese Definitionen ein, dass es sich bei Marken letztlich um kommunikative Konstrukte handelt, die ohne Einbeziehung der Konsumenten nicht denkbar sind; das ändert aber nichts an der genannten Perspektive.

Der aus der Wirtschaftswissenschaft stammende Markenbegriff kann nicht alleinige Grundlage einer Untersuchung sein, die nicht nur die Perspektive der Wirtschaft, sondern auch die der Kinder und ihrer Bezugspersonen erfassen will. Denn vorab kann nicht unterstellt werden, dass die Phänomene, die bei Verwendung eines wirtschaftlich geprägten Markenbegriffs relevant erscheinen, auch aus der Perspektive von Kindern relevant sind – und umgekehrt. Der Forschungsarbeit wurde deshalb ein allgemeineres Verständnis zu Grunde gelegt, das „Markenphänomene" sowohl aus der Perspektive der Wirtschaft als auch aus der Perspektive von Kindern und Eltern umfasst. Danach sind Markenphänomene durch folgende Merkmale gekennzeichnet:

- Es geht, auf der allgemeinsten Ebene, um eine *Beziehung zwischen Produkten und Konsumenten*.

- Diese Beziehung ist vermittelt über ein Symbol, ein leicht kommunizierbares *Markenzeichen*, das das Produkt bzw. eine Gruppe von Produkten repräsentiert.
- Hauptmerkmal dieser Beziehung ist es, dass das betreffende Produkt im Hinblick auf eine bestimmte Funktion als *einzigartig* gilt.
- Hauptfunktion dieser Beziehung ist es, *Orientierung* zu ermöglichen.
- Die Orientierung bezieht sich zum einen auf *Konsumentenentscheidungen* auf einem bestimmten Markt.
- Zum anderen bezieht sich die Orientierung auf die *Verortung des Produkts in bestimmte soziale Zusammenhänge,* auf den *sozialen Wert* des Produkts.

Auf dieser Basis wurden die verschiedenen disziplinären Zugänge des Projekts integriert:

Aus der *ökonomischen* Perspektive ging es um die Strategien der Wirtschaft, die hier als „Beziehungsanbieter" verstanden wurden. Auf der empirischen Ebene wurde ermittelt, mit welchen Strategien über welche Medien mit welchen Versprechen hinsichtlich der Einzigartigkeit und des sozialen Werts bestimmte Medienprodukte für Kinder vermarktet werden.

Die *angebotsbezogenen* Untersuchungsschritte ergänzen einerseits die Anbieteruntersuchungen, indem sie bestimmte Vermarktungsformen sichtbar machen. Rekonstruiert wurden dabei die Markierungen, mit denen den Kindern Orientierung geboten wird. Andererseits wurde in diesen Untersuchungsschritten ermittelt, welche in den Beziehungsangeboten enthaltenen Merkmale dazu angetan sind, Kindern die Aufnahme bzw. Beibehaltung der Beziehung attraktiv erscheinen zu lassen, und welche besonderen Beziehungsqualitäten – im Sinne der Einzigartigkeit und des sozialen Werts der Beziehung – dort versprochen werden.

Mit den *rezipientenbezogenen* Untersuchungsschritten wurde ermittelt, zu welchen Medienangeboten welche Kinder Beziehungen unterhalten. Diese Beziehungen wurden im Hinblick auf die jeweils maßgebliche Funktion und den sozialen Wert untersucht. Auch hier ist die Frage der Vielfalt der Beziehungen von Bedeutung. Neben den tatsächlich genutzten Angeboten (den realisierten Beziehungen) wurde auch das Wissen um andere Medienangebote erfasst, weil erst so das ganze soziale Feld sichtbar wird, das durch die verschiedenen Strategien der Beziehungsanbieter aufgespannt wird. Der für das Projekt relevante Gegenstandsbereich beschränkt sich also nicht nur auf die Aspekte der Verwendung/Nutzung bestimmter Angebote und der Bedeutung der genutzten Angebote für den eigenen Alltag und die Identitätsentwicklung, sondern er umfasst auch die Wahrnehmung des sozialen Werts anderer Angebote und Produkte und des sozialen Status' derjenigen, die diese Angebote nutzen.

3 Kommerzialisierung von Kindheit

Anlass für das Projekt war die Beobachtung, dass die Medienanbieter ihre Strategien zunehmend multimedial anlegen, dass ein und dasselbe Produkt auf vielen Verbreitungswegen an die Kinder herangetragen wird. Die symbolischen Umwelten der Kinder werden zunehmend durchwirkt von solchen multimedialen Vermarktungsstrategien; das wirft die Frage auf, inwieweit sich welche Kinder in den enger geknüpften Vermarktungsnetzen „verfangen". Im Fokus der Untersuchung stand damit die Frage nach Stand und Systematik der Kommerzialisierung des markenorientierten Medien- und Konsumangebotes für Kinder: Wie umfassend ist das System der Marken, welche Strukturen und Dynamiken sind auszumachen?

Als Ergebnis lässt sich zum einen nur bekräftigen, dass die am Projektanfang stehende These einer zunehmenden multimedialen Präsenz von Marken zutrifft: Markt und Medien sind aus dem Leben heutiger Kinder und ihrer Familien nicht mehr wegzudenken, Kindheit heute ist eine mediatisierte und kommerzialisierte Kindheit. Das bedeutet unter anderem, dass sich die Grenzen zwischen Medienmarken im engeren Sinne und Marken in anderen Produktbereichen, die lediglich über Medien beworben werden, auflösen und eine kaum entwirrbare Sphäre von Werbung, Sponsoring und Eigenwerbung entsteht. Zum anderen ist festzuhalten, dass der globalisierte Verschränkungsprozess von Anbietern und ihren Marken voranschreitet: Kindermarken sind heute oft globale Marken. Diese Entwicklung wird zum Teil auch durch die Konzentrationsentwicklung der letzten Jahre und die damit wachsende Bedeutung global tätiger Medienunternehmen begünstigt, die zum einen selbst als Rechteinhaber versuchen, ihre Produkte erfolgreich auszuwerten, zum anderen aber ihre Vermarktungsstrukturen und ihr Know-how auch als Dienstleister für Unternehmen aus anderen Bereichen zur Verfügung stellen. Auf diese Weise behalten sie auch bei Produkten, bei denen sie die Rechte nicht kontrollieren, Einfluss auf die Entwicklung des Marktes und partizipieren nicht nur an den erzielten Erlösen.

Für die damit angesprochene Kommerzialisierung von Kindheit liefern die verschiedenen Untersuchungsteile zahlreiche Anhaltspunkte, so etwa die in industriellem Maßstab angelegten weltweiten Vermarktungsstrategien, die multimedial hergestellte Omnipräsenz einiger herausragender Marken sowie die enge Verbindung zwischen Medien- und Markenorientierung, zwischen medien- und konsumbezogenem Erziehungsverhalten. Viele dieser Phänomene werden allerdings – so weit ist die Entwicklung gediehen – kaum mehr als besonders bemerkenswert oder auch diskussionswürdig auffallen; sie sind Bestandteile und Kennzeichen der Kultur geworden. Es sei aber doch darauf hingewiesen, dass der ununterbrochene Strom werblichen Sprechens, in dem sich Nachricht, Eigenwerbung und Werbung abwechseln bzw. nicht mehr sicher unterschieden werden können, Thema der gesellschaftlichen Auseinandersetzung sein sollte; die Gesellschaft braucht eine intensive Selbstverständigung darüber, wie sie kommuniziert und wie sie kommunizieren will.

Neben zahlreichen Beobachtungen, die die allgemeine These von der Kommerzialisierung von Kindheit dokumentieren, hat das Projekt aber auch vor Augen geführt, dass dieser Prozess allein nicht ausreicht, um heutige Kindheit, um Eltern-Kinder-Beziehungen oder auch um die konkreten Erscheinungsformen des Medienangebots zu verstehen. Offenbar gibt es zu dem übergreifenden Prozess der Kommerzialisierung Widersprüche und gegenläufige Trends; einige von diesen sollen in den folgenden Punkten diskutiert werden.

4 Kulturelle Bedeutung globalisierter Medienangebote

Dass Medienangebote für Kinder weitgehend global vermarktet werden, wird oft betont. Welche Auswirkungen dies aber auf das einzelne Produkt oder die Produktfamilie hat, wie sich also der *Sinngehalt des Produkts* bei der Verbreitung in verschiedenen Kulturen ändert, darüber gibt es nur unzureichende Kenntnisse; ein ernsthafter öffentlicher Diskurs über die Transformation von Inhalten im Prozess der globalen Vermarktung ist kaum zu beobachten. Vor diesem Hintergrund kann die im Rahmen dieses Projekts vorgenommene Analyse der Veränderungen der Marke *Pokémon* aus dem Ursprungsland Japan über die USA nach Deutschland wichtige Anstöße geben. So wurde der oft zu beobachtende Ethnozentrismus vieler Äußerungen zu diesem Thema vermieden, der Blick erfolgte nicht vom europäischen, westlichen Standpunkt auf die fernöstliche Kultur, sondern versuchte, das Medienangebot aus seinem Originalkontext heraus zu verstehen. Auf diese Weise konnten Sinn-Transformationen durch Neukontextualisierungen sichtbar gemacht werden. Die entscheidende Transformation erfolgte auf dem Weg vom Primärkontext der Entstehung (Japan) zum sekundären Verwendungskontext (USA); gegenüber Letzterem ist der Transfer von den USA nach Deutschland vergleichsweise unbedeutend. Was in diesem Prozess entsteht, ist eine hybride Sinnstruktur mit fernöstlichen Bildern und westlichen Inhalten: Die Hybridstruktur des Produkts ist gekennzeichnet dadurch, dass die Bilder bleiben, während die ursprünglichen Inhalte (Kollektivismus, Freundschaft, Treue) durch westliche ausgewechselt werden – in diesem Falle: Individualismus, überhöhter Heldenmythos, ideologisch verbrämte Weltrettung.

Diese Hybridstruktur präsentiert dem Rezipienten eine Phantasiewelt: Die direkten symbolischen Bezüge zur Schulkindheit (Japan) sind verloren gegangen, das andersartige Aussehen der Akteure z.B. wird nun nur noch als exotisch wahrnehmbar. Der Heldenmythos wird zu einem Plot in einer Phantasy-World – mit der Folge, dass langfristig gesehen zu fragen ist, welche Mythen die Kinder und die Gesellschaft brauchen, welche Orientierung sie diesen ideologisch verbrämten Angeboten entnehmen, wie Kinder solche hybrid strukturierten Sinnangebote verarbeiten und ob mit solchen Produkten, in die viele verschiedene kulturelle Bezüge verwoben sind, nicht Widersprüchlichkeit und Unübersichtlichkeit entstehen, die Kindern tendenziell wenig hilfreich sind, sich in der Sozialwelt zu verorten. Diese Fragen zeigen, dass eine Gesellschaft ihre Bilderkulturen und Mythen – ihr kollektives Gedächtnis – kontinuierlich reflektieren sollte, nicht nur sichtbare und kurzfristige sondern auch latente und langfristige kulturelle Effekte im Augen behalten sollte.

5 Mediale Differenzierung und Kindheiten

Wenn von Kommerzialisierung und Globalisierung die Rede ist, werden damit oft auch Assoziationen von Konzentration und Vereinheitlichung wach. Der vertiefende Blick dieses Projekts, der den entsprechenden Prozessen auch im empirischen Detail nachgeht, macht sichtbar, dass diese Assoziation nur zum Teil gerechtfertigt ist. Eine der für den Erfolg von Marken maßgeblichen Strategien besteht gerade in der Differenzierung, in der gezielten Ansprache ganz spezifischer Interessen und Bedürfnisse. Dies hat zur Folge, dass der Medienmarkt für Kinder insbesondere aus der Beobachterperspektive von Eltern und Lehrern eine geradezu unüberschaubare Vielfalt bietet, in der die Orientierung rasch verloren geht. Diese Beobachtung korrespondiert mit dem Befund, dass sich auch Kindheit nicht als ein relativ festgefügtes Bündel aus Erwartungen, Handlungsspielräumen und Handlungsmustern darstellt, sondern dazu viele konkurrierende Vorstellungen und Entwürfe vorliegen: Kindheiten sind im Plural zu denken, die Lebensverhältnisse von Kindern sind, selbst wenn die Perspektive nur auf Deutschland beschränkt wird, sehr unterschiedlich und müssen entsprechend differenziert betrachtet werden.

6 Grenzen der Differenzierung

Die beiden genannten Differenzierungsprozesse auf Seiten der Medien und auf Seiten der Kinder sind eng miteinander verkoppelt. Der Markt sucht nach Differenzen, weil sie möglicherweise bisher unerfüllte Bedürfnisse markieren und eine sehr spezifische Ansprache der jeweiligen Zielgruppe erlauben. Kinder suchen Differenzen im Medienangebot, weil sie sich mit ihnen von anderen absetzen und an ihren Identitätsentwürfen arbeiten können. Die beiden Perspektiven unterstützen sich also gegenseitig und setzen damit einen beschleunigten Differenzierungsprozess in Gang. Aus gesellschaftlicher Perspektive kann dies allerdings nicht das alleinige Handlungsprinzip sein, es bedarf zugleich der Angebote und Handlungen, die Verbindungen herstellen zwischen den ausdifferenzierten Sphären. Hier liegt ein Ansatzpunkt für die Debatte über die Verantwortung der beteiligten Akteure. Die Ausdifferenzierung von Vermarktungsstrategien und die Ausweitung ihrer Einflussmöglichkeiten durch die multimediale Präsenz von bestimmten Marken werfen dort Probleme auf, wo die Marktstrategien so passgenau auf die individuellen Bedürfnisse bestimmter Teilgruppen ausgerichtet werden können, dass die Zielgruppen und ihre sozialen Bezugspersonen die Basis für die Auseinandersetzung miteinander verlieren. In dieser Hinsicht stellen die veränderten Beziehungen zu Medienmarken, wie sie in diesem Projekt dokumentiert wurden, einen gewichtigen Anlass für gesellschaftliche Diskussionen und medienpädagogische Konzepte dar.

7 Medienmarken und Konsumdruck

Die zuvor behandelte Differenzierung, die oft sehr im Sinne der Konsumenten und Mediennutzer ist, da so die Wahrscheinlichkeit steigt, dass sie ihre individuellen Bedürfnisse befriedigen können, kann aber auch auf der individuellen Ebene ihre Schattenseiten haben. Die Studie liefert den Befund, dass der Werbedruck auf Kinder zumindest von einigen Kindern und von einigen Eltern auch subjektiv als Druck und als belastend wahrgenommen wird. Über den Symbolwert der Marken, an dem sich der gesellschaftliche Ort der Markenverwender festmacht, erlangen diese Relevanz über den bloßen Gebrauchswert hinaus. Es ist nur bedingt möglich, Marken gleichgültig oder ablehnend gegenüberzustehen, da dies unmittelbare und konkrete Konsequenzen hat. Über Kinder und Marken zu sprechen, heißt daher, sich mit sozialem Status, mit Neidgefühlen, mit „in“ und „out“ in der Peer-Group, mit der Sorge vor sozialer Ausgrenzung auseinander zu setzen. Einige Kinder, insbesondere aber viele Eltern zeigen auch Anzeichen von „Angebotsstress“, der sich aus der unüberschaubaren Fülle von Angeboten ergibt: Da die Eltern um die soziale Relevanz der Markenauswahl wissen, setzt sie die eigene Unkenntnis darüber, welches Angebot nun gerade angesagt ist oder nicht, unter Druck, da sie mit jeder Auswahlentscheidung das Risiko eingehen, einen sozial folgenreichen Fehler zu begehen. Auch in dieser Hinsicht ergibt sich aus dieser Studie medien- und sozialpädagogischer Handlungsbedarf.

8 Medienmarken und Medienregulierung

Aus der Perspektive der Medienregulierung haben die Ergebnisse der Studie in verschiedener Hinsicht Relevanz. Neben den aufgezeigten Anknüpfungspunkten für gesellschaftliche Debatten um Formen und Folgen der Kommerzialisierung von Kindheit, die auch von Medienpolitik und Medienregulierung angestoßen und gefördert werden sollten, ergibt sich aus den Befunden vor allem ein wichtiger Diskussionspunkt. Dieser betrifft die Regulierung des Fernsehens. Wie insbesondere in der ökonomischen Analyse deutlich wird, sind aber die Fernsehveranstalter in Zeiten globalisierter multimedialer Vermarktungsstrategien nicht mehr unbedingt die entscheidenden Akteure. Zumindest haben sich die Entscheidungsspielräume bei der inhaltlichen Konzipierung, Gestaltung und Verbreitung von Medienangeboten für Kinder deutlich in Richtung auf die Produzenten bzw. die Inhaber von Lizenzrechten verschoben. In dem Maße, wie diese ihre Vermarktungsstrategien global und multimedial abstimmen, bleibt nationalen Fernsehveranstaltern in vielen Fällen nur mehr wenig Spielraum – sie können nur entscheiden, ob sie den für sie vorgesehenen Zeitpunkt in der vorbestimmten Verwertungskette akzeptieren oder auf das betreffende Angebot verzichten. Die Entscheidungsspielräume der Fernsehveranstalter werden dabei auch durch ihre finanzielle Situation, die sich aus der Entwicklung der Werbeerlöse ergibt, mitbestimmt, außerdem ist bei den privaten Veranstaltern auch die Gesellschafterstruktur von großer Bedeutung. Für die Medienregulierung kann diese Beobachtung allein nicht bedeuten, dass vom Ansatzpunkt Veranstalter abgegangen werden sollte; sie sollte aber zum Anlass genommen werden, Wege und Möglichkeiten zu prüfen, wie der gestiegene Einfluss der Produzenten und Lizenzinhaber stärker berücksichtigt und in Regulierungsansätze einbezogen werden kann. Im Hinblick auf die Konzentrationskontrolle im Fernsehbereich werden in den Regelungen zum Zuschaueranteilsmodell Ansatzpunkte für eine solche Einbeziehung medienrelevanter verwandter Märkte gegeben.

Ein anderer Problembereich, der auch Gegenstand von Regulierung ist, ergibt sich aus den unterschiedlichen Formen von Werbung, Eigenwerbung, Sponsoring und Product Placement. Es ist mittlerweile auch für Medienexperten kaum mehr möglich, sauber zwischen verschiedenen Erscheinungsformen, mit denen jeweils unterschiedliche gesetzliche Regeln verbunden sind, zu unterscheiden. Gerade der in der Studie aufgezeigte Umstand, dass Medienmarken sich auf viele verschiedene Medien, Medienprodukte und Lizenz- und Merchandising-Artikel ausdehnen, entzieht einer solchen Differenzierung systematisch den Boden. Damit laufen bestehende gesetzliche Regelungen zunehmend ins Leere, mit der Gefahr, dass das Regulierungsziel selbst, nämlich für Rezipienten und Konsumenten Transparenz über den Charakter einer Aussage herzustellen, in Misskredit gerät, weil es aus der Sicht vieler von vornherein nicht umsetzbar erscheint. Hier besteht Bedarf an innovativen Regulierungskonzepten, die den veränderten Rahmenbedingungen gerecht werden.

9 Medienmarken und Medienpädagogik

An verschiedenen Stellen ist bereits auf medienpädagogischen Handlungsbedarf hingewiesen worden, der sich aus den Befunden der Studie ergibt. Allerdings stehen entsprechende Konzepte bei der hier interessierenden Thematik vor besonderen Problemen. Denn aus der Sicht großer Teile der Öffentlichkeit gibt es in diesem Bereich kein wirklich drängendes „Problem“, wie dies etwa im Zusammenhang mit dem Gewalt-Diskurs oder den Darstellungsformen von Daily Talks von den meisten gesehen wird. Medienmarken sind beliebt, erfolgreich multimedial vermarktete Medienmarken um so mehr: Wo soll da der Anknüpfungspunkt für medienpädagogisches Handeln sein? Aus dem Projekt heraus bestehen Anlässe dafür insbesondere in der Differenzierungsdynamik der Medienmarken (siehe oben, Kap. 5) sowie in dem Druck, den ein zunehmend kommerzialisierter und über die verschiedensten medialen Zugänge in den Alltag der Kinder hineindrängender Markt für Kinderprodukte auf diese selbst und auf ihre Eltern ausübt (sieh oben, Kap. 6). Wie die im Rahmen dieses Projekts entwickelte Konzeption für medienpädagogische Handreichungen klarstellt, muss es das erste Ziel sein, bei den vom Kindermarkt betroffenen Akteuren, also insbesondere Eltern, Lehrerinnen und Lehrern, Erzieherinnen und Erziehern, das Interesse in diesen Bereich und das Wissen über die wesentlichen ökonomischen Strategien im Medienmarkt zu erhöhen. Die medienpädagogisch relevante Aufgabe geht insofern weit über medienpädagogische Maßnahmen im engeren Sinne hinaus, als es generell eines vertieften Verständnisses medienökonomischer Zusammenhänge bedarf – eine Gesellschaft, die so von Medien durchdrungen und konstituiert ist, muss sich, wenn sie sich über sich selbst verständigen will, auch mit den Prozessen auseinander setzen, die diese Medien und ihre Angebote bestimmen und prägen.

Literaturverzeichnis

Albrecht, Clemenz (2002): Vermarktlichung der Familie? In: Ökonomie und Gesellschaft, Jahrbuch 18 (Themenheft: „Alles käuflich"), 239-256.

Anime Lyrics (2003): Pocket Monsters. Online unter: http://www.animelyrics.com/anime/Pokémon/pokpt.htm, aufgerufen am 01.02.2003.

Arbeitsgemeinschaft der ARD-Werbegesellschaften (Hrsg.) (2002): Media Perspektiven Basisdaten. Daten zur Mediensituation in Deutschland 2002.

Aufenanger, Stefan (1990): Familiendynamische Aspekte als „sinnlogische Determinanten" kindlicher Rezeptionsweisen von Fernsehsendungen. In: Neumann, Klaus/Charlton, Michael (Hrsg.): Spracherwerb und Mediengebrauch. Schriftenreihe: Script Oralia, Tübingen: Narr Verlag, 195-203.

Baacke, Dieter (1997): Medienpädagogik. Tübingen: Niemeyer.

Baacke, Dieter/Kübler, Hans-Dieter (Hrsg.) (1989): Qualitative Medienforschung. Konzepte und Erprobungen. Tübingen: Niemeyer.

Baacke, Dieter/Sander, Uwe/Vollbrecht, Ralf/Kommer, Sven et al. (1999): Zielgruppe Kind. Kindliche Lebenswelt und Werbeinszenierungen. Opladen: Leske + Budrich.

Baudrillard, Jean (1982): Der symbolische Tausch und der Tod. München: Matthes und Seitz.

Beaugrande, Robert A. de/Dressler, Wolfgang U. (1981): Einführung in die Textlinguistik, Tübingen: Narr.

Becker, Jochen (2001): Einzel-, Familien und Dachmarken als grundlegende Handlungsoptionen. In: Esch, Franz-Rudolph (Hrsg.): Moderne Markenführung: Grundlagen, Innovative Ansätze, Praktische Umsetzungen. Wiesbaden: Gabler, 297-316.

Bergmann, W (1992): Robert, die Wildpferde und die Macht der Ninjas. Die leeren Effekte der Fernsehbilder – Was mit kindlichen Phantasien geschieht, wenn sie von den Figuren der TV-Serien besetzt werden. Vermutungen und Beobachtungen aus einer Lerntherapie mit einem 7-Jährigen. In: Süddeutsche Zeitung, Gesellschaft und Familie, Nr. 275, 28./29. November 1992, V.

Berndt, T.J. (1982). The features and effects of friendship in early adolescence. In: Child Development, 53, 1447-1460.

Berndt, T.J./Perry, T.B. (1986). Children's perceptions of friendships as supportive relationships. In: Developmental Psychology, 22, 640-648.

Bertelsmann AG (2001): Bertelsmann stoppt Pläne zur Entwicklung einer konzernübergreifenden Kinder-Marke. Pressemitteilung vom 7.10.2001.

Bettelheim, Bruno (1977): Kinder brauchen Märchen. Stuttgart: Deutsche Verlag Anstalt.

Bichler, Michelle/Pluschkowitz, Alois (2004): Programmstrukturanalyse von Kinderprogrammen und Produktanalyse ausgewählter Kindersendungen. Online unter: http://www.lpr-hessen.de/markenzeichen/index.htm.

Binder, Christof U. (2001): Lizenzierung von Marken. In: Esch, Franz-Rudolph (Hrsg.): Moderne Markenführung: Grundlagen, Innovative Ansätze, Praktische Umsetzungen. Wiesbaden: Gabler, 385-411.

Böhme-Dürr, Karin (1999): Bildmagnet Fernsehen. In: TelevIZIon, 12, 1, 20-25.

Bohnsack, Ralf (1991): Rekonstruktive Sozialforschung. Einführung in Methodologie und Praxis qualitativer Forschung. Opladen: Leske + Budrich.

Böll, Karin (1999): Merchandising und Licensing. Grundlagen, Beispiele, Management. München: Vahlen.

Böll, Karin (Hrsg.) (2001): Handbuch Licensing. Frankfurt a.M.: Deutscher Fachverlag.

Bourdieu, Pierre (1982): Die feinen Unterschiede. Frankfurt a.M.: Suhrkamp.

Bremer, Thomas (2001): Die Maus und der Elefant. Online unter: http://www.muenster.de/~tomtom/mausfr.htm, aufgerufen am 12.10.2003.

Brück, Michael von (2001): Pietistische Gnome am Kinderbett. In: Die Zeit 2000, 26, 35.

Burgmair, Klaus (2002): 40 Mio. PR-Kontakte für „Dragonball Z“. In: Kids Entertainment 3, 15.

Burkhardt, Wolfgang (2001): Förderung kindlicher Medienkompetenz durch die Eltern. Grundlagen, Konzepte und Zukunftsmodelle. Opladen: Leske + Budrich. (Schriftenreihe Medienforschung der LfR, Band 40).

Cantrell, V.L./Prinz, R.J. (1985): Multiple perspectives of rejected, neglected, and accepted children: Relation between sociometric Status and behavioral characteristics. In: Journal of Consulting and Clinical Psychology, 53, 884-889.

Caspar, Mirko (2002): Markenausdehnungsstrategien. In: Meffert, Heribert/ Burmann, Christoph/Koers, Martin (Hrsg.) (2002): Markenmanagement: Grundfragen der identitätsorientierten Markenführung. Wiesbaden: Gabler, 233-259.

Charlesworth, R./Hartup, W.W. (1967): Positive social reinforcement in the nursery school peer group. In: Child Development, 38, 993-1002.

Charlton, Michael/Klaus Neumann-Braun (1990): Medienrezeption und Identitätsbildung. Schriftenreihe: SkriptOralia. Bd. 28. Tübingen: Narr.

Charlton, Michael/Neumann-Braun, Klaus/Aufenanger, Stefan/Hoffemann-Riem, Wolfgang u.a. (Hrsg.) (1995): Fernsehwerbung und Kinder. Das Werbeangebot in der Bundesrepublik Deutschland und seine Verarbeitung durch Kinder. Band 1: Das Werbangebot für Kinder im Fernsehen. Band 2: Rezeptionsanalyse und rechtliche Rahmenbedingungen. Opladen: Leske + Budrich. (Schriftenreihe Medienforschung der LfR, Band 18).

Coie, J.D./Kupersmidt, J.B. (1983): A behavioral analysis of emerging social Status in boys' groups. In: Child Development, 54, 1400-1416.

Combe, Arno/Helsper, Werner (Hrsg.) (1996): Pädagogische Professionalität. Untersuchungen zum Typus pädagogischen Handelns Frankfurt a.M.: Suhrkamp.

Condry Jr., J.C./Siman, M.L. (1974): Characteristics of peer and adult orientation of children. In: Journal of Marriage and the Family, 36, 543-554.

Coulmas, Florian (2001): Die wunderbare Welt der Pokémon. In: Süddeutsche Zeitung 2001, 262, 21.

Denzin, Norman K. (1989): The Research Act. Englewood Cliffs, New York: Prentice Hall (3. Aufl.).

Deutsches Jugendinstitut (Hrsg.) (1988): Medien im Alltag von Kindern und Jugendlichen. Methoden, Konzepte, Projekte. Weinheim, München: DJI-Verlag.

Doise, W. (1978): Soziale Interaktion und kognitive Entwicklung. In: Steiner, G. (Hrsg.): Piaget und die Folgen. Zürich: Kindler, 331-347.

Dreier, Hardy (2001): Pokémon: Changing the Rules of the Game. In: SIS Youth Monitor 5, 8-11.

Dreier, Hardy (2002): Vielfalt oder Vervielfältigung? – Medienangebote und ihre Nutzung im digitalen Zeitalter. In: Müller-Kalthoff, Björn (Hrsg.): Cross-Media Management: Content-Strategien erfolgreich umsetzen. Berlin, Heidelberg, New York: Springer, 41-60.

Dreier, Hardy (2003, im Druck): Multimedial und multidimensional – Auswertungskonzepte im „digitalen Zeitalter“. In: Zerdick, A. et al. (Hrsg.): eMerging Media. Berlin, Heidelberg, New York: Springer.

Dudenhöffer, Ferdinand (2001): Systemmarken – Vernetzung produktnaher Angebote und Marken. In: Esch, Franz-Rudolph (Hrsg.): Moderne Markenführung: Grundlagen/Innovative Ansätze/Praktische Umsetzungen. Wiesbaden: Gabler, 413-433.

Elbing, Eberhard (1975): Das Soziogramm der Schulklasse: diagnostische und Verhalten modifizierende Arbeitsmöglichkeiten. München: Reinhardt.

Entholt, Erika (2002): Glanz und Elend. In: W&V, 46, 81.

Episode Comparisons (2003): Online unter: http://www.geocities.com/english_japanese/episode_comparisons.htm, aufgerufen am 11.02.2003.

Esch, Franz-Rudolph (Hrsg.) (2001): Moderne Markenführung: Grundlagen, Innovative Ansätze, Praktische Umsetzungen. Wiesbaden: Gabler.

Feierabend, Sabine/Klingler, Walter (2003): Kinder und Medien 2002. Ergebnisse der Studie KIM 2002 zum Medienumgang Sechs- bis 13-Jähriger in Deutschland. In: Media Perspektiven, 6, 278-289.

Feil, Christine (2003): Kinder, Geld und Konsum. Weinheim: Juventa.

Feldmann, Valerie (2001): Markenstrategien von TV-Sendern dargestellt an ausgewählten Beispielen. Berlin: Verlag für Wirtschaftskommunikation.

Finger-Trescher, Urte D. (1989): Puppen – das andere Ich. Zur entwicklungspsychologischen Bedeutung von Puppen. In: Medien praktisch, 13, 2, 13-14.

Flick, Uwe (1995): Qualitative Forschung. Theorie, Methode, Anwendung in Psychologie und Sozialwissenschaften. Reinbek: Rowohlt Taschenbuch Verlag

Gentz, Manfred (2003): Investor Relations – Marketing der Aktie. In: Rese, Mario/Söllner, Albrecht/Utzig B. Peter (Hrsg.): Relationsship-Marketing, Standortbestimmung und Perspektiven. Berlin, Heidelberg, New York: Springer, 293-301.

Gesetz über den Schutz von Marken und sonstigen Kennzeichen (Markengesetz, MarkenG), Online unter: http://transpatent.com/gesetze/marken.html, Stand vom 14. August 2002.

Gießen, Bernhard (1999): Die Aura des Helden. In: Honer, Anne et al. (Hrsg.): Diesseitsreligion. Konstanz: Universitätsverlag, 437-444.

Göttlich, Udo/Krischke-Ramaswamy, Mohini (2002): Fan. In: Hügel, Hans-Otto: Handbuch Populäre Kultur. Begriffe, Theorien und Diskussionen. Stuttgart: Metzlersche Verlagsbuchhandlung.

Götz, Maya (2002): Der Gebrauchswert von Kindersendungen im Alltag. In: TelevIZIon, 15, 2, 40-47.

Götz, Maya (2002): Der Gebrauchswert von Kindersendungen im Alltag. Bei Kindern erfolgreiche Sendungen und ihre pädagogischen Probleme. In: TelevIZIon, 15, 2, 40-44.

Götz, Maya (2002): Kinder und Fernsehen 2000/2001. Angebot und Nutzung im expliziten Kinderprogramm in Stichworten. Online unter: http://www.br-online.de/jugend/izi/expose.pdf, aufgerufen am 28.10.2002.

Götz, Maya/Ensinger, Carolina (2002): Faszination Dragon Ball (Z): Zwischen starken inneren Bildern und Aggressionsbereitschaft. Eine qualitative Studie zur Bedeutung von Dragon Ball Z für Kinder und Pre-Teens (6 bis 15 Jahre). Online unter: http://www.izi.de, aufgerufen am 12.10.2003.

Grimm, Jürgen (1992): Lust an der Angst – Grenzerfahrungen der Unterhaltung. In: Bertelsmann-Briefe, 128, 58-61.

Grünewald, Meike/Sonja Küpper (2003): Pocket-Monster und das Gendering. In: Elke Gaugele/Kristina Reiss (Hrsg.): Jugend, Mode und Geschlecht. Die Inszenierung des Körpers in der Konsumkultur. Frankfurt a.M.: Campus.

Habermas, Jürgen (1976): Moralentwicklung und Ich-Identität. In: Ders.: Zur Rekonstruktion des historischen Materialismus. Frankfurt a.M.: Suhrkamp, 63-91.

Hall, Stuart (1973): Kodieren/Dekodieren. In: Bromley, Roger u.a. (Hrsg.) (1999): Cultural Studies. Lüneburg, 92-110.

Hallinan, Maureen T. (1980): Patterns of cliquing among youth. In: Foot, H.C./Chapman, A.J./Smith, J.R. (Eds.): Friendship and social relations in children. Chichester: Wiley, 321-342.

Hartup, W. (1989): Behavioral manifestations of children's friendships. In: Berndt, T.J./Ladd, G.W. (Eds.): Peer relationships in child development. New York: John Wiley & Sons, 46-70.

Hasebrink, Uwe/Mously, Sara (2004): Mediennutzung und Konsumverhalten von 6- bis 13-Jährigen. Dokumentation einer standardisierten Befragung. Online unter: http://www.lpr-hessen.de/markenzeichen/index.htm.

Hasebrink, Uwe/Krotz, Friedrich (1996): Die Zuschauer als Fernsehregisseure? Zum Verständnis individueller Nutzungs- und Rezeptionsmuster. Baden-Baden: Nomos, 163-177.

Haug, Wolfgang F. (1972): Kritik der Warenästhetik. Frankfurt a.M.: Suhrkamp.

Häuser, Daniel (2002): Flexible Micky Maus. In: W & V, 44, 84.

Heller, Eva (1994): Wie Farben wirken. Farbpsychologie, Farbsymbolik, kreative Farbgestaltung. Reinbek: Rowohlt Verlag.

Hengst, Heinz (1996): Kinder an die Macht! In: Zeiher, Helga et al. (Hrsg.): Kinder als Außenseiter? Weinheim: Juventa, 117-133.

Hengst, Heinz (2002): Zur Verselbständigung der kommerziellen Kinderkultur. TelevIZIon, 15, 2, 45-51.

Hickethier, Knuth (1996): Film- und Fernsehanalysen. Stuttgart, Weimar: Metzler.

Hildenbrand, Bruno (1983): Alltag und Krankheit. Ethnographie einer Familie. Stuttgart: Klett-Cotta.

Hitzler, Ronald (1994): Bastelexistenz. In: Beck, Ulrich/Beck-Gernsheim, Elisabeth (Hrsg.): Riskante Freiheiten. Frankfurt a.M.: Suhrkamp, 307-315.

Hoffmann, Justin/Marion von Osten (Hrsg.) (1999): Das Phantom sucht seinen Mörder. Ein Reader zur Kulturalisierung der Ökonomie. Berlin: b-books.

Hofmann, Ole/Oliver Schmid (2002): Wertschöpfungskette Kinderfernsehen. TelevIZIon, 15, 2, 16-21.

Höhn, Elfriede/Seidel, Gerhard (1976): Das Soziogramm: die Erfassung von Gruppenstrukturen. Eine Einführung in die psychologische und pädagogische Praxis. Göttingen: Verlag für Psychologie Hogrefe.

Hügel, Hans-Otto (Hrsg.) (2003): Handbuch Populäre Kultur. Begriffe, Theorien und Diskussionen. Stuttgart: Metzlersche Verlagsbuchhandlung.

Hurrelmann, Bettina/Hammer, Michael/Stelberg, Klaus (1996): Familienmitglied Fernsehen. Fernsehgebrauch und Probleme der Fernseherziehung in verschiedenen Familienformen. Opladen: Leske + Budrich. (Schriftenreihe Medienforschung der LfR, Band 20).

International Federation of the Phonographic Industry (IFPI) (2003): Music Piracy Report 2002. Online unter: http://www.ifpi.org/site-content/antipiracy/piracy2002.html# RegionalOverview, aufgerufen am 13.02.2003.

International Licensing Industry Merchandiser's Association (LIMA) (2003): Highlights of the Licensing Industry Survey in UK and Germany. Online unter: http://www.lima-verband.de/pdf/marktanalyse.pdf, aufgerufen am 22.09.2003.

Japanese to English Episode Comparisons (2003): Online unter: http://Pokémon show.tripod.com/, aufgerufen am 11.02.2003.

Jörg. Sabine (1994): Entwicklungspsychologische Voraussetzungen der Medienrezeption bei Kindern. In: Deutsches Jugendinstitut (Hrsg.): Handbuch Medienerziehung im Kindergarten. Teil 1: Pädagogische Grundlagen. Opladen: Leske + Budrich, 188-202.

Karstens, Eric/Schütte, Jörg (1999): Firma Fernsehen. Wie TV-Sender arbeiten. Reinbek: Rowohlt Verlag.

Kinderkanal (2002): KI.KA und Bavaria Sonor geben strategische Partnerschaft bekannt. Geschichten können nachgelesen, nachgespielt und angehört werden. Pressemitteilung vom 28.02.2002.

Kinderkanal (2003a): Über KI.KA. Online unter: http://www.kika.de/_inhalte/ueberkika/eltern/programm/weitere_sendungen/index.shtml, aufgerufen am 12.10.2003.

Kinderkanal (2003b): Über KI.KA: Historie. Online unter: http://www.kika.de/_inhalte/ueberkika/eltern/sender/historie/index_1999.shtml, aufgerufen am 12.10.2003.

Klein, Joachim (2002): Megaphilosophie. Das Freiheitsversprechen der Ökonomie. Göttingen: Steidl.

Kline, Steven (1991): Let's make a deal: Merchandising im US-Kinderfernsehen. In: Media Perspektiven, 4, 220-231.

Kommer, Sven (1996): Kinder im Werbenetz. Eine qualitative Studie zum Werbeangebot und zum Werbeverhalten von Kindern. Opladen: Leske + Budrich.

Kommission zur Ermittlung der Konzentration im Medienbereich (KEK) (2002a): Fünfter Jahresbericht. Online unter: http://www.kek-online.de/kek/information/publikation/01-02.pdf, aufgerufen am 30.09.2003.

Kommission zur Ermittlung der Konzentration im Medienbereich (KEK) (2002b) Fortschreitende Medienkonzentration im Zeichen der Konvergenz. Bericht der KEK über die Entwicklung der Konzentration und über Maßnahmen zur Sicherung der Meinungsvielfalt im privaten Rundfunk. Online unter: http://www.kek-online.de/kek/information/publikation/mk-bericht/index.html, aufgerufen am 14.10.2003.

Kommission zur Ermittlung der Konzentration im Medienbereich (KEK) (2003): Fünfter Jahresbericht. Online unter: http://www.kek-online.de/kek/information/publikation/02-03.pdf, aufgerufen am 14.10.2003.

Kommission zur Ermittlung des Finanzbedarfs der Rundfunkanstalten (2001): 13. KEF-Bericht. Online unter: http://www.kef-online.de/inhalte/bericht13/13bericht.pdf, aufgerufen am 14.10.2003..

König, Hans-Dieter (1987): Zum Beispiel des Marlboro-Cowboy. In: Psychosozial, 10, 31, 69-84.

Kotler, Philip (1989): Marketing-Management: Analyse, Planung und Kontrolle. Stuttgart: Schäffer-Poeschel.

Kraimer, Klaus (Hrsg.) (2000): Die Fallrekonstruktion. Sinnverstehen in der sozialwissenschaftlichen Forschung. Frankfurt a.M.: Suhrkamp.

Krappmann, L./Oswald, H. (1983): Beziehungsgeflechte und Gruppen von gleichaltrigen Kindern in der Schule. In: Neidhardt, F. (Hrsg.): Soziologie der Gruppe. Sonderheft 25 der Kölner Zeitschrift für Soziologie und Sozialpsychologie. Opladen: Westdeutscher Verlag, 420-450.

Krappmann, Lothar (1991): Sozialisation in der Gruppe der Gleichaltrigen. In: Hurrelmann, Klaus/Ulich, Dieter (Hrsg.): Neues Handbuch der Sozialisationsforschung, Weinheim/Basel: Beltz Verlag (4. völlig neu bearb. Auflage), 355-375.

Krappmann, Lothar/Oswald, Hans (1995): Alltag der Schulkinder. Beobachtungen und Analysen von Interaktion und Sozialbeziehungen. Weinheim: Juventa Verlag.

Kriegbaum, Catharina (2001): Markencontrolling: Bewertung und Steuerung von Marken als immaterielle Vermögenswerte im Rahmen eines unternehmenswertorientierten Controlling. München: Vahlen.

Kroeber-Riel, Werner (1990): Konsumentenverhalten. München: Vahlen.

Kurdek, L.A./Lillie, R. (1985): The relation between classroom social status and classmate likability, compromising skill, temperament, and neighbourhood social interactions. In: Journal of Applied Developmental Psychology, 6, 31-41.

Kutz, Oliver (2000): Strategisches Lizenzmarken-Management: Eine empirische Analyse unter besonderer Berücksichtigung der kritischen Erfolgsfaktoren. München, Mehring: Hampp.

Lamnek, Siegfried (1988): Qualitative Sozialforschung, Bd. 1: Methodologie. München, Weinheim: Psychologie Verlags Union.

Lamnek, Siegfried (1989): Qualitative Sozialforschung, Bd. 2: Methoden, und Techniken. München, Weinheim: Psychologie Verlags Union.

Lohaus, Arnold (1986): Datenerhebung bei Vorschulkindern: Ein Vergleich von Rollenspiel, Puppenspiel und Interview. In: Psychologie, Erziehung, Unterricht, 33, 196-204.

Maffay, Peter/BMG (2003): Tabaluga und das verschenkte Glück. Online unter: http://www.tabaluga.com/index1.html, aufgerufen am 12.10.2003.

Mangold, Werner (1967): Gegenstand und Methode des Gruppendiskussionsverfahrens. Franfurt a.M.: Europ. Verlagsanstalt (2. Aufl.).

Mayer, Anna Elisabeth (1998): Kinderwerbung – Werbekinder. Pädagogische Überlegungen zu Kindern als Zielgruppe und Stilmittel der Werbung. München: KoPäd Verlag.

McCloud, Scott (1994): Comics richtig lesen. Hamburg: Carlsen.

Meffert, Heribert (2002): Strategische Optionen der Markenführung. In: Meffert, Heribert/Burmann, Christoph/Koers, Martin (Hrsg.): Markenmanagement: Grundfragen der identitätsorientierten Markenführung. Wiesbaden. Gabler, 136-165.

Meffert, Heribert/Burmann, Christoph/Koers, Martin (2002): Stellenwert und Gegenstand des Markenmanagement. In: Dies. (Hrsg.) (2002): Markenmanagement: Grundfragen der identitätsorientierten Markenführung. Wiesbaden: Gabler, 4-15.

Meffert, Heribert/Burmann, Christoph/Koers, Martin (Hrsg.) (2002): Markenmanagement: Grundfragen der identitätsorientierten Markenführung. Wiesbaden: Gabler.

Meister, Dorothee/Sander, Uwe (1997): Kinder und Werbewirkung. Ein Plädoyer für einen erweiterten Werbebegriff. In: Meister, Dorothee/Sander, Uwe (Hrsg.): Kinderalltag und Werbung. Zwischen Manipulation und Faszination. Darmstadt, Neuwied: Luchterhand, 45-60.

Miller, M. (1986). Kollektive Lernprozesse. Studien zur Grundlegung einer soziologischen Lerntheorie. Frankfurt a.M.: Suhrkamp.

Moreno, Jacob L. (1974): Die Grundlagen der Soziometrie. Opladen: Westdeutscher Verlag.

Müller-Jetsch, Ekkehard (2003): Streit der Pumuckl-Mütter: Der rothaarige Klabautermann verursacht Wirbel im Gerichtssaal. In: Süddeutsche Zeitung vom 25.7.2003, Online unter: http://www.sueddeutsche.de/sz/muenchen/red-artikel1601/, aufgerufen am 26.07.2003.

Musfeld, Tamara (1997): Tamagotchi: Nervensäge oder Sozialisationshilfe? In: Medien Praktisch, 4, 31-35.

N.N. (2002): EM.TV beliefert Tele 5. In: W & V 19, 22.

N.N. (2003): Reuters: EM.TV verkauft US-Tochter Henson an Kinder des Gründers. Online unter: http://de.biz.yahoo.com/030507/71/3fjw3.html, aufgerufen am 09.05.2003.

Nassehi, Armin (2000): Pokémon und Tamagotchis. Die Globalisierung unserer Kinderzimmer (Vortrag in der Kunsthalle Baden-Baden am 20.09.2000). Online unter: http://www.lrz-muenchen.de/~ls_nassehi/Pokémon.pdf, aufgerufen am 15.02.03.

Neumann-Braun, Klaus (2001): Sozialer Wandel und die Kommerzialisierung der Kindheit. In: Scholz, Gerold/Ruhl, Alexander (Hrsg.): Perspektiven auf Kindheit und Kinder. Opladen: Leske + Budrich, 91-113.

Neuß, Norbert (2002): Leerstellen für die Fantasie in Kinderfilmen – Fernsehen und Rezeptionsästhetik. In: TelevIZIon, 15, 1, 17-23.

Oevermann, Ulrich (2000): Die Methode der Fallrekonstruktion in der Grundlagenforschung sowie der klinischen und pädagogischen Praxis. In: Kraimer, Klaus (Hrsg.): Die Fallrekonstruktion. Sinnverstehen in der sozialwissenschaftlichen Forschung. Frankfurt a.M.: Suhrkamp, 58-156.

Parker, J.G./Asher, S.R. (1987): Peer relations and later personal adjustment: Are low-accepted children at risk? In: Psychological Bulletin, 102, 357-389.

Paus-Haase, Ingrid (1994): Die Helden der Kinder. Zur Attraktivität und Verarbeitung fiktionaler Geschichten und Figuren. In: In: Deutsches Jugendinstitut (Hrsg.): Handbuch Medienerziehung im Kindergarten. Teil 1: Pädagogische Grundlagen. Opladen: Leske + Budrich, 232-247.

Paus-Haase, Ingrid (1995): Die Sendung mit der Maus in Moskau. Zur Rezeption und Verarbeitung durch ost- und westdeutsche Kinder. Bad Iburg: unveröffentl. Abschlussbericht im Auftrag des Westdeutschen Rundfunks Köln.

Paus-Haase, Ingrid (1998): Heldenbilder im Fernsehen. Eine Untersuchung zur Symbolik von Serienfavoriten in Kindergarten, Peer-Group und Kinderfreundschaften. Opladen: Westdeutscher Verlag.

Paus-Haase, Ingrid (2000): Identitätsgenese im Jugendalter. Zu den Koordinaten des Aufwachsens vor dem Hintergrund veränderter gesellschaftlicher Bedingungen. Eine Herausforderung für die Jugendforschung. In: Kleber, Hubert (Hrsg.): Spannungsfeld Medien und Erziehung. Medienpädagogische Perspektiven. München: KoPäd Verlag, 55-82.

Paus-Haase, Ingrid (2002) (Hrsg.): Pokémon in Österreich. Themenheft. Medien Journal 26, Nr. 1.

Paus-Haase, Ingrid (Hrsg.) (1991): Neue Helden für die Kleinen. Das (un-) heimliche Kinderprogramm des Fernsehens. Münster: LIT Verlag.

Paus-Haase, Ingrid/Lampert, Claudia (2002): Dragonball und DragonballZ im Hinblick auf die Darstellung von Gewalt und sexuellen Inhalten. Forschungsbericht im Auftrag der LPR Hessen, unveröffentlichtes Gutachten. Salzburg/Hamburg.

Paus-Haase, Ingrid/Süss, Daniel/Lampert, Claudia (2001): Kinder als prägende Akteure neuer Kommunikationskulturen. Reflexion adäquater methodischer Zugriffe. In: Maier-Rabler, Ursula/Latzer, Michael (Hrsg.): Kommunikationskulturen zwischen Kontinuität und Wandel. Universelle Netzwerke fur die Zivilgesellschaft, Konstanz: UVK-Medien 2001, 317-332.

Paus-Haase, Ingrid/Wagner, Ulrike (2001): Pokémon – Gefährten zum Spielen und Kämpfen: Eine qualitative Befragung von Kindern und Jugendlichen. In: Medienjournal, 26, 1, 34-42.

Paus-Haase, Ingrid/Wagner, Ulrike (2002): Das Phänomen *Pokémon*. Wie gehen Eltern, Erzieherinnen und Lehrer damit im Alltag um? In: Achim Baum/Siegfried J. Schmidt (Hrsg.): Fakten und Fiktionen. Konstanz: UVK, 351-366.

Paus-Hasebrink, Ingrid (2003): Neue Formen der Kinder(medien)kultur. Das Zusammenspiel von Fernsehserie und Computerspielangeboten am Beispiel Pokémon. In: Bug, Judith/Karmasin, Matthias (Hrsg.): Telekommunikation und Jugendkultur. Eine Einführung. Wiesbaden: Westdeutscher Verlag, 95-108.

Paus-Hasebrink, Ingrid/Lampert, Claudia (2003): Dragonball und DragonballZ: Action, Abenteuer, Anime. Action-Animes – eine neue Generation von Action-Cartoons. In: medien + erziehung, 47, 1, 28-31.

Paus-Hasebrink, Ingrid/Hammerer, Eva/Lampert, Claudia/Pointecker, Marco (2004): Medien, Marken, Merchandising in der Lebenswelt von Kindern – Ergebnisse der qualitativen Rezeptionsstudie. Online unter http://www.lpr-hessen.de/ markenzeichen/index.htm.

Pokémon (2003): Online unter: http://www.Pokémon.de, aufgerufen am 01.02.2003.

Pokémon Case Study (2003): Online unter: http://www.salemstate.edu/ ~poehlkers/Emerson/Pokémon.html, aufgerufen am 11.02.2003.

Pokémon in America. Gotta change it all? (2003): Online unter: http://infoplease. kids.lycos.com/spot/Pokémon1.html, aufgerufen am 11.02.2003.

Reber, Nikolaus (1999): Film Copyright, Contracts and Profit Participation. Weinheim: Wiley.

Rese, Mario/Söllner, Albrecht/Utzig, B. Peter (Hrsg.) (2003): Relationsship-Marketing, Standortbestimmung und Perspektiven. Berlin, Heidelberg, New York: Springer.

Sader, Manfred (1995): In: Flick, Uwe et al. (Hrsg.): Handbuch Qualitative Sozialforschung. Weinheim: Beltz, Psychologie-Verlags-Union, 193-198.

Salm, Christiane zu (2001): Merchandising und dessen Auswirkungen auf das Kinderfernsehen von heute. In: Böll, Karin (Hrsg.): Handbuch Licensing. Frankfurt a.M.: Deutscher Fachverlag, 121-163.

Schertz, Christian (2003): Der Merchandisingvertrag. In: ZUM 8/9, 631-643.

Schiffler, Horst (1978): Der Handpuppendialog. In: Knoll-Jokisch, Heidrun (Hrsg.) (1981): Sozialerziehung und soziales Lernen in der Grundschule. Heilbrunn: Klinkhardt, 153-158.

Schmidt, Axel/Klaus Neumann-Braun (2002): Keine Musik ohne Szene? In: Klaus Neumann-Braun/Axel Schmidt/Manfred Mai (Hrsg.): Popvisionen. Links in die Zukunft. Frankfurt a.M.: Suhrkamp, 246-272.

Schmidt-Denter, Ulrich (1994): Soziale Entwicklung. Ein Lehrbuch über soziale Beziehungen im Laufe des menschlichen Lebens. Weinheim: Beltz Psychologie Verlags Union (2. Aufl.).

Schröder, Hendrik (2001): Markenschutz als Aufgabe der Markenführung. In: Esch, Franz-Rudolph (Hrsg.): Moderne Markenführung: Grundlagen, Innovative Ansätze, Praktische Umsetzungen. Wiesbaden: Gabler, 267-293.

Schubert, Volker (2003): Zum japanischen Kontext der TV-Serie *Pokémon*. In: Klaus Neumann-Braun (Hrsg.): Kinderfernsehanalysen – die Serie *Pokémon*. Reihe: *Paper* 47 des Instituts für Soziologie der Universität Koblenz-Landau, Campus Landau. Landau: Eigenverlag.

Schulze, Gerhard (1992): Erlebnisgesellschaft. Frankfurt: Campus.

Schumacher, Thomas G. (1995): ‚This is a sampling sport': digital sampling, rap music and the law in cultural production. In: Media, culture & society, 2, 253-274.

Selman, Robert, L. (1984): Die Entwicklung des sozialen Verstehens. Frankfurt a.M.: Suhrkamp.

Siegert, Gabriele (2001): Medien Marken Management: Relevanz, Spezifika und Implikationen einer medienökonomischen Profilierungsstrategie. München: Fischer.

Six, Ulrike u.a. (1998): Medienerziehung im Kindergarten. Theoretische Grundlagen und empirische Befunde. Opladen: Leske + Budrich.

Smudits, Alfred (2002): Mediamorphosen des Kulturschaffens. Wien: Braumüller.

Soeffner, Hans-Georg/Hitzler, Ronald (1994): Hermeneutik als Haltung und Methode. Über methodisch kontrolliertes Verstehen. In: Schröer, Norbert (Hrsg.): Interpretative Sozialforschung. Auf dem Wege zu einer hermeneutischen Wissenssoziologie. Opladen: Westdeutscher Verlag, 28-55.

Songtext, Team Rocket (2003): Online unter: http://www.geocities.com/ritabuuk/TR/songyoeienni.html, aufgerufen am 15.02.2003.

Songtexte (2003), online unter: http://www.golyr.de/artist.php?artist_id=9197, aufgerufen am 11.02.2003.

Spörl, Helmut/Helmers, Frauke (2002): Harry ohne Achterbahn. Werner-Produzent unter Insolvenzverwaltung. In: LicensingMarkt, 4, 4.

Stötzel, Dirk Ulf (1995): Die Maus wird älter. Redaktions- und Sendungskonzept einer Kindersendung im WDR. In: Erlinger, Hans-Dieter (1995) (Hrsg.): Handbuch des Kinderfernsehens. Konstanz: Ölschläger.

Strobel, Petra (2003): Global Player Nintendo und die Erfolgsmarke *Pokémon*. Produktions- und produktanalytische Materialien. In: Klaus Neumann-Braun (Hrsg.): Kinderfernsehanalysen – die Serie *Pokémon*. Reihe: *Paper* 47 des Instituts für Soziologie der Universität Koblenz-Landau, Campus Landau. Landau: Eigenverlag.

Strom, Stephanie (1999): Japanese Family Values: I choose you, Pikachu! In: New York Times, 07.11.1999.

Super RTL (2001): Super RTL kooperiert mit der Quelle AG; Bob der Baumeister – der neue Star im Spiel-mit-Katalog des Fürther Versandhauses. Pressemitteilung vom 17.08.2001.

Super RTL (2002): Super RTL wird das Jahr 2002 mit dem besten Ergebnis seit Senderbestehen beenden und hält Kinder-Marktführerschaft in den Bereichen TV und Internet. Pressemitteilung vom 09.12.2002.

Tisseron, Serge (2000): Das Pokémon-Spiel als Initiationsritus. In: TAZ, Beilage „Le Monde Diplomatique“, 11, 15.

Tulodziecki, Gerhard/Six, Ulrike (2000): Medienerziehung in der Grundschule. Grundlagen, empirische Befunde und Empfehlungen zur Situation in Schule und Lehrerbildung. Opladen: Leske + Budrich.

Vogel, Harold L. (2001): Entertainment Industry Economics. A Guide for Financial Analysis. Cambridge: Cambridge University Press.

Vollbrecht, Ralf (1996): Kinder und Kommerz. Über Werbewirkung und Markenorientierung. In: medien + erziehung, 40, 3, 173-177.

Westdeutscher Rundfunk (2003): MausMeilensteine. Online unter: http://www.wdrmaus.de/rundumdiemaus/geschichte/chronik.phtml, aufgerufen am 12.10.2003.

Winter, Rainer (1995): Der produktive Zuschauer. Medienaneignung als kultureller und ästhetischer Prozess. München: Quintessenz.

Witzel, Andreas (1985): Verfahren der qualitativen Sozialforschung. Überblick und Alternativen. Frankfurt a.M.: Campus-Verlag.

Wolf, Michael J. (1999): The Entertainment Industry. London: Penguin.

Youniss, J. (1980). Parents and peers in social development: A Sullivan-Piaget perspective. Chicago: University of Chicago Press.

Zacherl, Jürgen (2001): Die Power Rangers von Bandai: Erfolgreiche Lizenz-Synergiefelder als Wegweiser für die Spielzeug-Philosophie der Zukunft. In: Böll, Karin (Hrsg.): Handbuch Licensing. Frankfurt a.M.: Deutscher Fachverlag, 205- 231.

Zerdick et al. (1999): Die Internet-Ökonomie: Strategien für die digitale Wirtschaft. Berlin, Heidelberg, New York et al.: Springer.

Zinnecker, Jürgen (2000): Selbstsozialisation. In: Zeitschrift für Sozialisationsforschung und Erziehungssoziologie, 20, 3, 272-290.

Zinnecker, Jürgen (2001): Kindheitsort Schule – Kindheitsort Straße. Wiederveröffentlicht in: Jürgen Zinnecker (Hrsg.): Stadtkids. Weinheim, München: Juventa, 179-202.

Zinnecker, Jürgen u.a. (2003): null zoff & voll busy. Die erste Jugendgeneration des neuen Jahrhunderts. Opladen: Leske + Budrich.

Zinnecker, Jürgen/Hasenberg, Ralph (1996): Sportive Kindheiten. In: Zinnecker, Jürgen/Silbereisen, Rainer K. (Hrsg.): Kindheit in Deutschland. Weinheim, München: Juventa, 105-135.

Glossar

1 Genannte Fernsehsendungen

Titel	Sender	Format	Kurzbeschreibung
Angela Anaconda	Super RTL	Zeichentrickserie Kanada 2000	Die 8-jährige Angela Anaconda lebt zusammen mit ihren Eltern, ihren Zwillingsbrüdern, dem Baby Lulu, sowie dem Hund Kind in der kleinen Stadt Tapwater Springs. Angela flüchtet immer wieder in wilde Tagträume und erlebt spannende Geschichten.
Beyblade	RTL II	Anime Japan 2001	Tyson ist der Anführer der „Bladebreakers", die täglich mit ihren Kreiseln trainieren, um irgendwann Champion zu werden. Ihre Gegner, die „Blade Sharks" wollen dies natürlich verhindern.
Biene Maja	Premiere Junior	Anime Japan 1975	Alltägliche Abenteuer im Leben der Biene Maja und ihrem Freund Willi.
Bob der Baumeister	Super RTL	Animationsserie GB 1998	Vorschulserie, in der sich alles um Bob und seine Freunde dreht, die gemeinsam alle Probleme meistern.
BRAVO TV	ZDF	Jugendmagazin	Seit dem 01.02.2003 wird BRAVO TV samstags vom ZDF ausgestrahlt (vormals RTL II). Das Konzept wurde verändert, so dass sich die Sendung jetzt als Magazin mit Soap-Elementen und Musikcharts präsentiert.
Bugs Bunny	SAT.1, Premiere Junior, Premiere Start	Zeichentrickserie USA 1938-1964	Der freche Hase, der sich mit flotten Sprüchen gegen seine Kontrahenten zur Wehr setzt, ist ein Klassiker – und das Zugpferd der Cartoon-Schiene von Warner Brothers. Die sechs- bis zehnminütigen Folgen werden in „Shows" zusammengefasst.
Der Regenbogenfisch	KI.KA	Zeichentrickserie Dtl./Kanada 1999	Die Geschichte basiert auf einem Kinderbuch von Marcus Pfister und handelt von den Abenteuern des Regenbogenfisches und seinen Freunden.
Der rosarote Panther	Super RTL	Zeichentrickserie USA 1993	Das Maskottchen der „Pink Panther"-Filme von Blake Edwards wurde die Hauptfigur einer eigenen Serie. Seine pantomimischen Abenteuer werden in Reimform kommentiert.
Detektiv Conan	RTL II	Anime Japan 1996	Der High-School Schüler Shinichi Kudo wird durch Rauschgift in ein kleines Kind zurück verwandelt. Von da an nennt er sich Conan. In Heiji findet er einen Freund, der Conans wahre Identität aufdeckt und dem er vertrauen kann.
Deutschland sucht den Superstar (DSDS)	RTL	Casting-Show + Doku	Junge Erwachsene präsentieren ihr musikalisches und selbstdarstellerisches Können. Die Zuschauer entscheiden darüber, wer weiterkommt und wer am Ende „Superstar" wird.

Die Kinder vom Alstertal	KI.KA, ARD	Kinderserie	Auf einem Bauern- und Reiterhof in Norddeutschland leben zwei Familien mit ihren Kindern, Adoptivkindern und vielen Tieren. Die wöchentlich laufende Serie zeigt die Abenteuer und den Alltag auf einem Gutshof mit Ferienbetrieb und Öko-Laden.
Die Pfefferkörner	NDR	Kinderserie	Fünf Teenager lösen Kriminalfälle in der Hamburger Speicherstadt.
Die Sendung mit der Maus	KI.KA, ARD	Magazin für Kinder	Die bekannten „Lach- und Sachgeschichten" mit Realfilm- und Zeichentricksequenzen.
Die Simpsons	ProSieben	Zeichentrickserie USA	Alltag der chaotischen Familie Simpson.
Die Tweenies	KI.KA	Puppenserie GB 1999	Der knallbunte Alltag von vier Kindern, ihren beiden erwachsenen Freunden und dem Hund Doodles soll vor allem Vorschulkinder ansprechen.
Digimon	Premiere Fox Kids	Anime USA/Japan 1999-2000	Sieben Kinder schließen sich mit den Digimon (= Digitale Monster) zusammen, um die Welt vor einer zerstörerischen Macht zu retten.
Disneys Aladdin	Super RTL	Zeichentrickserie USA 1994	Nach dem Disney-Film begegnen Aladdin und sein Geist, der blaue Dschinni, weiteren Bösewichtern und phantastischen Wesen.
Disneys große Pause	Super RTL	Zeichentrickserie USA 1997/1998	Die Schüler der „Third Street School" machen ihren Lehrern das Leben schwer. Im Mittelpunkt steht eine Clique, in der Rassen- und gesellschaftliche Unterschiede keine Hindernisse darstellen. Gehänselt wird dafür der „Streber" der Klasse.
Disneys Kim Possible	Premiere Disney Channel	Zeichentrickserie USA	Die Agentin Kim Possible macht gemeinsam mit ihrem Freund Ron Verbrechern das Leben schwer.
Doremi	RTL II	Anime Japan 1999	Doremi enttarnt eines Tages versehentlich eine Hexe und wird von dieser in einen grünen Klops verwandelt. Um ihre Tat wieder gut zu machen, muss sie mit ihren Freundinnen bei der Hexe in die Lehre gehen. Sie lernt schnell, dass sich auch so manches Problem im Alltag einfach weghexen lässt.
Dragonball (DB)	(bis Anfang 2003 RTL II)	Anime Japan 1986-1989	Son-Goku und seine Freunde machen sich auf die Suche nach den legendären Dragonballs, die ihrem Besitzer jeden Wunsch erfüllen. Auf ihrer Suchen müssen sie sich zahlreichen Gegnern stellen und erleben so manches Abenteuer.

Dragonball Z (DBZ)	(bis Anfang 2003 RTL II)	Anime Japan 1989-1996	Die Suche nach den Dragonballs geht weiter. Inzwischen ist einige Zeit vergangen, Son-Goku und seine Freunde sind erwachsen geworden und haben ihre Kampftechniken verbessert. Die Herausforderungen werden größer und die Kämpfe härter.
fabrixx	KI.KA	Serie Dtl.	Die Kinder- und Jugendserie erzählt die Geschichten rund um ein Stuttgarter Jugendzentrum, das für einige Kids fast wie ein zweites Zuhause geworden ist.
Giga	NBC	Internet-Show	Tägliche Live-Sendung. Kernstück ist die fünfstündige interaktive Internet-Show. Darüber hinaus gibt es eine Musiksendung und eine Spielesendung von Giga.
Gingers Welt	KI.KA	Zeichentrickserie USA	Das Leben der 12-jährigen Ginger scheint eigentlich perfekt: Sie hat eine nette Familie, nette Freunde, und auch die Schule macht ihr Spaß. Aber Ginger möchte vor allem die superreiche Courtney zur Freundin gewinnen.
Gute Zeiten, schlechte Zeiten (GZSZ)	RTL	Daily Soap, Dtl.	An fünf Tagen die Woche werden die Alltagsnöte in Schule, WG und im Beruf im Eiltempo vorgelebt. Partnerschaft, Eifersucht, Liebe und Freundschaft sind neben familiären und beruflichen Sorgen die Hauptthemen der Serie und ihrer Akteure.
Hamtaro	RTL II	Anime Japan 2001	Laura (10 Jahre) zieht mit ihren Eltern und ihrem Hamster Hamtaro in eine neue Stadt. Während Laura in der Schule neue Freundschaften schließt, erkundet der Hamtaro die Welt auf eigene Faust und erlebt mit seinen 19 „Ham-Ham-Freunden" jeden Tag ein neues Abenteuer.
Headnut TV	ProSieben	Comedy-Show	Neues Format mit dem Münchner Comedy-Duo Erkan und Stefan.
Heidi	Premiere Junior	Anime Japan 1974	Im Auftrag von ORF und ZDF produzierte Serie nach den bekannten Büchern von Johanna Spyri. Eine fünfjährige Waise muss bei ihrem Großvater, dem in den Alpen zurückgezogen lebenden Alm Öhi leben. Heidi gewinnt rasch das Herz des alten Griesgrams und wird zu einem echten Naturkind.
Jackass	MTV	Reality-Show	John Knoxville und seine Freunde testen vor laufender Kamera Pfefferspray und ein Elektroschockgerät und führen andere bizarre Selbstversuche vor. Im Vorspann wird ausdrücklich von der Nachahmung der (realen) Szenen abgeraten.
Jacky Chan	-	Spielfilm Kampfsport	Kampfsportfilme (div. asiatische Kampfsportarten) mit Jacky Chan in der Hauptrolle (z.B. „Accidental Spy", „Rush Hour 2")

Kamikaze Kaitou Jeanne (auch: Jeanne, die Kamikaze-Diebin)	RTL II	Anime Japan 1999	Die 16-jährige Maron kämpft gegen böse Dämonen von. Als Kamikaze-Diebin Jeanne stiehlt sie nachts Kunstobjekte, in denen sich Dämonen versteckt halten. Dabei verliebt sich Maron in ihren größten Konkurrenten, den attraktiven Chiaki.
Käpt'n Balu	Super RTL	Zeichentrickserie USA 1990	Balu, der Bär aus Disneys Dschungelbuch, arbeitet in dieser Serie als Pilot.
Kikania	KI.KA	Flächenmagazin	Jeden Wochentag behandelt das Magazin ein Thema, z.B. „Rechthaber" oder eine Sportart. Das Studiopublikum besteht aus Kindern, die die Diskussion verfolgen, den Beiträgen der Studiogäste zuhören und die z.T. an Spielen teilnehmen. Unter der Programmfläche Kikania (mit eigener Kikania-Fliege) laufen täglich die Serien *Jim Knopf, Schloss Einstein* und *Eine Lausige Hexe* sowie *Tolle Sachen*.
Löwenzahn	KI.KA, ZDF	Kindermagazin Dtl. 1980	Peter Lustig geht in seinem Wohnwagen den großen und kleinen Fragen von Kindern nach. Schon 1978/79 wurde die „Pusteblume" im ZDF entwickelt und seit 1980 als Löwenzahn weitergeführt.
Marienhof	ARD	Daily Soap Dtl. 1992	Alltagsgeschichten rund um den Marienhof, einer Wohngegend in Köln. An die 30 Charaktere kommen in der Soap vor. Die erste Soap im Ersten ging 1992 auf Sendung.
Meister Eder und sein Pumuckl	ORF 1	Kinderserie (Realserie mit Zeichentrickelementen)	1963 im Radio (Pumuckl-Stimme Hans Clarin), 1965: erste Buchreihe von Ellis Kaut. 80er Jahre: Start der TV-Produktionen. 1982: Kinofilm. Egal ob in Meister Eders Werkstatt oder draußen unter Leuten, wo er sich unsichtbar machen kann – der vorwitzige Kobold liebt es, den Menschen Streiche zu spielen.
NULL-ACHT-13	ARD	Magazin	Der Musiker und ehemalige Seriendarsteller Oli. P moderiert seit Januar 2003 die Informationssendung, die laut Selbstbeschreibung, „eine Mischung aus Sendung mit der Maus und der Tagesschau" sein soll. Politische und ethische Debatten werden ebenso aufgegriffen, wie Schulthemen oder Probleme mit dem Erwachsenwerden.
Oggy und die Kakerlaken	Super RTL	Zeichentrickserie Frankreich/Dtl. 1998	Die drei Kakerlaken Joey, Deedee und Marky haben nichts Besseres zu tun, als dem trägen und konfliktscheuen Kater Oggy das Leben schwer zu machen. Sein angriffslustiger Cousin Jack macht Jagd auf die dreisten Insekten.
Pokémon	RTL II, Premiere Junior	Anime Jap./USA 1997	Mit Hilfe seines Pokémon Pikachu möchte Ash der beste Pokémon-Trainer der Welt werden. Auf seinem Weg muss er hart trainieren und sich vielen Herausforderungen stellen.

Powerpuff Girls	Super RTL	Zeichentrickserie USA 1998/1999	Drei niedlich aussehende Vorschulmädchen mutieren zu den „Powerpuff Girls". Sie besitzen jetzt übermenschliche Kräfte und kämpfen gegen die Verbrecher in ihrer Stadt.
ran	SAT.1	Sportsendung	Bis zur Spielzeit 2003/04 zeigte SAT.1 wöchentlich die Spielzusammenfassungen der ersten Fußballbundesliga. Die Rechte wurden nun nach elf Jahren an die ARD vergeben. Die Sendung hat seitdem American Football und Basketball zum Thema.
Ranma 1/2	RTL II	Anime Japan 1989-1992	Ranma begibt sich mit seinem Vater auf eine Trainingsreise nach China. Während des Trainings stoßen sie sich gegenseitig in die „verfluchten Quellen". Der Vater fällt in die Quelle der ertrunkenen Pandas, Ranma in die des ertrunkenen Mädchens, was zur Folge hat, dass sie sich, sobald sie mit kaltem Wasser in Berührung kommen, in einen Panda bzw. in ein Mädchen verwandeln. Durch heißes Wasser verwandeln sie sich zurück.
Sabrina – total verhext	ProSieben	Serie USA	Sabrina ist 16 Jahre alt und hat erfahren, dass sie über Zauberkräfte verfügt, weil ihr Vater ein Hexer ist. Bei ihren Tanten Hilda und Zelda lernt sie immer wieder neue Zauberkünste. Eine sprechende Katze hilft ihr, das neue Leben zu bewältigen.
Sailor Moon	Premiere Junior	Anime Japan 1992-1997	Bunny Sukino läuft eines Tages die schwarze Katze Luna über den Weg, die ihr sagt, sie sei auserwählt, gegen das Böse in der Welt zu kämpfen. Mit Lunas Hilfe verwandelt sich das Mädchen in „Sailor Moon" und nimmt den Kampf auf.
Sandmännchen	NDR, MDR, KI.KA	Kinderserie Dtl. 1959	Parallel wurden in Ost- und Westdeutschland die Sandmännchen-Figuren entwickelt. Nachdem die West-Version im März 1989 eingestellt wurde, erzählt das Ost-Sandmännchen seit 1992 Gutenachtgeschichten für die Kinder in den neuen und alten Bundesländern.
Schloss Einstein	KI.KA	Dt. Internatsserie	Schulalltag rund um die 6. und 7. Klasse einer Brandenburgischen Internatsschule.
Sesamstraße	KI.KA, ARD	Kindermagazin USA/Dtl.	Seit 30 Jahren läuft die Sesamstraße schon im deutschen Fernsehen. Die Vorschulserie machte Ernie und Bert, Tiffy und Samson, Oskar und das Krümelmonster berühmt.
Shin Chan	RTL II	Anime Japan 1992	Ein fünfjähriger Junge tyrannisiert seine Umgebung mit Streichen und vorwitzigen Sprüchen.
Siebenstein	KI.KA, ZDF	Kindermagazin	Der Rabe Rudi, der Koffer und Frau Siebenstein erleben Geschichten in einem Trödelladen.
Simsala Grimm	KI.KA	Zeichentrickserie Dtl. 1999	Die Grimm'schen Märchen in neuem Gewand.
Simsalabim	Premiere	Zeichentrickserie	Zeichentrickversion von „Sabrina – total verhext"

Sabrina!	Disney Channel	USA 1999/2000	(s.o.)
South Park	RTL	Zeichentrickserie USA seit 1997	In dem Amerikanischen Ort South Park scheint jeder Bewohner psychisch gestört zu sein wie z.B. der schizophrene Lehrer Mr. Garrison, oder der größenwahnsinnigen Genforscher mit Namen Mephisto. Die Serie dreht sich aber vor allem um den Alltag der Kinder Eric, Stan, Kyle und Kenny, der am Ende fast jeder Folge stirbt.
Sponge Bob – Schwammkopf	Super RTL	Zeichentrickserie USA 1999/2000	In der Unterwasser-Kleinstadt Bikini Bottom lebt Sponge Bob aus der Familie der Schwammköpfe, der unter und über Wasser immer wieder in turbulente Situationen verwickelt wird.
Tabaluga tivi	ZDF	Flächenmagazin	Auf der Tabaluga Tivi-Programmfläche laufen die Serien *Pengo! Steinzeit* und *Billy the Cat*. Im Studio werden zusammen mit den Gästen Themen behandelt, z.B.: „Wie wird man Model?“
Taro-Alien	RTL II	Anime Japan 2002	Taro Tanaka ist ein blauer Junge mit großen Augen, einem roboterartigen Körper und einem Horn auf dem Kopf. Er kann seine Arme meterweit ausfahren, seinen Kopf abschrauben und jede Menge Spielzeug aus dem Nichts zaubern. Taro liebt es, seine Freunde der Nase herumzuführen.
Teletubbies	SWR, KI.KA	Vorschulserie Großbritannien 1997	Die bunten Geschichten rund um Tinky Winky, Dipsy, Laa Laa und Po sollen Kinder ab dem zweiten Lebensjahr ansprechen.
The Tribe	KI.KA	Future-Soap Neuseeland 1999	Alle Erwachsenen wurden von einem Virus getötet, nur die Kinder haben überlebt. Sie müssen sich jetzt ihre eigene Gesellschaft und eigene Regeln erschaffen.
Tigerentenclub	KI.KA	Flächenmagazin	Beinhaltet die Serien *Die Kinder vom Alstertal*, *Fix und Foxi* und *Winnie Toons*. Außerdem: Tagesthema, Studiogäste und Reportagen.
Toggolino	Super RTL	Programm-schiene für Vorschulkinder	Programmangebot für Vorschulkinder mit gleichnamigem, kostenpflichtigem Internetauftritt.
Tom & Jerry	Südwest, ORF 1	Zeichentrickserie USA 1976	Katz- und Maus-Spiel, bei dem die scheinbar stärkere Katze ständig der cleveren Maus unterliegt. (Die Serie *Tom & Jerry Kids* läuft auf SAT.1)
Top of the Pops	RTL	Musikshow und Magazin	Auftritt von verschiedenen aktuellen Bands und Musikern mit Hintergrundinformationen und wöchentlichen Charts.
TV Total	ProSieben	Comedy	Stefan Raab, bekannt geworden durch seine rotzigen Sprüche im Musiksender VIVA, moderiert die Unterhaltungssendung. Mischung aus Sketchen, skurrilen Ausschnitten anderer Sendungen und prominenten Studiogästen.

Typisch Andy!	Super RTL, Fox Kids	Zeichentrickserie Kanada 2000	Andy möchte der größte Witzbold aller Zeiten werden, und dafür legt er sich mächtig ins Zeug. Täglich führt er seine Freunde an der Nase herum, bis der ganze Ort in Aufruhr gerät und seine Mutter an den Rand eines Nervenzusammenbruchs.
Unter uns	RTL	Daily Soap Dtl. 1996	Nach *GZSZ* die zweitgrößte Daily Soap auf RTL. Täglich werden die Geschichten um Intrigen, Freundschaft, Liebe und Familienbande in einer Kölner Wohngegend fortgesetzt.
Wetten, dass...?	ZDF	Live-Spielshow	Thomas Gottschalk präsentiert Wetten und prominente Gäste.
Wickie und die starken Männer	KI.KA	Zeichentrickserie Jap./BRD/A 1972	Wickie ist der Sohn von Halvar, dem Anführer der Wikingertruppe von Flake. Er ist zwar nicht so stark, wie ihn sein Vater gerne hätte, dafür aber ungemein schlau. Durch seinen Grips hilft er den erwachsenen Wikingern immer wieder aus Notsituationen.
Yu-Gi-Oh!	RTL II	Anime Japan 2000	Yugi und seine Freunde sind Fans des Kartenspiels „Duel Monsters“. Yugi ist für sein Alter ziemlich klein und wird daher oft verspottet. Sein Großvater schenkt ihm eines Tages ein geheimnisvolles Medaillon, mit dem sich Yugi bei Gefahr in „Yu-Gi-Oh“ verwandeln kann und über besondere Stärke verfügt.
Wer wird Millionär?	RTL	Quizshow Dtl. 1999	Quiz mit Günther Jauch

2 Genannte Kinofilme

Titel	in Dtl. angelaufen	Produktion	Kurzbeschreibung
Blade	(Teil 1: 1998; Teil 2: 2002).	Teil 1: USA, Frankfurt/Snipes/ Engelman Teil 2: USA/ Tschechien: Frankfurt/Snipes/ Palmer	Blade ist halb Mensch, halb Vampir. Er will seine Mutter rächen, die bei seiner Geburt von Vampiren getötet wurde. Sein größter Gegner ist der Vampir Deacon Frost, dessen Ziel die Vernichtung der Menschheit ist.
Bibi Blocksberg	9/2002	Dtl.; Bavaria, Kiddinx, Bayerischer Rundfunk, Odeon, Gustav Ehmck Filmproduktion	Bibi Blocksberg erhält die Nachricht, dass ihr aufgrund besonderer Verdienste vorzeitig die „Kristallkugel", die sie erst zur richtigen Hexe macht, verliehen wird. Aber nicht alle Hexen gönnen ihr die Auszeichnung.
Harry Potter I+II	11/2002	USA, Heyday Films/1492 Pictures-Produktion	Harry Potter erfährt an seinem 11. Geburtstag, dass er ein Zauberer ist. Er kommt an eine Zauberschule, wo er mit seinen Freunden Ron und Hermine spannende Abenteuer erlebt und schwierige Aufgaben im Kampf gegen den bösen Zauberer Lord Voldemort erfüllen muss.
Herr der Ringe I+II	12/2002	Neuseeland/USA; New Line Cinema / Wingnut Films	Der kleine Hobbit Frodo begibt sich gemeinsam mit seinen Freunden auf eine abenteuerliche Reise, um einen Ring zu zerstören und so Mittelerde zu retten. Doch die Schergen des bösen Zauberers Sauron sind ihm auf den Fersen.
Ice Age (ZT)	3/2002	USA; Blue Sky, Twentieth Century Fox	Eiszeit: Mammut Manny und Faultier Sid stehen unfreiwillig vor der Aufgabe, ein Menschenkind zu seiner Familie zurückzubringen. Dabei kommen ihnen Scrat und Säbelzahntiger Diego ständig in die Quere.
König der Löwen (ZT)	11/1994	Disney	Der Löwenkönig stellt der Tierwelt seinen neugeborenen Sohn Simba als seinen Nachfolger vor. Doch dessen gemeiner Onkel will dieses Amt übernehmen und schmiedet böse Pläne, um Simba als König zu verhindern.
Lilo und Stitch (ZT)	7/2002	Disney	Das Mädchen Lilo begegnet dem meistgesuchten Außerirdischen Stitch, der auf der Erde notgelandet ist, und es gelingt ihr, sein Herz zu erobern.

Monster AG (ZT)	1/2002	Disney	Der Job der Monster Mike und Sully ist es, Menschenkinder zu erschrecken, denn die Kinder-Schreie werden zu Strom veredelt, der den Energiebedarf von Monstropolis abdeckt. Doch die Monster fürchten nichts mehr als Menschenkinder. Umso größer ist der Schock, als sie versehentlich ein kleines Mädchen mit in die Monster-Welt bringen.
Nomaden der Lüfte	4/2002	F/Dtl./Span./Ital; Jacques Perrin, Galatée Film, Pandora Film	Drei Jahre lang begleiteten 12 Filmteams in 25 Ländern 44 Vogelarten auf ihren Reisen rund um die Erde.
Scream – Schrei	Kinofilm	Horrorfilm (3 Teile) USA, FSK 18	Horrorfilm(e)
Spider Man	6/2002	USA, MARVEL-Enterprises	Durch den Biss einer genmanipulierten Spinne wird aus dem Durchschnittsjugendlichen Peter Parker Spiderman, der über außergewöhnliche Kräfte verfügt, die ihm beim Kampf gegen das böse Verbrechen von großem Nutzen sind.
Spirit (ZT)	6/2002	USA, Dreamworks	Der wilde Mustang Spirit wird gefangen und soll gezähmt werden, doch der Indianer Little Creek verhilft ihm zur Flucht; der Beginn einer wunderbaren Freundschaft.
Star Wars		USA, 20th Century Fox	Sciencefiction-Filme, in deren Mittelpunkt Jedi-Ritter stehen, die für das Gute im Universum kämpfen. Episode: 1 – Die dunkle Bedrohung (8/2001) Episode: 2 – Angriff der Klonkrieger (5/2002)

3 Genannte PC-Spiele

Titel	Genre	Kurzbeschreibung
Age of Empire	Strategie	Der Spieler ist Stammesfürst und kann sein Volk und sein Land durch Strategie oder Kampf zu Ruhm und Ansehen führen.
Breath of Fire 3+4	Rollenspiel	Eine verschwundene Prinzessin muss von ihrer Schwester und einigen Begleitern gesucht werden.
Counterstrike	Ego-Shooter	„Half-Life Counter-Strike": Das Spiel basiert auf einem realistischen Terror/Antiterror-Szenario. Jede Gruppe besitzt eine einzigartige Ausrüstung und Bewaffnung, die jedes Teammitglied nach bestandenen Aufgaben, z.B. Geiselrettung, aufbessern kann.
Diablo	Strategie	Aufgabe ist es, Diablo, den Fürst der Finsternis, der sich gemeinsam mit seinen Untertanen unter einer Kathedrale eingenistet hat, zu vertreiben.
Die Sims	Simulation	Hier kann man die Persönlichkeit und das Aussehen seiner Spielfiguren (Sims) gestalten und dann in deren Lebenswelt selbst mitspielen.
Fifa Fußball	Sport-Spiel	Spiel, bei dem man seine eigene Mannschaft zusammenstellen und verschiedene Wettbewerbe bestreiten kann.
Final Bout	Beat em Up	Spiel für die PS1, in dem die bekannten Protagonisten aus der bekannten Anime-Serie *Dragonball Z* (Son-Goku, Super-Vegeta und Trunks) im Mittelpunkt stehen.
Formel 1	Rennspiel	Rennspiel mit Bezug zur Formel 1. Die Rennstrecken im Spiel sind den originalen Schauplätzen nachempfunden.
GTA3	Action-Rollenspiel	Im dritten Teil der Reihe GTA besteht die Aufgabe darin, sich in der von Gangstern überfüllten Stadt *Liberty City* bei den Banden Respekt zu verschaffen und an die Spitze der Gangster-„Karriereleiter" zu gelangen.
Legend of the Dragoon	Rollenspiel	Das Spiel handelt von Drachen, Liebe, Magie und zahlreichen Helden, die versuchen, die Welt vor einem machtgierigen Dämon zu retten.
Might and Magic	Rollenspiel	Fantasyrollenspiel, bei dem der Spieler viele Aufgaben erfüllen muss.
Monkey Island	Adventure	Guybrush will unbedingt Pirat werden. Auf Melee-Island trifft er auf seine große Liebe und auf seinen Erzfeind, den Piraten LeChuck.
Pharao	Strategie	Der Spieler muss zur Zeit der Ägypter als Stadthalter die Stadt zu Wohlstand und Reichtum führen und selbst den Königsthron besteigen.
Siedler	Strategie	Der Spieler muss auch hier mit Strategie sein Reich aufbauen.

Sim-City	Simulation	Der Spieler wird zum Stadtplaner und muss für die richtige Planung und Anlage der Stadt sorgen.
Solitair	Kartenspiel	Kartenspiel, das im Windows-Betriebssystem enthalten ist.
Tomb Raider – Lara Croft	Action- und Abenteuer-Spiel	Die Abenteuerin Lara Croft ist auf der Suche nach einem geheimnisvollen Kunstgegenstand.

4 Genannte Hörspiele

Titel	Verlag	Kurzbeschreibung
Benjamin Blümchen	Kiddinx Ent., Berlin	1977 wird das erste Benjamin Blümchen Hörspiel aufgenommen (Autorin: Elfie Donnelly, Berliner hör+lies Verlag), 1978 gehen die Geschichten des Elefanten in Serie. 2000 erscheint die 50-millionste Audio-Kassette. Im selben Jahr wird die Kiddinx Media AG gegründet.
Bibi und Tina	Kiddinx Ent., Berlin	Bibi Blocksberg erlebt mit ihrer Freundin Tina zahlreiche Abenteuer rund um das Thema Pferde. Gelegentlich greift Bibi auf ihre Hexenkünste zurück. (seit 1989)
Die drei ???	Europa	Das erste Buch der drei ??? „Gespensterschloß“ (Hörspiel-Folge Nr. 11) erschien 1968 in Deutschland. Der Startschuss der Hörspielserie fiel am 12.10.1979 mit der Folge „Die drei ??? und der Super-Papagei“. Entwickelt wurden die Figuren 1964 von dem Amerikaner Robert Arthur.
TKKG	Europa	1979 erschienen die ersten fünf Bücher rund um die TKKG-Bande, 1981 folgten die Hörspielkassetten. Das TKKG-Kleebatt setzt sich zusammen aus dem sportlichen Tim (Tarzan), dem Computerexperten Karl, dem verfressenen Willi (genannt Klößchen) und Gaby, der Tochter des Hauptkommissars. Gemeinsam lösen sie das eine oder andere Verbrechen.

5 Genannte Zeitschriften

Titel	Verlag	Kurzbeschreibung
Bravo	Bauer Verlagsgruppe	Jugendzeitschrift, die über Aktuelles in Pop-Musik und Film/Fernsehen sowie über Lebenshilfe und Partnerschaft informiert.
Bravo Girl	Bauer Verlagsgruppe	Zeitschrift für Mädchen mit Infos über Mode, Kosmetik, Freizeit & Lifestyle.
Bravo Sport	Bauer Verlagsgruppe	Zeitschrift über Themen wie Fußball oder Young-, Fun- und Classic-Sportarten.
GZSZ Magazin	Panini Verlags GmbH	Magazin zur gleichnamigen Daily-Soap mit Leserbriefen, Schminktipps, Fotoromanen, Infos zu den Serien-Stars u.v.m.
Kicker	Olympia-Verlag GmbH	Sportmagazin, das vorwiegend Berichte, Kommentare und Analsyen zum Thema Fußball enthält, aber auch über andere Sportarten informiert.
Wendy	Egmont Ehapa Verlag	Pferdezeitschrift für Kinder, gibt es seit 1986.

6 Sonstige genannte Marken

Barbie®	Mattel Inc.	
Bionicle™	Konstruktionsspielzeug von LEGO	
Diddl-Maus	Depesche Vertrieb GmbH & Co. KG Seit 1990 auf dem Markt (Erfinder: Thomas Goletz, www.diddl.de)	
Pimboli (einer der engsten Freunde von Diddl)	Depesche Vertrieb GmbH & Co. KG Seit 1998 auf dem Markt (Erfinder: Thomas Goletz, www.pimboli.de)	
Polly Pocket	Mattel Inc.	Polly Pocket sind Puppenwelten im Handtaschenformat.

Bisherige Veröffentlichungen in der Schriftenreihe der LPR Hessen bei kopaed

Band 1 Wirtschaftlichkeitschancen für Ballungsraumfernsehen in der Region Rhein-Main. Ein Gutachten der Prognos AG im Auftrag der LPR Hessen. Autoren: Klaus Schrape, Sabine Gafke.
ISBN 3-929061-71-6

Band 2 Die Informationsleistung privater Regionalfenster. Eine Analyse von "RTL Hessen live" und "SAT.1 Regionalreport Rheinland-Pfalz/ Hessen". Autoren: Hans-Bernd Brosius, Andreas Fahr.
ISBN 3 929061-72-4

Band 3 fernsehen zum Thema machen. Elternabende als Beitrag zum Jugendmedienschutz. Autoren: Ben Bachmair, Norbert Neuß, Friederike Tilemann.
ISBN 3-929061-73-2

Band 4 Medienpädagogischer Atlas Hessen; Verzeichnis medienpädagogischer Aktivitäten und Projekte in Hessen.
ISBN 3-929061-74-0
CD-ROM Medienpädagogischer Atlas Hessen; Aktualisiertes und ergänztes Verzeichnis medienpädagogischer Aktivitäten und Projekte in Hessen auf CD-ROM.
ISBN 3-934079-24-5

Band 5 Die Programmleistung von FFH. Eine Untersuchung des Göttinger Instituts für angewandte Kommunikationsforschung - GÖFAK - im Auftrag der LPR Hessen. Autoren: Hans-Jürgen Weiß, Joachim Trebbe, Torsten Maurer.
ISBN 3-929061-74-9

Band 6 Digital oder Original?; Virtuelle Werbung bei Sportübertragungen im Fernsehen. Dokumentation des 11. Hessischen Gesprächsforum Medien am 26. November 1998.
ISBN 3-929061-76-7

Band 7 Der Offene Kanal Kassel und seine Zuschauer. Eine Studie zur Rezeption. Autoren: Angelika Jaenicke, Michael Fingerling.
ISBN 3-929061-77-5

Band 8 digital radio in Hessen. Untersuchung zur Akzeptanz von Digital Audio Broadcasting (DAB). Autoren: Andreas Fahr, Hans-Bernd Brosius.
ISBN 3-929061-78-3

Band 9 Fernsehperspektiven. Aspekte zeitgenössischer TV-Kultur. Dokumente zur Veranstaltungsreihe des Wissenschaftlichen Zentrums für Kulturforschung (WZ II) an der Universität Gesamthochschule Kassel und der Hessischen Landesanstalt für privaten Rundfunk (LPR Hessen). Hrsg.: Sabine Flach, Michael Grisko.
ISBN 3-929061-79-1

Band 10 Programmanalyse nichtkommerzieller Lokalradios in Hessen. Eine Inhaltsanalyse des Medien Instituts Ludwigshafen im Auftrag der LPR Hessen. Autoren: Hans-Bernd Brosius, Stefan Weiler.
ISBN 3-934079-30-X

Band 11 Organisations- und Kommunikationsstruktur nichtkommerzieller Lokalradios in Hessen. Eine Studie im Auftrag der Hessischen Landesanstalt für privaten Rundfunk (LPR Hessen). Autoren: Jens Flemming, Heiko Rüppel, Lars Ninke, Erwin Lautsch.
ISBN 3-934079-31-8

Band 12 „Big Brother" und das deutsche Rundfunkrecht. Eine verfassungsrechtliche Untersuchung zu der Frage, ob das Format „Big Brother" gegen die in § 41 Abs. 1 des Rundfunkstaatsvertrages (RStV), § 13 Abs. 1 des Hessischen Privatrundfunkgesetzes (HPRG) niedergelegten Programmgrundsätze verstößt. Autor: Werner Frotscher.
ISBN 3-934079-32-6

Band 13 Image- und Akzeptanzuntersuchung nichtkommerzieller Lokalradios in Hessen. Eine Untersuchung im Auftrag der Hessischen Landesanstalt für privaten Rundfunk (LPR Hessen). Autoren: Helmut Volpers, Christian Salwizek, Detlef Schnier.
ISBN 3-934079-33-4

Band 14 Projektgeschichten. Offene Kanäle im Jahr 2000. Autoren: Armin Ruda, Andreas Zollenkopf, Ulla Schröder, Jörg Ruckel, Miriam Hartlaub, Rolf Strohmann, Andreas Rickert-Lützen, Wilhelm Behle, Markus Immel, Christiane Schöwer, Katja Ester, Marlies Horchler, Anja Wehrum, Sabine Westerhoff-Schroer, Angelika Jaenicke.
ISBN 3-935686-54-4

Band 15 Alles easy – Super prima? Wie viel Fernsehen braucht der Mensch? Dokumentation des 16. Hessischen Gesprächsforum Medien am 7. November 2001.
ISBN 3-935686-55-2

Band 16 Medienkompetenz. Eine Aufgabe nimmt Gestalt an. Aktivitäten der LPR Hessen im Bereich der Medienkompetenzvermittlung von Januar 2000 bis Juni 2002.
ISBN 3-935686-56-0

Band 17 Wir mischen mit! Ein Projekt zur praktischen Medienarbeit und politischen Bildung Jugendlicher.
ISBN 3-935686-57-9